商管全華圖書叢書 BUSINESS MANAGEMENT

數位金融與金融科技

李顯儀 編著

Digital Finance and Fintech

四版序 Preface

一直以來，全球金融科技產業的發展從不間斷，日新月異的推出各種創新運作模式。近期，仍以「虛擬貨幣」與其背後技術「區塊鏈」的發展最為蓬勃，如：「去中心化金融」（DeFi）、第三代去中心化網路（WEB3）、非同質化虛擬貨幣（NFT）以及元宇宙等，案例百花齊放、運作推陳出新，眞令人如劉姥姥進大觀園的驚嘆。

本書此次的改版，也努力將各種新發展的領域融入教材中，但市場潮流的演變太快，仍無法即時與完全的趕得上翻新。但盼讀者能透過書中系統整理的內容，架構該領域的背景常識，以助新發展的連結。且此次修正，也融入更多時事案例，讓教材內容更為豐富與具實務性。

由於這個金融創新領域，至今仍在烈火烹油的發展中，雖改版此書曠日累時、勞力傷神，但心想能為該領域的知識傳播盡點添磚加瓦之力，也就成為鞭策自己繼續伏案寫作的最大動力。個人感謝諸多先進，對此作品的指正與建議，有您們的鼓舞，才能使本書有不斷往前邁進的動能；並感謝全華圖書商管部編輯翔毅的用心編修、美編部優秀的排版、以及業務部門的大力推廣，才能使此書順利的再版發行。

最後，個人對本書再版之修訂，雖竭盡心力，傾全力以赴，奈因個人才疏學淺，謬誤疏忽之處在所難免，敬祈各界先進賢達不吝指正，以匡不逮。若有賜教之處請 email 至：k0498@gcloud.csu.edu.tw。

李顯儀 謹識

2024年4月

作者序 Preface

近年來，由於網路、感測與行動通訊等科技設備的普及發達，爲人們的生活帶來許多便利，也對商業運作模式帶來巨大的轉變。當然，金融產業也受到這股科技潮流的驅使，讓科技與金融兩者相互融合，衍生出「數位金融」與「金融科技」，這兩種創新的金融服務型態。

由於科技對金融帶來質變，所以傳統金融機構，正積極的尋求轉型與升級，才足以順應時代的潮流。當然，各大學財金與資訊相關系所，也須適時的調整授課內容，才能培育出符合時勢所需之人才。由於這個新創領域，國內至今鮮少有系統整理的相關叢書，個人秉持著對創作的熱情、以及對知識傳播的使命，遂興起著作此書之動機。

個人在撰寫此書時，不要說是每個單元內容，都是個人未曾接觸過的領域，就連整本書的章節架構，也是獨自摸索而來。撰寫期間爲避免瞎子摸象的情形，個人須反覆咀嚼大量資訊，才能夠擠出一點心得見解，所以書中的字裡行間，皆嘔心瀝血而來。因此在寫作期間，個人就像掉進浩瀚的資訊大海裡，有時根本不知岸邊在哪裡？何時才能游上岸？還是就此石沉大海裡？還好所有的孤寂、徬徨與艱辛，都被個人的熱情、毅力與韌性，將之克服。此刻，本書即將付梓，盼內容能對國內剛萌芽的金融創新事業，其相關知識的建立與傳播，盡一份棉薄之力。

本書的架構，將以「數位金融」與「金融科技」，這兩種「金融創新營運模式」，作爲本書的主軸，並逐次對其所運用的「架構面」、「技術面」、「服務面」與「風險控管面」進行介紹。以下爲本書的主要特點：

1. 章節架構循序漸進，內容敘述簡明易讀，並輔以豐富圖表，有利讀者自行研讀。
2. 每章節皆附數個「實務案例與其解說」，讓課本內容與實務相結合，以彰顯內容的重要性與應用性。
3. 每章提供相關實務影片的 QR Code 連結檔以及解說，讓讀者可藉由影片的輔助說明，增添學習效果。
4. 每章末附簡易的練習題與證照題，讓學生能自行檢測學習情形；另附各章題庫（教學光碟），以供教授者出習題與考題之用。

本書能順利完成，首先，感謝全華圖書對個人著作的信賴與支持，並提供個人可以盡情揮灑創作的舞台；且感謝全華的奇勝、芸珊在出版上的協助、編輯憶萱的精良編修、以及美編優秀的排版協助，才得使此書順利出版。其次，感謝正修金融系柏婉貞主任，在個人寫作期間的關切、以及將系課程適時的調整，才能催生此書的誕生。再者，感謝同事李亮君、李欣微與李佩恩老師在校務的協助、以及家人的家務協助下，才讓個人能較專心的投入寫作。最後，將此書獻給具教養之恩的雙親—李德政先生與林菊英女士，個人的一切成就將歸屬於他們。

個人對本書之撰寫雖竭盡心力，傾全力以赴，奈因個人才疏學淺，謬誤疏忽之處在所難免，敬祈各界先進賢達不吝指正，以匡不逮。若有賜教之處請 email 至：davidlsy2@yahoo.com.tw 或 davidlsy3@gmail.com。

李顯儀 謹識

2017年3月

目次 Contents

第一篇　金融創新營運架構

1 科技與金融

1-1　科技結合金融 1-2
1-2　數位金融簡介 1-5
1-3　金融科技簡介 1-18

2 互聯網與物聯網

2-1　互聯網 2-2
2-2　物聯網 2-13

第二篇　金融創新營運技術

3 雲端運算與大數據分析

3-1　雲端運算 3-2
3-2　大數據分析 3-17

4 人工智慧與生物辨識

4-1　人工智慧 4-2
4-2　生物辨識 4-13

5 區塊鏈

5-1　區塊鏈概論 5-2
5-2　區塊鏈的發展 5-6
5-3　區塊鏈在金融的應用 5-17
5-4　區塊鏈在商業的應用 5-29

第三篇　金融創新營運服務

6 網路與自動化金融

6-1　網路金融服務 6-2
6-2　自動化金融服務 6-29

7 支付金融

7-1　行動支付 7-2
7-2　電子支付 7-18

8 社群金融－新興平台

8-1　網路社群與金融 8-2
8-2　P2P 網路平台 8-7
8-3　群眾募資平台 8-19
8-4　商品銷售平台 8-30

9 社群金融－虛擬貨幣

9-1　虛擬貨幣的體系 9-2
9-2　虛擬貨幣的運用與發展 9-20
9-3　去中心化金融 9-32
9-4　國內證券型代幣 9-41

10 電商金融

10-1　電商金融簡介 10-2
10-2　電商金融的服務型態 10-14

第四篇　金融創新營運風管

11 金融創新營運的風險

11-1 科技風險 11-2
11-2 交易風險 11-8
11-3 客戶風險 11-15

12 金融創新營運的監理

12-1 金融創新營運的監理問題 12-2
12-2 金融創新營運的監理機制 12-9

附錄A

中英文索引 A-2

附錄B

學後評量 B-2

第一篇 金融創新營運架構

CH01　科技與金融
CH02　互聯網與物聯網

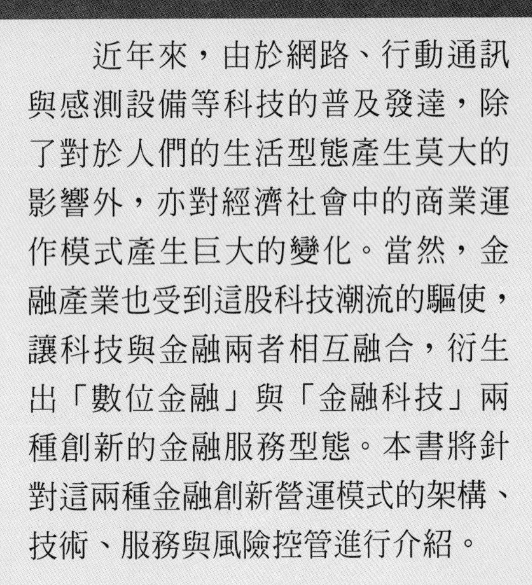

近年來，由於網路、行動通訊與感測設備等科技的普及發達，除了對於人們的生活型態產生莫大的影響外，亦對經濟社會中的商業運作模式產生巨大的變化。當然，金融產業也受到這股科技潮流的驅使，讓科技與金融兩者相互融合，衍生出「數位金融」與「金融科技」兩種創新的金融服務型態。本書將針對這兩種金融創新營運模式的架構、技術、服務與風險控管進行介紹。

本篇內容為金融創新營運架構篇，其內容包含兩大章，主要介紹「數位金融」與「金融科技」兩種創新營運模式的發展趨勢與其架構。

Chapter 1 科技與金融

本章內容為科技與金融，主要介紹科技結合金融、數位金融簡介、以及金融科技簡介等內容，其內容詳見下表。

節次	節名	主要內容
1-1	科技結合金融	介紹數位金融與金融科技的運作架構。
1-2	數位金融簡介	介紹數位金融的發展趨勢、服務型態。
1-3	金融科技簡介	介紹金融科技的發展趨勢、服務型態。

【本章導讀】

近年來，全球隨著科技日新月異的發展，人們的生活型態、工業的生產方式、商業的營運模式，亦隨之產生莫大的變化。現代人的生活中，無論通訊、生產、消費、營業、社交等活動，無不仰賴無形的網路、以及有形的電腦、行動與感測等科技設備。所以整個經濟社會的商業活動，受到科技進步的驅動下，逐漸往數位化、自動化、行動化與社群化的方向邁進，也讓營業交易與資金流通，更具便利性與效率性。

當然的，涉及資金流通的金融服務業，更是受到這股科技潮流的影響，進而產生「數位金融」與「金融科技」這兩種智慧化的服務型態。這兩種智慧化的金融服務，已讓人們感受到科技爲金融帶來更迅速、便利、透明與平等的營運模式。因此，有關於這兩種智慧化的金融創新營運模式之相關知識，對於現代人而言，是一項不可或缺的課題。

以下本章首先說明，科技與金融相結合後，所產生的這兩種營運模式；其次再說明，這兩種營運模式的發展趨勢以及服務型態。

1-1 科技結合金融

「銀行」是金融業發展的開端，全世界最早的現代銀行，起源於 1587 年的義大利－威尼斯銀行。自此銀行的業務，便與人們的生活緊密的相連結；爾後，將近 300 年的發展，都維持著以傳統人力方式，在進行資金的借貸與匯兌、以及金融商品交易等等相關的業務活動。

直至 1960 年代左右，由銀行先導入電腦科技設備，才讓金融業劃入「自動化」的時代。隨後，各種金融機構開始引入電腦科技，以增進金融活動的處理速度。例如：證券商使用大型電腦協助證券交易，讓證券交易更爲迅速與便利；銀行也開始使用自動櫃員機（Automated Teller Machine；ATM）協助實體櫃檯的服務，讓民眾不再受限於實體銀行的營業時間。

從 1980 年代中期起，具革命性的技術－「網際網路」，開始由軍事國防系統導入商業活動；直至 1995 年起美國開始有網路銀行的成立，讓金融業正式邁入「網路化」的時代。爾後，2007 年起智慧型手機的逐漸普及，使得金融服務逐漸往「行動化」的方向前進，讓金融業運用網路、行動裝置、以及各種自動化的科技設備，開啓新時代的「數位金融」服務型態。

此外，由於近年來網路的發達，造就許多網路社群平台的誕生，再結合行動裝置帶來的便利性，讓互聯互通的網路，更普及到每一個個體，也讓網路的營運模式，朝往共享經濟的形式邁進。當然的，具網路經營優勢的科技相關業者，也順應這股潮流趨勢，將原本的業務經營方式，逐步的滲入至金融活動之中，讓科技與金融兩者的業務相融合，並激發出「金融科技」的創新營運模式。

未來，隨著感測設備的普及發達，讓各式商品都藉由感測裝置，自動的連上網路，成爲網路世界的一分子。此時，會讓原本以「人」爲聯絡節點的「互聯網」世界，朝向以「實物」爲聯絡節點的「物聯網」境界。由於物聯網的世界裡，人們的生活與實體物品能夠相互溝通，讓網路世界更具主動與寬廣。因此，未來「數位金融」與「金融科技」的服務型態，將朝向更「智慧化」的方向邁進。

因此，要發展「數位金融」與「金融科技」這兩種智慧化的營運模式，乃以「互（物）」聯網」建構運作模式，將網路交易產生的巨量資訊，先經過「雲端運算」的存取、運算與分享，並利用「大數據分析」技術，對巨量的資訊進行分析，且再須依賴「人工智慧」、「區塊鏈」以及「生物辨識」等技術的輔助下，讓業者提供更智慧、效率、安全與公平的各種金融創新服務。

以下本節將分別介紹由科技與金融相結合，所產生的「數位金融」與「金融科技」，這兩種的兩種智慧化的運作架構、應用技術與服務型態的說明。有關兩者的運作模式，詳見圖 1-1 之說明。

一、數位金融

所謂的「數位金融」（Digital Finance）是指「傳統金融機構」利用網際網路、電腦程式、行動裝置、感測與自動化等等科技設備，再透過雲端運算、大數據分析、人工智慧、區塊鏈與生物辨識等多項的技術輔助下，以協助傳統金融業朝向數位化的經營方向去擴展，並提供即時、便利、效率與安全的「網路」、「自動化」與「支付」金融服務[1]。

1 若金融機構中的銀行，利用這些智慧化的機器與技術，來協助銀行的經營；這些銀行就是所謂的「認知銀行」（Cognitive Banking）與「智慧銀行」（Smarter Banking）。

二、金融科技

所謂的「金融科技」(Financial Technology;FinTech)是指科技(Technology)滲入金融(Financial),讓兩者相融合,產生了一種更具效率與公平的創新金融營運模式。其主要的營運模式是由「電子商務科技公司」(以下:簡稱電商公司[2]),利用網際網路、電腦程式、行動裝置與感測設備等等科技設備技術,再透過雲端運算、大數據分析、人工智慧、區塊鏈與生物辨識等多項技術的輔助下,以提供即時、便利、效率、安全與公平的資訊與交易模式,讓業者進行「支付」、「社群」以及「電商」等三種金融創新的服務型態。

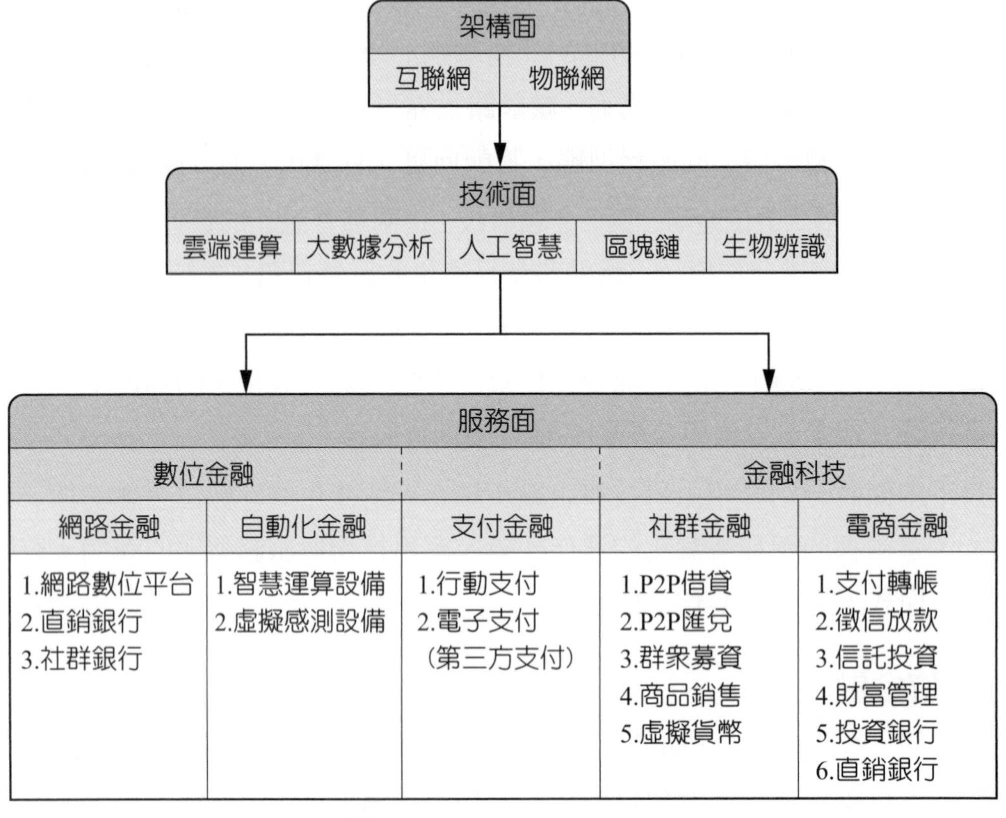

圖 1-1 創新金融營運的模式圖

2 本書這裡所指的「電商公司」,泛指從事與金融科技相關的所有新創科技公司。通常這些公司的規模都無法與正規的金融機構相比,大都是中小型、甚至是微型的企業體。這些新創科技公司,若市值規模超過 10 億美元,常被稱為「獨角獸」(Unicorn);若規模達到 100 億美元,就可以從獨角獸升等為「十角獸」(Decacorn);若規模達到 1,000 億美元,就被稱為「超級獨角獸」。

1-2 數位金融簡介

其實早在20多年前，金融業開始運用網路，提供客戶進行便捷的交易服務時，就已邁入「數位金融」的時代了。但由於近年來，社群網路平台的崛起、以及行動裝置的普及，改變了人們許多商業經營模式與消費行爲，連帶也改變了資金交易、流動、支付與借貸的模式。因此傳統金融業須以更快、更先進的腳步與技術，發展智慧化的數位金融服務，以因應時代趨勢之潮流。以下本節將介紹數位金融的發展趨勢、以及營運服務模式。

一、數位金融的發展趨勢

數位金融的發展大致分成幾個階段：以往傳統金融業務主要透過實體的營業據點，並仰賴電話、電報等技術所提供的人力服務，此階段稱爲「金融 1.0」。爾後，由於電腦設備與網際網路的興起，網路取代了部分實體據點，所提供的金融服務，讓金融服務效率大幅提升，此階段稱爲「金融 2.0」。近期，因互聯網的崛起、以及行動裝置及網路社群等，對金融服務業的衝擊，使得金融服務朝向行動化與社群化發展，因此金融機構分行將逐漸縮編，此階段稱爲「金融 3.0」。未來，隨著物聯網的建構完成，人工智慧、區塊鏈與生物辨識的應用技術更爲成熟，將提供更自動化與智慧化的金融服務，此時傳統的金融機構逐漸被虛擬化，實體的金融服務將逐漸式微，此階段，稱爲「金融 4.0」。

上述從數位銀行的發展演進中，我們得知未來數位金融的發展，須將原有的實體金融服務升級轉型，並藉由網路服務，讓營業朝向虛實並進；並再結合一般電子商務的零售經驗、以及社群媒體等多通路的發展，將多元的管道匯整成「全通路」（Omni-channel）的模式，使得智慧化金融服務無所不在。因此未來數位金融的發展趨勢，大致會朝向「實體據點虛擬化」、「實體服務自動化」、「金融資料開放化」、「服務虛實整合化」、「金融服務智慧化」等幾個趨勢邁進。以下將分別說明之：

（一）實體據點虛擬化

隨著網路、行動與感測裝置的發達，金融機構會將金融服務整合於手機或電腦的應用程式（Application；APP）[3]內，讓客戶可以隨時隨地的利用手機就可連結各種帳戶，進行各種金融業務。也是說將來的實體金融機構可能會逐漸被取代，轉變成無所不在，只要有行動裝置的存在，金融機構就在身邊。所以數位金融的發展，將弱化實體金融機構的存在性，甚至將之虛擬化。

例如：許多新設的數位金融機構（例如：國內的純網路銀行），可能只有設置網路的線上服務，並無實體據點的服務，人們只要透過智慧型手機就可以進行存款、付費與轉帳等業務。此外，客戶也可利用手機直接至證券商下單買賣股票或其他金融商品，並隨時就可查詢各種證券戶內股票的損益情形、以及查詢各種帳戶內的資金或金融商品流動情形。

（二）實體服務自動化

雖數位化的金融時代，實體據點的服務會減少，但仍還有存在的必要性。但實體據點的服務將朝向自動化的金融服務去發展，所以必須使用許多智慧化或自動化的數位設備，以提升服務的品質。

例如：在數位銀行內，會增添智慧機器人爲客戶提供個人化的精細理財服務；或增設生物辨識掃描感測設備，增進金融服務的安全性；或者增添數位寫字台，讓客戶與銀行之間採取數位化互動；或增添遠端虛擬櫃員機（Virtual Teller Machine；VTM），爲客戶提供遠端服務，客戶不用至實體銀行，可經由視訊就可讓客戶和銀行客服人員進行對話溝通。

（三）金融資料開放化

由於金融科技產業的興起，讓傳統金融業的經營受到威脅，但與其相互競爭不如合作，專長互補，共創商機。所以現在傳統金融業紛紛走向「開放金融」（Open Finance），將內部資料開放與第三方服務公司（如：金融科技公司或非金融服務公司等）合作，藉由「API」[4]的串接服務，建立起服務的生態圈，讓雙方共享數據資料，相輔相成，以擴大原有的效益。

3　APP 是泛指為智慧型手機所開發設計的應用程式。有關 API 的說明，請詳見本書第 6 章。

4　應用程式介面（Application Programming Interface；API）是指兩種不同軟體系統之間的連結介面，其主要的用途為聯繫兩種不同系統（或程式）之介面，使之能夠相互溝通。

例如：銀行推出「開放銀行」（Open Banking）服務，讓許多非傳統金融業（如：P2P 借貸平台、網購電商平台等）藉由「API」的串接與銀行的內部客戶資料相結合，透過異業結盟，讓銀行可以接觸到新客群，也讓民眾有更多機會與銀行互動，促進消費者在銀行內消費。此外，證券商可藉由開放資料，讓外部業者（如：操盤軟體開發商）透過 API 介面與證券商的電腦下單系統相連結，讓外部業者可自行進行程式下單交易，亦可增加證券本身的業績。

（四）服務虛實整合化

由於網路的興起，使得原本客戶須至金融機構處理的事務，幾乎都可藉由各金融機構自己設立的網路數位平台，自行處理之。但客戶在網路上處理事務仍會遇到疑難雜症（如：企業融資、房屋貸款、較複雜的理財商品），仍須回到實體金融機構，尋找專業人員幫忙處理之，因此金融服務將朝「線上消費，線下服務」（On Line to Off Line；O2O）的營運方向邁進。此外，傳統金融業也朝向與「異業結盟」透過電子商務的零售、以及社群媒體的力量，讓金融服務朝向全方位的虛實整合的方向邁進。

例如：許多以網路經營爲主的直銷銀行，除了提供網路上的平台服務外，亦與其他行業結盟（如：旅遊業），且設立簡單的實體據點（如：直銷銀行－線下咖啡廳），以處理一些較複雜金融事務、或協助與異業結盟所銷售的商品服務（如：跟旅遊業結盟所銷售的旅遊平安險）。因此銀行可藉由「線上消費，線下服務」的虛實整合服務，以提升服務效率、以及強化客戶忠誠度。

近期，網路虛擬世界興起一股「元宇宙」（Metaverse）熱潮，傳統金融業搶搭元宇宙商機，利用發行虛擬貨幣結合財富管理服務，打造實體與虛擬共感的沉浸式體驗，讓客戶滿足多元的理財和生活需求。

例如：民眾只要穿帶上 VR 裝置，就可進入由銀行所建構的元宇宙世界，除可體驗各種生活的虛擬場景，亦可投資虛擬貨幣（如：NFT[5]）、或選擇與虛擬行員互動、體驗投資風險分析與理財諮詢等服務。

5 NFT 為「非同質化代幣」為虛擬貨幣的一種，有關介紹請詳見本書第 9 章。

元宇宙（Metaverse）

元宇宙是一個虛擬的網路世界，與真實世界平行共存：其透過虛擬實境（Virtual Reality：VR）、擴增實境（Augmented Reality：AR）、混合實境（Mixed Reality：MR）等技術的運用發展，讓使用者徜徉在虛擬世界中，可進行遊戲、創作與商業等等活動。

（五）金融服務智慧化

近年來，由於「人工智慧」的技術有長足的進步，讓機器設備具有深度學習能力，使得金融機構得以將其技術廣泛的應用，在各種金融業務上，讓金融服務更具智慧化。此外，「區塊鏈」技術也將被金融機構，運用於資金的清算與商品的交易上，讓金融活動更具效率與公正。另外，「生物辨識」的技術，將被廣泛的運用在金融交易的服務上，讓金融服務更具安全與便捷。所以將來數位金融的發展，會大量的仰賴這些先進的科技技術，讓金融服務更具智慧化。

例如：現代銀行的客戶服務，會結合人工智慧的語音助理，讓服務更加快速，並可提升與客戶之間的互動關係。例如：現在全球各大型銀行與證券交易所，都積極的利用區塊鏈技術，建構更安全信任與效率的資金清算與商品交易系統。例如：現在許多銀行利用生物辨識系統（如：虹膜辨識），協助銀行辨識客戶的眞實身分，以讓數位金融服務更具安全性與智慧性。

金融搜查線

「虛擬華爾街」風潮吹起！逛元宇宙分行、銀行發 NFT，還有哪些應用？

金融業在元宇宙世界中，透過區塊鏈去中心化、跨界等特質，可以取得更快、更便宜的交易，未來勢必有更多金融業加入元宇宙腳步，隨之而來的，可能將是另一個金融新世界。

如同 15 年前 iPhone 問世改變了全世界，元宇宙的出現也將可能改變人類生活。加密貨幣、區塊鏈、AI、AR 與 VR，正在數位虛擬世界中建構出元宇宙，越來越多機構以及個人在這個虛擬世界擁有或管理數位資產，電影《一級玩家》中的虛擬網路世界不再是夢。

貸、買、賣方透過智能合約享金融服務

因有管理數位資產需求，金融業在元宇宙找到其重要位置，在元宇宙世界，金融業體系從現在的自中心化金融將轉向去中心化金融（DeFi），在這套系統上，與區塊鏈、數位資產有關的交易、支付、借貸等金融應用，可以讓貸款方、買賣方輕易透過智能合約，享受金融服務。

這種「虛擬華爾街」是建構在區塊鏈上的金融應用生態系，用戶可以輕鬆取得金融服務，透過點對點的去中心化應用程式與此生態系互動。

元宇宙金融世界的到來，代表未來的客戶勢必不再滿意現階段網頁畫面的數位金融服務，加上各產業可能不得不開始開發與建立在虛擬世界中的產品，如果虛擬世界中開始有更多人口、貨幣、虛擬資產，就勢必會有在這世界的金融需求，有餘裕的金融業如果提早追上，或許能在其中搶得先機。

摩根大通搶得先機

摩根大通已經在元宇宙平臺 Decentraland 開設虛擬空間「Onyx Lounge」，社群用戶可以使用代幣買地、蓋樓、參與經濟活動與交易，摩根大通旗下穩定幣項目「JPM Coin」也早已上線，成爲華爾街第一家進駐元宇宙的銀行。

跟著摩根大通腳步，亞洲金融業界也開始投入元宇宙懷抱。新加坡星展集團在 2022 年 9 月宣布與去中心化虛擬遊戲世界平臺合作創建「DBS Better World」，成爲新加坡首家跨入元宇宙的銀行。

韓國大型金融機構韓國 KB 國民銀行（Kookmin Bank），也在元宇宙平臺 Gather 上創建虛擬城鎮，員工即便是遠程辦公，也能透過虛擬會議室獲得實際上班感受，包括以虛擬小人模擬開會流程，透過視訊與麥克風開會，增添辦公室臨場感氣氛，同時並與 VR 業者建構虛擬分行。

而在臺灣，遠東銀行、國泰金也開始擁抱「虛擬華爾街」。國泰金控在今年 2022 國泰金控技術年會上，談到去中心化金融將可能改變金融市場結構以及與用戶互動的模式，決定投入更多力量，持續研發區塊鏈，以追上可能遇見被重新定義的下一波產業轉型。

遠銀早國內各銀行之先　加入元宇宙分行行列

首家實際執行的銀行是遠東銀行。遠銀在今年宣布，成爲全臺首家結合元宇宙體驗的銀行，首波採取邀請制度，下一步將納入人的成分、新的商品，在國內金融監理機關未來法令許可之下，也會將虛擬資產逐步納入。

「未來 10 年的元宇宙世界，大家很難想像，如同年輕人無法了解，其實 20 年前手機還不能用來轉帳。」遠銀數位金融事業群副總經理說，遠銀之所以早國內各國銀之先，加入元宇宙分行行列，是希望透過技術實際運用與磨合後，逐步接軌未來可能的元宇宙爆發期。

用電腦登入遠銀的元宇宙旗艦分行，用戶將成爲一個虛擬小人型態，自行設計服裝與外型後，之後如同打電玩一樣，控制量身訂作的虛擬小人，前往網頁呈現的會議區、無人櫃臺、接待區、展演廳等空間。就像電玩一樣，每到一個空間點擊後，就會跳出對應的空間畫面。

例如，點擊無人櫃臺後，操控虛擬小人走進無人櫃臺空間，會看到設有辦理信用卡、開戶、臺幣、外幣、貸款等服務頁面，利用小人走向任一服務點擊後，將會跳到遠銀官網的申辦介面，進入線上申辦金融業務的流程。

之所以推出元宇宙分行，第一，遠銀觀察到，傳統銀行的服務正在逐步被數位取代。舉例，6 年以來，遠銀離櫃率已經從 82%成長到 95%，相當 100 筆交易中，95 筆爲數位交易，5 筆才是實體臨櫃，交易逐步被數位取代，但如果要納入諮詢角色的人成分，希望透過元宇宙看見。

第二，銀行現階段販售的仍是傳統金融商品，例如基金、股票、保單等等，但在數位資產開始出現後，包括 NFT、虛擬貨幣等等，元宇宙分行可以拓展到這些領域的諮詢、交易，這與線上分行經營方向並不相同，但這仍必須看臺灣金融法規未來開放程度。

「如果說傳統分行是實體，App 是數位，那麼元宇宙就是將實體與數位界線變得模糊。」越早進入的銀行，可能提早了解元宇宙中客戶屬性，例如，現階段遠銀元宇宙分行先推出較容易理解使用的介面版本，並採取邀請制度，未來將採用「核心理念 × 用戶行爲 × 科技發展」公式，隨時變換新的樣貌，三個理念如果未來都大於一，這項公式所打造出來的元宇宙太空船也將越來越龐大。

國泰金看好 DeFi 成國際趨勢　提前部署區塊鏈應用

國泰金控在今年 2022 國泰金控技術年會上，特別探討 DeFi 開元創世紀，認爲 Web3.0 與 DeFi 已是國際趨勢，其去中心化、公開透明、不可竄改的特性，賦予金融業更多的發展潛能，因此國泰金提前部署，要以創新技術拓展多元應用場景，包括持續研發區塊鏈、雲端技術，以及持續探索數位資產，未來要與子公司合作發展更多區塊鏈應用。

NFT 成爲虛擬與實體世界的觸媒，國泰金控子公司國泰人壽與遠銀今年因此嘗試發行 NFT。國泰人壽發行限量 600 枚 NFT，完成任務可以免費取得，遠銀則是攜手名廚發行 88 枚 NFT，先鎖定至少兩代以上的家庭會員，希望藉由取得 NFT 的客戶爲中心，進一步向外擴散，發展客戶互動，進一步與社群連結互動。

新加坡星展集團也在今年 9 月宣布，與香港數位娛樂暨區塊鏈遊戲發行商旗下的去中心化虛擬遊戲世界平臺 The Sandbox 合作，創建 DBS Better World，星展計畫購入 The Sandbox 元宇宙中的一個虛擬房地產，再結合沉浸式元素開發，成爲新加坡首家跨入元宇宙的銀行。

根據麥肯錫 2022 年最新調查，臺灣客戶對銀行數位通路偏好正在持續上升，分行使用度降低，前者飆升到 76%，後者則滑落到 44%。其中，遠程諮詢接受度意願高，77% 受訪者對於遠距產品諮詢服務抱持正面態度，但受限下單旅程不佳、信任度不足，僅有 3 成民眾完成實際線上下單。

「客戶對全通路客戶體驗期待日益提升，業者必須考慮到客戶金融服務上的旅程感受，確保接觸點之間無縫連結。」麥肯錫畫出了一張圖，描繪客戶的數位金融旅程服務，客戶習慣透過數位方式，自主並即時尋求理專投資建議，在這段旅程中，金融業者可以透過服務機器人、指標監測體系、人工智慧等，優化客戶體驗感受。

金融業在元宇宙世界中，透過區塊鏈去中心化、去除中間人、跨界等特質，可以取得更快、更便宜的交易，包括快速取得資金、透過智能合約完成各種過去需要信任才能完成的協議，這讓金融業借貸、全球貿易金融、智能合約都可以順利通過區塊鏈技術，降低人力成本、提升交易安全與時間性，未來勢必有更多金融業加入元宇宙腳步，隨之而來的，可能將是另一個金融新世界。

圖文來源：摘錄自數位時代 2022/11/12

解說

近年來，由科技業所興起的元宇宙熱潮，金融業也參與其中，透過區塊鏈去中心化特質，可以取得更快、更便宜的交易，包括：快速取得資金、透過智能合約完成各種過去需要信任的協議。現在國內外已有多家銀行加入元宇宙行列，這將是另一個金融新世界。

二、數位金融的服務模式

前述，已說明數位金融的營運模式，就是以「傳統金融機構」利用多項的科技設備與技術，以協助傳統實體面與網路面的業務擴展，並提供即時、便利、效率與安全的「網路」、「自動化」與「支付」金融服務。以下將針對這三大項的金融服務，作一簡單扼要的說明。

（一）網路金融服務

傳統金融業要朝向數位化發展，很重要的就是要能夠提供即時且快速的網路交易服務。所以各金融機構須將本身的業務與服務，藉由網路的通道建立各種數位平台，以提供效率簡捷的網路金融服務。此外，原本的金融機構，除了將業務放置數位平台外，亦可新成立專門以網路服務爲主，並結合社群媒體的新數位化金融機構，以進一步強化數位金融的服務。

例如：銀行業爲了使銀行的服務範圍更廣泛與便捷，會設置「網路銀行」與「行動銀行」之服務平台；投信業爲了銷售基金的便利，會設置「基金銷售服務平台」；證券商或期貨商爲了促進金融商品的交易速度，會設置「證券與期貨交易平台」；壽險公司爲了銷售保單的便利性，會設置「保單銷售平台」等。例如：現代積極發展數位化銀行，會另外成立專門以網路服務爲主的「直銷銀行」。此外，銀行的經營模式，亦可結合網路社群媒體的通道，成立所謂的「社群銀行」，利用群眾的力量，更深化數位化的經營內涵。

（二）自動化金融服務

現在的傳統金融業，由於受到金融科技的競爭，以及行動金融的威脅，使得實體據點的業務量大幅萎縮，所以傳統金融產業，必須在服務設備上進行升級、以及技術上尋求創新，才能使實體的金融服務，跟得上時代的潮流。因此傳統金融機構，須再增添許多智慧型設備，以取代人工的決策或服務；並以更快速的電腦運算系統，促使金融產業的升級。

例如：在銀行裡，增設許多自動化的迎賓「智慧機器人」、或感測客戶的設備技術（如：iBeacon），爲客戶提供個人化的精細服務；或提供會自動幫客戶進行理財規劃的機器設備，以提供給個人客製化的理財規劃；或增添遠端「虛擬櫃員機」（VTM），爲客戶提供遠端服務，客戶不用至實體銀行，可經由視訊就可讓客戶和銀行客服人員進行對話溝通。例如：在銀行裡，民眾可穿帶上 VR 裝置，就可進入由銀行所建構的元宇宙世界與虛擬行員互動、體驗投資理財分析與消費購物支付等等金融服務。

（三）支付金融服務

傳統上，人們無論在實體商店或網路平台，買賣實體、金融商品或其他服務，欲進行付款時，以往只能選擇現金、信用卡、儲值卡（帳戶）等工具付款。但現在智慧型手機，可將這些支付工具（如：銀行發行的信用卡）整合於系統內，讓人們可以很便利的使用它來進行「行動支付」。因此行動化的支付模式，是現今發展金融智慧化的重要服務型態。當然的，行動支付的工具，現今除了以手機爲主的方式外，將來隨著物聯網的發展，支付工具將會擴展至利用人體的生物辨識（如：聲紋、人臉、虹膜、指紋等）、或其它穿戴裝置（如：智慧型手錶）等。

例如：人們當在店家消費時，只要被店家掃描手機上的 QR Code、或者手機去掃描消費店家的 QR Code，就可指定之前在行動支付公司所設定的電子錢包（如：信用卡、金融卡或儲值帳戶）內的資金，去進行「行動支付」行爲。例如：人們亦可利用個人的生物特徵（如：臉形）綁定信用卡帳戶，並利用人臉辨識系統進行「行動支付」活動。

決勝新金融！
科技、數據、生態圈，3 關鍵揭銀行服務未來式

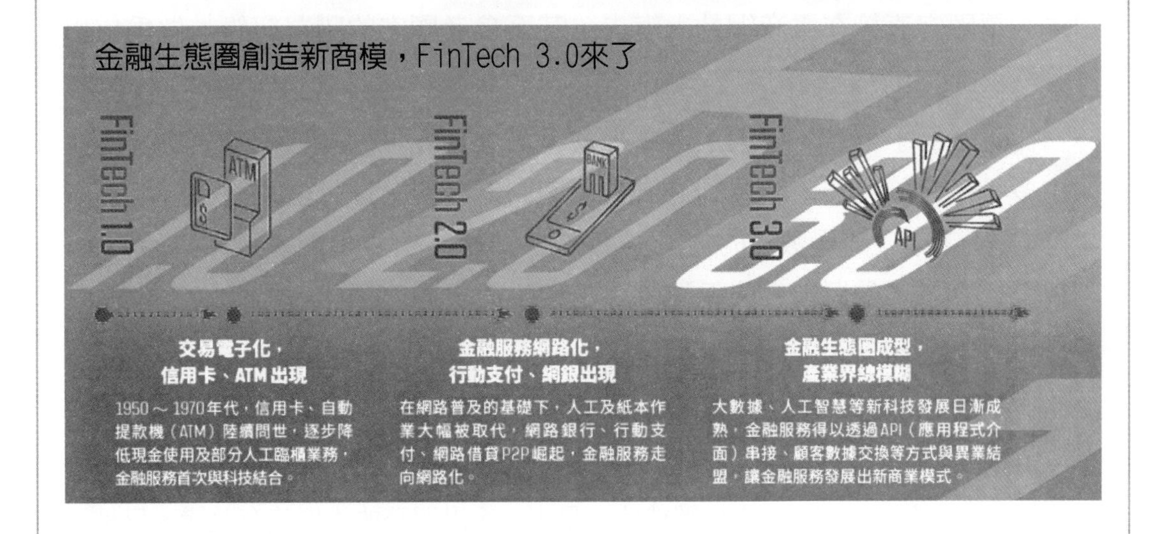

放倒金融高牆，單兵作戰時代過去了

麥肯錫公司在 2019 發布報告指出，金融業要提升競爭力和獲利能力，以及對抗科技業者、純網銀等新興對手，就必須擁抱生態圈策略。過往，金融是受到政府高度監管的行業，諸如存放款等業務，只有領有銀行牌照的業者才能做，競爭環境不若其他產業激烈。

國發會在 2020 年宣布推出「My Data 數位服務個人化平台」，開放戶籍、不動產、繳稅紀錄、勞健保投保及車籍等 31 種資料，只要取得民眾的同意，就可以彼此串聯共享跨機關資料。國發會還與金管會合作，將 My Data 與金融服務串接，可將上述資料做為財力證明，加速線上申辦信用卡、信貸、車貸及房貸等。另外，從 2019 年起，金管會也推動「開放銀行」政策，只要經客戶許可，銀行必須將自身的客戶資料與其他業者共享，讓金融服務將不再受限於銀行，變得無所不在。

轉守為攻，金融大咖的野心與布局

發展金融生態圈發展之所以重要，主因是金融業者坐等客戶上門的經營模式已經徹底動搖，必須轉守爲攻，提前掌握客戶需求。舉例來說，若將金融數據與電商客戶資料整合，顧客在逛網拍時，銀行就能推薦優惠最多的信用卡，讓顧客直接在電商網站上辦卡，甚至參考顧客的購買紀錄，做爲信用評分的依據之一。一經申辦，就能判斷資格立刻核卡，讓顧客當下就能刷卡。

從這個例子來看，透過生態圈經營，銀行首先可以降低獲客成本，還能藉由多元產業的合作，觸及到過去接觸不到的客群，像是信用小白、培養學生客群等。其次，透過數據的搜集，可以更精準地行銷，達到變現目的。最後，利用數據分析，掌握顧客的偏好，讓體驗變得更加客製化，還能進一步鞏固客戶忠誠度。

概括來看，金融業者目前在生態圈的發展和布局，大致可分成 3 種模式。

1. **銀行即服務**（Banking as a Service）

   將自家的金融服務融入合作夥伴的場景中。金融服務的本質沒有改變，只是變成一種服務，隱身在產業的場景中。這也是臺灣多數金融機構發展生態圈優先著手的方向，成功機率較高。例如:保險公司和旅遊網站合作，客戶購買機票時，可直接加購保險產品。

2. **銀行即平台**（Banking as a Platform）

   可歸納兩種型態，一種是利用金控集團旗下各子公司的資源，自建一個生態圈；另一種方式是將其他業者的服務，放在銀行的平台上。例如：新加坡的星展銀行就鎖定了房貸市場，將房仲服務整合到自家網站上，提供消費者看屋、貸款的一站式平台。不過，自建生態圈因爲涉及非銀行擅長的業務，關係到民眾的購物習慣，發展難度較高。

3. **開放銀行**（Open Banking）

   指的是在消費者同意下，銀行將金融資料開放給其他金融機構、第三方業者，提供創新的服務與產品。不過，專家認爲，這類模式還有兩大挑戰。一是銀行無法確保資料串接到第三方機構的資料安全；二是現階段還沒有找到可以讓銀行、消費者及第三方服務業者能夠三贏的商業模式。

生態圈的未來樣貌：無痛、無感、無形

當你逛網拍，準備下訂要買給好友的生日禮物，突然發現帳戶餘額不夠，離發薪日又還有半個月。這時，在你的同意下，電商與銀行業者根據你平時與他們往來的資料試算，提供一個臨時的消費額度讓你結帳，並自動在下期薪水中扣除。又或者，當你使用行動支付，想連結銀行帳戶扣款、儲值時，發現一個很好用且回饋誘人的數位帳戶，這時，你不需要到銀行臨櫃開戶，更不需要開啓銀行網頁，直接在行動支付的 App 中，就能馬上完成開戶，且立刻開始使用。

這些看似無痛、無感、無形的金融服務，已不再是科幻的場景，而是近在眼前的實境。轉型中的金融服務，將打破重重關卡，經由金融業與跨產業共組的生態圈結盟，讓金融服務既安全又便利。當金融服務隱身幕後，如同水電一般方便，專家指出，「掌握客戶喜好」、「強化品牌影響力」將成爲發展生態圈時，形成差異化、取得優勢的關鍵。金融業者著眼的是市占率，透過異業合作，集結不同的生態圈夥伴，就能累積更多非典型信用數據（Alternative Credit Data；ACD），掌握消費者行爲，發展出新營運策略和行銷模式，拿下更多客戶。

生態圈決勝的關鍵，在於業者是否擁有巨量資料分析能力，提供差異化服務。以最常見的支付服務爲例，銀行可以透過分析客戶的消費數據，預測店家的存貨，甚至主動幫商戶叫貨。這項服務將成爲激勵商家使用金融服務的誘因，離不開生態圈服務，創造差異。

圖文來源：摘錄自數位時代 2020/10/12

解說

未來的金融業的經營不能再單兵作戰，必須「開放內部資料」與異業結盟，透過發展生態圈，累積更多的非典型數據，才能提前掌握消費者行為，發展出精準具差異化的行銷模式，以增大其經營範圍。

1-3 金融科技簡介

近年來，由於全球科技產業的蓬勃發展，使得電腦與網路的處理速度增快、行動與感測裝置被廣泛的使用，讓人們的生活型態中，無論是通訊、生產、消費、營業、社交等活動，無不仰賴無形的網路、以及有形的電腦、行動與感測等科技設備。整個經濟社會的商業活動，受到科技進步的驅動下，逐漸往數位化、行動化與社群化的方向邁進，也讓營業交易與資金流通，更具便利性與效率性。

當然，涉及資金流通的金融產業，更是受到這股科技潮流化的影響。由於讓科技元素滲入金融活動，所興起的「金融科技」產業，勢必對原有金融產業的營運生態，產生劇烈衝擊，所以全球的金融產業亟需轉型，才足以順應科技時代的潮流。因此科技對金融所帶來的質變，是金融業所必須面對的一項重要議題。以下本節將介紹的內容，爲近期被熱烈討論的金融科技之相關議題。其內容包含金融科技的發展趨勢、以及營運服務模式。

一、金融科技的發展趨勢

近年來，網路、行動與感測科技的發達，讓科技與金融的結合，所興起的金融科技產業。其產業的發展趨勢會對原有金融業產生衝擊，將使原來的金融服務型態，朝向「金融仲介式微化」、「資金移轉脫媒化」、「網路金融社群化」、「金融資源共享化」、「智慧科技普惠化」等幾個趨勢。以下將分別說明之：

（一）金融仲介式微化

金融科技的營運模式與傳統金融最大的不同點，就是金融營業活動，「可不經傳統金融機構的運作」，就可完成資金移轉、商品交易以及投資理財等各項數位化的金融活動。因此金融科技產業的運作的目的，就是希望利用科技，提供更低成本、高效率、高價值的金融服務，並降低對傳統金融中介的依賴，以達到「金融脫媒」（Financial Disintermediation）的營運模式。

電商公司利用互聯網的技術，在網路提供許多網戶對網戶（Peer-to-Peer；P2P）的交易平台；電商公司除了提供互聯網戶的交易紀錄，供個別網戶參考外，網戶亦可自行蒐集資料、偵測對方，並完成配對媒合與訂價交易。所以互聯網的網戶交易雙方，可以不經傳統的金融仲介機構（如：證券商、交易所），就可以完成資金的移轉或金融商品的交易等活動。因此金融科技的發展，將使金融活動朝向「去中介化」（Dis-intermediation）的方向邁進。

（二）資金移轉脫媒化

以往人們的消費支出，須利用實體信用卡、金融卡、儲值卡或現金的方式，來進行支付。現在電商公司在網路上，開設資金的儲值帳戶，讓客戶先將資金儲值進帳戶後，就可利用「電子支付」系統的模式，進行P2P的資金移轉，如此一來，讓支付的流程不經銀行仲介，可以節省交易手續費，使得資金移轉去媒化。

此外，智慧型手機的普及發達，讓原本靜態的電子支付儲值帳戶，延伸至可以進行行動支付的電子錢包，大大的提升使用的便利性與廣泛性。隨著物聯網的進展，人們除了利用手機當支付工具外，亦可利用身體上的穿戴式裝置（如：智慧型手錶）、或生物辨識（如：人體的臉部、虹膜、指紋或聲紋）模式，再透過資訊設備與欲當支付的帳戶相互結合後，亦可完成資金移轉。因此金融科技的發展，讓資金的移轉兼具脫媒化與行動化的趨勢。

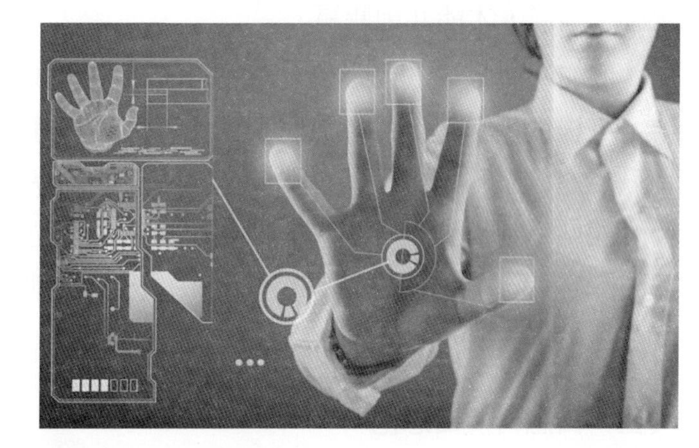

（三）網路金融社群化

傳統的金融市場，乃由金融機構爲資金仲介中心，政府企業法人與投資個人分別爲資金的供需雙方，所以這三者所形成的金融社群，彼此關係壁壘分明。這種傳統金融社群裡，交易雙方會常出現資訊不對稱，且權益分配不對等的情形。但在互聯網的社群世界裡，由於去中心化的特性，所以每個節點個體都是中心，使得資訊透明、資源平等，讓網路社群的個體彼此共享經濟，並實踐「普惠金融」（Financial Inclusion）爲目的。

所以現行由電商公司所設置的各種網路平臺（如：借貸、群眾募資等），除了增加人們通訊社交的便利性外，也建構出無形的社群網絡。人們可藉由網路社群平臺，利用其互聯互通、以及共享共治的特性，以完成網戶之間（P2P）的資金借貸、匯款、保險、籌資、商品交易等活動，且交易雙方基於公平與公開的原則，可讓交易成本降低。

此外，由於網路社群的發達，各種網際間的聯繫交易頻繁，造就網路虛擬市場的產生。網戶成員在社群裡彼此交換討論買賣經驗與需求，所以電子類型的「虛擬貨幣[6]」（Virtual Currency）也應運而生。近期，虛擬貨幣再結合具社群特質的區塊鏈系統發展出「去中心化金融[7]」（Decentralized Finance；DeFi）。因此金融科技的發展，將使金融活動朝向去中心化的網路社群平臺的方向移動。

（四）金融資源共享化

由於傳統金融在原有市場經營許久，擁有眾多的交易與消費等數據。金融科技公司大都是中小型的新創事業公司，可能擁有創新的經營思維模式與科技技術，但最缺乏的就是數據與資料。因此必須藉由本身的創新服務或技術與傳統金融合作，透過 API 的串聯建立起服務生態圈，彼此金融交易消費數據資料共享，共同開發新客群，才能共創雙贏。

例如：經營貸款或投資理財整合資訊的新創公司，透過 API 與各家銀行相連結，可提供多家銀行的存放款利率、匯率與各種理財商品的資訊給消費者；消費者只要進入服務網站，就可比較多家銀行的商品，且可進一步引導消費者進入銀行的網站進行消費或交易。如此一來，新創公司除了爲自己爭取至業務，也將更多的顧客消費需求，透過 API 帶進銀行，讓新創公司與銀行共享資源，雙方都達到互惠的效益。

（五）智慧科技普惠化

金融科技產業就是利用科技的技術，驅使金融活動更具效率、安全與便利性，並能夠將金融資源普及到每一個細微的網戶，並且讓金融服務潤物無聲的融入在我們的生活的各種場景[8]。所以在各種先進科技技術（如：人工智慧、區塊鏈與生物辨識等）不斷的進步下，將讓這些智慧科技能爲金融帶來資訊透明、資源平等、親民便利，讓網路的個體彼此共享經濟，以實踐普惠金融。

例如：電商公司將互聯網活動所產生的巨量資料，結合人工智慧的自主與深度學習，讓電商的金融服務（如：電商的徵信放款、財富管理等）能夠更具智慧化，並且能夠普及至每個網戶。例如：電商公司可以利用區塊鏈技術，應用於各種 P2P 的交易模式上，使互聯網金融上的每個個體的地位均等，以達到共享共治

---

6 有關虛擬貨幣之介紹，請詳見本書第 9 章。

7 有關去中心化金融之介紹，請詳見本書第 9 章。

8 各種金融服務能與消費者的生活場景完全結合的情形，又稱為「嵌入式金融科技」（Embedded FinTech）。

的境界。例如：電商公司可以利用生物辨識技術（如：臉部辨識），以協助在進行行動支付時，利用臉部辨識系統促進支付的安全性與便捷性。例如：電商公司在消費者網路或實體購物的同時，就直接讓支付平臺提供各種金融服務選項，讓金融嵌入我們日常之中，以達普惠金融。

二、金融科技的服務模式

基本上，金融科技的營運模式，主要是由「電商公司」所主導，利用多項的科技設備與技術，以提供即時、便利、效率、安全與公平的資訊與交易模式，讓業者進行「支付」、「社群」以及「電商」等三種金融創新的服務。以下將針對這三大項的金融服務，作一簡單扼要的說明。

（一）支付金融服務

近年來，爲了協助網路買賣雙方的交易便利，興起的另一種由「非銀行」居間仲介的資金移轉模式，稱爲「電子支付」、也可稱爲「第三方支付」。電子支付系統是由電子支付公司居間，協助買賣雙方資金移轉支付的交易方式。一般網戶只要在電子支付公司所設立的帳戶內有儲值金，雙方可以在封閉式的帳戶內進行 P2P 資金移轉，不用再透過銀行居間轉帳。近期，拜智慧型手機的普及發達，又讓原本靜態的電子支付儲值帳戶延伸至可以進行「行動支付」的電子錢包，大大的提升使用的便利性與廣泛性。

例如：消費者於網路平台購買商品，買賣雙方可利用彼此的電子支付帳戶進行資金移轉，此交易也稱C2C（Consumer to Consumer），且此交易行爲亦可擴展利用智慧型手機來進行，所以也是行動支付的一環。

（二）社群金融服務

社群金融是指人們加入電商公司，所設立的網路社群，並利用社群所提供的交易平台（如：P2P 借貸、匯兌、籌資、虛擬貨幣交易平台等），開啓資金借貸、匯兌等各種金融服務模式。因在互聯網的網絡中，每一個網戶個體都是中心，大家藉由互聯互通的網路，彼此供需交流，讓資源可被充分的利用與分配，已達共享經濟之境界。

此外，負責架構網路社群平台的電商業者，可將每個網戶長久以來所累積的交易資訊，經過大數據分析後，轉爲網戶的信用評級，以掌控網戶的違約風險；亦可利用區塊鏈的技術，來建構更安全交易體制，以控制社群交易上的風險。因此，社群平台業者運用大數據分析、人工智慧或區塊鏈技術，來嚴控社群金融的風險。

例如：小額資金的供需雙方，可透過電商公司，所架設的「P2P 借貸平台」，進行資金的借貸。例如：需要資金的微型企業，可藉由電商公司，所架設的「群眾募資平台」，利用小額投資人的資金籌措到創業資金。例如：電商公司可以利用區塊鏈技術，建構 P2P 的商品交易或資金清算系統。例如：投資人利用區塊鏈系統所建立的「去中心化金融（DeFi），進行虛擬貨幣的投資借貸與支付等活動。

（三）電商金融服務

電商金融，又稱「影子金融」，是指由非傳統金融機構（如：電商公司），從事金融相關業務的經營。通常每個國家的金融體系，是受到該國政府單位嚴格的監管。但由於有些國家（如：中國），因金融監管制度並不明確，再加上互聯網的發達，所以讓影子金融得到發揮的空間。

通常影子金融是由電商公司所設置的「第三方支付轉帳」系統中，因網戶在閉環式的「儲值帳戶」裡，累積了龐大的資金，電商公司便利用這些資金，從事起類似銀行的「徵信放款」、「信託投資」、「財富管理」、「投資銀行」與「直銷銀行」等多項的影子金融業務。

例如：中國－阿里巴巴電子商務公司，就是將眾多網戶在「支付寶」儲值帳戶內，暫時不用的閒置資金，全部集結起來放入另一個共同帳戶－「餘額寶」，再將「餘額寶」內的資金，幫所有網戶投資貨幣型基金，以幫網戶創造更高的投資收益；此種創新的金融營運模式，有點類似傳統銀行信託業務中「集合管理運用帳戶」[9]。例如：電商公司亦可將將眾多網戶在儲值帳戶裡的小額資金籌集起來，針對互聯網的網戶進行放款；或者成立理財平台，爲互聯網的網戶進行投資理財。此外，電商公司可進一步成立，以服務互聯網社群網戶爲主的電商銀行或電商保險，直接針對網戶進行銀行與保險相關業務的服務。（如：中國阿里巴巴電商公司，成立的「浙江網商銀行」、「眾安保險」）。

9 「集合管理運用帳戶」是指銀行信託部集合特定信託人，簽訂「集合管理運用契約」，並幫委託人集中管理運用資金。

《10 大未來科技趨勢》
金融科技：區塊鏈成顯學 銀行「嵌入服務」將無所不在

5大技術 強化金融服務滲透力

技術名稱	應用領域
區塊鏈	強化資料共享與傳輸的信任強度
資料共享	透過共同定義或協定讓支付、記帳、投資理財資訊等金融服務嵌入不同平台，分享數據，進而提供更多元、精準的服務
理財機器人	透過大數據、深度學習等技術導入理財顧問服務，由系統提供投資組合建議、理財與資產管理的自動化服務
機器可讀技術	讓資料以電腦可直接讀取的形式儲存或呈現
分散式身分認證	有別於傳統一對一的數位認證，分散式身分識別是以他人證明為基礎，更方便、更安全

財訊

資料來源：本刊調查

金融科技正在重塑金融業，讓服務更具包容與普惠，甚至創造更有效率、更個人化的金融服務。專家票選有五項金融科技，將徹底顛覆金融業務，但也不乏挑戰。未來每一家公司，都會是金融科技公司，機器人理財業者阿爾發投顧董事長直言。「每一家公司一定都有金融服務需求，不管是給客戶還是自己，你只要願意讓某個金融機構把它的服務嵌入（embedded）你的系統平臺，你就會變成金融科技公司。」

以前，去銀行就只能辦銀行的業務，保險業務員只能賣保險，如今，在電商平臺上也能開證券戶，不管是服務一般投資人的自動理財機器人，還是銀行之間的環球貿易供應鏈金融、產險業間的車險理賠、壽險業與醫院串接醫療險理賠聯盟，只要透過應用程式介面（APII）串接進行平臺間的資料共享、搭配區塊鏈技術與分散式身分認證加強信任強度，就可以將金融服務順暢並安全地嵌入在工廠、醫院、甚至上架在電動車或電商平臺，促成「場景金融」大趨勢。

大未來》安全又便利　場景金融成趨勢

傳統上，金融業雖然很早就大量應用數據與電腦計算，但受限於特許行業的安全性限制，不能輕易與其他系統平臺對接，特別是最耗資源的核心系統，只在封閉的大型主機（mainframe）上運作。直到近年，新興科技顛覆全球金融產業，才逐步改變提供金融服務的形式，不僅訴求千人千面的客戶體驗，還能與不同平臺串連打造不同場景，進而形成生態圈。換句話說，未來的金融服務將不只在金融機構，而是無所不在。

國際間金融科技早已風起雲湧，在支付、保險科技、財管科技、與區塊鏈／加密貨幣等，都有長足的進步。但臺灣卻是直到 2020 年疫情封境封城，爲了提供遠距、零接觸、持續不中斷的金融服務，才在法規上大幅開放業務限制，金融業也才願意投入大量資金進行數位轉型。根據金融總會統計，預估 2023 年臺灣金融機構投入金融科技總經費已達 369.3 億元，較五年前成長 1.23 倍。

大錢景》逾兆美元市場　國泰金積極投入

目前最被看好的區塊鏈技術，國內金融機構以國泰金控發展最積極。國泰金控數位架構發展部副總經理指出，區塊鏈技術可提高交易透明度和可追溯性、加強金融數據安全、更快速地交易和結算、利用智能合約增強資產管理，進而促進普惠金融、加速國際支付和匯款並降低成本、創造新的金融產品等。

「過去金融商品要求在地化，但透過區塊鏈技術將資產代幣化後，就可透過公鏈或是聯盟鏈輕易與國際接軌，達到資產可分割、即時結算交割、增加資產流動性等好處」。許多研究機構亦認爲，資產代幣化在 2030 年達到兆級美元的市場規模。若未來所有金融商品都可代幣化，並且結合央行的數位法幣（CBDC）和銀行存款代幣（deposit token），區塊鏈金融生態系將指日可待。

人工智慧和區塊鏈雖是顯學，但受限於金融法規限制與業務特性，並不是每個項目都需要用到。保險科技新創公司洽吧智能（Bravo AI）執行長指出，該公司的「馬克」是一座集電腦視覺、自然語言處理、光學字元識別、資料探勘等開放式機器深度學習技術的應用核心，能讓仰賴大量紙本作業與親晤親簽流程的人壽及產物公司全面數位化，進而協助建立更準確的核保與理賠的風險模型。不過因爲洽吧專注於做後臺數位化，目前還不需要使用到生成式人工智慧和區塊鏈。

「其實機器可讀技術一直在迭代更新。例如，每個人的身分證都一樣，但診所病歷是一片巴掌大的紙，可能是直書；大醫院病歷卻是A4橫書的形式，圖案屬於機器很難辨別的非結構資料。我們的技術就是核保人員一掃描，機器就能判讀並自動歸檔，並做自然語言處理（NLP）或大數據分析，進而產出該客戶或該保單的風險報告，爲了確保可問責性，一定是人機協作，而非全自動」。

圖文來源：摘錄自財訊 2024/02/17

解說

近年來，金融科技產業蓬勃發展，其所發展的技術與服務都可提高金融服務的水準。這個產業的發展未來有五大技術是值得關注，分別為區塊鏈、資料共享、理財機器人、機器可讀技術與分散式身分認證等。

金融 FOCUS

QR CODE	影片主題、網址、日期、長度、語言與出處				影片重點簡介
	◆ 銀行已經不只是銀行，而是一間科技公司，來一探究竟吧！ https://www.youtube.com/watch?v=svzBpQAj6bw				隨著科技的進步，讓科技融入金融，將使銀行的營業型態發生轉變。未來銀行需大量運用科技，讓它的服務隨時就在你身邊。
	2021/12/22	7 分 49 秒	英語 （中文字幕）	Discovery	
	◆ 太多證券戶好煩惱？只要一個APP把你的存摺集「e」起！ https://www.youtube.com/watch?v=uR0PkMXcQF4				國內證券集保公司積極發展數位化，推出 e 存摺 APP，投資人可將不同券商的資產，利用雲端整合在手機裡，一目瞭然，不需要攜帶多本存摺。
	2019/12/23	7 分 52 秒	華語	東森財經新聞	
	◆ 元宇宙商機無限大？帶你看清未來的金融科技新趨勢！ https://www.youtube.com/watch?v=8nkixzUiGDg				近年來，全球興起一股元宇宙熱潮，它的發展與傳統金融也息息相關。使用者可藉由 VR、AR 等裝置進入元宇宙，且可發行 NFT 進行籌資。
	2022/08/19	4 分 26 秒	華語	金融研訓院	
	◆ 新興金融科技來了　銀行靠邊站 https://www.youtube.com/watch?v=PA8ocXcTC7w				金融科技創業團隊 Weswap，顛覆民眾兌換貨幣的想像。其提供線上兌換平台，讓世界兩端的民眾可以兌換貨幣，省去了銀行的匯差與手續費。
	2016/06/16	3 分 30 秒	華語	天下雜誌	
	◆ 首座金融科技加速器！輔導百家新創團隊 https://www.youtube.com/watch?v=tjGPXoXrzcE				國內積極發展金融科技產業，設立首座金融科技加速器，輔導百家新創團隊，如：發票 App，機器人理財系統統統入列。
	2021/11/19	2 分 41 秒	華語	非凡新聞	
	◆ FinTech新勢力　台版羅賓漢"好好證券"零手續費的盤算? https://www.youtube.com/watch?v=chiS2BJh_3Y				國內金融科技產業先驅－好好證券，首創基金交換，採先買後付模式，且低門檻，免服務費，搶攻金融小白市場，顛覆傳統金融。
	2022/03/13	6 分 57 秒	華語	非凡新聞	

金融科技力知識檢定測驗試題

( ) 1. 下列何者是未來金融從業人員在通路轉型後應積極扮演的角色？ (A) 文書處理 (B) 快速操作電腦完成交易 (C) 被動等待上級主管安排新的職務 (D) 發揮客戶黏著度，成為跨通路虛實整合無縫接軌的重要樞紐。〔第1屆〕

( ) 2. 下列敘述何者錯誤？ (A) 全方位通路是建立在海量資料的基礎上 (B) 純數位銀行已全面取代傳統具有分行網路的銀行 (C) 許多歐美銀行開始廣設微型分行 (D) 許多分行轉型失敗在於「為技術而導入技術」。〔第1屆〕

( ) 3. 下列何者不是未來金融服務的共同發展要素？ (A) 具備跨境與跨業之商業模式 (B) 發展服務為平台化與去中介化 (C) 僅強調實體通路的變化性與多元應用 (D) 致力於引進科技應用於金融科技價值鏈。〔第1屆〕

( ) 4. 下列何項發展最不可能影響未來銀行經營面貌？ (A) 行動技術（Mobile） (B) 社群技術（Social） (C) 大數據（Big Data） (D) 3D 列印技術（3D printing）。〔第2屆〕

( ) 5. 下列何者是整合性服務與線上線下服務的最大賣點？ (A) 提供客戶搜尋服務 (B) 提供有價值且可黏著客戶的服務 (C) 將服務由線下搬到線上 (D) 提供客戶優惠服務。〔第2屆〕

( ) 6. 下列哪一項不屬於金融科技（FinTech）應用的一環？ (A) 大數據應用 (B) 生物識別 (C) 全球定位 (D) 區塊鏈技術。〔第1屆〕

( ) 7. 有關金融科技產生的顧客與傳統金融機構關係的改變，下列敘述何者錯誤？ (A) 金融科技公司能夠滿足客戶的金融需求，並培養客戶的金融科技體驗，改變傳統金融機構與客戶的關係 (B) 傳統金融機構可能發展成為金融產品供應商 (C) 面對金融科技公司的挑戰，傳統金融機構應堅持實體通路的規模優勢 (D) 金融科技公司未來可能通過同業或異業結合，提供系列的金融產品或服務套件，與傳統金融業者產生更激烈的競爭。〔第1屆〕

( ) 8. 在數位經濟的時代，銀行的服務可以隨時隨地以任何設備取得，面對這樣的變化，銀行未來應特別重視的重點為何？ (A) 國際化趨勢 (B) 分行的普及 (C) 客戶的體驗 (D) 金融業的整併。〔第3屆〕

(　　) 9. 有關金融通路轉型趨勢的敘述，下列何者錯誤？ (A) 客戶使用的交易載具愈趨多元化 (B) 銀行對交易方式的掌握愈趨不易 (C) 銀行可透過科技力量，發揮黏著度，主動關懷客戶 (D) 實體通路交易量相對降低，業務複雜度亦隨之減少。〔第 4 屆〕

(　　)10. 有關銀行分行轉型的原因，下列何者錯誤？ (A) 銀行內部成本的壓力 (B) 科技對生產力的提升 (C) 客戶臨櫃交易需求的降低 (D) 行動及網路銀行可完全取代實體銀行功能。〔第 4 屆〕

(　　)11. 下列何者非未來金融服務業的營運模式與風險管理趨勢？ (A) 未來將以便利、隨取隨用、客製化的服務取勝 (B) 依照不同的價值與顧客習慣差別訂價 (C) 有更多投資在創新科技上的機會 (D) 未來手機、線上、面對面等通路的接觸點界限將更趨清楚。〔第 4 屆〕

(　　)12. 有關科技對金融業務通路的影響，下列何者錯誤？ (A) 客戶體驗改造是首要目標 (B) 未來實體分行將無存在價值 (C) 促成行動通路與數位銀行興起 (D) 實體分行設置互動式電子看板可使大數據分析更準確。

〔第 4 屆〕

(　　)13. 傳統銀行在應對挑戰時的「數位化策略」，下列何者較不適合？ (A) 擴大實體分行規模，以提供更好服務 (B) 適時引進成熟的人工智慧應用 (C) 建立數位時代金融從業人員的應對策略 (D) 與異業結盟，將金融服務嵌入客戶的生活場景。〔第 8 屆〕

(　　)14. 以客戶體驗為中心，除整合運用各種數位技術外，更記錄客戶在不同通路的反應，分析客戶的需求，並據以規劃客戶所需的產品並適時提供，稱為下列何者？ (A) 單一通路 (B) 多通路整合（Multi-Channel） (C) 全通路整合（Omni-Channel） (D) 雙通路整合。〔第 9 屆〕

(　　)15. 比較傳統投資（財富）管理與金融科技管理的不同時，我們會發現：(A) 金融科技投資管理主要參與者為機構投資者 (B) 金融科技投資管理強調投資者賦權 (C) 金融科技投資管理的客戶較注重整合性與一站式服務 (D) 金融科技投資管理的優點在於可以更多中介機構專家建議。〔第 9 屆〕

(　　)16. 所謂的「FinTech 3.0」是指下列何者？ (A) 跨國界的金融交易資訊可精確的即時進行交換 (B) 現代化的自動清算機構的出現 (C) 全球性的機構，如：Worldwide Interbank Financial Telecommunications, SWIFT 之成立 (D) 非銀行（Nonbank）的新創公司有機會推銷其利基型的金融產品與服務給消費者、公司行號、甚至是傳統金融業者。〔第 10 屆〕

(　　)17. 根據 WEF（2015），有關金融科技造成顧客與金融機構關係改變，下列敘述何者錯誤？ (A) 傳統金融機構可能發展成金融產品供應商 (B) 金融機構走向「一站購足」的大眾市場模式 (C) 金融機構需要通過同業或異業結合以滿足顧客需求 (D) 金融機構將面臨顧客對服務標準的提高。

〔第 10 屆〕

(　　)18. 傳統銀行在應對挑戰時的「數位化策略」，下列何者是比較好的作法？ (A) 增加實體分行 (B) 建立無縫客戶體驗 (C) 破壞式分拆收益模式 (D) 切割實體與數位通路。 〔第 11 屆〕

(　　)19. 金管會 2016 年發表的金融科技發展策略白皮書中，要完成的五大基礎建設不包括下列何項？ (A) 生物辨識 (B) 共享經濟 (C) 區塊鏈 (D) 雲端服務。 〔第 12 屆〕

(　　)20. 下列何種現象不是造成「去中介化（Disintermediation）」興起之原因？ (A) 傳統銀行存貸業務受到法規、技術和存款準備金的限制，無法完全滿足風險偏好程度高的存款者與高風險的借款人之需求 (B) 2008 年金融海嘯後，歐美投資銀行在資本市場的中介機構角色與對金融市場風險接受度已減少 (C) 人們從事金融交易時不考慮時間及空間之便利性及手續費之節省 (D) 投資銀行的資本需求增加，也限制了投行創造市場流動性的能力。

〔第 14 屆〕

NOTE

互聯網與物聯網

Chapter 2

本章內容為互聯網與物聯網，主要介紹互聯網金融與物聯網金融等相關內容，其內容詳見下表。

節次	節名	主要內容
2-1	互聯網	介紹互聯網金融與金融互聯網的差異、以及互聯網金融的興起原因、特點與應用趨勢。
2-2	物聯網	介紹物聯網的特點、運作架構與在金融應用趨勢。

【本章導讀】

近代，由於網路科技的普及發達，使得社會上的各行各業，均運用網路通道的便利與快速性，另闢新的數位化營運模式。當然的，金融業也順應這股趨勢潮流，也開啓網路的數位化服務時代，此稱爲「金融互聯網」。

但隨著網路社群平台的崛起、與行動裝置的普及，讓網路互聯互通的便利性，更普及到每一個個體，也讓網路的營運模式，朝向共享經濟的趨勢邁進，所以產生「互聯網 +」的新營運型態。當然的，科技業運用「互聯網 +」概念，逐步將經營範圍滲入至金融活動，所以讓兩者相融合，激發出「互聯網金融」的創新營運模式。

爾後，將來隨著感測裝置的普及發達，各種實體物品也裝上可以自動連網的感測裝置，讓實體物品成爲互聯網的一分子。因感測裝置可以主動的傳輸實物資訊，並經由雲端匯整且經過大數據分析後，再賦予擬人化的資訊回傳至使用者；所以這種以「實物」當作聯繫交流方式，正是「物聯網」的概念。當然的，物聯網可以廣泛的運用在各行各業，與金融業相結合就是「物聯網金融」。

所以本章將針對「互聯網」、「物聯網」與金融相結合，所產生的相關內容，進行逐一介紹。

2-1 互聯網

所謂的「互聯網」（Internet）是指網際網路相連結，所建構的網路社群。由於網路的便利性、迅速性、透明性與廣泛性，讓經濟社會裡的各行各業均使用它，來進行通訊聯繫與營業交易等等活動。因此網際網路，對於現代經濟社會的發展，具有不可或缺的重要性。

當然重視交易速度與資訊透明的金融產業，網際網路是該產業的重要營業管道。傳統上，各金融機構利用網際網路，提供許多數位化的金融服務，稱之爲「金融互聯網」（Financial Use Internet）、或稱爲「數位金融」。現代隨著網路社群平台的崛起，讓網路的營運模式，朝向自由開放、平等互惠與共享經濟的趨勢邁進。社會上也成立了許多新創的電子商務科技公司，逐漸的將這股趨勢潮流，滲入金融活動中，兩者結合產生了「互聯網金融」（Internet Finance）、或稱爲「金融科技」的新營運模式。

現在這股創新的「互聯網金融」營運趨勢與規模，已逐漸成形與擴大，並對經濟社會的資金流動與商品交易，產生莫大的變化。所以互聯網金融的營運模式，正逐漸影響與改變現有的金融生態。

此外，由於「區塊鏈」技術的導入，又讓網際網路的運作由原來強調社群運作的第二代互聯網（Web2），逐而往「去中心化」的第三代互聯網（Web3）發展，也衍生了「去中心化金融」（DeFi）的出現。

以下本節首先介紹現在仍如火如荼在發展的互聯網金融與金融互聯網之差異，再逐一介紹互聯網金融的興起原因、特點以及應用趨勢，最後，介紹現在仍處於摸索階段的第三代互聯網（Web3）的情形。

一、互聯網金融與金融互聯網的差異

「互聯網金融」與「金融互聯網」兩者的差異，大致有以下兩點。其兩者的差異，請詳見圖 2-1 之說明。

（一）主導機構的差異

「互聯網金融」是由「電商公司」建構許多網路社群平台，以協助網戶之間，進行資金移轉、借貸、籌集等多項的金融活動。「金融互聯網」是由「傳統的金融機構」建構許多網路平台，以協助網戶與金融機構之間，進行資金移轉、借貸、籌集等多項的金融活動。

（二）資金流動的差異

「互聯網金融」的資金流動，大致上是「網戶對網戶」（P2P）之間，通常電商公司不涉入資金的仲介移轉角色。「金融互聯網」則是不管是銀行所從事的間接金融、或證券商所涉及的直接金融活動，其資金都須透過原來的金融機構進行移轉媒合。

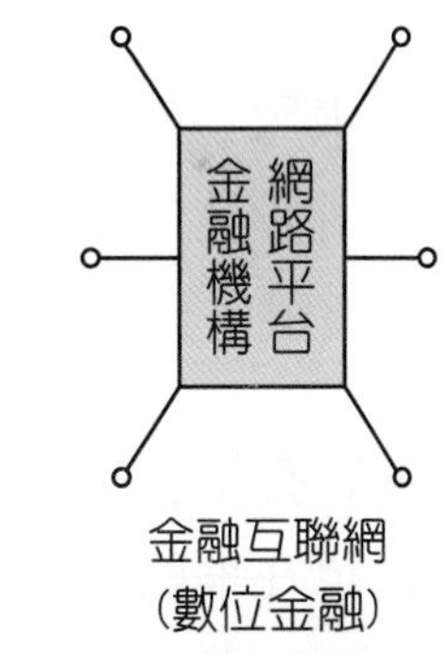

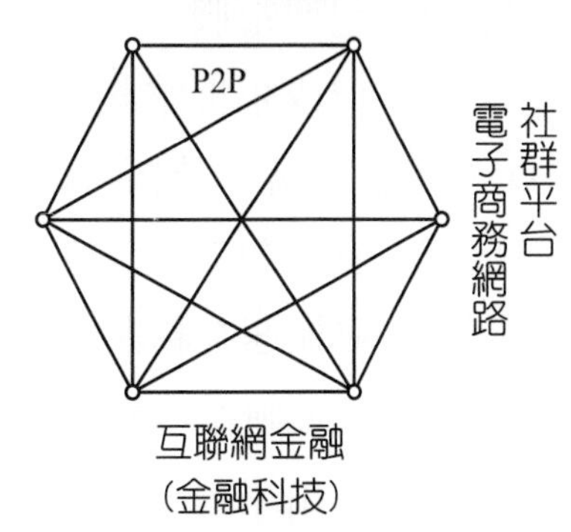

圖 2-1 金融互聯網與互聯網金融示意圖

二、互聯網金融興起的原因

全球的網路發展興起於 80 年代，在 90 年代中期起，美國開始出現網路銀行，就讓金融業邁入數位化的服務時代。爾後，互聯網的發展，隨著網路通訊社群媒體的崛起、以及行動裝置的普及，讓許多新創的電商公司，也利用互聯網從事起金融相關業務，才激發出「互聯網金融」的創新服務型態。以下將進一步說明互聯網金融的興起原因

（一）網路社群崛起

由於網路的興起，增進民眾通訊聯絡的便利性，也凝結了特定目標的網路群體，彼此建立起長期的溝通社群平台。由於網路社群平台的管道，讓網戶之間不受時空的限制，可以盡情的彼此溝通、交流與分享。當然的，人們在社群平台的頻繁交流，也帶動了商業行爲、與金錢流動的發生，所以促使了互聯網金融的形成。

例如：人們在拍賣社群網站販售商品，其資金的支付，可以透過社群網站所設立的儲值帳戶（如：第三方儲值帳戶），進行相互轉帳支付，並不需經過傳統金融機構，所設立的銀行帳戶，就可進行移轉。所以網路社群的運作，帶動了互聯網金融的發展。

（二）行動裝置普及

以往民眾在網路上，從事商務相關活動，所產生的資金流通，都必須透過桌上型或筆記型電腦，才可以完成資金的移轉與支付行爲。但自從行動裝置（如：智慧型手機或平板電腦）的普及發達後，網戶使用行動裝置，以個人身分（如：ID[1]、手機門號、位置（GPS）[2]）連結至網路，使個人在網路世界有眞實的身分與精確位置，對於個人在進行資金支付與移轉，產生莫大的便利性，也造就更大的商機，並加速互聯網金融的成長。

例如：人們在一般實體店家消費後，將進行支付行爲時，此時不用現金支付，可以改由利用手機上所設定的行動電子錢包（如：第三方儲值帳戶），進行資金相互移轉支付。所以利用智慧型手機的行動支付，可以增進資金移轉的便利性。因此行動裝置的普及，會加速互聯網金融的發展。

1 ID 的意思就是身分證（Identification；ID）。

2 GPS 的意思為全球定位系統（Global Positioning System；GPS）。

三、互聯網金融的特點

近年來，興起的互聯網金融服務、與傳統金融業利用互聯網所提供的服務，基本上，是具有某些本質上與精神上的差別，以下將介紹幾個互聯網金融的主要特點：

（一）電商公司主導

傳統的金融互聯網服務，是以金融機構爲主導，金融機構利用網際網路進行各種數位化的金融服務，稱爲金融互聯網。但新型態的互聯網金融，乃以電商公司爲主導，電商公司藉由建立許多網路交易平台，提供各式的金融服務；這是「互聯網金融」與「金融互聯網」，在本質上最大的差異。

（二）顧客享參與權

由於互聯網金融是以電商公司爲主導，電商公司藉由建立許多網路社群平台，協助顧客與業者直接參與，雙方基於公開公平的原則、以及合作分享的精神，讓參與者彼此之間，享有議價與討論的空間，這是以往傳統金融所無法達到的情形。因此互聯網金融模式，就是弱化原先金融機構的仲介角色，讓顧客直接享有交易的參與權。

（三）金流整合服務

通常互聯網就是把各行各業於網路上串聯在一起，所以無論是資訊流、商流、物流與金流皆整合在一起。尤其，互聯網所整合的資金，電商公司可藉由網路交易平台，進行資金的借貸、匯兌（如：P2P 借貸、匯兌）、或投資理財（如：購買基金、保險）等活動。這些金流整合後的服務，有別於傳統金融機構的資金流通方式。

（四）改變支付型態

傳統上民眾在網路或實體店家購買商品後，除了現金交易外，其餘的支付方式，如：匯款、信用卡付款，皆是透過銀行體系完成支付。但互聯網金融的支付型態，可以透過電商公司所設立的儲值帳戶，方便網戶進行網戶之間（P2P）的資金流動。所以當民眾於網路上、或實體店家進行消費支出時，只要透過這個閉環式的儲值帳戶，就可完成資金相互移轉，不用再透過銀行居間。

四、互聯網金融應用趨勢

互聯網金融的交易模式，可運用於資金移轉、商品交易以及投資理財等幾項金融活動。以下將分別說明之：

（一）資金移轉

舉凡資金的支付、借貸、匯兌等活動，皆可透過電商公司所架設的網路社群平台，透過互聯網金融的運作模式，完成資金的移轉與支付，並可提高資金流通的效率。

例如：由電商公司所架設的 P2P 資金借貸或匯兌平台，網戶可以透過平台的媒介，就可進行資金的借貸與匯兌的活動。例如：網戶於網上進行消費行爲，其資金的支付，亦可透過電商公司，所設立的第三方儲值帳戶內的資金相互移轉。

（二）商品交易

現行金融市場的所有的金融商品（如：證券），將來皆可透過電商公司所架設的商品交易平台，透過互聯網運作模式，不經金融仲介機構，就可完成商品的交易，並可以降低交易成本。

例如：電商公司設立的群眾（股權）募資平台，可提供給「微小型企業」或「創意專案」，向平台的網戶進行宣傳其公司未來前景、或者創意專案的概念，並從網戶籌集資金。例如：由電商公司或金融機構，可利用區塊鏈技術，建構證券或虛擬貨幣等商品的交易平台，利用 P2P 的交易型式，完成金融商品或數位貨幣的交易。

（三）投資理財

互聯網的網戶在進行理財活動時，可透過電商公司所架設的理財平台，透過群體的力量，完成投資理財活動。除了可以幫網戶降低交易成本、亦可提供更多元的投資選擇，以增進網戶的投資理財效益。

例如：從事第三方支付的電商公司，可將網戶在儲值帳戶裡的閒置資金，全部集結起來放入另一個共同帳戶，幫網戶進行投資理財活動（如：中國阿里巴巴的餘額寶，就是將網戶的資金投資在貨幣型基金）。例如：電商公司成立財富管理的理財平台，提供網路會員，各式的理財活動（如：臺灣的基富通基金平台，就是幫平台會員進行基金投資理財活動）。

金融搜查線

互聯網顛覆世界　散戶屠鱷非偶然

最近美股出現「散鱷大戰」－ GameStop，網絡散戶結聚力量，將一些被傳統金融機構視爲「無可救藥」從而大舉放空的個股炒上，進而挾短單而獲取暴利，令華爾街大戶聞風喪膽。其實，這一幕「散戶鬥大鱷」，既是互聯網興起顛覆世界下的一個現象，也是全球經濟貧富懸殊下，新世代投資者挑戰傳統金融勢力的一種體現，應對之法是要正視問題的根源並加以治理，否則後患無窮！

網絡社交平台結集散戶力量，眼見愛股被放空機構盯上，群起號召買入，與大戶對著幹。本來散戶挑機大鱷的劇本是天方夜譚，可這次散戶竟取得空前勝利，類似的暴漲個股浪接浪，相關操作有蔓延之勢。

除了互聯網興起結集散戶力量之外，這些年全球貨幣供應大增，資產泡沫白熱化，富人可以輕鬆錢滾錢，窮人生活卻愈見艱苦，貧富懸殊趨向極端。既得利益的中老年人掌控社會絕大部分財富，反觀新世代缺乏機會與資本，沒有出頭天。新一代投資者仇視華爾街傳統勢力，在網絡結集並一致行動挑機，是不折不扣的世代衝突。

這宗「散戶屠鱷」事件已驚動美國官方調查，惟網絡散戶行動既是自發，沒有巨頭領軍，看好看淡行爲後果自負，與大戶操作無異。理論上只要監管當局確認不涉市場操控或違法行爲，確保市場環境公開公平公正，就無道理干預散戶操作，否則只怕會招來更大的反彈。

互聯網顛覆世界，去中心化趨勢既體現在虛擬貨幣挑戰傳統貨幣和商品地位，這次股市上演「散鱷大戰」亦絕非偶然！政、經從來分不開，新經濟興起正改變市場秩序，最終必將波及政治。可新興產業既已成爲各地經濟競爭力的指標，新經濟發展沒有回頭路。如何即時調整施政，化解矛盾，理順內部關係，乃各地政府的一大挑戰。

圖文來源：摘錄自東網 2021/01/29

解說

近期，美國股市散户利用互聯網的力量上演小蝦米扳倒大鯨魚的戲碼。這也凸顯網路社群的勢力是足以顛覆金融市場主流人士的看法，這也連帶的可由比特幣的飆漲完全無視華爾街專業人士的傲慢，可以得到異曲同工之妙。

五、第三代互聯網（Web3）

全球資訊網（WWW）自從 1989 年被發明以來，就開啓了「Web1 階段」，其就是將紙本內容線上數位化，讓使用者可以在網頁上瀏覽資訊，訊息得以「單向」很快速與便利的被傳播出去，如：我們上 Yahoo 網站瀏覽訊息。

但自從 2005 年後，Facebook 與 Google 等科技新血的崛起，就讓網路進入「Web2 階段」。網路讓所有使用者可以「雙向」的在「社群網路」上分享創作並發表評論，這也就是現今的第二代的互聯網。但由於這些具中心化的網路社群平臺，它們擁有權力可制定遊戲規則，並透過蒐集用戶個人資料販賣廣告獲取龐大的利益，但貢獻內容的往戶卻得到很少的分潤，甚至還可能因爲違反平臺規則，遭到平臺凍結、移除帳號，或從此消失等等。

自從區塊鏈技術出現後，讓其去中心化之概念導入網路，便讓全球資訊網進入「Web3 階段」。網路使用者可自由讀取與分享資訊，對於自己的個資與創作內容具有絕對掌控權，不受單一社群平臺掌控，且 Web3 服務的提供者與用戶間的關係，無論是權力或是分潤機制都相互平等。

因此，現今強調去中心化的「去中心化金融（DeFi）」與「元宇宙」的運作都須奠基於第三代互聯網（Web3.0）的成熟發展。但整個網路要完全達到去中心化的境界仍須努力。以下表 2-1 爲 Web1、Web2 與 Web3 的相關比較整理內容。

表 2-1 為 Web1、Web2 與 Web3 的比較

	Web1	Web2	Web3
發展期間	1989 年 ~ 至今	2005 年 ~ 至今	現在進行式
使用權限	可讀（具中心化）	可讀、可寫（具中心化）	可讀、可寫、可擁有（去中心化）
互動概念	使用者僅能單向的瀏覽與接受網路訊息	使用者可於社群平臺瀏覽訊息並可創造內容分享	網路導入區塊鏈技術，使用者有權自由創作與分享，不受平臺掌控
缺點爭議	缺乏互動	網路遊戲規則為平臺掌控與獲利被剝削，且使用者個資與隱私安全備受疑慮	技術難度高，是否真正達到去中心化理想充滿爭議
代表案例	Yahoo 網站	FB、YouTube、IG、TikTok、Twitter 等	DeFi、元宇宙

金融搜查線

下一波網路革命來襲 不可不知的 Web3.0

網際網路發展三階段

Web 1.0	第一代網路，只能單向接收資訊。
Web 2.0	第二代網路，可以讀、寫、互動。
Web 3.0	以區塊鏈為基礎的網路，是內容「擁有權」的普及化。

製表：劉季清

網際網路從 1980 年興起至今逾 30 年，將迎來全新且重大的變化，而 Web3（第三代網際網路），正是這波變革的名字。事實上，Web3 的概念被提出已經超過十年，但直到 2021 年才站上風口浪尖，走進大眾視野，更被視爲網路產業下一波典範轉移。

Web3 尚未有統一的定義，但相關應用已大量出現。簡單來說，Web3 泛指以區塊鏈技術爲基礎的去中心化網路，而 DeFi（去中心化金融）、GameFi（遊戲化金融）、NFT（非同質化代幣）、DAO（去中心化自治組織），則是在 Web3 世界中的不同應用。

Web2 世界裡 創作者像佃農

區塊鏈新創 XREX 共同創辦人暨執行長解釋，Web1 時代，網路讓資訊的「取得」普及化，例如，過去只能在紙本上閱讀的刊物，放到網路上變得全世界人人可讀，不過其互動只限於單方面接收資訊、不能互動。

到了 Web2 時代，則是「資訊發佈」的民主化。當 Google、Facebook、YouTube、TikTok、Instagram 等科技巨頭崛起，任何人都可以書寫與留言，加入了「雙向互動」的特性，「只要言之有物，你我都能成爲自媒體，造就了現在的知識經濟與網紅經濟」。

不過，在 Web2 時代，Google、Facebook 等少數幾家網路巨頭控制一切，用戶珍貴的個人資料與數位足跡被打包賣給廣告主，換來免費的服務，卻忘了自己才是那個被銷售的產品。執行長觀察，「用戶對於 Web2 平臺的不滿，在前年達到頂峰」。

爲什麼？因爲人們逐漸發現每天吸收的資訊，小至生活資訊、大至選舉、戰爭等議題，都由 Facebook 演算法「餵食」，但這些資訊是眞是假？是否帶有政治偏見？普羅大眾無從得知。另一方面，創作者爲平臺貢獻內容、創造流量，但從中獲得的好處卻非常少。若哪天粉絲團或帳號直接「被消失」，也不用太意外。執行長比喻，「在 Web2 的世界裡，內容生產者就像佃農，你的內容不是你的，你的粉絲也不是你的。」

Web3 本質奠基於區塊鏈

正因爲這些原因，Web3 是接下來必然會發生的趨勢。Web3 的世界奠基於區塊鏈，而區塊鏈的本質，是由去中心化、沒有單一機關可以控制的網路共同擁有的數位帳本。區塊鏈是種「信任機制」，具有不可逆、不可篡改、公開透明等特性，可促成點對點的交易。

權力來自對資訊的掌控。區塊鏈推翻了傳統中間人的存在，不只將改變許多產業，更帶有賦權、公民崛起味道。執行長說，「Web3 是將內容『擁有權』的普及化」，例如：每種內容都可以是一個 NFT，永遠存在鏈上，「未來的年輕人不可能再活得像佃農一樣，把所有的利益與個資都送給大平臺。」

圖文來源：摘錄自工商時報 2022/08/10

解說

由於區塊鏈技術的誕生，讓網路世界的發展產生巨大的變化。近期，已進展至第三代網際網路（Web3），將來可能會讓整個網路世界裡的權力與利益的分配更為平衡與公平。

金融搜查線

歐盟搶先佈局「Web 4.0」，加強元宇宙、AI 整合，和 Web 3.0 差異是什麼？

Web 的發展自從區塊鏈概念出現後，已經邁向了 Web 3.0，Web 3.0 所帶來的最直接就是打破中心化的框架，達到去中心化，避免企業壟斷網路生態。而在 2023 年 7 月 11 日歐盟通過了，定義了出 Web 4.0 名詞含義。

Web 4.0 是什麼？

Web 4.0 定義爲能結合人工智慧、智慧環境、可信區塊鏈交易、網際網路、虛擬世界還有延展實境（XR）以上的技術，讓虛擬世界能夠與現實世界更好的交流甚至融合，讓虛擬世界的體驗能夠與現實無縫接軌。從定義來看其實，Web 4.0 就像把「元宇宙」的概念發揮得更完善，而此概念比起 Web 3.0 會將更多現實生活融入，因此在虛擬及現實的劃分會更模糊，其實也就是把「網路」的概念更貼近我們的生活。

實現 Web 4.0 需要的技術有哪些？

根據歐盟定義的 Web 4.0 需要的技術可能有以下幾種：

1. 人工智慧與機器學習的整合：Web 4.0 會大量使用到人工智慧，而人工智慧的訓練又與機器學習的關聯性極大，因此將兩者更好的整合到網路後，會產生更個人化、智慧的用戶體驗。
2. 虛擬現實與擴增實境：在 Web 4.0 中，會大量使用到 VR（虛擬現實）和 AR（擴增實境）的技術，並結合這兩種技術，以達到 XR（延展實境）的效果，讓用戶有更沉浸式的體驗。
3. 數據隱私、安全的技術強化：Web 3.0 時，強調個人的身份數據，而 Web 4.0 的技術會在此基礎，更關注個人的數據隱私，並提供更安全的加密和隱私保護，來確保在網路上的安全。
4. 物聯網的發展：由於 Web 4.0 會與網路有更加緊密的結合，因此身邊的各種設備和傳感器的互相串連是達成的要素之一，從而打造更智慧、高效的生活和工作環境。

Web 3.0 和 Web 4.0 差在哪？

Web 3.0 與 Web 4.0 的最大差異，根據歐盟的定義，Web 4.0 會更注重在虛擬世界的概念，還有數位和現實世界的整合；而 Web 3.0 主要關注的重點在於數據去中心化和用戶的主權。Web 4.0 的目標在於建立一個開放、安全、信賴、公平還有包容的數位環境。

雖然 Web 4.0 的概念與元宇宙十分雷同，而 Web 3.0 的概念當中也有元宇宙的出現，但這兩者最大的差異就在於如何將虛擬與現實更佳的緊密結合，並提供一個打破資訊壟斷和中心化控制，並更安全的網路。

圖文來源：摘錄自動區 2023/09/29

解說

Web 3.0 還在發展中，歐盟就已率先提出要發展 Web 4.0。Web 4.0 不只包含了區塊鏈的技術，更結合了人工智慧、物聯網，並以更高的虛實整合提供更高的網路安全。將來 Web 4.0 將使身邊的任何物品都與網路、虛擬世界有更緊密的結合，並讓用戶更安全、更隱私的使用網路。

2-2 物聯網

所謂的「物聯網」（Internet of Things；IoT）是指實物藉由感測設備與網路相連結，並主動傳輸實物的使用資訊至匯整中心，眾多資訊經過匯整分析後，再賦予擬人化的資訊回傳至使用者，讓人們的生活與實體物品能夠相互溝通，以實現智慧化管理的網路世界。當然，人們生活中的金融活動，也因隨著科技發展，轉為虛擬化和數位化，且終將會與物聯網相互融合，產生一種嶄新的金融服務模式，乃稱為「物聯網金融」（Financial Internet of Things；FIoT）。

其實，人們生活中自從使用手機、平板電腦等行動裝置，以個人身分（如：ID、手機門號、位置（GPS））連結至互聯網時，就已經透過行動裝置，悄悄的將生活逐漸推往「物聯網」世界[3]。人們藉由行動裝置，將個人當作一種商品，在物聯網的世界裡與其他物品相互溝通連結。例如：我們的駕車時，智慧型手機會將車子的位置、速度，主動的傳輸至網路科技公司，網路科技公司會將資訊匯總成現實路面的交通訊息，再主動回傳給所有駕車的人查詢。因此物聯網的世界裡，用戶會未意識到資訊被搜集與傳輸的情形；這與傳統互聯網，用戶須有意識的與網站發生交流之後，才留下訊息的情形，有著「主動與被動」的差異。

當然的，在物聯網的世界裡，最重要的就是要將實體物品安裝上感測器，如：無線射頻辨識系統（Radio Frequency Identification；RFID）等，以讓實體商品與網站主動相連結，以進行訊息交流，以實現智慧化辨識、定位、監控與管理的網路世界。那原本的互聯網金融，將進一步藉助物聯網的技術，整合實體商品市場的經濟活動，讓原本較虛擬的網路經濟，提升至與實物相連結的實體經濟。

因此互聯網金融的未來發展，將朝向物聯網金融的方向前進。基本上，物聯網金融與互聯網金融的最大差異性，就是物聯網與互聯網這兩者的差異。以下此處將說明兩者主要差異特點、以及物聯網金融的應用趨勢。

一、物聯網的特點

通常物聯網的交易模式，除了兼具互聯網的特性外，還具有以下幾項特點：

3 互聯網的網戶，若是使用手機、平板電腦等行動裝置，以個人的身分連結至互聯網，又稱為「移動互聯網」（Mobile Internet）。

（一）資訊主動的交流

傳統互聯網的訊息流動，須靠網戶有意識的與網站相互交流後，才會留下的訊息。但物聯網則是網戶在無意識的情形下，感測設備就主動的將訊息回達至網站，與其他資訊產生匯整與交流後，隨後將歸納整理後的可用訊息，又主動的回傳給網戶。所以在物聯網世界，好像生活中到處充滿著隱形按鈕，當網戶進入某特定場景，就會觸發相應的按鈕；科技公司再將我們每次觸動按鈕的時間、以及所產生的行為，相互聯繫起來分析，便能對人們的生活軌跡加以描繪。

例如：人們在常去某餐廳用餐，身上的手機的 GPS 就會主動告知電商公司那個人的位置，讓公司知道有用戶常去那餐廳消費；待某天網戶開車又經過那家餐廳時，電商公司會主動的將這間餐廳最近的促銷訊息，主動的傳輸至網戶的手機內，這樣或許可以促進消費金融的成長。

（二）巨量數據的應用

由於物聯網會將各式各樣的資訊，主動傳輸至科技公司所建置的雲端系統內，因為將會有「數量巨大」、「高速傳輸」、「格式多樣」以及「眞偽難辨」的資訊傳輸進入系統內，所以電商公司如何將這些「多、快、雜、疑」的數據，經過分析整理後，變成有用且轉換成擬人化的訊息，再回傳給網戶。這是物聯網需要運用大數據分析的技術，去創造出更多新商機的應用。

例如：電商公司會將眾多網戶一段期間內，瀏覽網路資訊的軌跡，傳輸至網站系統內；再從這些軌跡資訊，利用大數據分析篩選出哪些網戶，哪位網戶在理財平台停留時間最久，再將這些網戶資訊的需求傳輸給金融機構，金融機構可主動提供個人化的理財資訊給網戶參考，這樣有利於金融機構銷售理財商品。

（三）實體為媒介窗口

傳統互聯網是以「人對人」為聯繫交流；物聯網則是「人對物對人」為聯繫交流，乃以「實體物品或服務」當作媒介的窗口。所以物聯網的精神，就是將人的生活軌跡，與所須的實體商品或服務相連結，讓實體的商品或服務，可以主動的為人們提供有價值的生活模式。

例如：人們買賣中古車，交易雙方可藉由車體本身與物聯網所建構的維修、行駛記錄，雙方判定此部中古車的現值為何？並可提供給網戶與保險公司進行參考，以當作將來此車未來保險的依據。例如：家裡的火災偵測設備可以連結物聯網，以當作因火災遭受損失時，保險理賠的參考依據。

二、物聯網的運作架構

物聯網的運作機制，就如同人體的神經網路一般，末梢神經樹突自動感測各種訊息之後，將訊息由神經網路分支匯流至主要幹道，再傳遞至人的大腦，之後再由人腦研判訊息的意義後，最後做出反應與決策。物聯網的運作方式乃先從實物裝上「感測」器之後，再透過「網路」彼此串連並交換資訊後，再將這些資訊匯整交由企業，企業再因應不同的業務需求，去建置各式的「應用」系統或平台，以供網戶使用。

所以物聯網的運作架構，大致可分為「感測層」、「網路層」與「應用層」等三大層次，這三大層各司其職，同時又環環相扣，其運作架構圖詳見圖 2-2。以下將分別介紹各三個層次的主要組成元素。

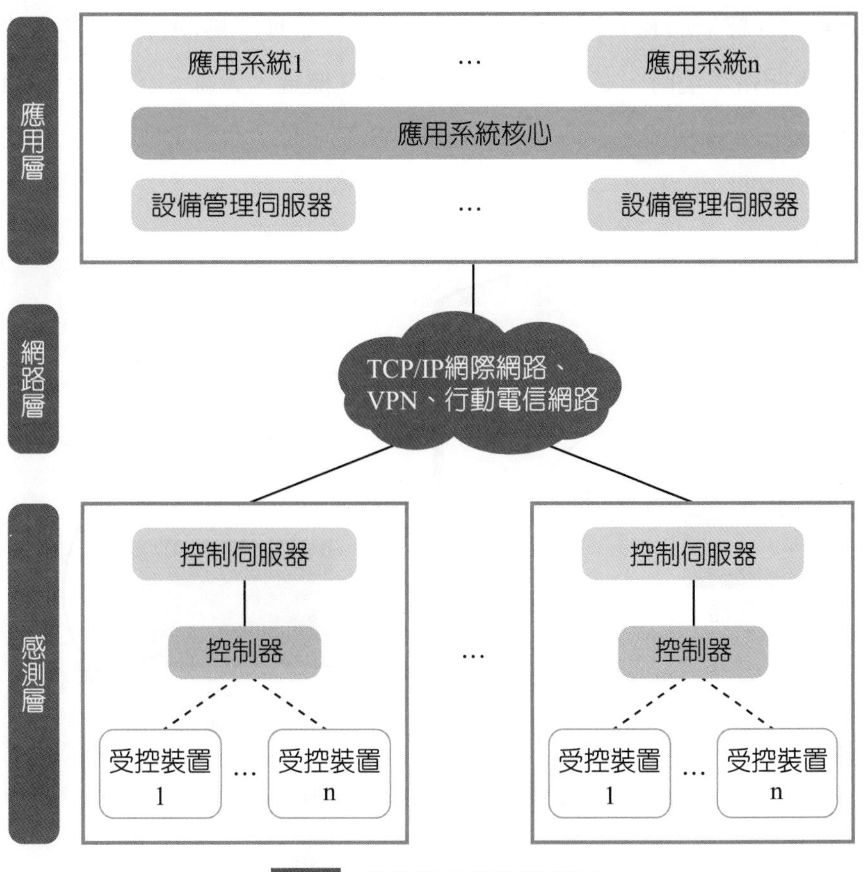

圖 2-2　物聯網的運作架構圖

（一）感測層

感測層用來識別、感測與控制末端物體的各種狀態，並將感測的資訊蒐集傳遞至網路層。感測層的組成大致包括：「被感測的物體」、「感測器」、「感測區域網路」以及「閘道器」等 4 項要素。

目前感測器都必須能夠被安裝於細微的物體之上，且各類無線感測網路，須常用於對移動物體的偵測，並能夠精準地感測到物體所發射出的微量訊號。所以目前各類無線感測網路的通訊模組，都必須具備低頻寬、低功耗、以及高可靠性的特性。目前較常用的感測模組：如：無線射頻辨識系統（RFID）、ZigBee、藍牙與 Wi-Fi 等。其各感測模組，詳見圖 2-3 ～ 2-6 之說明，有關各類無線感測網路的通訊模組之比較，見表 2-1 之說明。

1. RFID

   無線射頻辨識系統（RFID）是指一種無線網路通訊系統，又稱「電子標籤」。目前已被廣泛運用於汽車收費、倉儲與物流管理、生產製造與裝配、身份識別、門禁與防盜系統、醫療服務、行李與郵件處理、文件管理等感測管理。通常建置被動式 RFID 感測網路環境時，必須準備被動式 RFID 標籤、天線、讀取器。RFID 發射訊號之後，經由天線傳輸至讀取器，再連結到控制主機。有關 RFID 感測模組之結構，如圖 2-3 之說明。

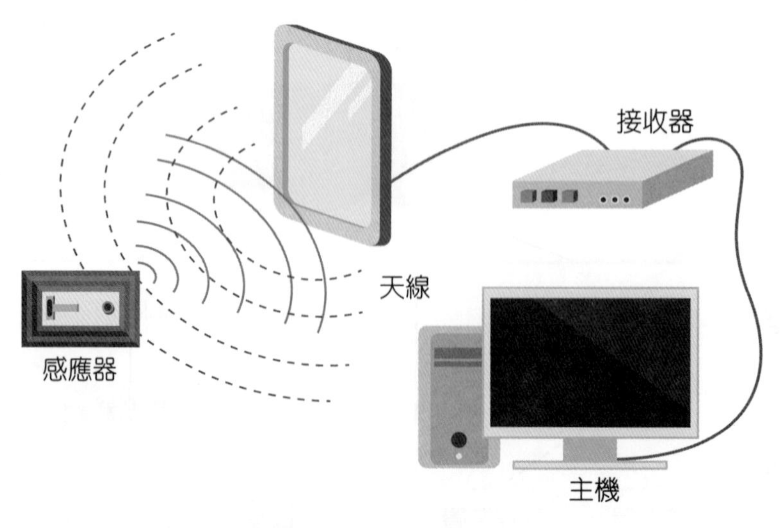

圖 2-3 RFID 感測模組

2. ZigBee

ZigBee 是一種低速短距離傳輸的無線網路系統。目前常用於家電控制、物件辨識、醫療照護、建築自動化等較低功耗的感測領域。通常建置 ZigBee 感測網路環境時，需要與感測器結合的 ZigBee 通訊晶片、以及連結控制主機的 ZigBee 網路模組。有關 ZigBee 感測模組之結構，如圖 2-4 之說明。

圖 2-4 ZigBee 感測模組
圖片來源：維基百科

3. **藍牙**

藍牙[4]（Bluetooth），一種低功耗無線技術標準，通常建置藍牙的成本較高，但抗干擾性較 ZigBee 技術優良。目前新款的智慧型手機與平板電腦上都已應用了藍牙技術，且藍牙技術已廣泛運用於商業活動。通常藍牙常用來讓固定與行動裝置，在短距離間交換資料使用。只要感測裝置內建藍牙通訊模組，就能互相傳遞資訊。有關藍牙感測模組之結構，如圖 2-5 之說明。

圖 2-5 藍牙感測模組
圖片來源：維基百科

4. Wi-Fi

Wi-Fi（Wireless Fidelity）是指一種無線局域網路技術，屬於較高耗電的 Wi-Fi 傳輸協定。目前大部分電子設備都會安裝 Wi-Fi 技術，如：個人電腦、遊戲機、智慧型手機、印表機、筆記型電腦以及其他週邊裝置等。通常建置無線網路環境，須建置 Wi-Fi 的無線網路基地台（Access Point；AP），以存取無線網路訊號。

圖 2-6 Wi-Fi 無線網路基地台
圖片來源：維基百科

4 藍牙的技術，現已於 2021 年發展至藍牙 5.3，其技術支援室內定位導航功能，允許無需配對接受信標的資料，且僅須耗費更低的功耗，並針對物聯網的規範進行優化。

表 2-2 各種無限感測網路的通訊模組比較

	RFID	ZigBee	藍芽 5.3	Wi-Fi
傳輸距離	5 米 ~10 米	100 米內	20 米 ~300 米	20 米 ~200 米
傳輸速度	106kbps	250 kbps	48Mbps	11Mbps
通訊品質	低	高	高	高
安全性	較低	較高	較高	低
穿透性	差	好	好	較差
抗干擾	弱	較強	較弱	較強
功耗	極低	低	較低	較高

（二）網路層

網路層是為了將感測資訊傳遞至應用層的應用系統。網路層的組成大多是 TCP / IP[5] 網路、或行動通訊網路等設備。

目前國內將逐漸整合電信、網際與電視這三個網路系統，讓頻寬可以同時傳遞與呈現更多異質性的資訊。當然的，隨著網路層不斷擴大頻寬，能夠承載更多資訊量的同時，頻寬的分流管理政策，必須更加的明確與清晰，而企業的網路管理平台也須朝著這個方向邁進。

（三）應用層

應用層是結合各種資料分析技術，以及子系統重新整合，來滿足企業不同的業務需求。通常應用層的組成，大都是企業因應不同的業務需求所建置的應用系統或平台。例如：銀行業的理財平台、證券業的證券交易平台、食品業的食物安全檢測平台、醫療業的病歷分享平台等。

近年來隨著雲端運算系統的功能日益強大，已成為物聯網擴展服務規模的重要推手。雲端運算藉由網路層傳遞訊息，並透過應用層來進行集中化的運算資源處置，再透過網路將服務延伸至更多的端點。所以雲端系統的可無限擴充特性，將可促成企業在物聯網的應用層，建置各式各樣的應用服務平台。

5 TCP（Transmission Control Protocol）是指傳輸控制協定，在網路層負責傳輸工作；通常 TCP 層是位於網路層的 IP層之上，但在應用層之下的中間層。IP（Internet Protocol）是指網際網路協定，在網路層負責連結工作，通常在連接感測層與網路層的 TCP 層的中間介面。

此外，近年來各企業爲了擴大，其所建置的各式應用平台的服務範圍與影響力，都會在平台上設計，具有與客戶自行開發的程式相連結的「應用程式介面」（API），以便利於客戶的內部作業、以及加強與客戶的合作關係。例如：證券商所設置具 API 功能的證券交易平台，可讓使用者自行開發下單程式與平台的下單程式相連結。

因此物聯網的應用層，可藉由應用服務平台開放 API，讓各式系統與平台相連結，以提升服務平台的價值，並進一步形成生態體系。例如：美國亞馬遜（Amazon）公司就開放 API，讓零售商在其電子商務平台開店，並爲平台帶來龐大的銷量。此外，美國的 Google、Facebook、中國的阿里巴巴、騰訊等，都陸續加入開放自家 API 的行列，並爲平台帶來相當大的商機。

三、物聯網金融應用趨勢

物聯網與金融的結合，可爲個人與企業提供許多創新的服務商機與型態。以下將物聯網金融的應用趨勢，分成個人與企業這兩方面說明之：

（一）個人金融的應用

個人因涉及隱私權的問題，無法將晶片植入人體內，用以管控與追蹤；所以人們身上的行動裝置、或者身體的瞳孔、指紋、聲紋等生物辨識，可當作個人的辨識工具。例如：當人們在外面消費後，可藉由手機所結合的支付系統（如：近場通訊）、或者利用個人的生物辨識（如：指紋），就可完成行動支付的動作。

此外，人們攜帶智慧型手機外出時，只要開啓手機的 GPS 系統，就會主動連至雲端，並主動告知電商公司那個人的位置，店商公司可以即時的提供所在位置的相關訊息（如：廠商促銷、道路資訊等）給網戶。例如：電商公司可以將客戶所在地附近店家的特惠資訊，主動的傳輸至網戶的手機內，這樣會無形增加網戶的消費意願，可以促進消費金融的成長。

（二）企業金融的應用

物聯網在產業上的運用極爲廣泛，舉凡實體物品皆可安裝上感測設備，以供追蹤管控。例如：銀行可將企業貸款，所提供的抵押品（如：存貨、機器設備等）安裝上感測器，以供追蹤管控其使用情形，以降低銀行放款風險。

此外，產物保險公司，可以將被投保的車輛，安裝感知設備，以利追蹤車輛的被使用與維修情形，藉以瞭解用車人的開車習性與風格，以當作未來收取保費的參考。例如：保險公司可在保戶的車輛上裝數個感測器，藉以蒐集保戶的用車資訊，如：開車時間在尖峰或離峰時段？或主要行經道路爲市區或郊區？或是否常經過易發生事故路段？等等訊息。然後依據大數據分析其風險高低，並採取彈性保費。通常風險較低的保戶，能以較低的保費獲得相同的保障，可增進投保意願；對風險較高的保戶提高保費，將有助於抑制其出事的比率。

另外，產物保險公司與保全公司合作，將家庭偵測火災的裝置連結物聯網系統，讓家裡不小心發生火警時，可即時通報；若須理賠，亦可藉由偵測系統確認火災原因與責任歸屬，並可加速理賠流程。壽險公司、健康醫療機構、醫院或藥局等機構，也可結合個人的物聯網之穿戴式裝置，提供個人智慧健康管理或精準的醫療理賠等事項。

金融搜查線

物聯網偵測火災，理賠流程縮短變三天！

當發生意外事故需要理賠，通常需要蒐集維修單據，再交由保險公司處理，往往需要耗費許多時間。國泰產險與中興保全科技（以下簡稱：中保科技）合作，將物聯網（IoT）設備與保險服務結合，打破過去的理賠流程。

保險結合 IoT，處理流程一個月縮短成三天

國泰產險表示，投保時若使用「IoT 火災事故加值服務」，當家中物聯網設備偵測到如：瓦斯濃度、煙霧、溫度等出現短時間溫度竄升或大量濃煙等異常現象，會立刻將情況通報給中保科技 24 小時的管制中心。當收到通報後，管制中心人員會前往事故現場勘察，一但確定是火災事故，會透過 API 的方式，同步通報給國泰產險，客戶只要提出損失清單、維修單據等損失證明給中保服務人員，即可加速國泰產險的理賠服務。

國泰產險表示，與中保科技合作的這套創新流程，是透過雙方資源與服務價值鏈的整合，重新梳理用戶端到端體驗旅程，讓消費者以最簡單的方式，獲得全方位的保障。由於透過程式自動化數據傳輸，將火災事故處理流程從一個月縮短為三個工作天，提供客戶更快速、更簡單、更便利的保險服務體驗。

這次推出的「IoT 火災事故加值服務」，未來在智慧家居也將持續整合金融與 IoT 設備間的解決方案，透過人與科技的充分結合，持續聚焦客戶需求，驅動更多樣化的產業應用，打造服務生態圈。

資料來源：摘錄自數位時代 2020/11/25

解說

物聯網結合保險是時代趨勢，國內有保全與保險公司共同合作推出結合物聯網的火險保單。若家中裝置火災偵測設備，當發生火災事時，可藉由會透過 API 連結給產險公司，以便將來可加速產險的理賠服務。

金融搜查線

國泰人壽 用外溢保單推廣健康觀念

外溢保單主要類型及適合者

回饋依據	適合族群	回饋方式
健康行為(如：步數、心率、睡眠…等)達標	想要養成良好生活習慣者	折減保費、增加保額等
體況數值(如：BMI、血壓、膽固醇…等)達標	有定期健檢者	

資料來源：國泰人壽　　製表：彭禎伶

國泰人壽爲強化保戶及保單的外溢效果，今年將導入 AI 智能模型，透過用戶手機、穿戴式裝置，結合個人健康數據寫入的方式，經專業數據分析，計算個人化的健康分數，提供用戶在運動、當前體況等相關數據，用量化分數及專屬生活建議，讓用戶更能掌握自己的體況及維持健康的方式。

國泰人壽引用世界衛生組織（WHO）報告指出，未來與生活方式密切相關的疾病，如糖尿病、心臟病、肺癌等，發生率將有 71%左右，占死亡率的大宗，但這些疾病其實可透過健康的生活及行爲來改善、預防。

國壽指出，當前物聯網（IoT）及穿戴裝置普及，可以透過科技及個人化設計，讓使用者更容易了解自身健康數據，提高自我健康管理的意識及養成習慣。國泰人壽自 2018 年推出 Cathay Walker Plus 健康計畫（CWP），宗旨即是希望用戶能將維持健康的習慣自然融入日常生活中，國壽強調其推出後仍不斷優化，已累積超過 70 萬人使用。

CWP 健康計畫今年推出新功能「Life Score 活力分」，以導入 AI 智能模型，透過用戶手機、穿戴式裝置，結合個人健康數據寫入的方式，經過專業數據分析，計算個人化的健康分數，以此提供使用者在運動、當前體況等面向的數據，再用量化分數及專屬生活建議，讓用戶一登入，就能掌握自身健康狀況。

國壽爲了讓民眾更重視健康，持續推出結合健康促進概念的外溢保單，近期即推出市場首創減重險，滿足民眾體重管理需求，並將外溢保單與健康管理計畫串聯，只要外溢保單的保戶持續健康行爲，就能獲得保費折減或是保額增加，在享有保障同時還能獲得健康回饋的外溢效果。

圖文來源：摘錄自工商時報 2022/08/08

解說

國泰人壽利用穿戴裝置結合物聯網，並導入 AI 可分析個人的健康數據，以督促客户隨時注重自己的健康情形。近期，推出減重險，只要能達到減重目標，就能獲得保費折減或是保額增加的回饋。

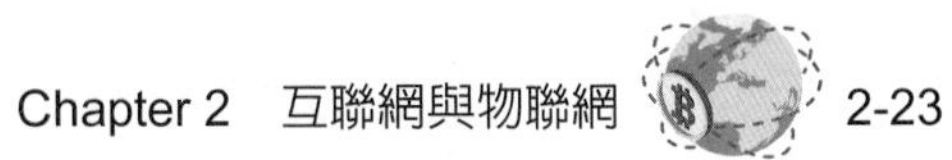

金融 FOCUS

QR CODE	影片主題、網址、日期、長度、語言與出處	影片重點簡介
	◆ 中國如何改變互聯網 https://www.youtube.com/watch?v=c_wJGZPEx78 2016/08/11 | 5 分 45 秒 | 英語（中文字幕） | 紐約時報中文網	在中國，一個被控制的互聯網卻助長了許多新興平台的發展，引起了美國公司的注意。如今，這些新興平台的運作，可能成為未來的發展方向。
	◆ GameStop大軋空　美百萬鄉民掃貨搞垮道瓊 https://www.youtube.com/watch?v=0vDjxr3hXC8 2021/01/30 | 1 分 52 秒 | 華語 | TVBS	由於美國華爾街法人看空遊戲公司－ GameStop，但網路鄉民卻集結眾多散戶演出大軋空行情，這足以顯示互聯網的力量。
	◆ 物聯網技術興起　全智能生活不再遙不可及 https://www.youtube.com/watch?v=SgwEySUjcYw 2021/02/12 | 2 分 11 秒 | 華語 | 民視新聞	時下流行的「智慧家庭」，就是透過物聯網，隨時偵測家中的狀況，如：瓦斯漏氣時，可以透過物聯網裝置，立刻關掉家中的瓦斯。
	◆ Web3.0是什麼？是創新還是行銷噱頭？ https://www.youtube.com/watch?v=ErDPStnAV2M 2022/09/13 | 4 分 50 秒 | 華語 | 金融研訓院	Web3.0 是最近興起的網路模式，它去中心化，讓網戶在網路世界上，人人平等。最近興起的元宇宙與 NFT 等都跟它也有關。
	◆ 環境運算創造物聯網魔法世界　專家擔憂隱私危機 https://www.youtube.com/watch?v=ZfzW_SNIRWk 2023/04/06 | 3 分 36 秒 | 華語 | TVBS	物聯網世界，讓物件上網帶來生活許多便利。但專家提出可能會出現身分的曝露的問題，因此使用者必須注意隱私危機。
	◆ 5G物聯網應用　停車也能智慧化 https://www.youtube.com/watch?v=1YrnTf0c7Tc&t=156s 2020/10/25 | 8 分 54 秒 | 華語 | 年代新聞	台北市政府跟電信龍頭合作，導入智慧停車系統，運用 5G 物聯網相關技術，讓民眾停車更方便，也讓停車開單員，開單更精準。

本章練習題

金融科技力知識檢定測驗試題

(　　) 1. 下列何者非屬互聯網金融業者發展金融服務之優勢？ (A) 創造支付場景／情境的能力 (B) 資金優勢 (C) 擁有大量顧客群及交易資料（包括電商等交易數據） (D) 與顧客的交易／往來頻次勝於一般的金融業者。

〔第 1 屆〕

(　　) 2. 保險商品結合物聯網技術，最早在何類險種被實踐？ (A) 車險 (B) 火險 (C) 健康險 (D) 海上保險。 〔第 8 屆〕

(　　) 3. 在支付的模式發展中，下列何者與支付的連結與運用成為傳統支付與新興支付模式的重要分野？ (A) 市話 (B) 手錶 (C) 網際網路 (D) 信用卡。

〔第 11 屆〕

(　　) 4. 物聯網之穿戴式裝置技術結合了下列何種保險商品，鼓勵保戶主動管理自身健康狀況？ (A) 汽車保險 (B) 旅行平安險 (C) 健康保險 (D) 儲蓄保險。 〔第 14 屆〕

第二篇
金融創新營運技術

CH03　雲端運算與大數據分析
CH04　人工智慧與生物辨識
CH05　區塊鏈

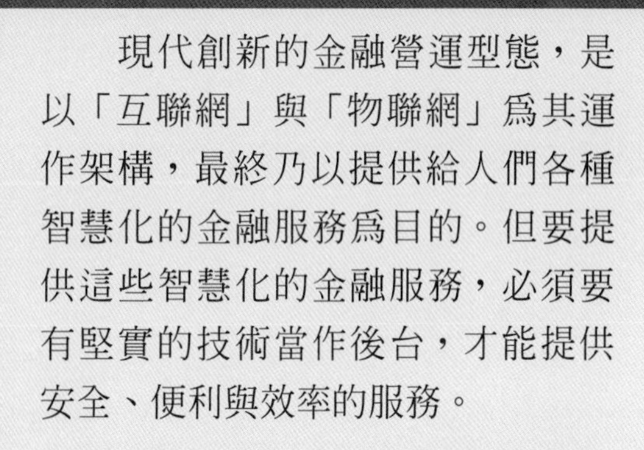

現代創新的金融營運型態，是以「互聯網」與「物聯網」為其運作架構，最終乃以提供給人們各種智慧化的金融服務為目的。但要提供這些智慧化的金融服務，必須要有堅實的技術當作後台，才能提供安全、便利與效率的服務。

本篇為金融創新營運技術篇，其內容包含三大章，主要介紹發展「數位金融」與「金融科技」兩種金融創新營運模式時，所需用到的相關技術。

Chapter 3

雲端運算與大數據分析

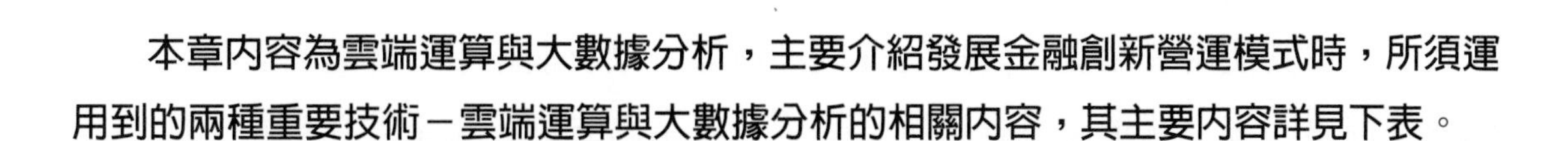

本章內容為雲端運算與大數據分析，主要介紹發展金融創新營運模式時，所須運用到的兩種重要技術－雲端運算與大數據分析的相關內容，其主要內容詳見下表。

節次	節名	主要內容
3-1	雲端運算	介紹雲端運算的特點、部署模式、服務層次架構、效用以及在金融上的應用。
3-2	大數據分析	介紹大數據分析的特性、處理流程、以及在金融上的應用。

【本章導讀】

通常要發展數位金融與金融科技，這兩種金融智慧化的營運型態，必須仰賴各種先進的科技設備與技術作爲後盾，才能提供即時、便利、效率、安全與公平的營運模式。通常必須仰賴「雲端運算」對互（物）聯網所主被動回傳的巨量資料，進行存取、運算與分享的服務，並利用「大數據分析」技術，對巨量的資訊進行分析，且須依賴「人工智慧」、「區塊鏈」以及「生物辨識」等技術的輔助下，才能使得金融創新的服務模式，能夠更具公平性、安全性、效率性與智慧化。

因此「雲端運算」、「大數據分析」、「人工智慧」、「區塊鏈」與「生物辨識」等五種技術，爲創新的金融營運型態，提供堅實的後台。其中，「雲端運算」與「大數據分析」爲現今科技發展中，已較爲成熟的技術；至於「人工智慧」、「區塊鏈」與「生物辨識」爲現在仍在持續積極發展中的技術。因此本章首先，將介紹其中二種已經發展較成熟且廣泛被運用到的技術－「雲端運算」與「大數據分析」，下二章再介紹其餘的另三種技術。

3-1 雲端運算

何謂雲端運算（Cloud Computing）？「雲」是我們使用的網際網路（Internet）設備，泛指業者建置的伺服器、資料庫、網路元件等；「端」是指使用者端（Client），泛指使用者的桌上型與筆記型電腦、手機與平板電腦等。雲端運算是指科技業者，利用其所提供的網路軟硬體設備（如：伺服器、儲存資料庫、軟體程式），爲其使用者端提供資料的存取、運算、以及網路平台部署與設備租賃等服務。簡單的說：就是使用者將所有的資料，全部丟到雲端業者在網路上所建置的平台、軟體與設備，以方便進行資料的存取、整合與運算等等之事務。有關雲端運算概念圖，詳見圖 3-1 說明。

其實，雲端運算的運用本質，並不是利用電腦幫人們處理多複雜的運算工作，而是它就像是一扇「窗戶」，利用網際網路的力量，讓使用者可以隨時連接，且幫助使用者處理各種不同的服務。所以雲端科技能把所有的網路設備，虛擬成一台超大的交換器，讓使用者隨時開窗連結，即可獲取眾多的資料，並可在雲端內處理作業資料。

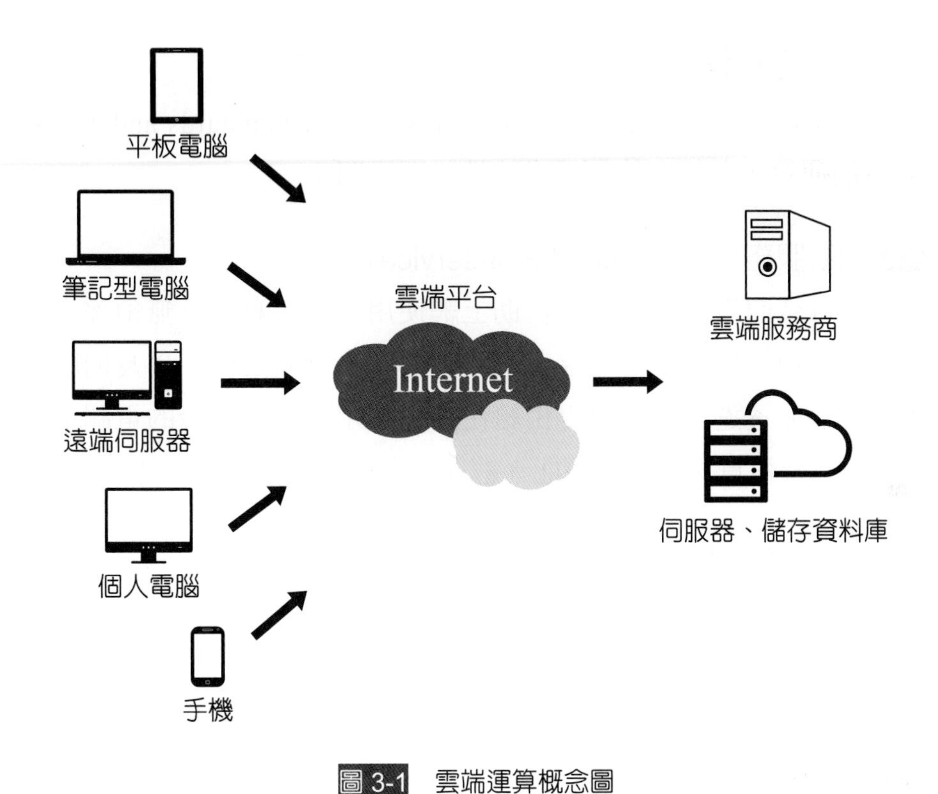

圖 3-1 雲端運算概念圖

近年來，由於行動裝置的普及，讓以往必須局限在桌上型或筆記型電腦的雲端作業，已經進展至使用者隨時使用手機、平板電腦或智慧型裝備等，即可享受雲端科技所帶來的便利性；因此使用者可以隨時隨地，透過網路連接至業者，所建置的各種不同型態的「雲端」平台、軟體與設施，進行各種資料的存取與應用。此外，也因爲行動裝置的應用服務需要後台的匯整，若不使用雲端服務是無法承受大量的資訊；所以應該說：行動裝置的蓬勃發展，加速了雲端市場的成長。

當然的，金融相關業者也利用雲端運算的特性，開啓各種新型態的金融智慧化服務，並將業務延伸至以往無法服務的客戶與市場，且以更短時間、更低的服務成本提供客戶所需服務。因此雲端服務爲金融相關產業，帶來龐大的商機且也降低經營成本。以下本處將介紹雲端運算的基本特質、部署模式、服務層次架構、效用以及在金融上的應用。

一、雲端運算的特性

根據美國國家標準與技術局（National Institute of Standards and Technology；NIST）對雲端運算，所提出的有五大特性如下說明：

（一）隨選自助服務（On-demand Self-service）

網戶可自行依照現在的需求，自助上網使用雲端服務，且無須經過雲端業者的允許，即可使用。例如：雲端儲存空間大小、軟硬體設備、以及伺服器使用時間等等資源，只要透過網路即可提供給使用者使用。所以一般的電腦不用有很強大的儲存空間以及運算功能，只要能上網在可在雲端任意使用資源。

（二）隨處網路存取（Broad Network Access）

網戶只要透過一般無線網路，即可以隨時使用雲端服務，無須再拉一條網路專線。所以網戶可透過桌上型或筆記型電腦、平板電腦、手機、或者其它行動聯網裝置等，透過網路就可在雲端進行隨處存取的服務，亦即享受「走到那裡、用到那裡」之便利性。

（三）資源共享服務（Resource Pooling）

網戶可共享雲端業者所提供各種運算資源，且運算資源可以隨時被網戶指派、取消或重新指派運作服務；且網戶不需知道資料的確切位置在哪裡。所以雲端的資源，雖以分散共用的方式存在，但最後網戶只要按需求，即可以匯整以單一整體的形式呈現，使得雲端資源可以達到分享的用途。

（四）可高彈性擴增（Rapid Elasticity）

雲端的存取運算服務，能因應網戶需求彈性的調整資源規模大小，具有高度的擴展空間，網戶無須擔心運算資源匱乏的問題。所以雲端的資源可以進行機動的擴展調整與配置，藉以提高資源的分配與使用效率。

（五）按使用率計價（Measured Service）

網戶使用雲端業者所提供的資源，將按使用程度來計算收費，所以雙方可透明地監控資源使用情形。因此雲端業者可以依據不同網戶的需求，提供差異計價方式，讓使用雲端資源的相關業者，可以節省成本的支出。

二、雲端運算的部署模式

通常雲端依據提供業者與使用者的關係，大致可分爲公有雲、私有雲、混和雲與社群雲等四種部署模式（詳見圖 3-2 之說明），以下將分別介紹之：

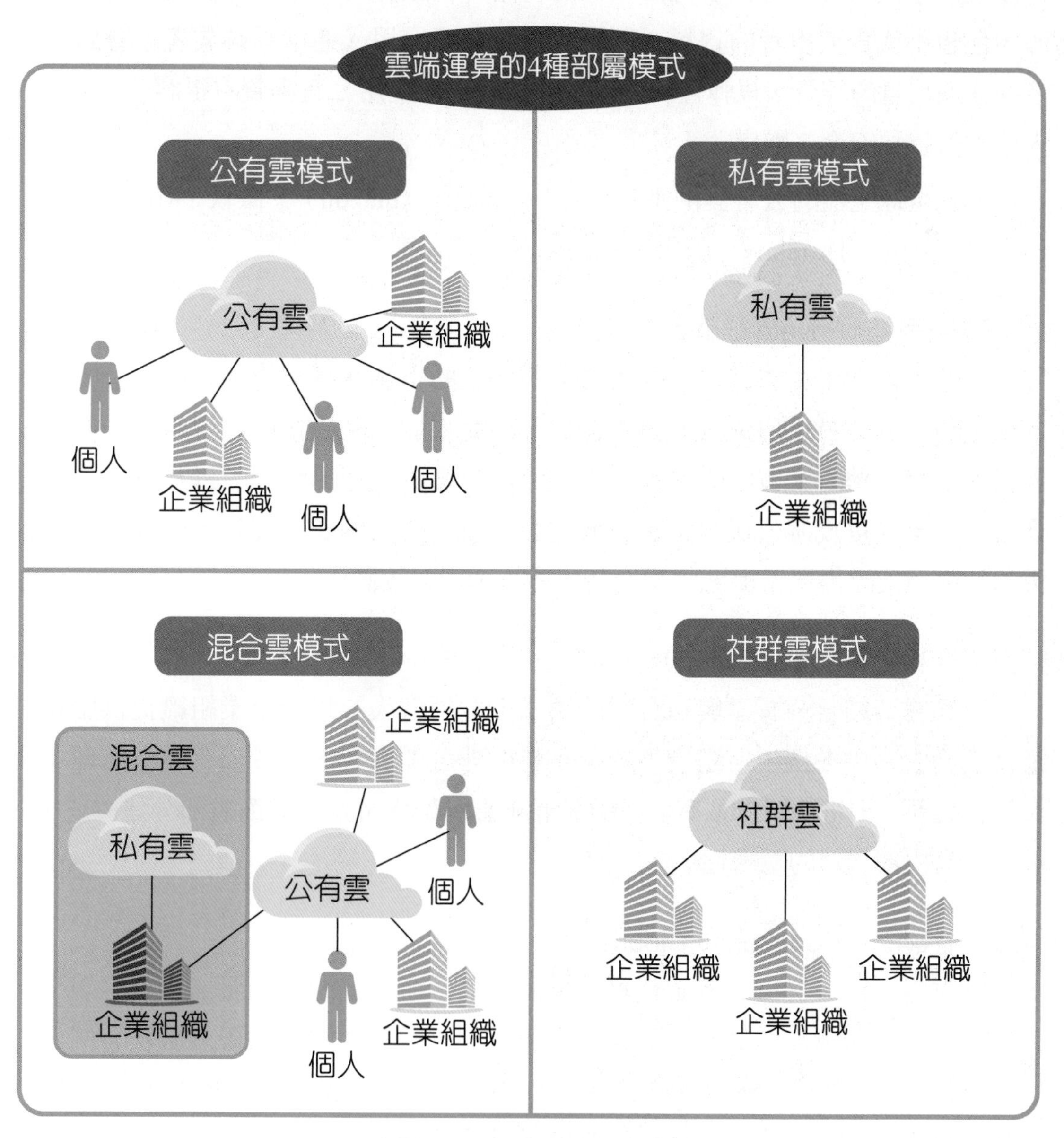

圖 3-2 雲端運算的部署模式類型

（一）公有雲（Public Cloud）

公有雲是指由銷售雲端服務的廠商，提供雲端的共享資源與設備，並對個人、以及企業組織提供服務。通常公有雲是一個公開的雲端平台，公有雲的服務架構是多租戶型式，使用者只要付出較低的費用（甚至免費），就可使用平台上的資源，但也不代表使用者的資料，可供其他人任意取用。通常雲端業者，會對使用者採取使用量的控管，以彈性的管理雲端資源；但使用公有雲資料很容易被竊取，因此常有隱私安全之顧慮。

現在全球主流的公有雲供應商，如：亞馬遜（Amazon）、微軟（Microsoft）、IBM、Google、Dropbox、臉書（Facebook）、百度等。

（二）私有雲（Private Cloud）

私有雲是指由企業或組織的內部，所建立的雲端運算架構，只提供企業內部或受到信任的人員使用，並不對外開放，如此才能確保公司內部資料的安全性。通常私有雲仍擁有公有雲的優點，例如：可彈性調配運算資源、以及可隨時使用之便利性；且可規避公司內部資料放在公有雲的安全問題。此外，企業建置私有雲的缺點乃須自備機器提供給其他裝置分享，所以建置成本較高。

（三）混和雲（Hybird Cloud）

混和雲乃結合公有雲與私有雲的架構，並對個人、以及企業組織提供服務。通常混合雲乃由多個雲所組合而成，企業的非公開資料，可於公有雲上處理；企業機密資料，則可放置於私有雲。因此混和雲的架構可幫企業節省部分建置成本、亦可保有內部資料的隱密性。

（四）社群雲（Community Cloud）

社群雲乃由一群擁有特定任務目標的組織，所建立的雲端服務。其雲端平台由數個企業或組織所共同建構，共享資源，並支援彼此的共同需求服務。例如：醫院所建立的「電子病歷交換雲端平台」，就是支援醫療診處理病歷的需求。例如：近年來，臺灣證券交易所，積極規劃並推動「證券雲」，乃希望藉由雲端運算的技術，提供證券市場參與者的多元化的雲端服務。

金融搜查線

讓企業營收加倍的祕密！圖解公有雲、私有雲利弊，哪一種雲最熱門？

過去普遍自建機房的製造業公司，使用雲端數據分析的投資金額年成長超過 3.5 倍，就金融業也達到 2.5 倍的增長。是哪些關鍵特性，讓企業選擇擁抱雲端？從疫情到戰爭，這幾年大環境的變化像一艘黑船，撞開了企業改革的大門，根據貝恩策略顧問公司的報告，從 2018 到 2021 年，成功轉型的企業和未成功的企業相比，營收成長的差距已擴大到 5 倍。

「很多人發現，不轉型可能會完蛋。」數發部數位產業副署長表示，營運上遭遇的種種困難，讓企業開始拋下「不安全」、「巨頭把持」等偏見，更有意願使用雲端服務。根據 Gartner 預估，全球企業的 IT 支出，今年將有 41％從傳統解決方案轉移到公有雲上，2025 年將提升到 51％，應用軟體支出更有 65.9％，會在 2025 年採用雲端技術。

在臺灣，iKala Cloud 在 2022 年統計也發現，過去普遍自建機房的製造業公司，使用雲端數據分析的投資金額年成長超過 3.5 倍，就連受到嚴格監管的金融業，也達到 2.5 倍的增長。是哪些關鍵特性，讓企業選擇擁抱雲端？

基礎建設成本降，可彈性擴充應變

對三種類型的企業來說，上雲後能夠有效減少基礎建設的成本。首先影響最大的是新創公司。根據初步訪調結果，前期一次性投資伺服器、存儲等設備，大約會花費 50 到 100 萬元不等的金額，但若使用公有雲服務，只需要購買一次「雲主機」，由公有雲業者把記憶體、微處理器和磁碟空間等資源分配給每個網站或系統使用，新創公司在布建主機後就可直接使用資源，減少初期投資。

另一種是偶發性大需求的公司。平時不會用到這麼多流量或存儲資源，只會偶爾出現暴增，可以在需要資源時酌量購買即可。例如購物網站在舉辦抽獎活動時，可以臨時加大主機資源，辦完再縮減回原先規模，讓主機的資源應用更有彈性，也降低平時固定成本。

最後是備援需求龐大的企業，有些自建機房的大型公司，可以利用雲端做備援，降低成本。「原本 1,000 萬的機房，其實需要另一間 1,000 萬規模的做備援。」資誠會計師事務所副執行長分享，2010 年富邦銀行機房發生大火，備援系統因爲成本考量沒有跟著主要機房一起加大投資，導致兩邊資源不對等，啓動後大當機，只能發布重訊暫停營業。把備援系統上雲後，可利用彈性擴充，減少平時成本，成爲大企業重要的備援方案選擇。

此外，日常維運人力成本也能大幅減少，AWS 香港暨臺灣總經理表示，長期客戶 Airbnb 在過去疫情前每天可租出 15 萬間房，「但總共也只要 6 人負責維運管理」，其餘就由公有雲、在地託管業者協助，只需要依照需求付出服務費即可。

另一項誘因，在於安全性。趨勢科技今年的資安報告指出，去年臺灣在全球勒索攻擊數量排名第十，網路資安大廠 Fortinet 也發現，近 93%的營運科技（OT）企業組織，過去 12 個月內系統至少被入侵 1 次，主因就是僅 13%企業能完全掌控系統中的活動，其餘企業就算突然出現異常登入、半夜大量資料被拖拉等，很可能都一無所知。

資料放在家恐被駭，不如給「銀行」管

「只要你沒隨時監測、定期更新，在網路上就像裸奔一樣，對著駭客大喊『我沒穿衣服，趕快來攻擊我』！」伊雲谷執行長生動比喻，就像以前老人家會覺得錢（資料）放在家裡很安全，自己看得到、摸得到，但現在放在銀行（公有雲）集中看守，才會感覺更有保障。

舉例來說，微軟是全球最常受到駭客攻擊的組織之一，Azure 卻能號稱沒有被突破的紀錄。美國國土安全部也是 AWS 長達十年的客戶，公有雲持續面對龐大攻擊，也投入大量資源提升「軍力」，比起許多公司自己不定期監管守備更加森嚴。但部分受到法規嚴格監管的金融、醫療業，擔心用戶機敏資料外流，不希望提供給雲端服務商管理，又想擁有雲端的彈性，「混合雲」的需求便隨之崛起。

根據 iKala Cloud 和 IDC 合作進行的調查，只願意採用地端服務的企業比率從 32%大幅縮減到僅剩 6%，多達 94%都計畫採用雲端服務，其中「混合雲」多達近 7 成。混合雲就是結合地端私有雲和公有雲的好處，不敢上雲的機敏資料一樣留存在自家機房，需要運用的就放上公有雲，根據業務需求把工作負載在兩者之間彈性轉移。

iKala Cloud 雲端事業負責人指出，以大量自建機房的製造業為例，因為過去是孤島式製造基地，只在臺灣供應鏈、產線之間進行資訊往來溝通，直接在地端拉網路連結的效率最高，但現在分散各國製造，跨國連結出現困難，上雲的需求就變得迫切，也有不少企業將混合雲作為中繼站，在過程中一步步調整 IT 架構，以實現最後真正完全上雲的目標。

圖文來源：摘錄自數位時代 2022/11/01

解說

以往許多企業覺得將公司營運上雲端，有不安全的感覺，但隨著 Covid-19 疫情與俄烏戰爭的爆發，讓企業逐漸改變心態，紛紛開始擁抱雲端服務。其中，「混合雲」最受歡迎，它結合地端私有雲和公有雲的好處，讓不敢上雲的敏感資料可留存在自家機房的私有雲內，需要運用的就放上公有雲，兩雲之間彈性轉移兼具隱私與效率。

三、雲端運算的服務層次架構

通常企業組織導入雲端運算，以長遠眼光來看，將可為公司在資訊設備上，節省許多經費；且軟硬體可隨著需求更新，而不用受限於老舊設備或程式的限制。因此雲端運算可為企業組織，帶來經濟且具效率的服務。通常雲端服務的層次架構，可分為「架構即服務（IaaS）」、「平台即服務（PaaS）」、「軟體及服務（SaaS）」等三層架構。（詳見圖 3-3 之說明）以下將分別說明之：

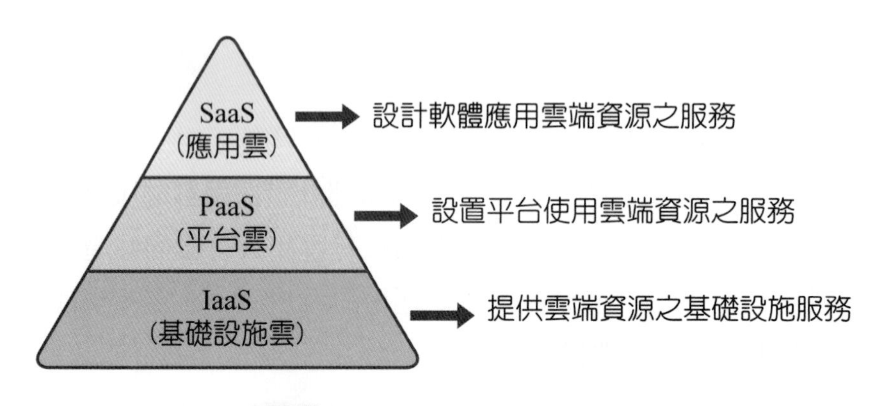

圖 3-3 雲端運算的服務層次架構

(一)架構即服務(Infrastructure as a Service;IaaS)

亦稱「基礎設施雲」。此乃雲端服務業者建置雲端的基礎設備,如:伺服器、網路頻寬、周邊硬體等,提供給使用者在雲端配置所需的電腦運算、儲存空間、網路以及其他電腦資源,業者再按使用計量收費。

此服務架構,讓公司的IT[1]管理人員,不用再內部建置機房,可以節省了電力、空調、網路、伺服器、周邊硬體等費用,但仍需投入軟體開發及維護成本。通常提供此種服務的全球知名公司,如:亞馬遜(Amazon)的EC2、微軟(Microsoft)的Azure、IBM、Google等;臺灣,如:中華電信的HiCloud。

(二)平台即服務(Platform as a Service;PaaS)

亦稱「平台雲」。此乃雲端平台業者建置各類應用程式於雲端架構上,提供使用者運用平台上的資源,去進行完成所需的電腦運算、儲存空間等服務。

此服務架構,提供使用者(如:軟體開發人員)掌控運作應用程式的平台,以提供軟體開發測試環境。但在此平台上,使用者無法自行設定作業系統的環境,只能依照平台原先的設定去運行程式,所以對於不會安裝作業系統的使用者較爲便利。通常提供此種服務的全球知名公司,如:Google App Engine、Apple Store等。

1 IT(Information Technology),一般大致可分為三大部分,就是俗稱的3C:電腦(Computer)、通訊(Communication)和消費性電子(Consumer Electronic)。

（三）軟體即服務（Software as a Service；SaaS）

亦稱「應用雲」，此乃軟體供應商提供各種軟體給使用者，使用者只需網路開啓瀏覽器或連網介面，即可在雲端操作相關軟硬體。

此服務架構，讓使用者（亦即終端使用者）可以隨時隨地的在雲端處理相關事務，也不需擔心軟體的安裝與升級，也不必一次買下軟體授權，只要根據實際使用情形來付費，使用者可以將維護開發的人力降到最低。此外，對於軟體供應商而言，它們可以方便的進行軟體升級與部署，不用去管理雲端底層的架構與設備。通常提供此種服務的全球知名公司，如：Google Gmail、Facebook 等。

表 3-1 雲端服務之說明

層次架構	架構即服務（IaaS）	平台即服務（PaaS）	軟體即服務（SaaS）
提供服務	基礎建設	平台	軟體
服務項目	伺服器 網路頻寬 硬體管理	提供軟體開發測試環境	各種線上應用軟體
服務對象	IT 管理人員	軟體開發人員	終端使用者
提供服務商	Amazon Microsoft IBM Google	Google App Engine Apple Store	Google Gmail Facebook

四、雲端的效用

企業若導入雲端服務，將可爲企業的營運上帶來以下幾點效用：

（一）成本

若企業使用雲端運算服務，那公司內部就不用自建資訊設備，也不用擔心資訊軟硬體老舊的問題，所以可以幫公司節省資訊的建置成本與維運成本，且在使用雲端也是按使用率計價，並不會爲企業帶來太多的成本。

（二）迅速

雲端運算的特性就是隨選自取服務，只要有網路的存在，都可很方便的對資料進行存取與運算的運作，且使用者也不用瞭解雲端運算的相關設置細節與專業常識，就可簡單迅速的運用雲端服務。

（三）安全

基本上，建置雲端基礎設施服務的公司，都是國際大型科技公司（如:亞馬遜、微軟、Google 等），這些公司擁有豐富雲端設施的軟硬體設備與人才，因此可提供企業在安全無疑的情形下使用雲端服務。

五、雲端運算在金融上的應用

在互（物）聯網的商業模式中，金流、物流與資訊流，在網路上大量產生，金融相關業者可藉由雲端運算系統，建構各種金流或商品交易的平台、以及各種整合資源的分享服務，才能使得金融商業活動進展得更順暢。以下將介紹雲端運算在金融上的應用說明：

（一）架構平台

金融活動中的資金移轉或商品交易，都需要大量且快速的科技軟硬體的輔助。雲端運算系統，因具可被高度彈性擴增的特性，所以可以使得資金移轉或商品交易能夠順暢進行。因此金融業者運用雲端服務，讓用戶在平台內交易，比較不會出現網路塞車的情形，所以對於互（物）聯網金融的運作順暢，具有極大的幫助。以下將介紹兩種金融上，常見的雲端平台之應用：

1. **資金支付移轉平台**

   金融機構或電商公司，所架設有關於資金支付移轉平台（如：銀行的電子 ATM 轉帳平台、信用卡收單共用平台、以及電商公司的第三方支付平台），都可於雲端系統內進行，這樣可使資金的流通更爲順暢與便利。

2. **金融商品交易平台**

   金融商品的交易（如：證券交易）需要迅速的電腦系統來完成，所以證券交易所，可以架設雲端機房，妥善利用雲端快速便利的優勢，讓證券交易更爲順暢。

（二）整合分享

雲端運算可以整合各類資源，並具共同分享之特性，所以金融機構或電商公司可將運用於在各種交易帳戶的整合、以及即時訊息的分享上。以下將介紹兩種整合分享的應用：

1. **整合帳戶**

   金融機構或電商公司可利用雲端系統的觀念，將客戶在不同金融機構內的帳戶（例如：各家銀行帳戶、證券交易帳戶、基金投資帳戶等等），都整合儲存於「雲端」裡，用戶可整合的資料，並由行動裝置就可以隨時的管理所有帳目。

2. **資訊分享**

   金融機構或電商公司可利用雲端系統的觀念，將各種管道的即時資訊加以整合、並予以分享，以創造新商機。例如：銀行可利用雲端整合相關的理財產品、服務據點、客戶帳號等資料，然後提供更完整的資訊給客戶參考；且為客戶提供全方位的金融商品服務，並可降低交易成本。

金融搜查線 

未來 5 年企業數位轉型與雲密不可分

未來五年，全球企業都可能透過雲端服務進行數位轉型，其中，亞洲十分看好業務轉型（BX）和 IT 轉型（ITX），積極以 5G、人工智慧、區塊鏈、金融科技、數位貨幣、機器人技術、物聯網、自動駕駛汽車、智慧城市和量子計算等新興技術予以落實。歐洲則較落後美國及亞洲。國際數據資訊（IDC）調查，北美、歐洲與亞洲在未來五年計畫透過數位轉型顛覆產業遊戲規則的比例，分別是 46%、28% 與 70%，顯見亞洲企業在數位轉型的積極程度。

國際數據資訊（IDC）Cloud Pulse 2020 年企業調查研究顯示，北美，西歐和亞太區將有十大雲端採用發展趨勢與差異。2021 年雲端投資將顯著增加，北美和亞太地區有超過 40% 的企業將在 2021 年大幅增加雲端運算上的支出，歐洲則僅有 27%。IDC 預期關注營運靈活的企業，將逐步因應由疫情引起的危機，並會將更多的工作負載轉移到雲端中。

由於多雲架構將是未來趨勢，從區域角度來看，美國在採用多雲服務的市場領先性最高，這與 Amazon WebServices、Microsoft、Google、IBM 等雲端服務先驅與創新者都是美國公司有關。相對亞洲和歐洲在採用多雲架構方面則相對保守，但在未來五年中，將經歷巨大的變革，歐洲雲端平台（GAIA-X）計畫有可能會改變遊戲規則、刺激雲生態系統和採用多雲架構。

AI / ML 將大量用於雲營運，隨著多雲的普及成爲主流，企業需要先進的工具來監控、管理和保護所有雲端資源（虛擬機、容器、應用程序、儲存、網路等），而在檢測入侵、攻擊和入侵方面，AI / ML 遠優於傳統方法。未來雲端運算及雲端部屬維運等工作將朝向 AIOps 發展。

以區域別角度來看，目前北美和亞洲使用人工智慧進行雲端運算的比例是歐洲的兩倍。雲端基礎架構及資安將是雲端運算主要投資方向，IDC 調查，北美有關雲端運算的前三大投資方向，分別是於雲端管理、企業應用和安全性。歐洲的雲端投資重點，則會聚焦在雲端基礎架構、安全性和人員培訓。亞太地區的雲端服務投資則與美國相似，安全性、企業應用與雲端基礎架構是最重要的三大投資方向。

未來五年企業轉型與雲密不可分，企業將透過雲端服務實踐數位轉型，企業將更大膽創新與歐洲的企業用戶互相較量。北美和亞洲企業將更願意冒險並採用新興、甚至且未經測試的新技術。此一態度將有助於其刺激創新、創建新的數位戰略、建立韌性跟擴大市佔，對未來的企業轉型將扮演關鍵推動角色。

圖文來源：摘錄自臺灣新生報 2021/02/12

解說

雲端運算是企業發展數位化不可或缺的技術。現今全球各大企業無不透過雲端，將企業欲發展的 5G、人工智慧、區塊鏈、金融科技、數位貨幣、機器人技術、物聯網、自動駕駛汽車、智慧城市和量子計算等新興技術，予以落實。

金融搜查線

銀行資料上雲端，近 20 年最大修法！為何牽動金融未來戰局？銀行營運將更有效率？

日前金管會公告，將修改「金融機構作業委託他人處理內部作業制度及程序辦法」（簡稱委外辦法）。此次修法內容中，關於放寬銀行業者業務上雲的調整，尤其受到產業關注。

委外辦法最早在 2006 年時發布，之後分別在 2012、2014、2019 年調整過辦法內容。2019 年 9 月修法時，首度將雲端服務納入法條，而此次修法爲歷來最大幅度的鬆綁與調整——未來銀行非重大、非消金業務，將可以逕行部署於境內的公有雲；也就是說，不必再像以前必須向主管機關申請，就可以直接部署在機房位在境內的雲端空間中。

金管會銀行局副局長表示，此次修法主要是順應數位工具在銀行業務的採用率上升，開放上雲將助於打造更具韌性的治理模式並兼顧轉型發展。同時，更是回應外商銀行在臺分行呼籲多年的：期望上雲鬆綁，讓在臺公司能與區域總部（如亞太總部）整合資料，或是共用總部數位工具如風控、辨識等的營運需求。

銀行資料可以上公有雲了！法條鬆綁，銀行營運可以更高效？

那麼，對於臺灣本地的金融機構來說，此次委外辦法鬆綁，代表什麼樣的機會與彈性？一名曾任銀行資訊主管的業者觀察，此次開放上雲最主要的目標，並不是指將銀行資訊系統全部搬上雲，反而是透過局部部署，建立更有韌性的資訊架構。當銀行面臨不可控的外在因素，諸如能源中斷、突發天災，或是其他外在攻擊事件，如何維持服務的可靠性？上雲將會是很好的解決方案。

雖不在此次法規範圍，但同在金管會轄下的金融機構——電子支付業者，也同樣密切關注此次異動。一卡通總經理指出，過去金融業者要建立備援機制，必須在多個地區自建機房，需要不間斷的土地、電力、人力資源。未來將部份資訊架構上雲，將可以大幅降低維運的人力。

協助企業進行雲端轉型的萬里雲創辦人暨執行長表示，企業資訊架構也不會是一日上雲，在混合雲的架構下，如何兼顧雲、地兩端的資安，將是未來的挑戰，「上雲法規的鬆綁，其實在 2022 年底發布『金融資安行動方案』2.0 時，就可初見端倪。」

當時主管機關鼓勵金融機構強化重要核心資料保全機制，如將資料儲存於第三地或雲端備份等，現階段業者可以做的，就是先盤點企業有哪些核心業務，必須建立在更有韌性的資訊架構上，再依序建立起雲、地兩端的安全連線，進行備份；等到新法規通過後，透過原本備份的資料進行雲端系統還原，善用雲端特性達到高效營運。

開放上雲，為何成銀行決勝關鍵？

開放上雲，亦幫銀行業者打開使用雲原生服務的大門。專家指出，越來越多的數位服務，「本來就是長在雲裡面，不太可能把他們變成全地端的應用。」過往銀行爲了要合乎法規，往往必須自己從頭建立服務，這也相對放慢了數位化的進程。

而隨著法規上路，金融業者將可以直接導入雲原生服務。當中最關鍵、近期引起最多關注的莫過於 AI 應用。曾任銀行資訊主管的業者直言，「大型的語言模型、人工智慧模型的運算量太大，要部署在地端的可能性極低。」業者觀察，開放上雲之後，銀行將有機會與全球先進的 AI 發展同步前進，這也將使銀行之間數位化的競爭更爲激烈，差距也可能拉大。

金融產業的下一步，將取決於業者對上雲的積極度，過往銀行投入許多成本在地端機房上，有各自的硬體設備折舊時程規劃，過往投入的成本，會在財務上影響企業上雲的積極度，「業者過去買的機房可能還沒有攤提完。」

對業者來說，關於「重大、消金」業務的定義尚未明朗，還需要依個案跟主管機關研討，但無獨有偶，許多業者皆提到，此次修法強調相似個案只要首案申請上雲通過，後續個案就不必再申請，將大幅加速產業創新的效率，皆樂觀此次修法成果。

圖文來源：摘錄自數位時代 2023/03/13

> 解說
>
> 長久以來，銀行業都很注重自家客戶的資料，不將資料上雲端。但隨著修法，未來銀行攸關非重大、非消金業務，將可以逕行部署於境內的公有雲，這樣或許可以增加銀行的服務效率。

3-2 大數據分析

由於近年來行動裝置的發達、社群網路的蓬勃、以及物聯網的崛起，都會將各式各樣的資訊，主動傳輸至科技公司所建置的雲端系統內。因爲這些「數量巨大」（Volume）、「高速傳輸」（Velocity）、「格式多樣」（Variety）、以及「眞僞難辨」（Veracity）的資訊，科技公司如何將這些「多、快、雜、疑」的數據，經過大數據分析整理後，變成有用且轉換成擬人化的訊息，再回傳給用戶有價值（Value）的資訊。

所以大數據（Big Date）分析的精神就是將上述中，資料的「4V」特性轉成一個有價值的「V」。（詳見圖 3-4 說明）因此利用大數據分析改變商業經營模式，主要須從這些大量、高速、多樣、存疑的數據中，運用軟硬體快速擷取、整理、分析以及挖掘數據後，並將數據轉化爲有價值的商機，協助產業調整運作模式、以及訂定經營策略。

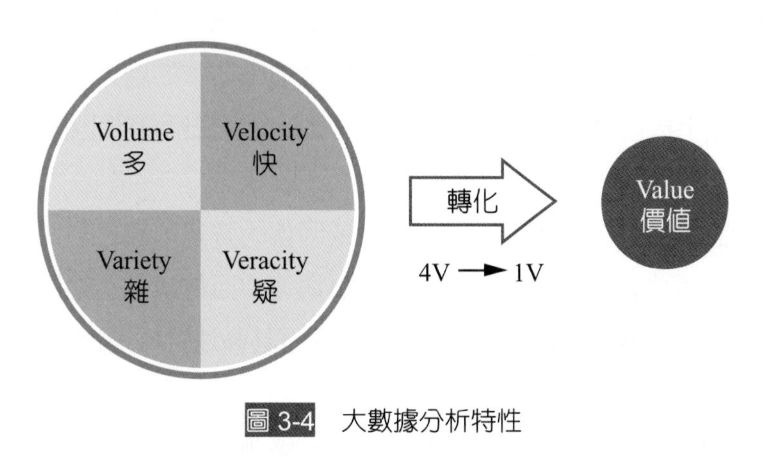

圖 3-4 大數據分析特性

其實，現行的商業領域，有許多業者都宣稱利用大數據分析後，得到一些觀察結果，但這些充其量只能說是數據分析，因爲這些龐大的數據仍不具備大數據所定義的 4V 之特性。例如：財務研究裡，利用眾多的股價資料去預測股價；例如：球隊經理觀察各球員的過去資料，然後再經過數據分析，做出正確的戰術與策略。但不管資料是否具大數據的特性，最重要的還是藉由這些巨量的數據資料，能夠轉化成有價值的商機，才是重點。

當然的，要將巨量的數據資料轉化成有價值的訊息，除了須仰賴資料分析人員，利用各種統計方法、程式模型，先將資料進行處理後得到具價值的數據，最後仍須透過經驗豐富的人，才能做出較適當的決策。因此數據分析中，最重要的靈魂要角，或許仍是最後能夠精準判讀資訊的領航者。

此外，近年來人工智慧的發展技術欲漸成熟，其技術的應用就是建構在大數據的分析上。因爲巨量的數據讓電腦可以進行機器學習，以磨練出更智慧的模形，以導入生活與商業應用，並且再回饋更多數據給機器進行深度學習，已演練出更準確的模型，如此良性循環將使人工智慧的應用更趨完善。因此大數據分析，對於人工智慧的發展具有著實的重要性。

以下此處再針對大數據分析所應具備的特性，進一步說明；其後，再介紹大數據的處理流程、以及在金融上的應用情形。

一、大數據的特性

基本上，大數據應具備以下 4 個基本特性：

1. **數量巨大**

   因爲用網戶可隨時運用行動裝置，所產生的活動資訊、網路社交資訊、以及物聯網的實物感測器所回傳的資訊；這些資訊的數量通常非常的龐大。例如：自從人們開始使用智慧型手機後，使得上網更加便利，所以會產生巨量的上網軌跡的資訊。

2. **高速傳輸**

   因爲網路通訊的便利，由各種管道所蒐集或回傳的資訊，都會很快速的進入雲端系統內，系統將這些資訊匯整分析後，又要很快速的回傳訊息至網戶的手中。例如：從視訊監控設備、感測設備所傳回的數據，都是具高速且持續性的資訊。

3. **格式多樣**

   因爲從各種智慧裝備（如：手機、監控儀器、感測設備等），所搜尋回傳的訊息，格式並非一致。例如：有文字、圖片、音頻、視頻與地理位置等等多樣的資料格式。

4. **眞僞難辨**

由各種網路管道搜尋的資訊，在處理時，會發現大部分的資訊是沒利用價値的，所以要從中擷取有用的資訊，必須耗費許多成本。例如：從某客戶的行動裝置所傳回的上網軌跡，科技公司必須耗時去擷取，其消費或交易的有商業價値的資訊，必須耗費許多時間。

二、大數據的處理流程

在互聯網與物聯網的世界裡，人與人、人與物、物與物之間的互動頻繁的進行中，這些各式各樣的交流資訊，不斷地被產生與保存，但並非所有的數據都是具有價値性，且資料是具有生命周期性。因此須透過具邏輯性的處理流程，才能使得數據與某些事務產生關聯性，再將這些統計分析化爲有用的商業資訊，以協助產業調整運作模式、以及訂定有效率的經營策略。以下將介紹大數據分析的處理流程，其流程大致可分爲五個階段（詳見圖 3-5 說明）：

圖 3-5 大數據分析的處理流程

（一）數據採集

首先，從各種的網路的通道上，收集網戶的上網軌跡、消費、交易、通訊等等資訊、以及蒐集由各種實物感測器，所主動回傳的感測資訊等；將這些多元管道所採集到的數據資訊儲存在資料庫，以供將來分析使用。

企業數據的採集可向提供數據收集的公司購買相關數據、或者由企業內部取得交易數據、也可利用網路爬蟲工具（Crawler）或撰寫抓取資料程式，至浩瀚無垠的網路世界採集各種數據。現在企業都會多方並用所收集多元數據，才能提高數據分析的精準度。

（二）數據清整

其次，須從這些多元管道所採集回來的龐雜與多樣的資訊中，進行格式的轉換；並抽絲剝繭、去蕪存菁的將資訊進行清整，以篩選出可利用的數據，以供後續數據分析使用。

由於多元的數據來源，數據常有格式不統一（如：文字、數字、圖片、音頻、視頻等）的問題，且資料會出現遺缺、重覆、誤植與不一致等問題。因此必須藉由電腦軟體或程式，將資料進行梳理，以利後續分析。

（三）數據分析

再者，將之前匯整的各式資訊，依據其本身的特徵，並利用各種電腦程式或統計工具，進行分析與探討，使得分析的數據，得以被意義化，以滿足數據可供解釋所用。

通常進行數據分析的方法，不外乎利用一般統計函數中的平均數、中位數與變異數、以及利用各種機率分配、估計檢定、無母數統計等的方法進行推論，讓數據具有辨別度。

（四）數據挖掘

隨後，再從這些經過分析後的資料，再去挖掘藏匿在數據中，所隱含的眞實意涵，並尋找其規律性與連結性；並將這些經過層層整理及歸類所得的數據，提供轉化成商業資訊所用。

通常經過分析過後的數據，可能會產生許多圖與表或其它檢定數字，必須藉由有經驗的數據分析人員，將這些分析過後的資料進行歸納串聯，讓它具有某些意義與規律性，以利研判解讀。

（五）價值資訊

最後，將經過大數據分析後的訊息，轉化成有價值的商業資訊，以供公司進行趨勢預測、商品行銷、風險控管等營業活動的參考；並協助公司調整營運模式，以達效率經營之目標。

通常此步驟是大數據分析的最精隨所在，前面的步驟大都可藉由程式與統計軟體便可處理，但要將數據分析結果轉化成有價值資訊，卻必須有賴在該行業具有豐富實務經驗的人士進行判讀，並予以精準運用，才能讓數據變黃金。

三、大數據分析在金融上的應用

其實，商業活動中各形各業，都會有大量的資金移轉、商品交易、以及資訊流通活動紀錄，這些活動與交易的紀錄，都是大數據資料的一環。大數據分析主要就是要能夠整合這些金流、物流與資訊流等多樣且非結構性數據，經過整理、分析與挖掘後，再回傳資料給各行各業應用；並藉由人工智慧的機器學習與深度學習的功能，將再回傳的資料經過反覆演練，讓機器回覆更精確的資訊給使用者，以提供精準的商機或風險管控等等功能。

通常金融業掌握資金的流通，大數據分析的應用尤爲重要，以下本處將簡述大數據分析，在金融產業上的應用情形。

（一）風險控管

現代的金融智慧化的營運模式，其實是很容易被複製；但最重要的還是業者要會利用大數據分析，解決資訊不對稱的問題，以降低營運風險，這樣才能使金融營業活動，得以長久發展。

例如：銀行可將欲放款公司，以往的產值、銷售與財務等相關資訊結合大數據分析，以進行貸款風險的控管。例如：保險公司可利用保戶以往的就醫記錄、或者車險理賠情形，利用大數據分析建構一套預測防弊模式，以降低醫療保險、以及車險理賠欺詐的風險。例如：電商公司將眾多網戶在平台的交易資訊、以及在社群往來的行爲數據，打造一套大數據徵信體系，建構網戶的信用評級，以控管各網戶的風險狀況。

（二）精準行銷

其實，互（物）聯網金融的營運本質，就是大數據金融。因爲眾多的資訊都隱含著網戶的偏好，利用大數據分析後，可以幫助業者精確的掌握網戶個別需求，並進行客製化且精確性行銷。

例如：銀行可以針對信用卡會員的消費行爲，進行數據分析，適時提供即時且精確的消費訊息給會員參考，以提高會員的刷卡意願。此外，銀行可利用大數據分析，分析借款者可以接受的利率與額度，以精準的達成貸款者的需求。例如：證券公司可以針對客戶，以往網路下單的交易記錄，進行數據分析，以便於公司欲推展權證等衍生性商品銷售之參考。例如：電商公司可從網路理財平台，篩選出在網站停留時間最久與次數最多的網戶，藉以瞭解哪些客戶對某些理財商品有興趣，將進一步傳送相關理財訊息給需要的網戶，以達到客製化的個人服務，並可提高理財商品的銷售機會。

（三）效率營運

若商業活動有大數據資訊的支撐，就可得知市場上各種通路的運作狀況，藉以提供給業者經營上的參考，讓業者得知哪些方面需要再加強或調整，並制定新的經營策略，以達高營運效率。

例如：銀行可以將客戶行爲轉化爲資訊流，分析客戶的個性特徵、風險偏好、適合何種銷售管道與理財工具，以便於進行適當的金融商品推廣，讓銀行營運具有效率性。例如：電商公司可從眾多的社群網站，得知哪些產品被討論的情形、或者得知哪些產業鏈的供需變化情形；再根據巨量的資訊判別分析後，迅速的調整經營策略，以達到效率經營。

金融搜查線

央行靠大數據提升政策品質

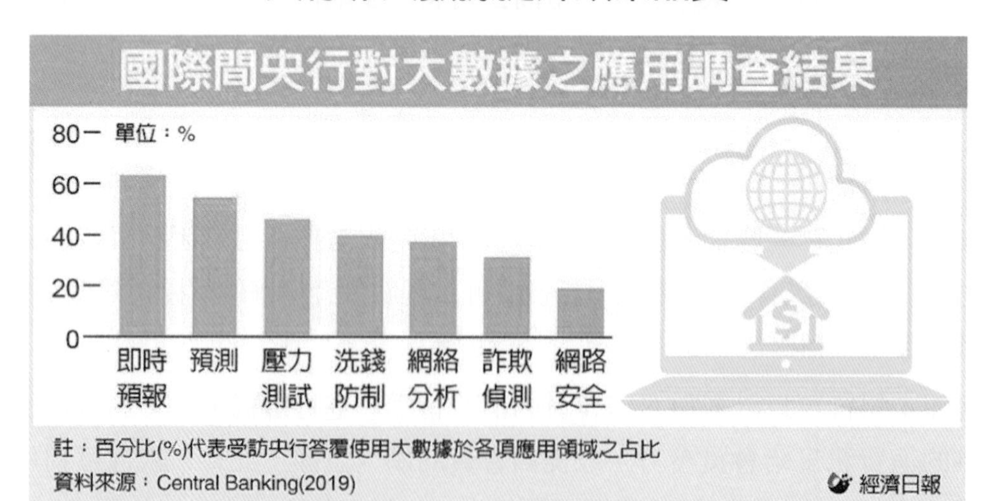

數位金融時代，各國央行積極運用大數據進行資料分析。中央銀行指出，隨著電腦網路發達、資訊儲存與處理科技的進步，經濟活動所產生的資料量快速且大量累積，而以文字、數字、語音或影音串流等不同形式呈現，此類大數據的蒐集、分析與應用，已成爲國際間的重要趨勢。

央行表示，大數據不僅可應用在大眾生活層面，近年主要國家央行亦持續發展運用大數據的創新形式，改善統計數據的即時性，對金融市場的運作提供分析，並爲研究開創新方向。

《中央銀行業》（Central Banking）出版公司「2019 年國際間央行大數據使用情況調查結果」指出，央行對大數據之應用以即時預報與預測最多，其餘依序爲壓力測試、洗錢防制、網絡分析、詐欺偵測及網路安全等特定領域。央行解釋，所謂即時預報是指，運用具同時或領先性質，且資料頻率較高的指標，對當前經濟金融走勢進行預測。

央行已成立金融科技工作小組，持續關注主要國家央行大數據分析的相關議題，並逐步運用大數據分析於經濟預測、金融情勢分析及銀行風險評估等議題，作爲研議與訂定貨幣政策及總體審慎監理措施之參考，以進一步提升政策品質。

圖文來源：摘錄自經濟日報 2020/12/12

解說

在這網路相互串接的時代裏，各種經濟活動產生各樣的數位數據。中央銀行必須透過大數據分析，才能精準研判未來經濟走勢，並落實各種金融風險（如：洗錢防制、銀行壓力測試、金融詐欺等）的防範。

金融搜查線

調查：9 成銀行啓動數位轉型 AI 及大數據成重點技術

數位轉型蔚爲趨勢，臺灣金融研訓院金融研究所首度針對國內 30 家銀行進行「金融科技創新與數位轉型調查」，目前已有 9 成銀行啓動數位轉型，人工智慧及大數據將是未來 3 年的重點技術。

在現狀方面，第一，目前已有 9 成銀行啓動數位轉型，其中，近 9 成銀行導入 AI、大數據以及 RPA（機器人流程）應用。第二，銀行與科技業者合作日趨密切，合作項目首推支付業務、資訊安全及 AI 大數據。

第三，人工智慧及大數據仍是未來 3 年在數位轉型上的重點技術。第四，因應轉型需求，未來傾向高階策略性人才及跨領域金融科技人才；其中，對數位轉型策略規劃人才最求才若渴，高達 87%，其次是跨領域金融科技人才 77%，接著是大數據分析人才、行動服務 UI/UX 人才等。

另外，這次調查依金融科技的投入資源與數位轉型的成效分成領先者、積極者、潛力者與保守者。數位轉型領先者的 7 家銀行爲玉山銀、第一銀、富邦銀、國泰世華、台新銀、中信銀與永豐銀；積極者 9 家、潛力者 5 家，保守者 9 家。

根據領先者銀行的自評以及專家學者的分析，領先者銀行數位轉型成功的關鍵因素有 4 項，分別是管理層的願景與承諾、清楚明確的數位轉型策略、充足的資源投入以及培養數位化人才。從轉型成效分析，領先者在金融科技的投資金額爲保守者的 12 倍，且投入員工在金融科技的相關培訓金額約爲保守者的 28 倍。

臺灣金融研訓院金融研究所副所長提醒，投入金額多，轉型成效不一定就會好；積極者銀行投入相當多資源，但轉型成效比不上領先者的原因，可能是組織文化、跨部門敏捷不夠，以及尚未培養數位人才所造成。且目前有近 9 成銀行已成立數位金融專責部門，「但有近 5 成積極者銀行的從業人員，竟不清楚自家已有專責部門」。

圖文來源：摘錄自經濟日報 2022/10/29

解說

國內銀行啟動數位轉型，必須仰賴大數據分析與人工智慧。但要確實能轉型成功，專家指出仍須銀行內的管理層的願景與承諾、清楚明確的制定數位轉型策略、充足的資源投入以及培養數位化人才等因素的配合。

金融 FOCUS

QR CODE	影片主題、網址、日期、長度、語言與出處	影片重點簡介
	◆ 計算帶我上雲端～雲端運算是在算什麼東東？ https://www.youtube.com/watch?v=Tg3Ehzz-4qc&t=46s 2020/07/20 | 4 分 33 秒 | 華語 | 金融研訓院	雲端服務是由各種軟硬體設備，所建構而成的。使用它很方便，只要有網路就可上雲端，它讓我們的生活運作更為快速便利。
	◆ 台灣金融業要走出國際新視野，雲端是不可或缺的元素？ https://www.youtube.com/watch?v=XHOIgUgqJC0 2021/12/3 | 6 分 15 秒 | 華語 | 金融研訓院	疫情加速了企業數位轉型的速度，金融業似乎已經思考藉由上雲端來將自己的優勢快速打向海外市場，走出一個國際新視野。
	◆ Amazon推雲端遊戲服務　與微軟.谷歌互別苗頭 https://www.youtube.com/watch?v=00DLUg51flY 2020/09/26 | 2 分 14 秒 | 華語 | 非凡新聞	全球雲端運算大廠亞馬遜推出「雲端遊戲平台」，就是看準接下來 5G 的應用以及宅經濟的崛起，要來搶攻 2,000 億美元的遊戲商機。
	◆ 新創靠AI.大數據　助攻逾500家企業數位轉型！ https://www.youtube.com/watch?v=FUqNMT5Lz9g 2022/07/14 | 2 分 10 秒 | 華語 | 非凡新聞	新創公司萬里雲互聯網，利用 AI 技術和雲端服務，幫助企業完善的運用 IT 架構以及大數據分析整合，成功翻轉企業，創造無限可能。
	◆ 企業升級拚永續經營　串聯大數據分析 https://www.youtube.com/watch?v=hPPcR3fYwl8 2023/05/24 | 2 分 6 秒 | 華語 | 東森財經新聞	台灣企業該如何轉型，專家認為要利用創新科技，把數據串聯雲端，打造數據力與永續力雙重戰力，就能掌握市場先機，加速提升企業升級。
	◆ 聊天機器人ChatGPT不能沒有他！教AI學習的數據標註員 https://www.youtube.com/watch?v=cdxQWsG1T50 2023/02/23 | 4 分 41 秒 | 華語 | TVBS 新聞	ChatGPT 被譽為最具創新性的 AI 工具，成功的背後是仰賴龐大的數據資料庫，靠數據標註員以手動的方式，對各種文字或是圖片進行標註。

本章練習題

金融科技力知識檢定測驗試題

(　　) 1. 下列何者不是雲端運算的三大服務模式？ (A) 基礎架構即服務 (B) 平台即服務 (C) 軟體即服務 (D) 資料即服務。〔第 1 屆〕

(　　) 2. 混合雲架構最受企業歡迎的原因爲何？ (A) 成本最低廉 (B) 安全等級最高 (C) 實施架構最單純 (D) 可支持不同的應用程式業務需求。

〔第 1 屆〕

(　　) 3. 在基礎架構即服務中，下列何者不是消費者能掌控的？ (A) 作業系統 (B) 儲存空間 (C) 雲端基礎架構 (D) 已部署的應用程式。〔第 1 屆〕

(　　) 4. 在平台即服務中，下列何者爲消費者能掌控的？ (A) 作業系統 (B) 運作應用程式的環境 (C) 硬體 (D) 網路基礎架構。〔第 2 屆〕

(　　) 5. 除了常見的三種佈署模型，美國國家標準局與技術研究院（NIST）還定義了下列何種雲？是由擁有相近利益、關注相同議題、或是屬於相同產業的企業組織而組成的。 (A) 利益雲 (B) 議題雲 (C) 社群雲 (D) 產業雲。

〔第 2 屆〕

(　　) 6. 大部分的套裝應用（如存貨管理系統，客戶關係管理系統）移植到雲端後，會以下列哪種雲服務方式提供？ (A) IaaS（Infrastructure-as-a-Service） (B) PaaS（Platform-as-a-Service） (C) SaaS（Software-as-a-Service） (D) DaaS（Data-as-a-Service）。〔第 2 屆〕

(　　) 7. 傳統上，我們所認知的大數據特徵不包含下列哪一項？ (A) 具大量性的 (B) 具多樣性的 (C) 具不斷傳輸性的 (D) 具主題性的。〔第 2 屆〕

(　　) 8. 下列何者爲大數據結合數位金融的應用？ (A) 透過 QR Code 掃描，提供線上信用卡申辦服務 (B) 以虹膜辨識身分，在 ATM 進行無卡提款 (C) 透過簡訊傳遞帳號，提供手機支付功能 (D) 透過社群行爲分析，提供網路 P2P 借貸業務信用模型建立。〔第 2 屆〕

(　　) 9. 有關大數據「具多樣性」的特徵，下列敘述何者錯誤？ (A) 各式各樣大量的來源資料都可視爲分析母體 (B) 資料格式是多樣貌的，甚或是沒有格式的 (C) 資料來源有結構化資料、亦有非結構化資料 (D) 多媒體資料、社群媒體資料、感應器等資料均可進行分析。〔第 3 屆〕

(　　)10. 在雲端運算技術中，服務的租用者可以隨時建立、執行、終止自己的虛擬伺服器，提供這種服務的稱爲： (A) 資料即服務 (B) 軟體即服務 (C) 平台即服務 (D) 基礎架構即服務。〔第 3 屆〕

( )11. 大數據一般以 4V 來定義它，下面哪一個和大數據的 4V 無關聯？ (A) 數量（Volume） (B) 不斷傳輸性 / 速度（Velocity） (C) 有效性（Validity） (D) 準確性 / 眞實性（Veracity）。 〔第 3 屆〕

( )12. 有關金融業大數據分析的框架，下列敘述何者正確？ (A) 與客戶間接互動對話 (B) 投入大量成本提升執行效率 (C) 應用各種風險評分方式評量客戶 (D) 使用單一方法確認行銷活動與顧客回應的關係。 〔第 3 屆〕

( )13. 在網路上常常看到有人使用 Google App Engine 服務，是屬於哪一種服務模式？ (A) 資料即服務 (B) 軟體即服務 (C) 平台即服務 (D) 基礎架構即服務。 〔第 4 屆〕

( )14. 下列哪一種雲端佈署模型可視爲企業利用虛擬化技術與跨異質平台整合及管理工具，優化內部資源使用，加速資源配置到終端使用者手上的新資訊架構？ (A) 私有雲 (B) 公有雲 (C) 混合雲 (D) 社群雲。 〔第 4 屆〕

( )15. 下列何者並非雲端運算所可能帶來的好處？ (A) 不再需要購置與維護伺服器 (B) 不再需要購置、安裝、升級軟體 (C) 不再需要向 ISP 租賃網路頻寬 (D) 可根據電腦資源的使用量來計算費用。 〔第 4 屆〕

( )16. 下列何種雲端運算的部署模型是由單一企業或組織專屬使用的雲端運算資源，可實體位於公司的資料中心？ (A) 公有雲 (B) 特有雲 (C) 私有雲 (D) 混合雲。 〔第 8 屆〕

( )17. 政府爲了打擊假新聞，預計針對《廣播電視法》、《災害防制法》、《糧食管理法》等九項法案進行修法，此種假新聞正是大數據四大特徵之一的何種？ (A) Veracity (B) Volume (C) Variety (D) Velocity。 〔第 8 屆〕

( )18. 下列何者並非雲端運算的特色？ (A) 資源虛擬化與共享 (B) 資源容易擴充與隨需應變 (C) 可以依需求量提供資源與計費 (D) 資源閒置。〔第 8 屆〕

( )19. 「一種基於網際網路的運算方式，共享的軟硬體資源和資訊可以按需求提供給電腦和其他裝置」，下列何者最符合以上描述？ (A) 大數據 (B) 金融科技 (C) 雲端運算 (D) 區塊鏈。 〔第 9 屆〕

( )20. 消費者自己掌控運作的應用程式，由雲端供應商提供應用程式運作時所需的執行環境、作業系統及硬體，是下列何種雲端運算的服務模式？ (A) 基礎架構即服務 (B) 平台即服務 (C) 軟體即服務 (D) 資料即服務。 〔第 9 屆〕

( )21. 大數據又稱巨量資料或海量資料，下列何者非其四大特徵 (4V) 之一？ (A) 具多樣性 (B) 具不斷傳輸性的速度 (C) 具敏感性 (D) 眞實性。 〔第 9 屆〕

( )22. 大數據資料分析的重要步驟，不包括下列何者？ (A) 定義問題 (B) 收集數據 (C) 數據清理 (D) 數據交換。 〔第 9 屆〕

( )23. 下列何種雲端運算的部署模型是由擁有相近利益、關注相同議題、或是屬於相同產業的企業組織，且多因爲有安全性的考量而組成的？ (A) 公有雲 (B) 社群雲 (C) 私有雲 (D) 混合雲。 〔第 9 屆〕

( )24. 下列何者並非組織採用雲端運算服務的常見考量原因？ (A) 成本 (B) 速度 (C) 隱私 (D) 效能。 〔第 9 屆〕

( )25. 公認最早將雲端運算商業化的公司爲下列何者？ (A) IBM (B) Amazon (C) Microsoft (D) Google。 〔第 10 屆〕

( )26. 除了公有雲、私有雲、混合雲三種部署模型，美國國家標準局與技術研究院（National Insitute of Standards and Technology；NIST）還定義了下列哪一種雲？ (A) 社群雲 (B) 社會雲 (C) 國家雲 (D) 世界雲。 〔第 10 屆〕

( )27. 下列何種雲端運算的部署模型是由協力廠商雲端服務提供者所擁有及運作，透過網際網路來使用伺服器及儲存體等運算資源？ (A) 公有雲 (B) 特有雲 (C) 私有雲 (D) 混合雲。 〔第 10 屆〕

( )28. 近期有專家強調大數據特徵的第五個 V，目的在於： (A) 成就資料科學家 (B) 探究歷史脈胳 (C) 將數據轉換爲價值 (D) 發掘核心問題。 〔第 11 屆〕

( )29. 大數據技術領域進入門檻高，下列何者非其所需具備的基礎或技能？ (A) 基礎統計學（Basic Statistics） (B) 經濟學（Economics） (C) 機器學習（Machine Learning） (D) 深度學習（Deep Learning）。 〔第 12 屆〕

( )30. 下列何種雲端運算的部署模型是由單一企業或組織專屬使用的雲端運算資源，可實體位於公司的資料中心？ (A) 公有雲 (B) 特有雲 (C) 私有雲 (D) 混合雲。 〔第 14 屆〕

Chapter 4

人工智慧與生物辨識

本章內容為人工智慧與生物辨識，主要介紹發展金融創新營運模式時，所須運用到的相關技術－人工智慧與生物辨識等相關內容，其內容詳見下表。

節次	節名	主要內容
4-1	人工智慧	介紹人工智慧的發展趨勢、以及在金融上的應用。
4-2	生物辨識	介紹生物辨識的特性、種類、以及在金融上的應用。

【本章導讀】

通常要發展數位金融與金融科技，這兩種創新的金融智慧化營運型態，其必須仰賴各種科技設備與先進技術作爲後盾。前一章所介紹的「雲端運算」與「大數據分析」這兩種技術，在業界大致上，已經發展的相當成熟，且也被廣泛被運用在金融服務上。未來引領金融智慧化發展要更上一層樓，須仰賴「人工智慧」、與「生物辨識」這兩種新興技術。以下本章將依序介紹之。

4-1 人工智慧

所謂的「人工智慧」（Artificial Intelligence；AI）是指將電腦裡的系統，經由程式設計的處理運算後，產生可以協助人類處理事務與資料分析的一種技術。簡單的說，人工智慧就是讓電腦或機器擁有像人腦一般，具有自主思考、推理、判斷與學習的一種技術。

近年來，由於人工智慧的技術大幅躍進，已經可以幫助人腦處理一些較標準化的事務。但自從 2016 年 Google 所設計的人工智慧機器—「Alpha Go」，以五戰四勝的成績擊敗韓國九段圍棋高手，使得人工智慧的自主學習與深度學習的能力，更受到人們的關注與寄予厚望。晚近，美國的 Open AI 機構於 2022 年底，開發的一種生成式人工智慧聊天機器人－ ChatGPT，更讓人工智慧的應用更受到矚目。

由於人工智慧可應用的行業相當廣泛，現已有許多原本須由人力完成的服務與作業，都藉助人工智慧的支援，讓整個服務型態與作業流程，變得更具便利、效率與安全。以下本節將介紹人工智慧的發展趨勢、以及在金融上的應用。

一、人工智慧的發展趨勢

一般而言，人工智慧起源於 1940 年代，其「人工智慧」一詞最早於 1956 年才被提出。至今人工智慧已發展了近 70 年的歷史，這段期間曾歷經多次的興衰。若從發展的歷史演進中，以使用技術的演進來區分，大致可在 1980 年代中期的「類神經網路」演算法再度被提出來、以及近期「機器學習」、「深度學習」演算法的突飛猛進，分成三大階段：

（一）第一階段（大約 1940 年代至 1980 年代中期）

人們在開發人工智慧的前期，都是試圖找出人類在進行認知與決策時，所使用的方法與思維；然後發展一套技術，去模仿人類在進行決策時，所使用的思維過程。這好比人類早期想學飛行，就仿造鳥的飛行方式，然後去製造飛行器，並沒有考慮流體力學。所以此階段的人工智慧的發展，並沒有辦法替人類解決太困難與複雜的事務。

（二）第二階段（大約 1980 年代中期至 2010 年代）

人們歷經開發人工智慧前期的失敗經驗，後來發現要讓人工智慧，擁有人腦一般具有思考的能力，並不一定要將人類的思維過程，類比出一套規則來教給電腦；而是讓電腦利用統計的方式，在大量的數據去尋找人們進行決策的規律，才能精準的模擬出人類的思維過程。因此現階段的人工智慧技術，已漸能夠協助人類處理較艱難與複雜的事務。

（三）第三階段（2010 年代以後）

近年來，隨著雲端資料儲存能力、硬體效能以及演算法的持續進步，讓人工智慧能夠在巨量數據的協助下，使得「機器學習」[1]（Machine Learning；ML）以及「深度學習」[2]（Deep Learning；DL）的技術更爲精進，並使得人工智慧能夠自主學習再進化，使得電腦處理複雜任務的準確率大幅提升，從而推動了計算機視覺、自然語言處理、機器人技術、圖像識別、語音識別技術的快速發展。

---

1 「機器學習」（ML）是讓電腦能夠自行尋找適合做預測或分析的一種演算法。該演算法主要透過蒐集大量原始數據，以訓練機器能夠調整資料且選擇相對應的模型，並藉由驗證資料、比對計算結果，來判定模型是否可用於做資料預測或分析。

2 「深度學習」（DL）為機器學習的分支。其主要是結合多層且複雜結構的人工神經網絡，並將其中的函數，作多重非線性轉換，以對多面向的資料進行高層抽象分析，並記憶的一種演算法。

人工智慧未來的發展，將會對各行各業帶來巨大的改變，其影響性可能將超越網際網路對各產業所帶來的變革。因此人工智慧將是將來引領各種產業，再升級的重要關鍵技術。

圖 4-1　人工智慧技術的機器學習之情境

圖片來源：數位時代

二、人工智慧在金融上的應用

這些年來，由於雲端運算的儲存能力增強，讓大量的數據可被分析，以用來提升人工智慧模擬人類思維的能力；且透過更多的數據，提升人工智慧系統，獲得更多相關的數據資料，再回饋給機器進行再學習與深度學習，以訓練出更準確的模型與自主學習能力。因此在這良性循環下，將能使人工智慧的應用技術更邁向完美。

現今人工智慧的技術，已可廣泛的被應用在各行業上，且應用層面還在不斷的擴展中。以下本處將介紹幾種現今的人工智慧技術，在金融上被應用的情形。

（一）作業安全

因為金融活動涉及資金的往來，所以必須確保交易過程的安全，是整個金融活動中，最重要的運作基石。現在金融機構與電商公司，都會運用人工智慧的輔助，以確保金融交易過程中，個人帳戶使用上的安全、以及能夠反制洗錢與詐欺活動的產生。

例如：中國－螞蟻金服公司，則是運用大數據分析、以及人工智慧的機器學習技術，建立一個風險分析網絡的模型，讓電腦去分析客戶現在登入帳戶的所在位置、或者從客戶的行為與操作習慣來分析，判斷現在登錄的用戶是不是帳戶本人，以提高帳戶的交易安全。

例如：美國金融業監管局，正在研發可進行市場監控的人工智慧軟體。未來擁有人工智慧的監控軟體，將協助監管人員監測美國股票市場的欺詐行為，以提高證券交易的安全性。

例如：德國德意志銀行（Deutsche Bank）利用人工智慧的技術，監控行員與客戶間的交談錄音及錄影資料，並透過關鍵字的檢索以搜尋過濾違反標準作業之案例，此能節省時間與降低成本，並提高作業安全之標準。

###（二）客戶服務

原本金融業的本質，就是以人的服務為核心價值。現在人工智慧帶來解構金融服務的生態，讓原本金融服務中，較標準制式化、或較繁瑣流程的事務，皆可利用人工智慧來代勞，讓整個客戶服務具效率性。如：結合 AI 所創造的聊天機器人（Chatbot），所提供的對話式服務，現已成為金融業客服的好幫手。

例如：中國－螞蟻金服公司，推出人工智慧的客戶服務，將整個電商金融客服處理作業流程，從平均 125 分鐘縮短到 30 分鐘；且也大幅改善了異常服務的諮詢量，從上千次降到百次以下。此外，該公司也利用人工智慧，簡化信用貸款審查批准的流程，除了可大幅提升客戶的服務效率外，且可利用人工智慧防止被客戶詐欺的機會。

例如：英國－ Santander 銀行，所推出的人工智慧語音助理服務－ Smart App，讓客戶可以用直接提問方式，查詢某項特定交易的處理情況或費用支付的訊息，以提升與客戶之間的互動體驗。此外，該銀行也推出具人工智慧技術的智慧虛擬助理－ Nina，此虛擬助理提供模仿真實客服人員、與客戶之間對話的服務體驗。

（三）財富管理

現在銀行與電商公司，所推出的財富管理平台，其平台上各式理財商品的銷售與設計，皆可透過大數據與人工智慧的結合，精準的設計出符合消費者需求的客製化商品，並可針對某些客戶進行有效的行銷。因此結合高端人工智慧的機器人理財服務，可讓財富管理業務，更加的具有效率。

例如：成立於美國－ Weaithfront 財富管理平台、與成立於德國－ Ginmon 的科技公司，都是設置具人工智慧的理財平台，平台可根據投資人的風險偏好與投資目標，協助客戶尋找出最佳的理財規劃。

例如：全球最大的私人財富管理機構－瑞士銀行（UBS），將運用人工智慧的技術，去判讀客戶在觀看理財規劃的相關影片時，所流露的臉部神情，然後再利用人工智慧去幫助客戶進行投資決策。

例如：國內的王道銀行、中國信託銀行、大拇哥投顧、鉅亨基金交易平台…等多家金融相關機構，都積極搶攻利用人工智慧的機器人理財市場。各家的理財機器人系統，有的會結合市場歷史交易數據和指標，並透過深度學習演算法，進行市場分析，且透過客戶的需求，幫客戶進行效率的資產配置理財活動。

（四）身分識別

消費者的身分識別，在所有的金融活動中，是一項重要的安全程序。現在隨著人工智慧的進步，讓機器判讀人體生物特徵的能力大增，使得客戶的身分識別方式，逐漸的由傳統的數字式密碼設定，擴展至利用生物辨識，如：指紋、臉部、虹膜、聲紋等。

例如：現在眾多的智慧型手機的啓動，都加入指紋辨識系統，以確認各人的身分。例如：現在眾多的銀行的提款機，利用遠端網路攝影機，進行臉部生物特徵的認證，才可進行取款。

例如：國內星展銀行首創人工智慧的「聲紋辨識」客服中心，其利用客戶獨一無二的聲紋（包含：波長、強度、節奏及頻率等超過 130 種特徵），取代原來的密碼認證，現僅需 10 幾秒即可完成身分認證，大幅縮短身分認證時間。

（五）風險控管

在互聯網金融的運作過程中，人們在網上交易與聯繫的紀錄，都可被電商公司蒐集，且被拿來結合人工智慧的技術進行數據分析，並將分析結果與客戶的信用評級分數相連結，以監控個人的信用風險。此外，人工智慧也能協助傳統金融機構，管控個人信用風險以及企業貸款風險，以防止詐欺與惡意倒帳的風險。

例如：中國螞蟻金服下的「芝麻信用」，就是利用人工智慧機器學習平台，結合客戶以往消費交易與信用紀錄、以及行爲偏好、履約能力、身分特質、人脈關係等多項特徵，以對客戶信用狀況進行綜合評分。當芝麻評分越高者，表示個人的信用狀況愈好，以後要進行資金借貸或生活服務，都有較佳的優惠。

例如：國內銀行與保險業已開始以人工智慧模式，來協助各種金融業務。如：新光人壽將保險理賠導入機器學習分析系統，可降低人爲的審查作業疏失，並可大幅提升詐欺的破案率，省下大量的理賠金額。此外，玉山銀行也將人工智慧導入個人貸款業務，利用 AI 系統評估顧客信用狀況，並快速計算出可撥貸的額度，且可降低獲客成本以及逾放比。

（六）商品訂價

由於互（物）聯網的交易與聯繫的過程中，產生了大量的數據。現在電商公司或金融機構以人工智慧的技術，對這些資料進行大數據分析，讓業者將商品針對不同的消費族群，採取「動態訂價」策略使商品的訂價達到最佳化，這樣可以滿足不同消費族群的特殊需求，亦可增加廠商的銷售利潤以及降低存貨的成本。

例如：各種汽車保險商品的訂價，保險科技公司蒐集車主的日常行車路線、里程、行車習慣、出險記錄、以及車主的屬性比如年齡、職業、性別等數據，結合人工智慧的演算，精準爲車主設計出客製化的車險商品與商品價格。

例如：中國京東電商公司從事的網路銷售事業，利用大數據與人工智慧的技術，對整個銷售供應鏈的運送流程、以及商品的訂價與價格調整，都進行智慧化的調整與控制，使得公司的營運更具效益。

例如：國內的國泰產險公司，將人工智慧應用在理賠服務上，一般保險理賠案件由 AI 判讀理賠風險，並找出每個理賠案件的最佳決策，且計算理賠金額，大幅提高理賠處理效率。

（七）量化交易

長久以來，人們會利用人工智慧，模擬市場商品價格走勢，並協助制定各種交易策略，以獲得優異的報酬表現。投資人從以往巨量的歷史資料中，利用人工智慧的多項技術，建立預測模擬系統。但現今會在人工智慧加入機器學習與深度學習的技術，讓機器每天會不斷的學習商品變動的內涵，以捕抓市場眞正的變動趨勢。

例如：美國的 Rebellion Research 曾推出了第一個純人工智慧，來進行操盤的基金，該基金的交易系統具機器學習能力，機器能從各種新訊息與歷史經驗中，不斷的演化自我學習，讓機器能夠準確的捕抓市場趨勢，並已在全球多國完成許多商品的交易。

例如：全球最大的避險基金—橋水聯合（Bridgewater Asspcoates），也成立人工智慧團隊，該團隊設計交易算法，並利用歷史數據和統計機率預測未來股市走勢。該智慧化的交易程序，會隨著市場變化而變化，且不斷的從新的資訊中去演練出最佳的交易方式。現在該基金已利用人工智慧進行量化交易，並投資於全球多個國家的股票市場。

例如：荷蘭銀行 ING 推出結合人工智慧的債券交易工具「Katana」，Katana 可從眾多不同的報價中，預測哪個報價較能夠贏得交易，此可協助債券交易員的交易決策速度，並降低交易成本。

（八）精準行銷

現在人們在網上交易與聯繫的紀錄，都可被電商公司或金融機構蒐集拿來利用人工智慧的技術進行數據分析，透過分析客戶特徵、消費行爲、社群行爲等，可掌握客戶的特定需求，並提供客制化的服務，以達精準行銷之目的。

例如：中國兩大電商龍頭－阿里巴巴及騰訊，都分別透過自家的行動支付平台－支付寶與微信支付，蒐集大量的客戶消費數據，並利用人工智慧技術，針對顧客的消費習性、購物喜好以及頻率等特性，加以分析歸納後，再透過旗下理財平台，以提供專屬於用戶的金融商品服務，可擴大行銷效益。

例如：國內的金融機構如：遠東、玉山、中信銀行等，現在都紛紛運用人工智慧系統，追蹤掌握客戶的各類需求與消費軌跡，預測客戶的特殊需求，並精準與適時提供合適的金融商品，以達精準行銷。例如：客戶想買車就能得到車貸商品訊息，想買房就立刻能得到房貸利率的分析情報等。

金融搜查線

ChatGPT 選股發大財
實驗顯示 AI 投資績效打敗熱門基金

生成式人工智慧（AI）機器人 ChatGPT 的投資眼光是否精準？金融比較平臺 Finder 在 3 月到 4 月間，對 ChatGPT 選擇的一籃子股票，與 10 家熱門投資基金的投資組合表現進行比較，結果人工智慧選擇的股票股價表現，甚至優於專業的投資經理人。

美國有線電視新聞網（CNN）報導，Finder.com 以英國交易平臺「互動投資人（Interactive Investor）」上最熱門的 10 個英國投資基金表現爲指標，評估 ChatGPT 股票基金的表現，這 10 大熱門基金包括由匯豐（HSBC）、富達（Fidelity）等管理的基金。

結果實驗顯示，ChatGPT 選出的 38 檔股票，在 3 月 6 日到 4 月 28 日期間上漲 4.9%，前述 10 大基金平均損失 0.8%。同時期美國 S&P500 指數漲幅 3%，歐洲的道瓊歐洲 600 指數上漲 0.5%。

在這項實驗中，分析師要求 ChatGPT 根據一些常用的標準來挑選股票，包括公司負債低、成長紀錄等。ChatGPT 選出包括微軟、網飛（Netflix）、沃爾瑪（Walmart）等公司股票。儘管大型基金已使用人工智慧協助投資決策多年，但是這款當紅的生成式人工智慧機器人，把這項技術帶入一般民眾手中，具有引導散戶投資人投資決定的潛力。

Finder 上週針對 2000 名英國成年人進行調查，顯示 8% 的人已經在用 ChatGPT 尋求金融建議，19% 說考慮使用，不過 35% 說，不會考慮用這個機器人協助做有關他們錢財的決定。

Finder 執行長說，「大批消費者嘗試用（ChatGPT）在財務上獲利的日子不遠了」，AI 大眾化似將爲金融產業帶來革命。不過奧斯勒提醒散戶投資人，現在在金融財務上信任 AI 還爲時過早，「安全和建議」的方式是自己做功課，或者諮詢品質好的財務顧問意見。

圖文來源：摘錄自自由時報 2023/05/06

解說

最近，人工智慧（AI）機器人－ChatGPT 的熱潮不斷，它確實可以協助我們許多事務。雖然利用它來進行投資選股，績效似乎也不錯，但若真全部仰賴它的建議，民眾仍存保留心態，應該還是要參酌值得信賴的財務顧問意見。

金融搜查線

人工智慧守住你的錢！央行：金融業導入 AI 有九大方向

中央銀行近日指出，新冠肺炎疫情促進線上交易活動，突顯了數位轉型的價值。鑑於電腦雲端運算及儲存能力提升、可用數據應用遽增，以及演算法技術逐步成熟，已驅使金融機構運用 AI 相關技術於實務營運層面。目前 AI 應用於金融領域主要有九大方向。

1. **認識客戶**－利用自然語言處理及語意分析技術，辨識及蒐集客戶往來交易之風險。
2. **身分辨識**－以生物辨識技術作爲客戶金融交易安全防護的方法。
3. **簡化人工作業**－運用影像辨識技術，簡化人工檢核財務文件之繁瑣作業。
4. **提升信用評分系統**－透過社群媒體及第三方支付商等其他數據擁有者，增加蒐集客戶行爲資料，改善信用分級之準確性。

5. **監測交易風險**－分析客戶歷史交易行爲，利用機器學習於監測交易風險模式，以辨識未來交易風險可能升高之帳戶。
6. **智慧客服**－簡化申辦流程及例行服務，並自動回覆消費者之諮詢。
7. **理財諮詢**－依據客戶不同財務目標及需求，規劃不同投資組合商品或服務。
8. **精準行銷**－分析各類顧客特性，區隔不同商品與訂價，提供差異化金融服務。
9. **詐欺偵測**－針對高敏感度之洗錢、資恐及理賠等行爲，提供預警功能。

金融業導入 AI 技術主要目的爲降低人工成本及提升作業效能，以及透過科技、金融、社群等三大範疇之串連，讓金融商品及服務透過不同管道傳送，而能更即時提供客戶所需的金融服務，進而帶給使用者更佳的金融體驗。

圖文來源：摘錄自經濟日報 2022/07/21

解說

隨著 AI 的功能愈來愈強大，金融業也愈來愈仰賴它所提供的服務。根據央行的建議金融業導入 AI 主要目的可降低人工成本及提升作業效能，以及讓金融商品及服務透過不同管道傳送，而能更即時提供客戶所需的金融服務，進而帶給使用者更佳的金融體驗。

金融搜查線

ChatGPT 引爆「生成式 AI 元年」，2023 年金融業要知道哪些趨勢？

自 ChatGPT2022 年底爆紅後，人們開始更加關注 AI 的發展與應用，2023 年更被譽爲「生成式 AI 元年」。各業界也不斷地在尋求應用 AI，來提高效率、增加利潤、降低風險等。

NVIDIA 近期調查全球金融機構的 AI 應用，歸納出四大趨勢，帶你快速了解金融業的發展方向，並探索如何在自己的公司中應用 AI。

全球金融業普遍加速新技術的導入、相關人才的部署，同時在商業營運目標 / 成果定義與轉型策略兩者的平衡上，掌握地也越來越游刃有餘。大多數的金融業者，將技術導入的首要目標列為風險控管掌握度提升、提高效率、降低營運成本與優化客戶體驗。

NVIDIA 同時統整出 4 大金融業 AI 的技術發展趨勢，提供給臺灣金融業者一個參考準則。

1. 採用混合雲成為國際新主流

調查中將近五成的受訪者採用混合雲端架構作為發展 AI 與進階資料處理的基礎架構。許多金融的用戶機敏資料不適合完全放上純雲端環境，因此需要混合環境將雲端技術整合到地端資料中心，以確保資料安全跟合規問題。資料的可搬遷性、機器學習的使用與資料治理等相關作業就成為關鍵問題。

2. 大型語言模型位居金融 AI 使用榜首

在眾多 AI 模型之中，自然語言處理與大型語言模型為 AI 使用榜首，佔 26%。推薦機制、針對客戶的下個動作最佳建議與投資組合優化則同佔 23%。甚至可以看到金融業開始針對元宇宙、合成資料等技術開始拓展。

上述技術的最終目的都是創造更佳的客戶體驗，例如：德意志銀行及大量的應用 AI 於客戶服務端創新與風險管理流程的優化，甚至也開始應用 AI 於內部人資管理的流程簡化上。

3.AI 優化營運，許多銀行都有感

使用 AI 與相關的自動化技術則是許多國際與臺灣本地銀行最先開始推行的專案。透過營運的強化，近半的受訪者認為 AI 可以幫助提升至少 10% 年度利潤，超過三成的受訪者則認為 AI 可以協助降低至少 10% 年度成本。其中在優化營運層面，46% 受訪者認為 AI 強化用戶體驗的效果十分明顯，其餘則是提升流程效率（35%）。

臺灣有許多金控集團則已經開始嘗試將 AI 應用於反洗錢、了解客戶 KYC，與重複流程的自動化。在法規的逐步開放下，也有業者會透過 AI 與身份認證的技術，協助客戶降低填寫資料的流程，以促進體驗。

4.AI 人才難找，仍然是產業困擾

AI 好處多多，但真正挑戰來自於人才招募與訓練，才能讓技術有用武之地。36% 的金融業者皆認為 AI 人才難尋，包含資料科學家、計量統計學家等。尤其現在各產業 AI 搶才大戰仍勁，如何找到對的人才、定義對的題目，將會是金融業者普遍要思考的共通課題。

圖文來源：摘錄自科技報橘 2023/02/16

解說

ChatGPT 掀起的人工智慧熱潮為 2023 年奠定了一個高度商業競爭的基礎。大多數的金融業者，將 ChatGPT 技術導入的首要目標列為風險控管掌握度提升、提高效率、降低營運成本與優化客戶體驗。但 NVIDIA 同時統整出 4 大金融業 AI 的技術發展趨勢，提供給臺灣金融業者一個參考準則。

4-2 生物辨識

以往人們在商業活動中，在進行身分辨別時，大都使用數字式的帳號密碼。但這種身分認證的方式，容易遭到盜取或破解，所以無法滿足交易安全上的需求。現今，隨著科技的進步，生物辨識的技術與設備，逐漸普及化，已漸有取代傳統利用帳號與密碼，作為身分辨識之趨勢。因此全球已有眾多科技機構，相繼投入研發的工作，也以吸引許多金融機構使用此技術，應用於各種金融交易活動上。

生物辨識（Biometric）是指每個人體都有其獨一無二的生物特徵，如：指紋、聲紋、虹膜、臉形、靜脈紋與心跳等。通常利用這些生物特徵，當作個人的認證密碼，以對個人在從事網路與行動交易時，提供其交易的安全性與便利性。此外，生物特徵不像密碼可重新設定，所以為避免遭到竊用，對於生物特徵之儲存資料庫及讀取設備，須具有高度安全性之保護措施，才能確保生物辨識的真實性。

通常生物特徵，是個人隨身攜帶的最佳辨識工具。因此是近年來，發展金融科技與數位金融不可或缺的重要技術。以下將介紹幾種人體中，可當作生物辨識的特性、種類、以及生物辨識在金融上的應用。

一、生物辨識的特性

生物辨識主要爲利用人體獨特的生物特徵，經由儀器的判讀，並透過人工智慧的演算法將之轉變爲模組，用以辨識使用者身分。通常使用生物特徵來當作辨識的依據，其必須具備以下幾點特性：

（一）唯一性

要成爲辨識的依據的生物特徵，最重要的特性就是獨特的唯一性，因爲這樣才不會被冒用，才能確保使用者的安全。

（二）可測性

利用人體的某項生物特徵來當作辨識，那個特徵與其他人的特徵，必須具備某程度的差異化，且必須讓儀器可以容易接受與判讀，具有可測量的特性，才能使增加判別的效率。

（三）便利性

利用人體的某個生物特徵當作辨識工具，那個特徵具普遍性，且必須具有容易被儀器採集的特性，這樣才不影響辨識的速度。

二、生物辨識的種類

一般而言，人體中可當作生物辨識的特徵有很多樣，但比較常用的如下列幾項，其使用比較情形，見表 4-1 之說明。

（一）指紋

利用每個人手指紋路，來辨視個人的身分。通常此項特徵是現在被運用來當辨識系統中，最爲成熟與廣泛的生物特徵。但因指紋位於人體表面，只要指紋樣本被他人採集，仍然會被僞造的風險。目前指紋辨識系統，已被廣泛的運用在手機的解碼、身分管制辨識等。

（二）虹膜

利用每個人眼睛內的血管分布與瞳孔的特性，來當作辨識的依據。通常每個人的虹膜特徵，不易被僞造，所以此項辨識準確性高，且但建置辨識系統的成本較高。使用者只要透過紅外線來掃描，就可辨別身分，但辨識速度較慢些。目前虹膜辨識系統，若將光線打在眼球上，可能會對被測者產生排斥性，且在頻繁使用的情況下，是否會對眼球造成傷害。但此辨識系統，已逐漸用於有較嚴禁門戶進出的管制上、以及手機的解碼。

（三）聲紋

利用每個人聲音與語調的特性，來當作辨識的依據。通常此項特徵，容易受到外界噪音的干擾，且使用者如果發生身體不適（例如：感冒），導致變聲，也會影響辨識的效果。目前聲紋辨識系統，已被眾多大型科技公司與銀行等機構應用於身分辨識與行動支付的判別。

（四）臉形

利用每個人臉上五官的特色與輪廓的分布，來當作識的依據。通常此項識準確性快速，但容易受到光線與攝影角度的影響。此外，臉部辨識也有可能因表情或化妝等因素，造成判讀失敗。目前已多家銀行利用視訊裝置，即可利用臉形辨識幫助客戶處理銀行相關業務。

（五）靜脈紋

利用每個人的手掌的靜脈紋路，來當作辨識的依據。此項辨識系統準確度很高，但建置的成本較高。通常用戶只要在指紋靜脈感測器之前透過揮動手臂或是掃描手掌靜脈就可通過辨識。目前已被國外銀行用來進行登錄，且非常適合運用在大型體育場、機場安檢區或是辦公室內的生物辨識技術。

（六）心跳

利用每個人心跳的心電圖，來當作辨識的依據。此項辨識系統透過心電圖的方式來辨識用戶身分，即使用戶因爲緊張或是運動等情況心跳加速的話，也不會辨識失敗，不過相對於其他生物辨識技術來說，就是需要額外配戴穿戴式設備來感測。目前此技術已有銀行導入，辨識後用戶才可登入銀行帳戶。

（七）腦電波

利用每個人大腦中產生獨特的神經電訊號，來當作辨識的依據。此項辨識系統測試者必須穿戴電波感測器，以讀出人的腦電波，來辨識用戶身分。雖然辨識腦電波，似乎較前幾項生物特徵麻煩。但近年來，興起的頭戴式虛擬實境（Virtual

Reality）智慧設備，若使用腦電波來進行辨別與解鎖，應該就非常合適。

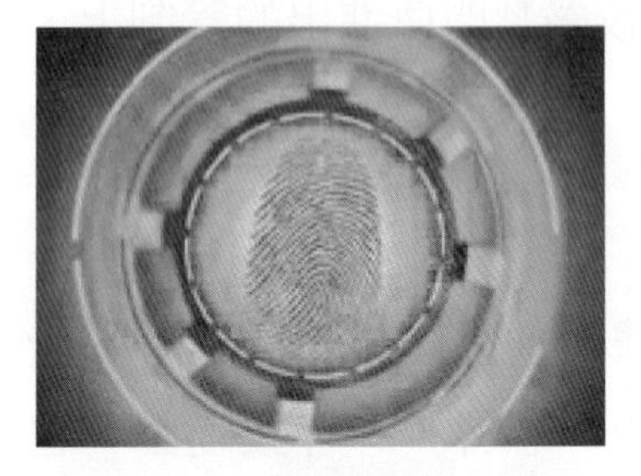

指紋辨識

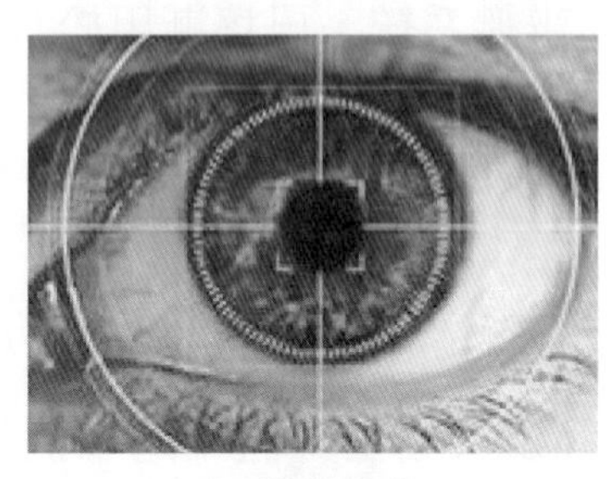

虹膜辨識

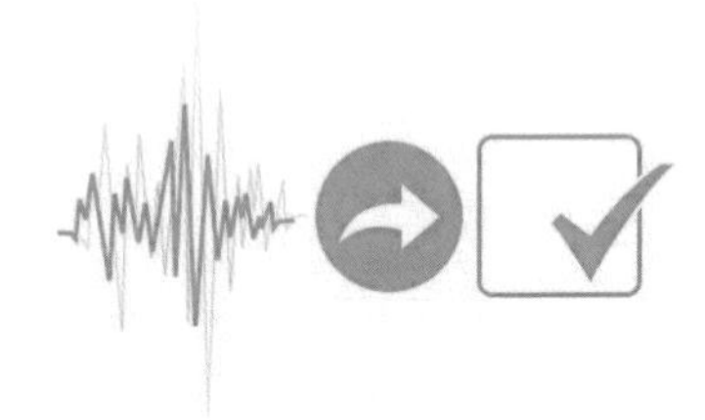

聲紋辨識

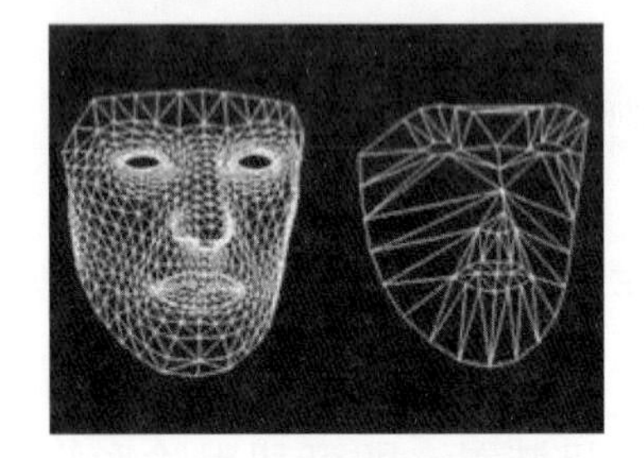

臉形辨識

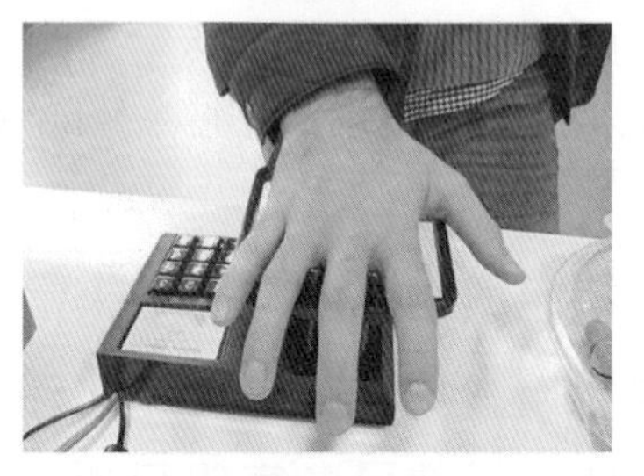

靜脈紋辨識

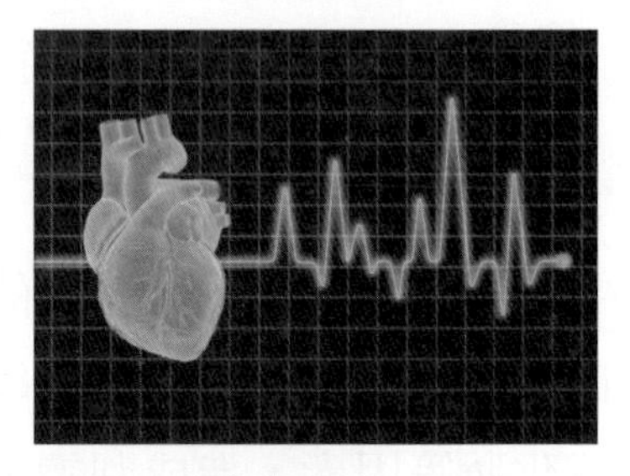

心跳辨識

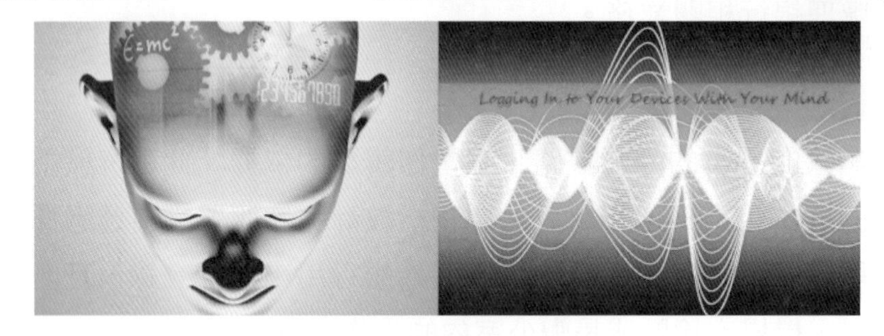

腦電波辨識

圖 4-2　各種生物辨識

圖片來源：每日頭條、科技創誌、泛科技

表 4-1　各種生物辨識技術的使用情形

	指紋	虹膜	聲紋	臉形	靜脈紋	心跳	腦電波
辨識度	中	高	中	中	高	高	高
安全性	中	高	中	中	高	高	高
便利性	高	中	高	高	中	低	低

三、生物辨識在金融上的應用

近年來，由於人工智慧技術有長足的進步，人工智慧藉由巨量資料的基礎下，已經可把生物辨識的精準度提高至比人腦還要高。因此生物辨識的技術已經可以廣泛的運用在各行各業的安全防護上。通常生物辨識的技術，大都是運用在確認個人身分爲主。當然的，它在金融上的應用，也是如此。當個人在進行網路或實體買賣交易時，若進行無現金交易，欲將資金進行網路上帳戶的移轉或支付時，首先就是確認個人身分，以往大都以輸入密碼爲主，現在加入個人的生物特徵當作密碼，會使得交易更加安全。

以下本處將介紹兩種運用生物辨識，在網路與實體交易欲進行資金移轉與支付時的使用情形。

（一）在網路交易

人們在網路上交易買賣欲進行資金移轉與行動支付、或者人們欲進行網路上即時的活動事務（例如：開立新帳戶）時；以往除了輸入帳號密碼外，現在遠端提供服務的機構，可以利用網路攝影機的攝影功能，進行臉部的生物特徵，以進一步確認交易者或使用者的身分，加強使用者的安全性。

例如：當消費者於網上消費時，欲打開個人的支付帳戶時，可利用指紋、臉部進行登錄確認後，才能進行資金支付。例如：當客戶至直銷銀行的簡易分行開立帳戶時，可利用遠端網路攝影機，進行臉部生物特徵的認證，以確認身分。在實務上，中國支付寶曾以機器視覺和深度學習技術所研發「人臉支付」技術，公開展示以「人臉」進行支付，買了一枚郵票。

（二）在實體交易

人們在實體店面消費時，欲進行行動支付時，若使用手機當作支付工具，除了依據手機所設定的標準支付程序外，有時會再加上個人的生物特徵（如:指紋），以進一步加強確認身分。此外，若不使用手機當作支付工具，可利用個人生物特徵中的聲紋、指紋、臉形等。來當作辨識工具。另外，已有眾多實體銀行利用各種生物辨識系統，以協助客戶確認身分的重要工具。

例如：當消費者至實體店面消費，欲進行支付，可利用臉部或聲紋當作個人身分的認證，並連結帳戶，以進行付款的動作。例如:當客戶至銀行提款機取款時，銀行可利用傳統密碼、以及指紋或臉部等生物辨識，進行「雙重認證」，以確保取款人與帳戶為同一人；或者客戶欲至提款機提款，亦可須利用臉部或虹膜辨識，才可進行取款。在實務上，國內中國信託銀行，已將 ATM 自動櫃員機升級為「指靜脈」提款，可透過辨識人類手指中流動的血液，吸收特定波長光線形成靜脈分布圖像，就能進行身份識別。

金融搜查線

攤出手就可結帳，亞馬遜推出手掌支付服務 Amazon One

為提升零售業務的支付服務，亞馬遜基於生物辨識技術推出 Amazon One 手掌支付功能，初期已應用總部附近的 Amazon Go 無人商店，後續將推廣到更多零售門市。Amazon One 是生物辨識技術支付服務，消費者進入門市後將手掌放在掃描裝置上，辨識成功即可完成支付，使用支付功能的消費者首先需將手掌資料與信用卡帳戶連結。

亞馬遜總部西雅圖附近無人商店 Amazon Go 已設置兩台 Amazon One 手掌支付入口，未來幾個月會進入更多零售商店。除了直營門市使用生物辨識技術支付服務，亞馬遜還希望將手掌支付服務技術提供其他零售商、體育館、辦公大樓等機構應用，亞馬遜透露已與幾家潛在合作夥伴積極溝通。

亞馬遜透露 Amazon One 技術非常安全，用戶手掌圖像資料不會儲存在裝置，而是加密放在雲端平台的安全區域，用戶使用完成後可透過行動裝置刪除生物辨識資料。同時選擇生物辨識技術類別時，手掌是相當安全的資料，比虹膜和臉部資料更易保護個資，日常生活很難透過手掌確認一個人的身分。

圖文來源：摘錄自科技新報 2020/09/30

解說

手掌的「靜脈紋」是人體重要生物辨識特徵之一，其安全性比虹膜和臉部資料更易保護個資，因此早在 2003 年就被日本富士通（FujiTsu）公司開發成功，運用於身分識別。近期，被亞馬遜（Amazon）開發運用於行動支付上。

金融搜查線

只需「刷臉」就能付款，Mastercard 推生物辨識支付，避免接觸安全性更佳

Mastercard 近日公開一項使用生物辨識技術的新支付方式，消費者只需要朝鏡頭揮手和微笑就能輕鬆付款，目前先從巴西開始實行，未來也將往全球推廣服務。

Mastercard 宣布一項新的支付方式，讓消費者購物時不用再手忙腳亂地翻出錢包或是手機，只需要「刷臉」或是「刷指紋」就能輕鬆付款，這項計畫已經在巴西超市 St Marche 的 5 間門市執行，Mastercard 發言人表示他們的目標是往全球推廣這項支付服務。

若想要使用這項生物辨識技術並不困難，只需要在 Mastercard 的應用程式中註冊，並上傳臉部照片或是掃描指紋，選擇和一張信用卡綁定後，即可在實體商店中對著相機揮手或是微笑來進行支付。

Mastercard 網路情報部長接受《CNBC》採訪時說明，根據調查結果，有 74% 的消費者對生物辨識技術抱持著樂觀態度，因爲他們希望在商店進行付款時就像打開手機一樣方便，而這項技術的好處是：縮短的交易時間、更佳的安全性以及避免接觸的衛生付款流程。

Mastercard 所開發的生物識別工具不只是爲了一般的支付功能，而是作爲未來元宇宙的支付方式之一，Mastercard 過去曾在記者會上展示一款 AR 頭戴裝置，並正在測試只用眼睛就能選擇和購買商品的功能，他們希望最後可以達到的目標是，人們藉由 AR 裝置在購買前先試穿，並且將所持有的 NFT 與個人的生物識別身分綁定，將虛擬世界和生物識別技術進行結合，Mastercard 也提出了有關 NFT 和元宇宙的商標登記申請。

圖文來源：摘錄自數位時代 2022/05/19

解說

傳統的信用卡公司 Mastercard 也積極利用生物辨識進行支付，只需要「刷臉」或是「刷指紋」就能輕鬆付款，且也作為未來元宇宙的支付方式之一，將來利用 AR 頭戴裝置，只用眼睛就能選擇和購買商品。

金融 FOCUS

QR CODE	影片主題、網址、日期、長度、語言與出處				影片重點簡介
	◆ AI人工智慧時代來臨，對社會造成哪些影響？ https://www.youtube.com/watch?v=67DFGP75RWk				近來，ChatGPT 一發布，短短兩個月活躍用戶數就突破 1 億。有專家說，ChatGPT 不只是革新，更是劃時代的革命性產品。這是真的嗎？
	2023/05/17	15 分 17 秒	華語	公共新聞	
	◆ "別轉帳AI說有詐"金融防詐新兵報到！ https://www.youtube.com/watch?v=iVoSVR4qQwM				AI 已開始改變許多金融服務。如：銀行首創 AI 預警機制，能提早發現可疑帳戶；有銀行的 AI 智能客服，能精準回答出消費者的提問。
	2023/03/13	6 分 16 秒	華語	非凡新聞	
	◆ ChatGPT理財　投資組合績效比真人還好 https://www.youtube.com/watch?v=73CaDTgXXWk				最近有網站用 ChatGPT 進行理財測試，結果：機器人挑選出來的股票組合績效遠勝於傳統基金業者。所以 AI 不只能助人獲利，也能幫人理財。
	2023/05/12	1 分 59 秒	華語	台視新聞	
	◆ 萬事達推出生物識別支付計劃　只需要微笑或者揮手就可支付 https://www.youtube.com/watch?v=nc02ucplJhc				信用卡公司萬事達 新推出「生物識別支付計劃」，讓消費者在結帳時可以使用微笑或揮手等，生物識別方式來進行支付。
	2022/05/20	1 分 10 秒	華語	東森美洲新聞	
	◆ 銀行業擴大"生物辨識"應用　存款.提款.轉帳更便利！ https://www.youtube.com/watch?v=Pv8vdORIp9w				近年來，銀行業擴大生物辨識的應用，讓存款、提款、轉帳更加便利，且將來「靜脈辨識」更是商機的主流，已有多家銀行導入。
	2021/06/22	15 分 02 秒	華語	非凡新聞	
	◆ 面貌聲音都能偽造　陸「AI半臉」詐騙新手段 https://www.youtube.com/watch?v=WuQM4gBYs8o				用 AI 模擬人臉或聲音的技術，在中國已成為網路詐騙手段，犯罪組織利用騷擾電話盜取被害人的聲音資訊，再用他的照片模擬人臉，上網詐騙。
	2023/05/27	1 分 42 秒	華語	TVBS	

本章練習題

金融科技力知識檢定測驗試題

(　　) 1. 生物辨識技術在身分確認上帶給數位金融很大的便利，下列敘述何者不是主要特色？
(A) 指紋辨識是自指紋圖像中取得特徵點，組成指紋模組來辨識
(B) 靜脈辨識爲透過靜脈血管流動時的跳動律感，建立辨識模組
(C) 聲紋辨識是使用客戶發音的特徵和模式，進行聲紋分析記錄辨識
(D) 虹膜辨識爲透過紅外線攝影機，根據微血管的分佈變化做爲依據。

〔第 1 屆〕

(　　) 2. 下列何種生物辨識結構複雜不易改變，最不易被複製或取得，且辨識精確度極高？ (A) 指紋辨識 (B) 人臉辨識 (C) 虹膜辨識 (D) 聲音辨識。

〔第 2 屆〕

(　　) 3. 下列何者爲金融機構的多因子生物辨識（Multi-Factors Biometrics）技術？
(A) 指紋辨識結合密碼 (B) 聲音辨識結合密碼 (C) 指靜脈辨識結合密碼
(D) 指靜脈辨識結合臉型辨識。 〔第 3 屆〕

(　　) 4. 目前已有多項新科技與新技術運用於行動支付系統，較受關注的有穿戴式裝置與生物識別技術在行動支付的運用。其中最早成熟與運用的生物識別技術是： (A) 聲紋辨識 (B) 靜脈辨識 (C) 指紋辨識 (D) 虹膜辨識。

〔第 4 屆〕

(　　) 5. 下列何者爲結合大數據和生物辨識的應用？
(A) 以虹膜認證取代無卡提款
(B) 以手機做空中簽名對客戶進行身份認證
(C) 以臉型識別技術對客戶進行身份認證
(D) 以臉型識別技術觀察客戶對數位看板播放內容的反應，預測客戶的喜好。 〔第 4 屆〕

(　　) 6. 有關人工智慧在銀行業的應用，下列敘述何者正確？
(A) 精準行銷主要靠結構化數據的掌握與分析
(B) 客戶畫像就是精準辨識客戶照片與本人之相符性
(C) 機器人理財主要應用在高資產頂端客戶
(D) 人工智慧信用評分可應用在無聯徵資料或少與銀行往來客戶的評分。

〔第 8 屆〕

( ) 7. 一套兼具安全性與便利性的生物辨識系統必須具備何種特性？
(A) 低「冒用被接受率（false acceptance rate）」、高「本人被誤拒率（false rejection rate）」
(B) 高「冒用被接受率」、高「本人被誤拒率」
(C) 低「冒用被接受率」、低「本人被誤拒率」
(D) 高「冒用被接受率」、低「本人被誤拒率」。〔第 8 屆〕

( ) 8. 銀行利用臉部辨識來觀察客戶對數位看板互動數位內容的反應，預測客戶的喜好，從而提供更好的行銷廣告服務。這種系統是利用下列何種技術來完成的？
(A) 結合電玩和眼控
(B) 結合電玩和聲控
(C) 結合大數據及密碼的應用
(D) 結合大數據及生物辨識的應用。〔第 8 屆〕

( ) 9. 下列何者非屬人臉辨識的優點？
(A) 屬於非接觸式辨識，不會有衛生考量
(B) 不受攝影角度與光線影響
(C) 受辨識者無須額外動作配合
(D) 辨識過程簡單快速。〔第 9 屆〕

( )10. 目前智慧手機所搭配指紋辨識的冒用接受率（False Acceptance Rate；FAR）大約可做到五萬分之一。下列有關冒用接受率的定義何者正確？
(A) 冒用者被接受次數除以本人嘗試次數
(B) 冒用者被接受次數除以冒用者嘗試次數
(C) 本人被接受次數除以本人嘗試次數
(D) 本人被接受次數除以冒用者嘗試次數。〔第 9 屆〕

( )11. 近年經由智慧手機進行銀行服務越來越頻繁，大部分是透過下列何種生物辨識技術來確認使用者身分？
(A) 人臉辨識或指紋辨識 (B) 密碼辨識或指紋辨識
(C) 虹膜辨識或指紋辨識 (D) 靜脈辨識或指紋辨識。〔第 9 屆〕

( )12. 運用人工智慧的技術，結合各種外部資訊，可以進行網路聲量解析、客戶行為趨勢預測，進而可以進行精準行銷，所指的是金融機構利用人工智慧在何種方面之應用？ (A) 法令遵循 (B) 風險合規 (C) 數據分析 (D) 流程精進。〔第 9 屆〕

( )13. 下列何者非近年人工智慧於金融應用加速的驅動力？
(A) 機器學習方面技術進展快速
(B) 大數據（Big Data）的發展
(C) 金融消費者的期待
(D) 消費者對技術的信任降低。〔第 10 屆〕

( )14. 銀行可以透過架設於門口的攝影機，藉由下列何種技術讓服務人員可以在重要客戶一進門便辨識出來，立即給予專屬的特別服務？ (A) 靜脈辨識 (B) 人臉辨識 (C) 指紋辨識 (D) 簽名辨識。〔第 10 屆〕

( )15. 銀行客戶臨櫃現金取款，若未帶原留印鑑，即便出示身分證證明本人仍無法取款。為了解決未帶原留印鑑的困擾，銀行乃用客戶的生物特徵來進行身分認證。下列何種生物特徵的特性是銀行用來做身分認證掌握交易風險？ (A) 多元性 (B) 泛化性 (C) 獨特性 (D) 隱匿性。〔第 10 屆〕

( )16. 有關機器學習的敘述，下列何者錯誤？
(A) 是非題是一種基本的機器學習要解決的分類問題
(B) 機器學習是深度學習的一種應用
(C) 機器學習是人工智慧的分支之一
(D) 運用已知學習分類未知就是一種機器學習。〔第 10 屆〕

( )17. 因應交易等級的差異而導入多因子生物辨識是金融機構同時提供一種以上的生物辨識給使用者，下列何種是屬於非接觸式多因子生物辨識？
(A) 臉型辨識結合指紋辨識
(B) 指紋辨識結合指靜脈辨識
(C) 臉型辨識結合聲音辨識
(D) 指紋辨識結合虹膜辨識。〔第 10 屆〕

( )18. 下列何者非屬虹膜辨識的正確知識？ (A) 結構性特徵於胚胎時期已形成 (B) 紅外線攝影機可進行辨識 (C) 辨識時的危險性較低 (D) 微血管變化為重要依據。〔第 11 屆〕

( )19. 有關臉部辨識的敘述，下列何者正確？ (A) 不易受距離影響 (B) 不易受膚色深淺影響 (C) 不易受臉部角度影響 (D) 不易受環境光源影響。〔第 12 屆〕

( )20. 金融機構在運用人工智慧技術需要注意的原則中，下列敘述何者錯誤？ (A) 避免過度期望人工智慧的進展 (B) 對於要研究的議題需擁有足夠數量的資料 (C) 設定合理的期望值 (D) 要從大規模的應用開始。〔第 13 屆〕

(　　)21. 純網銀開辦後，業者進行 KYC（know-your-customer）時，最不可能用到的生物辨識技術為下列何者？ (A) 指紋辨識 (B) 虹膜辨識 (C) 聲紋辨識 (D) 臉部辨識。〔第 14 屆〕

(　　)22. 下列何者非屬靜脈辨識的特性？ (A) 受環境影響較小 (B) 穩定性低 (C) 具獨特性 (D) 藉由掃描手掌靜脈特徵。〔第 14 屆〕

NOTE

Chapter 5

區塊鏈

本章內容為區塊鏈，主要介紹區塊鏈概論與發展、以及區塊鏈在金融與商業上的應用等內容，其內容詳見下表。

節次	節名	主要內容
5-1	區塊鏈概論	介紹區塊鏈的形成、特性與優點。
5-2	區塊鏈的發展	介紹區塊鏈的型態與演化。
5-3	區塊鏈在金融的應用	介紹區塊鏈在金融上的數種應用方式。
5-4	區塊鏈在商業的應用	介紹區塊鏈在商業上的數種應用方式。

【本章導讀】

在數位金融與金融科技的發展領域中，無疑，區塊鏈是所有被運用的技術中最為嶄新的。原本它僅應用於生成虛擬貨幣，但其因具加密、共享與效率特性，並逐步被廣泛運用於各種金融與商業場域，儼然已成為整個經濟社會中不可或缺的重要技術。至今它的發展與應用仍在不斷的創新與演化中，也將潤物於無聲，悄悄的融入日常生活之中，並帶來更方便、安全與效率的活動環境。以下本章將逐步說明區塊鏈的概論、發展以及它在金融與商業上的應用。

5-1 區塊鏈概論

簡單來說，「區塊鏈」（Blockchain）是一種「將資料寫錄的技術」，也是一種「分散式帳本資料庫」，其透過網路集體維護，讓交易資料可被安全的記錄，且分散儲存於各節點的電子帳本軟體。區塊鏈技術是源自一位化名為日本籍－中本聰（Satoshi Nakamoto），在網路上所創造的一種虛擬貨幣－「比特幣」（Bitcion），其所應用的技術。由於比特幣逐漸受到世人的關注，也讓它所運用的技術受到人們廣泛的探究。

比特幣的創造就是採用的區塊鏈技術，它所可應用的範圍極為廣大、其所創造出來的價值也非常高，所以現在已是全球科技業與金融業者，亟欲發展金融科技以及數位金融，所必須研發的一項關鍵核心技術。現在全球已有幾家較出名的大型區塊鏈供應商，已經在提供系統服務，如：IBM、Chain、Digital Asset、R3 CEV 等公司，且全球有眾多的新創公司對該技術的研發，也絡繹不絕的進展中。

一般而言，區塊鏈並非單一創新技術，而是結合過去數十年所累積的多項跨領域技術而來，其包括：密碼學、數學、演算法與經濟模型等。因為該技術運用在網路中，使得點對點之間的互動關係，可以建立一套彼此不需基於信任基礎、也不需仰賴單一中心化機構，就能夠安全運作的分散式系統。因此該技術可廣泛的運用，在網路交易下的各種商業營運模式、金融交易、以及各種智慧合約的設計與交易等，它已是多種領域中，不可或缺的新技術。以下本節將簡介區塊鏈的形成、特性與優點。

一、區塊鏈的形成

區塊鏈的形成，乃是由網路上某個網戶發起一筆交易，此交易會自動形成一組加密的電子密碼，且將這交易訊息散布給所有的網戶（俗稱礦工）知道，並由眾多的網戶參與驗證密碼（俗稱挖礦），最後由一位最快驗證密碼的網戶，將交易紀錄記帳起來，以形成一塊區塊鏈的交易。通常通過共識機制驗證密碼的礦工，也會得到些許的工作量證明或稱手續費（如：比特幣）作爲獎勵（或稱酬勞），所以就衍生出全球許多礦工在挖礦，以形成全球性的區塊鏈。

由於區塊鏈經過這幾年的發展，其運作方式與區塊鏈的原型已有些差異，以下本單元仍以「公有鏈」爲本質的區塊鏈原型，進行說明其形成的流程：

（一）網戶興起一筆交易

首先，由網路上某個網戶（節點），發起一筆新交易，且會將交易的訊息，公佈給所有網絡中的每個網戶（節點）都知道，將有新的交易產生，各網戶會建立新區塊，以準備加入交易解密。

（二）所有網戶共同驗證

其次，因爲在區塊鏈系統裡的每一筆新交易，會自動形成一組加密的電子密碼；此時，所有的網戶將共同參與進行驗證工作，亦即網戶進行解開電子密碼的動作。

（三）決定最快驗證者

再者，所有參與驗證密碼工作網戶，經過一陣子的驗證後，最後會由一位最快驗證出密碼的網戶，取得這筆交易的驗證，並將這筆交易紀錄記帳起來。

（四）形成新的區塊鏈

隨後，由最快驗證出密碼的網戶，將訊息公布給各網戶知道，各網戶會確認這個區塊所包含的交易是否有效；確認之後即接受該區塊，此時區塊才正式接上新的區塊鏈，以後就無法再竄改資料。

（五）交易驗證完成

最後，所有網戶一旦接受該區塊後，將清算先前沒完成驗證的工作區塊，無效的區塊會自動失效，各網戶會重新建立一個區塊（新交易），繼續下一回的驗證工作。

二、區塊鏈技術的特性

因爲區塊鏈的交易過程中，所有的交易人都會被認證、交易過程須加密、交易確定後就不可再修改、也可追蹤過往交易紀錄、交易完成後，帳目清算也跟著完成。所以區塊鏈的交易制度是具安全、開放、透明與低成本的特性、且具共享經濟的精神。以下將進一步說明區塊鏈技術，所具有的特性：

1. **交易須認證許可**

   由於網戶之間的每筆交易，都會經過區塊鏈內的所有成員認證許可後，才可進行交易，所以交易制度很透明。

2. **交易須加密保護**

   每次交易過程，區塊鏈內的交易雙方，都會進行密碼設定，所以交易具有安全性。

3. **交易後不可修改**

   每次交易完成後，交易的紀錄就不可再更改，且都是另外加在舊有紀錄上，因此區塊鏈成員都能夠同步記錄所有的交易情形，所以交易情形無法造假。

4. **交易記錄可追蹤**

   由於每筆交易記錄，都留存於區塊鏈每個成員的交易帳本內，所以以往的交易情形可以被追蹤。

5. **交易與清算同步**

   每次交易結束後，只要在區塊鏈成員多方驗證後，就可以不經中央結算，即可達到清算，所以可以達到交易清算同步化，以降低成本。

三、區塊鏈的優點

一般而言，區塊鏈技術具有以下四大優點：

1. **降低成本**

   區塊鏈的運作模式中，每次交易完成，帳戶的清算也跟著同時完成，所以交易模式相較以往傳統金融運作模式，更省時、省力，可以降低金融業務流程的成本，提高競爭力。

2. **信任安全**

   區塊鏈的運作模式中，每次交易流程會被加密，且交易完成後不可修改，帳目會被清楚的記錄保存於個節點，因此很難造假。所以採「分散式帳本技術」（Distributed ledger Technology；DLT）讓整個交易運作模式，具有公信力與安全性。

3. **應用廣泛**

區塊鏈技術最早是應用在虛擬貨幣的生成，其技術之後，除了可運用在金融交易與清算外，也廣泛的被應用在各種商業與社會運作模式，如：物品供應鏈的銷售、食品履歷認證、智慧財產權證明、不動產交易、醫療病歷分享、政府稅收追蹤、汽車牌照登記、群眾募資平台、智能商業合約的設計等，需要高度監管與被追蹤的領域。

4. **共享經濟**

由於區塊鏈技術具去中心化的特性，所以運作模式較具公開透明性，且每個交易人在運作模式內的地位均等，可以共同享有資源與服務，以達到共享經濟之境界。

推動區塊鏈兩障礙待克服

分散式帳簿運作概況

Ledger Ledger Ledger Ledger Ledger

在比特幣網路中的帳簿(ledger)，它是記錄著所有的交易紀錄軌跡的電子檔案。而這帳簿並非存放在一個中央機構，而是將無數份副本散布存放在區塊鏈網絡上的每一台電腦，也就是節點(node)中。

資料來源：Goldman Sachs Global Investment Research(2016)

談到金融科技，就不得不提及顛覆傳統金融服務、挑戰各國監管機構底線的「區塊鏈」技術。區塊鏈的最大特色在於分散式帳簿（DLT）、共同維護公開帳簿（public ledger）、具備時間戳（timestamps）、防止交易竄改（tamper resistant）、自動解決交易衝突（conflict resolution）等，而區塊鏈技術的原理中最知名的殺手級應用，即為風靡全球的虛擬貨幣「比特幣」。

如果此技術的應用更爲廣泛，那麼未來或可在多種不同的領域降低傳統網路安全風險，透過區塊鏈系統不需依靠第三方中間人的特性，降低駭客襲擊風險，也減少了潛在的人事支出成本，更可提升最終服務的品質。

以臺灣推行區塊鏈系統的現行狀況爲例，目前推行區塊鏈技術兩大障礙，即爲技術標準建立方面及相關法律制定方面的不足，區塊鏈的底層結構、標準體系、監管環境若不明確，實際上將很難明確的應用。

此外，在處理新技術系統和現有業務系統兩者之間的替代關係，也是必須考慮的課題之一，在創新階段時通常需投入較大的成本，並可能需要一定的時間之後才能回收。以區塊鏈系統爲例，架設區塊鏈系統、節點、分散式帳本的架設，甚至是存儲的資源大量膨脹甚至浪費的問題，都是龐大的前期投入成本。

圖文來源：摘錄自經濟日報 2020/01/10

解說

區塊鏈是一項創新技術，因具防偽造、公開透明之特點，現已廣為各界所肯定。但企業若要拿來運用，仍須考量要重新建置系統的成本是否值得投入、以及政府對其監理規範上不明確的問題。

5-2 區塊鏈的發展

區塊鏈技術自從 2009 年伴隨著比特幣的誕生而逐漸受到世人的關注，經過 10 幾年來的演化，其技術的發展型態、以及被運用的核心價值都已有進化與轉變。以下將說明區塊鏈的型態與其應用的演化。

一、區塊鏈的型態

比特幣的發行採用了區塊鏈的技術，雖然具許多優點，但因採「非實名制度」的「公有鏈」較難與真實世界接軌。爾後，經過改良過採「實名制度」的「私有鏈」

與「聯盟鏈」，較可廣泛的被運用在各種商業活動上。以下本單元將介紹三種區塊鏈技術的型態。

（一）公有鏈（Public Blockchain）

公有鏈是採用「非實名制度」的區塊鏈、或稱「非許可制區塊鏈」（Permissionless Blockchain），其乃指網路系統採取開放架構，並無中心管控機構（去中心化），任一網戶無須通過任何單位的審查程序，皆可匿名加入，每個網戶者可以自由讀取所有帳戶資料，且可不受限制的參與區塊鏈的共識過程（驗證密碼）。

因爲任何網戶都可參與公有鏈驗證過程，所以須全網戶一半以上的節點驗證通過，區塊才能被確定且建立，導致公有鏈的交易處理速度會較慢。但因參與者眾多且彼此不認識，也讓區塊鏈一旦形成後，想要篡改區塊鏈上的數據，幾乎是不可能的。現在公有鏈主要用於原型虛擬貨幣的生成，例如：比特幣與以太坊等。

（二）私有鏈（Private Blockchain）

私有鏈是採用「實名制度」的區塊鏈、或稱「許可制區塊鏈」（Permissioned Blockchain），其乃指網路系統採取非開放架構，具有中央管理機制（具中心化），任一網戶須通過組織的審查程序（亦即加入鑰匙），並須以實名方式加入，系統內的資料非經授權無法提供所有人讀取，且區塊鏈的共識過程須由中心制定。

因爲要參與私有鏈的網戶是須被中心機構許可，所以參與驗證共識的網戶較少，因此私有鏈的交易處理速度會較公有鏈快。但因參與者較少，所以區塊鏈一旦形成後，中心機構若想要篡改區塊鏈上的數據，只要超過一半節點同意，仍是有可能修改。現在私有鏈主要運用企業內部具有共通性與隱私性的交易，例如：企業內部資料傳遞審核、政府行業的預算和執行、金融數據管理。

（三）聯盟鏈（Consortium Blockchain）

聯盟鏈如同私有鏈都採「實名制度」的區塊鏈，也是「許可制區塊鏈」，運作介於公有鏈和私有鏈之間，其網路系統採取非開放架構，由多方機構共同參與管理（部分去中心化），任一網戶仍須通過組織的審查程序，並須以實名方式加入，系統內的資料可（或不可）公開提供所有人讀取，且區塊鏈的共識過程須由多方成員共同協定之。

因爲要參與聯盟鏈的網戶都是聯盟裡的成員，彼此知道眞實身分，所以參與驗證共識的網戶較少，因此聯盟鏈的交易處理速度較快。但區塊鏈一旦形成後，若想要篡改區塊鏈上的數據，仍須超過一半節點同意，所以仍有些難度。現在聯盟鏈主要用於機構間的交易或 B2B 之場景。例如：銀行間的結算與清算等。

表 5-1 公有鏈、私有鏈與聯盟鏈的差異

	公有鏈	私有鏈	聯盟鏈
進入審核	無須審核，匿名	須核准，實名	須核准，實名
讀取權	不受限制，公開	受限制，非公開	受限制，部分公開
共識權	任何人	中心自訂	成員協商制定
所屬者	無，去中心化	單一，具中心化	多方，部分去中心化
交易速度	慢	快	快
防篡性	高	低	中
適用	虛擬貨幣生成	企業內部審核	機構間交易

金融搜查線

為什麼區塊鏈不等於去中心化、不可篡改、可以信任？

曾經和大家介紹過比特幣的採礦原理和交易速度緩慢，因此不適合用來做小額支付。那區塊鏈具有去中心化、不可篡改、可以信任的特性，總是有用的吧？爲什麼又錯了呢？此外，許多人不停吹捧區塊鏈「去中心化」有多少優點，卻都不提它的缺點，實際上「去中心化」與「中心化」都有各自的優缺點，所以「兩者並用」是比較可行的方式，爲什麼？

公有鏈大部分的應用是加密貨幣

任何人都可以建立和參與的區塊鏈稱爲「公有鏈」，任何人都可以讀取、發送、確認交易資料，參與共識過程，通常被認爲是「去中心化」的區塊鏈。例如：比特幣、乙太幣等。目前公有鏈大部分的應用就是加密貨幣，由於地下金融有很大的市場，因此除非政府禁止，否則仍然會持續運作下去。

公有鏈的礦工彼此互相不認識，不太可能串通勾結竄改區塊鏈的資料，因此滿足「去中心化」；公有鏈如果使用採礦運算就能滿足「不可竄改」；公有鏈雖然不可竄改，但是不代表可以信任，一個資料庫可以信任必須滿足兩個條件：先驗證資料是正確的，寫入資料庫後再確認不可竄改，公有鏈只能滿足第二個條件，卻無法滿足第一個條件，因此公有鏈「不一定」可以信任。

聯盟鏈適合應用在各種商業模式

由多個特定的企業或組織建立和參與的區塊鏈稱爲「聯盟鏈」，適合應用在機構間的交易、結算、清算等工作，讓特定機構間彼此有可以互相信任的基礎資料。例如：臉書的天秤幣、臺灣的金融函證區塊鏈等，由於聯盟鏈的參與者經過篩選可信任度較高，不必使用比特幣那種浪費能源的採礦運算，可以改用「實用拜占庭式容錯（PBFT：Practical Byzantine Fault Tolerance）」或其他演算法提高效率，再加上節點數目少，因此交易速度較快，適合應用在各種商業模式。

但是要特別留意聯盟鏈還有分眞假，「眞聯盟鏈」是指聯盟成員彼此之間完全獨立地位平等，沒有任何一個成員能夠支配其他成員，例如：臉書成立的天秤聯盟、臺灣的金融函證區塊鏈等，參與者都是大型企業；「假聯盟鏈」是指聯盟成員彼此之間關係密切，可能是分公司、子公司、關係企業，有一個母公司可以掌控超過 51% 的節點，違反 51% 規則，則這個區塊鏈就失去效用，目前許多公司所使用的區塊鏈都是屬於「假聯盟鏈」，在判斷時要很小心。

眞聯盟鏈的成員彼此之間完全獨立地位平等，不太可能串通勾結竄改區塊鏈的資料，因此滿足「去中心化」；眞聯盟鏈可以使用實用拜占庭容錯（PBFT）演算法因此滿足「不可竄改」；眞聯盟鏈雖然不可竄改，但是不代表可以信任，因此眞聯盟鏈「不一定」可以信任；假聯盟鏈的成員彼此之間關係密切，可能串通勾結竄改區塊鏈的資料，因此沒有「去中心化」；假聯盟鏈因爲有一個母公司可以掌控超過 51% 的節點，違反 51% 規則，因此沒有「不可竄改」；假聯盟鏈既然沒有不可竄改，當然就沒有「可以信任」。

私有鏈是沒用的廢物

由單一企業或組織建立的區塊鏈稱爲「私有鏈」，只有特定人可以讀取、發送、確認交易資料，參與共識過程，可以被操作、修改，把原本簡單的資料結構弄得複雜，而且完全違反 51% 規則，因此是沒用的廢物，唯一的功能就是「唬外行人」。

私有鏈由單一企業或組織建立，可能竄改區塊鏈的資料，因此沒有「去中心化」；私有鏈因爲由單一企業或組織建立掌控超過 51% 的節點，違反 51% 規則，因此沒有「不可竄改」；私有鏈既然沒有不可竄改，當然就沒有「可以信任」。

為什麼區塊鏈不代表「去中心化」？

許多人聽到區塊「鏈」，就以爲它是什麼特別的技術把許多電腦「鏈」起來，其實區塊就是存摺，區塊鏈就是存摺鏈（很多本存摺），所以區塊鏈只是一種記錄資料的資料結構而已，經由演算法確保交易記錄無法篡改，同時被複製許多份並且分散儲存在許多礦工的電腦裡，當然也可以只儲存在一臺電腦裡，如果我們把區塊鏈（存摺鏈）儲存在一臺電腦裡怎麼算是「去中心化」？許多文章提到區塊鏈，第一個特性就說是去中心化，這是錯誤的觀念，應該說：區塊鏈可以（但是不一定）去中心化才對。

「公有鏈」是目前唯一公認「比較符合」去中心化條件的區塊鏈；「聯盟鏈」是不是去中心化必須確認眞假，如果是眞聯盟鏈則符合去中心化，如果是假聯盟鏈有一個母公司可以掌控超過 51% 的節點，就不符合去中心化；至於「私有鏈」是由單一企業或組織建立，完全是中心化的東西。

可能有人好奇，爲什麼公有鏈是「比較符合」去中心化，而不是「完全符合」去中心化，這是因爲只要有人掌握超過 51% 的運算力，還是有可能操控公有鏈，例如：比特幣有一萬多個礦工分散在全世界，乍看之下是去中心化，實際上採礦比的是礦機的運算力，而目前 51% 以上的運算力都是操控在某些世界知名的採礦公司手中，因此的確曾經有專家質疑過比特幣是否可以信任。

為什麼區塊鏈不代表「不可篡改」？

區塊鏈只是一種記錄資料的資料結構而已，經由演算法確保交易記錄無法篡改，但是這只有在「公有鏈」才能成立，因爲比特幣有一萬多個礦工，要這一萬多個人同謀篡改比特幣區塊鏈很困難；「聯盟鏈」是不是不可篡改必須確認眞假，如果是眞聯盟鏈則符合不可篡改，如果是假聯盟鏈有一個母公司可以掌控超過 51% 的節點，則這個區塊鏈就可以篡改；至於「私有鏈」是由單一企業或組織建立，更是想怎麼篡改都行，用什演算法也防不了！

為什麼區塊鏈不代表「可以信任」？

區塊鏈只是一種記錄資料的資料結構而已，經由演算法確保交易記錄無法篡改，因此有人把它稱爲「信任機器」，但並不是「不可篡改」就代表「可以信任」，一個資料庫可以信任，必須滿足兩個條件：先驗證資料是正確的，寫入資料庫後再確認不可篡改。區塊鏈對第一個條件完全幫不上忙，只能滿足第二個條件，而且必須是公有鏈或眞聯盟鏈，如果是假聯盟鏈或私有鏈則連第二個條件都做不到。更重要的是，通常資料庫有假，大部分都不是因爲有人事後篡改，而是因爲一開始寫進去的資料就是假的了！

區塊鏈絕對不是「信任機器」

我們的世界是建立在信任機制上，例如：我們將個人財產交給銀行來保管，這是基於對金融體制的信任；我們將個人資訊交給政府來保管，這是基於對政府機構的信任，許多人不停鼓吹舊有的信任機制保護不足，例如：大家完全依賴第三方信任機構提供價值證明與所有權證明，如果第三方信任機構作假怎麼辦？而且舊有的證明方式有許多缺點，包括：不易傳遞、容易僞造、沒有效率、法規限制等。

因此必須使用區塊鏈來做爲信任機器，因爲區塊鏈可以加密保護共享帳本確保資料無法竄改，區塊鏈去中心化不需要再依賴第三方信任機構，區塊鏈可以提供各種信任相關的創新應用，這些都是完全誤導大家的說法。

事實上使用區塊鏈並沒有解決舊有信任機制保護不足的問題，區塊鏈裡的「公有鏈」和「眞聯盟鏈」能做到的就是「去中心化」和「不可竄改」，只依靠區塊鏈技術無法做到可以信任，結局還是必須依賴第三方信任機構才能信任，和舊有的信任機制一樣。

我們常常看到有專家在媒體介紹區塊鏈時張口就來：區塊鏈是信任機器。問題是一般人聽到這樣的說法會誤以爲意思是：資料寫進區塊鏈就可以信任。經由前面的介紹可以看出完全不是這樣，難道這些專家不知道這麼說會造成大家誤解嗎？明明了解技術原理卻在媒體上這麼說到底是什麼用意？不外乎是因爲自己的公司在做區塊鏈的應用，或自己投資了區塊鏈新創公司，或自己手上持有大量的加密貨幣，想要唬弄大家做行銷，或是吸引大家一起來抬轎炒作加密貨幣而已，眞的是「刻意誤導別有用心」。

去中心化的系統效率比較高是真的嗎？

在通訊系統裡，電腦網路連線與運作方式主要分爲「中心化」與「去中心化」兩種，比特幣或區塊鏈都不停吹捧「去中心化」有許多優點，卻不提缺點，似乎去中心化是比中心化更好的選擇，眞相到底如何？

中心化是指所有電腦傳送資料都必須經由一臺主機，因此所有的資料都可能卡在主機那裡，就好像某家公司規定，職員與職員不能直接溝通討論，職員有事情要討論必須呈報給主管，再由主管通知另外一個職員，顯然這樣的通訊方式效率比較差；去中心化是指所有的電腦都能彼此傳送資料，沒有所謂的主機控制，就好像某家公司規定，職員與職員彼此可以直接溝通討論，並且直接決定該怎麼做，顯然這樣的通訊方式效率比較高。

在實務上，去中心化的系統確實效率比較高，早期的第一代（1G）、第二代（2G）、第三代（3G）行動電話的基地臺都是屬於「中心化」，基地臺有任何資料要通知另外一個基地臺，通常會經由基地臺的主管「基地臺控制器（BSC：Base Station Collector）」，使得系統效率較低；但是第四代（4G）、第五代（5G）行動電話的基地臺是屬於「去中心化」，沒有基地臺控制器（BSC），因此基地臺與基地臺彼此可以直接傳送資料，使得系統效率較高。

去中心化只有優點沒有缺點嗎？

依照這樣的邏輯，去中心化的系統效率比較高，那麼所有的企業都應該使用去中心化的方式經營，主管根本是多餘的；打戰可以由將軍開會決定要進攻還是撤退就好了，不需要大將軍來統一指揮；換句話說，臺大沒有校長國際教育排名才會進步，眞是笑話了！

企業眞的可以用「去中心化」的方式經營，前提是必須「規則明確、組織嚴密」，在沒有主管的情況下，職員仍然可以依照公司的規則和組織去運作，但是企業想要「完全去中心化」是不可能的，群龍無首再明確的規則與嚴密的組織，運作久了一定還是會有問題，意思是就算企業沒有了第一線的主管（經理），還是會有總經理，不然運作起來一定會出亂子的！

因此第四代（4G）、第五代（5G）行動電話的基地臺是屬於「去中心化」，雖然基地臺控制器（BSC）不見了，但是再上面還有其他「核心網路」裡的伺服器（主管）在控制整個系統的運作。

圖文來源：摘錄自數位時代 2022/09/07

解說

區塊鏈因去中心化的技術，具防偽、不可竄改等特性，而紅「騙」大片天。其實，那是「公有鏈」才有的特質，一般商業上利用「私有鏈」與「聯盟鏈」那這些特性就可能並不完成存在，所以許多標榜應用區塊鏈技術的運作，要知道它們到底是使用哪一種鏈，才不會受新技術的迷惑。

二、區塊鏈應用的演化

區塊鏈技術由早期強調「去中心化」爲核心價值，逐步被各領域所應用。爾後，被各種發行機構發展出須採「實名制度」的區塊鏈，才能廣泛的被運用。其後，更因其交易可被追蹤，且分散的被記錄在每個節點、以及交易與清算同步特性，而被廣泛運用於「智能合約」（Smart Contract）的生成。隨後，進一步「結合物聯網」，讓區塊鏈的網路節點，由人擴展至實物，讓運用更爲寬廣。此外，由於區塊鏈的去中心化本質，也讓它自成一格的發展出「去中心化金融」的網絡世界。

近期，又將區塊鏈去中心化特質，導入網路開啓 Web3 的運用階段。以下將本單元將逐步說明區塊鏈被運用的發展歷程：

（一）去中心化

區塊鏈技術從最早期生成比特幣開始，其乃強調去中心的特性，讓匿名網戶開自公開透明的參與交易驗證，且交易具不可被竄改可被追蹤記錄。所以區塊鏈所具有安全、開放、透明、低成本與共享經濟的特性、逐被世人所關注，因此開啓它被各種領域運用的契機。雖然現在運用區塊鏈去中心化的特質，大都是以原型虛擬貨幣生成爲主。例如：比特幣與以太坊等。

（二）實名制度

比特幣的發行採用區塊鏈技術，雖然具許多優點，但因採「非實名制度」的公有鏈，較難與眞實世界接軌，因此若要讓該技術能夠落地，必須改以「實名制度」爲主的私有鏈與聯盟鏈。現今區塊鏈的運用，並不像以往強調匿名去中心化，因爲要進入私有鏈與聯盟鏈都必須揭露眞實身分，以便中心管理機構進行管控與追蹤。所以改良過後，採「實名制度」的私有鏈與聯盟鏈，將可廣泛的被運用在各種金融與商業活動上。例如：負責跨境資金清算、食品安全認證與醫療健康追溯等。

（三）智能合約

由於區塊鏈是採分散式帳本技術（DLT），所以當區塊鏈交易完成就會被記錄且存放在每一個節點上，因此所有的交易樣貌，可迅速、公開與透明的被記載留存於區塊鏈上，並廣泛的被運用在商業上，智能合約的訂定。現今區塊鏈的應用，已有眾多機構都是著眼於智能合約的生成，讓交易雙方可很快速且明確的將合約條款簽訂，並安全留存於彼此的帳戶內。例如：音樂創作的智慧版權保護、房地產銷售產權的記錄的區塊鏈等。

此外，智能合約的特性也被大量運用於 NFT 的發行，因爲許多數位化作品在發行時，可藉由智能合約的運作，將作品的作者、買家與賣家等交易資訊清楚得記載在區塊鏈上，使得每個 NFT 均有加密的驗證代碼，透過該驗證代碼就可知道此枚 NFT 是眞貨或贗品。所以將智慧合約融入 NFT 作品中，不僅可以防僞、追本溯源更加方便，也可保障數位創造並可刺激數位資產市場，提高流動性。

智慧金融小百科

智能合約

智能合約乃基於區塊鏈技術所產生，並由一連串「電腦代碼」所組成的特殊協定，可讓參與合約的雙方，利用數位形式執行與承諾協議。其特色是合約的內容是透過電腦自動執行，允許在沒有第三方的情況下進行交易，且交易可追蹤、不可竄改，可以避免人為因素所造成的糾紛。

（四）結合物聯網

眞實生活中，實體物品也是生活的一部分。原本區塊鏈的運用，僅是以人爲主的網戶當作交易認證的節點，現在也可將實體物品也納入節點的一份子，如此一來，區塊鏈的網絡就可擴展至物聯網，讓它可運用於對物品的追蹤管理與認證等用途。例如：銀行抵押品的追蹤管理、二手車的里程的認證、家庭太陽能板電力交換的記錄等。

（五）去中心化金融[1]

由於區塊鏈的去中心化本質，是讓系統各節點透過虛擬貨幣（穩定幣）的流動、以及智能合約的產生，自行演化出具有借貸、投資與支付等金融活動，稱爲「去中心化金融」（Decentralized Finance；DeFi）。例如：某網戶運用區塊鏈上的各種金融應用程式（如：借貸），可將虛擬貨幣（穩定幣）放貸給其他人，不須透過任何金融機構仲介，就可自動的向虛擬貨幣借款人收取利息，且所有的借貸活動，都是利用區塊鏈的智能合約自動執行。

由於去中心化金融乃由區塊鏈的基礎設施所帶來，其目標是構建透明化的金融系統，向所有人開放，且無須許可，也不用依賴於第三方機構，即可自動完成金融活動。所以 DeFi 的生態自成一格，並與眞實社會的金融運作，分處不同的空間，完全平行。現在 DeFi 仍處於剛發展階段，但卻是區塊鏈發展歷程的重要轉折，或許將來會有更多去中心化金融的應用產生，值得大家拭目以待。

1 有關去中心化金融的進一步介紹，請參閱本書第九章。

（六）Web3 的運用階段

自從區塊鏈技術出現後，其去中心化特質也應用於網路，讓全球資訊網路進入「Web3 階段」。如同上述的 DeFi 的應用般，網路平臺不受任何單一社群平臺掌控，所有的運作皆利用「演算法」運行，網路使用者可自由讀取與分享資訊，對於自己的個資與創作內容具有絕對掌控權，且 Web3 服務的提供者與用戶間的關係，無論是權力或是分潤機制都相互平等。例如：創作者在平臺發表作品，替平臺帶來流量，並創造了優質的體驗與互動，那創作者可以獲得公平的分潤或是相對應的代幣回饋。

此外，現今強調去中心化的「元宇宙」運作，也須仰賴 Web3 的成熟，才能使這些數位居民可以在元宇宙虛擬空間中，從事買賣、社交、娛樂等活動時，權限回歸到使用者手上，保障使用者的所有權、隱私權和控制權，並重新定義虛擬世界，以帶來更多的可能性。但 Web3 完全去中心化的商業運作模式，至今仍處摸索的階段。

金融搜查線

區塊鏈 3.0 時代應用多元，未來與物聯網結合發展動態

區塊鏈發展迄今已逾 10 年，從區塊鏈 1.0 虛擬貨幣的應用、區塊鏈 2.0 則衍伸至貨幣外的其他金融領域應用，到目前持續發展中的區塊鏈 3.0，應用於身分認證、物流、醫療、投票等，區塊鏈與物聯網的結合主要也是於該階段展開多元應用。

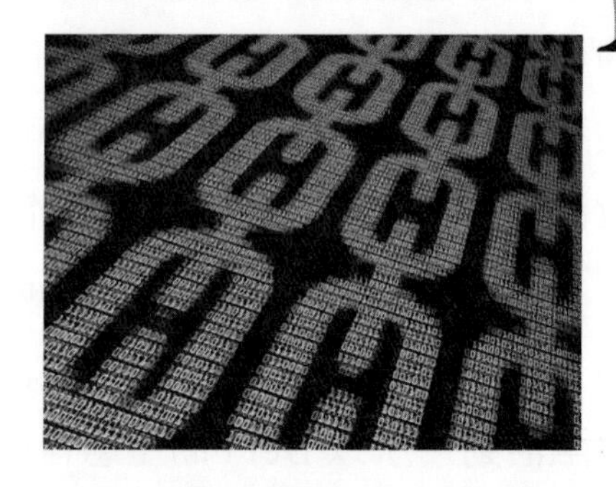

全球主要國家針對區塊鏈陸續頒布的政策，仍以健全產業發展與金融應用規範居多，各國仍對該議題保持關注，不過以政策訂定內容而言，區塊鏈發展尤其是結合物聯網部分，仍未到大幅商用落地階段，歸咎主因仍來自殺手級的應用場景遲遲未出現，加諸擴展性的限制、成本考量、數據保護和隱私，致使現行多以區塊鏈結合物聯網於產官合作示範或業界 PoC 試行爲主。

垂直領域應用聚焦關鍵資訊傳遞，醫療與冷鏈物流為來年重點

在垂直領域應用上，相較前幾年的熱議，區塊鏈結合物聯網在 2020 年於物流、醫療等垂直領域大架構下聚焦關鍵資訊、物品的驗證與遞送，並跨領域擴大至電信漫遊應用。國際大廠以IBM在產品服務的推出上最爲積極發展，包括食品溯源平台、運輸狀況平台，以及因應疫情開發的健康護照平台，惟尚有多元的設備整合、疫情健康檢驗平台如何在各國互通或互相承認等問題需解決。

展望未來，新冠肺炎疫情對區塊鏈結合物聯網的垂直領域，料將以醫療領域和物流冷鏈最具商機，其中在人員管控越趨成熟基礎下，物流冷鏈將是以進口爲主的各國關注焦點，如何從海關到生產加工、批發零售乃至後端餐飲服務等全鏈資訊化，成爲疫情下重要發展之一。此外，因疫苗同樣需要使用冷鏈運輸，對人口眾多但冷鏈物流相對不成熟的國家如印度來說，亟需於此階段進行先期準備，料也將成爲物流和解決方案廠商可布局的市場。

圖文來源：摘錄自科技新報 2021/02/08

解說

區塊鏈技術由早期生成虛擬貨幣，強調「去中心化」為核心價值，爾後，逐步被被各領域所應用。現今已經擴展至與「物聯網」相結合，讓區塊鏈的網路節點由人擴展至實物，開啟運用的寬廣性。尤其，全球受武漢肺炎疫情的影響，讓區塊鏈結合物聯網，以運用於醫療領域和物流冷鏈的供應，尤具商機。

5-3 區塊鏈在金融的應用

原本區塊鏈技術本質乃強調去中心化、資料公開共享等特質，逐步受到世人的關注。爾後，進一步採「實名制度」且被廣泛運用於「智能合約」的生成，讓其運用性更爲寬廣。由於它的應用性，將對未來經濟社會的運轉模式，產生巨大

的變化，特別在金融與商業活動的應用上。由於該新興技術，全世界正熱烈的研發中，技術也日趨成熟，雖仍無法適用於所有的金融場景[2]，但現在已經被可廣泛的被應用在各種的商業營運模式、以及社會的監理與安全服務等場域。

當今金融產業仍是發展區塊鏈技術的先鋒，現在全世界發展區塊鏈的服務商，都積極的與全球知名金融交易所或大型金融機構進行合作，希望將此技術，廣泛的應用在各種金融業務上。以下本單元將介紹此技術在金融上的應用情形。

一、建立透明媒合平台

在區塊鏈技術出現之前，大部分的網路交易都須仰賴電商公司或金融機構，作爲可信賴的第三方，但第三方的信用情形，我們只能相信，卻無法驗證它，所以可以藉由區塊鏈的技術，建立一套在沒有第三方的情形下，依然可進行安全被信任的交易。因區塊鏈技術具有交易可追蹤性、不可作假、以及具安全加密的機制，可讓交易媒合平台更安全與透明，且可生成智能合約，讓發行交易更具效率與效益。以下將介紹三種被廣泛運用的媒合平台之發展情形。

（一）證券媒合平台

全球最早利用區塊鏈建立證券媒合平台，乃是美國那斯達克（NASDAQ）交易所，於 2015 年所建立的股票發行平台－ Linq，首次使用區塊鏈技術完成並記錄私人證券交易。再者，美國網路證券發行商－ Overstock，也利用於區塊鏈技術於網路發行股票的計劃，也受美國證監會正式批准。

2017 年澳洲證交所（ASX）宣布，將採用美國區塊鏈業者－ Digital Asset，所打造的分散式帳本技術，取代現有的 CHESS 系統作爲新的證券交易平台，現已成爲全球首家採用區塊鏈技術的證券交易中心。

國內臺灣集中保管結算所於 2020 年，將推出結合區塊鏈、憑證身分識別及電子簽章等技術之平台，使債券與票券交割流程數位化，以讓交易商能即時交付交易的電子單據，交易對手也能即時線上確認交易標的，並讓交易與清算能夠同步。

---

2 區塊鏈的技術最早是應用於發行去中心化，且具加密的虛擬貨幣；爾後，將廣為運用在各種金融資產（如：股票、債券）的 P2P 交易上。由於現今全球區塊鏈的技術，各服務商大概最快只能提供每秒 5,000 ～ 10,000 次的交易量（Transactions Per Second；TPS），對於講求交易速度的證券媒合而言（股票交易），至少須達到每秒 10 萬次，才勉強夠用，所以以現今區塊鏈的發展，仍不足以適用於所有的金融場景，但對建立資金的清算系統，大致上已夠應付了。

近年來，全球各證券交易所與大型銀行，風起雲湧的將區塊鏈技術導入證券交易、發行以及結算等事務。例如：加拿大證券交易所（CSE）已建立採區塊鏈技術的結算中心，讓企業得以運用虛擬貨幣發行證券及債券。新加坡交易所（SGX）已利用區塊鏈技術，成功的發行虛擬美元債券。香港交易所（HKEx）也積極發展區塊鏈技術，並聯合上海、深圳交易所發展證券交易結算平台。世界銀行集團與澳大利亞聯邦銀行（CBA）合作，成功發行全球首檔的區塊鏈債券。歐洲諸多交易所，如：瑞士、奧地利、德國等證券交易所，利用區塊鏈技術，讓數位資產交易達到瞬間結清算的功能。

（二）商品媒合平台

國際上，除了證券商品已開始使用區塊鏈平台進行媒合外，一般的實體商品，也積極使用該技術欲建構一個防僞、快速透明的實體商品交易平台。其主要的交易實體商品，包括，如：鑽石、黃金、能源與大宗物資等。

1. **鑽石交易**

   一般而言，鑽石交易是很容易成爲洗錢的工具，且每顆鑽石的身分文件，容易遭到竄改；因此，英國鑽石交易平台－ Everledger，已利用 IBM 所提供的區塊鏈技術，爲每顆鑽石建立一個身分護照，以記錄來源與經歷。

2. **黃金交易**

   全球的實體黃金交易，也藉由區塊鏈技術，以提高交易的透明度、安全性與速度。如：倫敦貴金屬交易協會（LBMA）將採用區塊鏈追蹤全球黃金交易，從黃金礦場源頭、中間商，一直追蹤到終端買賣；LBMA 認爲如此可防止利用黃金洗錢或資助恐怖份子。此外，芝加哥商業交易所集團（CME Gorup），正積極推出以區塊鏈爲主的黃金交易平台，希望能將黃金交易數位化。

3. **能源交易**

   全球各能源產業（如：原油、電力和天然氣等），也積極建立以區塊鏈技術爲基礎的系統，讓所有產業參與者從繁瑣的文書工作轉向智能合約，進而減少運營時間並提高交易效率。

   由英國石油（BP）、殼牌（Shell）和 Equinox 等大型石油公司，已與國際大型銀行，如：荷蘭銀行（ABNAmro）和眾多貿易公司，共同聯合推出了一個區塊鏈的能源大宗商品交易平台－「Vakt」，它們使用區塊鏈交易，將能源交易更爲簡化，提升能源商品交易效率。

由全球多家資深石油公司所成立的非營利性離岸能源組織（Offshore Operators Committee；OOC），該組織旗下已組建了一支石油和天然氣區塊鏈聯盟，且已透過區塊鏈的完成廢水處理系統。由於區塊鏈的分散式帳本技術，大幅降低了生產能源所產生的廢水處理時間及成本。

4. **大宗物品交易**

全球大宗物品（如：大豆、玉米、小麥等產品）業者，也積極聯合發展區塊鏈交易平台，讓原本交易過程中，銷售合約、信用證以及政府許可等大量需要傳統簿記工作的環節，都可利用區塊鏈技術實現數位化處理，提升交易速率與安全性。

全球四大糧商之一的國際糧食貿易集團－路易達孚（Louis Dreyfus），與荷蘭國際集團（ING）、荷蘭銀行（ABN Amro）以及法國興業銀行合作，利用區塊鏈技術完成了向中國出售美國大豆的交易，成為運用該技術在農業商品交易的全球首例。

中國－浙江大宗商品交易中心與發展區塊鏈技術的複雜美科技公司，亦積極發展大宗商品的交易平台，希望為大宗物資的交易打造一個更安全、更透明與更高效的交易環境。

（三）資金媒合平台

利用區塊鏈技術運用於資金的媒合，其交易平台的類型較為廣泛，現在大致上，應用在資金的匯兌支付、融資借貸、保險理賠、捐贈募集等方面。

1. **匯兌支付**

英國的 P2P 匯兌平台－「Transferwise」與中國的「匯米匯」平台，曾利用區塊鏈的技術，協助跨境 P2P 匯兌交易的進行，讓以往須耗費 2 ～ 3 天的匯款，只花數小時就完成跨境支付。

美國的 IBM 公司所推出的區塊鏈網路系統，讓採用 IBM 區塊鏈平臺的銀行業者，可在單一網路中，能以幾乎即時的速度完成跨境支付結算付款活動，以幫助企業減少結帳時間，並降低企業和消費者全球支付的成本。

法國的「國民互助信貸銀行」運用區塊鏈技術，把匯款人、收款人的機密資料記錄在區塊鏈裡，並進行匯款交易，以幫助銀行更了解客戶，進一步落實監管、洗錢防制的需求。

日本瑞穗（MIZUHO）銀行集團，藉由區塊鏈技術將匯款代幣化，讓散布在各國子銀行之間的外匯支付，由原本需要 2 ～ 3 天的處理時間縮短到 1 天之內，同時也節省了大量人力成本。

全歐第二大的西班牙桑坦德銀行（Banco Santander）曾採用區塊鏈技術進行跨國支付服務，將讓客戶快速完成跨國交易，曾是全球第一個推出區塊鏈跨國交易服務的國際銀行。

2. **融資借貸**

英國巴克萊（Barclays）銀行利用區塊鏈技術，完成全球第一樁貿易融資交易，因爲貿易融資需要許多紙本單據，如：買賣契約、訂貨單、銷貨發票、包裝單、貨運提單、保險單等，只要透過區塊鏈系統，就可把原本需要費時 7 ～ 10 天的過程縮短爲低於 4 小時，開啓簡便、安全、快速的貿易融資新時代。

國內國泰金融控股公司所建置的「環球貿易共享區塊鏈」聯盟，結合國內各大金融機構之貿易專業，希望透過此區塊鏈快速查核企業貿易相關資訊，提升企業融資效率，並有效防範企業跨行重複融資。

3. **保險理賠**

日本三井住友海上火災保險公司，利用區塊鏈技術簡化保險手續的機制，並讓加入區塊鏈的聯盟業者容易取得海關數據，可對遠洋航運貨物因運輸，所產生的理賠能夠得到快速的處理。

近期，由國內 21 家大型保險業攜手建構的「保險理賠區塊鏈」，可讓承保人只要在聯盟內任何一間提出契約變更或理賠申請，資料就會同步更新到其餘聯盟成員，加快保險理賠速度，並達成「單一申請、文件共通」的效益。

4. **捐贈募資**

中國的螞蟻金服，在雲端建造以區塊鏈技術爲主的「信公益鏈平台」，並將應用支付寶線上公益的捐款活動，追蹤每一筆愛心捐款的使用明細，以確保捐款在處理過程是公開透明可被信賴的。

臺灣的群眾募資平台－「度度客」，首創區塊鏈募資平台，使用該技術記錄贊助及金流資料，透過區塊鏈的智能合約，確保贊助款項的核發，都能依照提案人承諾來規劃執行，不僅使贊助資金的流向，具透明、可信任、不可篡改、可追溯以及智慧分析等特性，並同時減少人工作業疏失及舞弊的風險，讓贊助出資者更放心、也讓受助者募資更便利。

國際著名慈善募資公司 Charity Stars，使用以太坊區塊鏈 AID Chain 平台，讓與它合作的組織，包括：聯合國兒童基金會（UNICEF）、救助兒童會和世界自然基金會（WWF）等 500 多家慈善機構，利用此平台可改善現時使用現金捐輸的弊病，（如：

資金流向不明和過程繁複等問題），可讓人安心捐款、同時確保捐款全額能用作原來應有的用途。

倫敦證券交易所集團計畫以區塊鏈建立數位資產交易平臺

金融時報報導指稱，倫敦證券交易所集團 (LSEG) 將以區塊鏈技術打造全新數位交易平臺，主要用於數位資產內容交易，而非用於加密貨幣交易，同時目標將成爲可對應全球性的數位資產交易平臺。

倫敦證券交易所集團資本市場負責人表示，此想法是在確定區塊鏈技術成熟到符合其理念才付諸行動，計畫透過數位化方式加快傳統資產交易效率，同時也能應和當前越來越多數位資產交易趨勢。

此交易平臺除了結合區塊鏈技術，更涵蓋發行、交易、對帳與帳款結算等流程，相比先前同樣藉由區塊鏈技術運作的數位資產交易平臺主要僅聚焦在交易流程，倫敦證券交易所集團提出交易平臺將能涵蓋完整的數位資產交易生態。

此專案預期由倫敦證券交易所集團執行長主導，其中可能透過成立新公司投入運作，同時目標成爲可對應全球性的數位資產交易平臺。目前作法可能是先在明年推出第一個規模較小的交易平臺，預期會先鎖定交易不透明且頻繁的私有數位資產市場。

圖文來源：摘錄自 Yahoo 新聞 2023/09/10

解說

區塊鏈技術早已用於有價證券與各種現貨商品的交易。近期，倫敦證券交易所集團 (LSEG) 將以區塊鏈技術打造數位商品交易平臺，此將讓數位資產交易更為效率。

二、建立效率清算系統

區塊鏈技術具有交易後，立即清算的功能，所以各金融機構之間的資金清算，只要透過區塊鏈技術，彼此建立一個共享帳本，讓資金清算系統更具效率與安全。

實務上，利用區塊鏈建立的資金清算系統。例如：2015年由高盛、花旗、德意志銀行、滙豐、摩根史坦利爲首的全球40多家大型銀行加入了初創公司－「R3 CEV」的區塊鏈聯盟，乃爲各大銀行之間建立一個共享帳本，實現跨區域的結算清算系統，協助彼此資金、票據、交易的清算，都將大大優化現有體系的效率，對防止洗錢也有很大助益。

世界三大信用卡發行機構－ Mastercard、VISA與美國運通（AE），近期都紛紛推出基於區塊鏈的B2B支付清算服務，幫助企業客戶改善跨境支付的交易速度、透明性以及成本相關問題。

國內由中央銀行管轄的財金資訊公司，負責建構國內的資金清算區塊鏈平台，現已有國內45家金融機構加入平台的運作，將來利用此平台，協助銀行之間的資金清算。

歐洲中央銀行（ECB）已在利用區塊鏈技術，建立歐元的結算系統，以簡化歐洲各國間利用歐元轉帳支付及結算方式，讓交易速度更具效率，並著手準備發行「數位歐元」。

三、發行加密虛擬貨幣[3]

由於知名虛擬貨幣－比特幣的創造就是採用區塊鏈技術，因具高度的安全性，因此可以協助眞實貨幣用於網路的支付和匯款，也具投資或投機的功能。因此全球各機構蜂湧的競相發行虛擬貨幣，並廣泛用於支付、籌資與結算的工具。以下將介紹兩種機構所發行虛擬貨幣的情形：

（一）新創公司發行用於支付與籌資

1. **原型虛擬貨幣**

   比特幣是由公有鏈所發行的原型虛擬貨幣，由於它具支付兼具投資的功能，讓全球掀起一股發行虛擬貨幣風潮，現今跟它一樣的虛擬貨幣，已在市面上出現上千種，較著名的如：以太幣（ETH）、瑞波幣（XRP）、萊特幣（LTC）等。

3 有關虛擬貨幣的介紹，請詳見本書第9章之說明。

2. **虛擬代幣**

虛擬代幣（Crypto Token）乃是新創公司利用私有鏈所發行的代幣，主要用於籌資並兼具投資之用途。例如：國內首家發行虛擬代幣的「沃田咖啡」，其所發行的「咖啡幣」，乃透過「以太坊」區塊鏈技術，此虛擬代幣，除可購買咖啡外，亦可在市面上進行買賣交易。

3. **穩定幣**

穩定幣（StableCoins）乃由發行機構利用區塊鏈加密技術所發行，且提供資產（如：法定貨幣）當作發行儲備，主要用於支付用途。現今全球最大的穩定幣，乃由 Tether 公司，以美元 1：1 比例擔保發行的「泰達幣」（Tether USD；USDT）。

4. **資產（證券）型代幣**

資產（證券）型代幣（Asset/Security Token）乃由發行機構利用區塊鏈技術所發行的虛擬代幣，並以有價證券型式表徵發行機構的資產（或所有權），主要用於籌資之用途。例如：美國資產管理公司 Blockstack Capital 曾發行證券型代幣「BCAP」，籌資約 1,000 萬美元。此外，此種資產型代幣也有些公司（或個人），利用無形資產或所有權（如：智慧財產權、專利權等）發行「非同質化代幣」（NFT），籌集資金並可匯集人氣。

（二）金融機構發行用於支付與結算

全球知名的金融機構也紛紛發行利用區塊鏈技術，開發新型數位虛擬貨幣，以供銀行間結算交割使用。例如：國際上有 14 家知名的大型銀行，加入瑞士瑞信銀行所主導的「多功能結算貨幣」（Utility Settlement Coin；USC）專案，共同發行虛擬貨幣，透過區塊鏈技術進行清算與結算，以改善交易效率。

美國美國銀行巨擘摩根大通（JPMorgan），將發行錨定美元的穩定幣－JPM Coin，除可兌換其它法定貨幣，亦可進行機構帳戶間即時轉帳、支付等國際支付結算活動。

中國國家信息中心（SIC）結合中國多家銀行與電信公司，共組區塊鏈服務聯盟（BSN），利用區塊鏈發行一種穩定幣－火幣（Huobi），此將利用穩定幣能夠在鏈上快速且被信任的轉移功能，以取代現今銀行的結算工作。

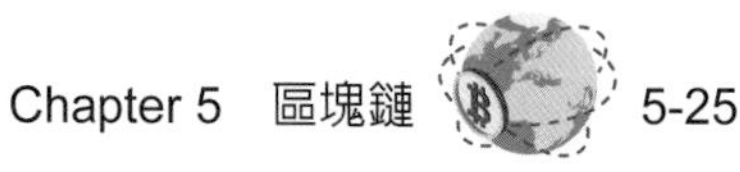

金融搜查線

OCC 允許美國國有銀行加入區塊鏈　並以穩定幣交易

美國財政部旗下的貨幣監理署（Office of the Comptroller of the Currency；OCC）宣布，將允許國有銀行及聯邦儲蓄機構參與諸如區塊鏈等獨立節點驗證網路（INVN），並使用穩定幣進行支付行為或其它銀行所允許的功能，這意味著美國銀行在既有法令的規範下，將可利用公共的區塊鏈來驗證、儲存、記錄與結算支付交易。

OCC 代理署長表示，儘管其它國家或政府已經建立了即時交易系統，但美國則是仰賴創新領域來提供即時支付技術，有些技術是由銀行體系負責建置，而有些則是奠基在諸如區塊鏈等獨立節點驗證網路。此一宣布代表國家銀行或聯邦儲蓄機構將可扮演 INVN 中的一個節點，以驗證、儲存與記錄支付交易，同樣的，銀行亦可透過各種 INVN 與相關的穩定幣進行其它的支付行爲，只是在部署這些技術時，都必須遵循適用的法令及確保安全。

OCC 認爲，允許銀行參與 INVN 可提高支付活動的效率與穩定性，同時享受即時支付的好處，有鑑於 INVN 的分散式特性，建立在 INVN 之上的有些支付行爲，可能比其它支付網路更具彈性，可利用大量的節點以可靠的方式來驗證交易，且 INVN 亦可限制於資料庫中竄改或新增錯誤資訊的行爲。

不過，OCC 也提醒，在執行與 INVN 相關的活動時可能會有潛在的風險，包括營運風險、合法性的風險，以及詐騙等，各種新的科技都需要足夠的專業知識來確保銀行能夠安全地管理這些風險，例如預防洗錢與助長恐怖份子的融資等。

圖文來源：摘錄自 iThome 2021/01/06

解說

區塊鏈系統不只可生成虛擬貨幣，亦常用於銀行間的結算。近期，美國貨幣監理署（OCC）將允許國有銀行可在區塊鏈系統下，進行穩定幣的支付行為。這也意味美國國有銀行在既有法令的規範下，將可利用公共的區塊鏈來進行交易驗證、儲存、與結算等行為。

金融搜查線

全臺最大規模保險區塊鏈應用，保戶、醫院和保險公司三方共贏

從 2019 年開始發展的保險科技運用共享平臺，打造出全臺最大規模的聯盟鏈區塊鏈，現在已經成爲多家保險公司、多家醫院和數十萬名保戶最重要的保險安心鏈

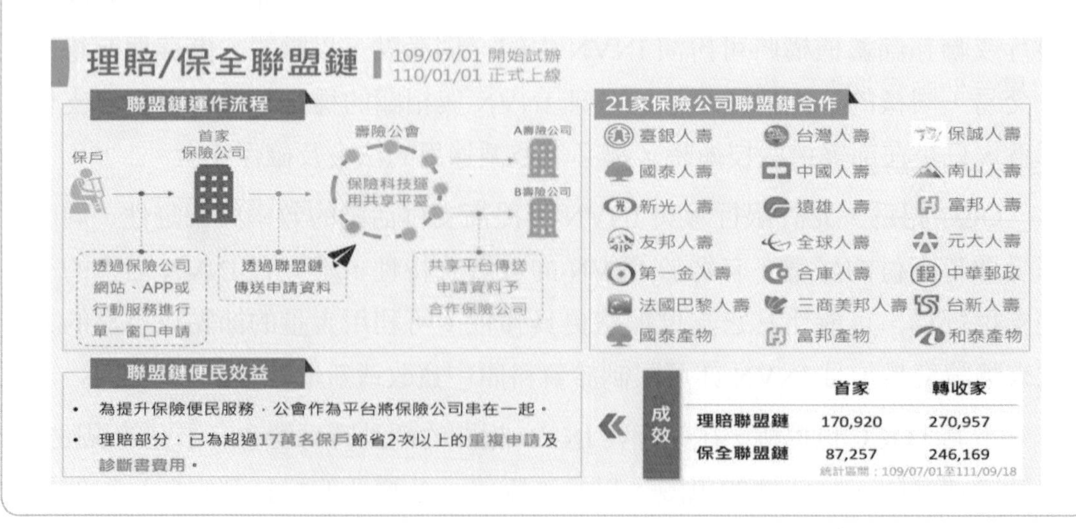

以區塊鏈聯盟鏈爲基礎所打造的理賠 / 保全聯盟鏈，從 2020 年 7 月 1 日統計到 2022 年 9 月 18 日，已經讓 17 萬名保戶，總共少跑了 27 萬次保險公司，大大改變了理賠申請流程，現在更進一步打通醫院建立理賠醫療資料共享，連醫院都不用跑。

「原本只是 3 家保險公司各自與醫院交換資訊，但，這只是單向交換，後來，他們提議互相串接，彼此資訊共享，甚至是讓大家都能共享。」金融監督管理委員會保險局局長指出。這一步也催生了全臺最大規模的保險區塊鏈應用，不止打通的多家保險公司之間的資料共享，甚至現在開始打通保險公司與醫院之間的資料共享可能性。

早在 2018 年時，高雄榮總發起一項創新專案，找來臺灣人壽、中信金控、中華電信等集團，要來打造一項保險理賠區塊鏈應用。他們看上了區塊鏈技術的好處，可以建立多方之間的信任，來加速患者保險理賠作業。由中華電信負責開發區塊鏈平臺，來記錄各項授權和資料的交換軌跡。

需要申請理賠的病人，可以直接打開保險公司的 App 來提出理賠申請，台壽會傳送保戶的授權和個資給高榮，高榮再理賠所需的病歷資料傳給台壽來進行後續的理賠，病人也能在直接到官網或保險公司 App 上登入區塊鏈平臺，來查看自己的病歷資料，以及理賠進度。

金融監督管理委員會保險局局長表示，未來電子保單累積夠多，保單內容都數位化後，就能擷取個別內容，來發展更多細緻的應用。保險身分認證如果其他主管機關承認，也可以跨出保險應用。

醫院和保險公司流程數位化後，光理賠等待就省三分之一時間

光是打通保險公司和醫院之間的流程，就創造了很大的效益。高榮調查後發現，這個新做法，的確大幅縮短了民眾出院後，到獲得理賠的等待時間，從原本的 13 天縮短爲 3.6 天，省了三分之二的時間，而且民眾還不用到處奔波申請紙本文件，醫院而言，一年可以省下 211 小時的病歷申請審查時間，而對壽險公司而言，每年也可節省近 3,000 小時的複雜理賠個案病歷調閱審

查時間。2018 年這個只是一家保險公司和一家醫院間的成功經驗，後來促成壽險公會，推動理賠聯盟鏈和理賠醫起通服務。

壽險公會在 2019 年 4 月開始推動保險科技運用共享平臺 POC，包括了區塊鏈底層技術，逐步發展各項金融科技服務。到了 2020 年 6 月，壽險公會先完成了一套電子保單認證與存證平臺的系統建置工作，當時先跟國泰人壽、新光人壽、臺灣人壽、南山人壽、中國人壽、富邦人壽、三商美邦人壽、元大人壽等共 8 家壽險公司串通，成了打通壽險公司的重要第一個里程碑。

2020 年，保險科技運用共享平臺正式開辦「保全／理賠聯業務」正式開辦上線，更推出一站式服務，保戶只需於一家保險公司提出申請，透過系統通報其他同業，達到多家同步申請的效果，不用像過去得一家一家各自申請。不過，保戶仍須到保險公司繳交紙本醫療資料，以及理賠資料轉送同意書。當年 12 月也推動電子保單認證與存證服務，可以記錄投保與異動的歷程，也可以在日後對保單內容發生爭議時，成爲公正的第三方佐證。2021 年 5 月結合北市醫療院所推動保險理賠醫起通服務，整合了 20 家醫院，保險公司可以直接向醫院索取電子醫療資料，保戶也不用繳交紙本醫療資料，這就大大減少了保戶在保險公司和醫院之間兩頭跑的次數，減少到只需要去一次簽署紙本同意書。

到了 2022 年 5 月，保險理賠醫起通進入 1.5 版，保戶終於只需要到保險公司一趟，就可以一次提供兩種同意書，不用再到醫院。另一方面，2022 年中也推出保險存摺服務，民眾可以直接在線上看到自己的所有保單資料，更方便管理自己的保險情況。

2022 年底進一步啓用了保險業身分驗證中心功能，也就進入了理賠聯盟鏈 2.0 時期，可透過 FACE ID 或指紋快速登入，介接到線上申請保險理賠、查詢保險理賠聯盟鏈，或是保險理賠醫起通案件的申請轉送進度。保護不再需要向保險公司繳交紙本理賠資料轉送同意書，對於保戶來說，這就做到了理賠全程數位化。

不只如此，去年底還發布了保險理賠醫起通，預計最快今年底可以導入醫院，最大變化是，民眾不只不需要再繳交任何紙本同意書，可以用保險存摺作為所有保險公司的身分認證，醫院上傳給保險公司的醫療資料，也不再是需要人工補登錄的 PDF 檔格式，而是結構化資料，可以直接整合到保險公司的系統，完全免人工，更能嘗試更多不一樣的應用。

圖文來源：摘錄自 iThome2023/01/20

解說

若牽涉到醫療的保險理賠，投保人常須醫院與保險公司兩頭跑。近期，國內成立保險理賠區塊鏈聯盟，結合保戶、醫院與保險公司，讓理賠作業更加快速與便利。

5-4 區塊鏈在商業的應用

隨著比特幣的交易熱潮，使得其所運用的區塊鏈技術，已逐漸廣為人知，甚至成為顯學。除了金融業已投入巨額研發外，各商業機構亦紛紛起而效尤的希望借重該技術，可建立一個不需要信任的第三方，就能自動完成點對點交易的運轉機制。並且藉由該技術可被記錄與追蹤、以及交易與清算同步的特性，讓商業合約的簽訂更為安全與具智慧性。現今全球區塊鏈技術，已逐漸多元的應用在各種商業營運模式上，以下本單元將舉十種較常見的應用類型說明之。

一、產品履歷認證

一般日常生活中，食物與用品的來源非常廣泛，食品與用品的生產履歷溯源，一直是現代人非常關心的事項。以往食品與用品的安全認證，須仰賴政府單位的把關、以及供應商的良心，但又難免有遺疏與作假。現在可仰賴區塊鏈系統，以協助食品與用品的安全認證與履歷溯源。

國內區塊鏈新創公司－奧丁丁，推出了全球第一個食品區塊鏈溯源系統－「OwlChain」，可供商家將食品履歷寫入「以太坊」（Ethereum）的私有鏈中，以追蹤食品的來源履歷。現在該平台已跟國內兩家食品公司合作，分別爲祥圃集團與湧升海洋。祥圃集團將自家「究好豬」產品，貼了 OwlChain 的 QR Code，只要用手機掃描後，就會看到這塊豬肉的詳細來歷。湧升海洋則是將自創的「責任漁業指標 RFI」，將 5 個指標都已寫入區塊鏈履歷中，將包括捕撈與養殖的海鮮追溯，以及環境衝擊的評估機制，讓購買者更清楚海鮮的來歷。

國內農委會林務局與區塊鏈新創公司－奧丁丁，合作開發「臺灣林產品生產追溯系統」，將農林產品的生產歷程通通記錄於鏈上，消費者可以掃描「林產品生產追溯條碼（QR Code）」，就可查詢木材來源，這是全球第一套以區塊鏈記錄木竹材生產歷程的溯源系統。

美國零售企業巨擘－「沃爾瑪」（Walmart），近期將與幾家食品大公司（如：雀巢（Nestlé）、聯合利華（Unilever）等），共同使用 IBM 的區塊鏈技術，追蹤生鮮食品的品質。該區塊鏈平台提供所有合作夥伴一起共用食品資料庫，公開透明的資訊，讓追蹤污染食品的過程變得更簡易，使得位於全球食品供應鏈上的農夫、供應商、加工業者、經銷商、零售商、監管機構與消費者，都能存取有關食品來源與狀態的可靠資訊，並能快速追蹤受污染食品的來源，儘速將有食安問題的商品下架，以阻止食安風暴的蔓延。

國內家樂福與 IBM 合作導入「豬肉區塊鏈」，從豬隻的產地、飼養、甚至水質檢驗、加工廠屠宰日期等等到店前的各項檢驗報告與流程，都會在鏈上儲存，顧客只要透過手機掃描包裝上的 QR Code，就能清楚看到所有履歷資訊，增添產品的信賴度。

中國的「眾安科技」也與區塊鏈創業公司－「連陌科技」合作，將區塊鏈全面應用於養雞過程，並保證每隻雞，從雞苗到成雞、從雞場到餐桌的過程中，所有產生的數據，都被眞實的記錄下來，眞正實現每隻雞的防僞溯源。中國的「京東電商」，也與澳洲牛肉商合作區塊鏈平台，讓消費者可以在區塊鏈上追蹤每一塊安格斯牛肉的來源。

全球最大的水果和蔬菜供應商都樂（Dole）食品公司，利用 IBM 的建置的「食品信託區塊鏈」，讓蔬果產品的生產與銷售過程，可以在整個供應鏈中立即被追溯，進而使零售商和消費者對追蹤有信心。

二、醫藥健康追溯

現代人生病看醫生，拿著健保卡至醫療診所看診，完診後，病歷資料存在醫院裏，如果要轉診或去別的醫院看病，可以申請把病歷帶走，但是目前這個簡單的動作卻很麻煩。現在若將這些病歷資料存於區塊鏈系統上，那就可簡化這個流程，讓成本更低且更安全。所以藉由區塊鏈記錄病歷與健康資料，讓病歷傳輸，更具隱私、安全和快速，使未來跨院就診、或保險理賠，無須面臨繁複的病歷申請程序，讓醫療健康追溯更便利，以實現病人爲中心的健康醫療照護。此外，醫院也可藉由區塊鏈，建立起醫藥與醫療器材的追蹤機制，以提供即時性與可溯性的資訊，並防止僞藥、非法醫材流入醫療院所。

現在國內的北醫附設醫院就與區塊鏈新創公司－「DTCO」，合作開發健康醫療區塊鏈平台，未來病患可開立個人健康資訊帳戶，匯入所有就醫與健康資料，讓民眾與醫療單位，都能夠對自己的病歷有更高度的掌握，更可延伸至醫療保險理賠上。該平台預計將來擴大成立「健康醫療區塊鏈聯盟」，希望能吸納更多醫療院所，成爲區塊鏈上的節點，讓病歷資料的傳輸與儲存，可以發揮分散式帳本的優勢。

臺中榮民總醫院攜手艾旺科技、資策會、醫療器材商－亞培，發表國內首個「醫藥物流區塊鏈平臺」，讓藥品或醫療器材訂單與交貨結算快速準確、並建立起醫療器材追蹤追溯機制、確保運送品質等應用。

英國國家衛生服務局曾利用數位資產提供商－ Everyware，所建構的區塊鏈技術管理新冠疫苗的儲存系統。因透過區塊鏈系統可讓配送、追蹤施打疫苗情形更爲安全透明。

三、身分函證審核

現代人有關自身的身分文件繁多，每當有重要場合需要提出證明時，除了對方無法驗證眞假外，又須耗費紙本列印與郵寄；即使使用數位文件，也可能有造假或被竊盜的問題發生。現在將有關個人身分的證件、證書與文件，都建立在加密的區塊鏈帳本上，除了防僞之外，又方便數位證件傳輸與驗證，確實省時又安全。此外，會計事務所對每家企業的須進行定期的稽查與財報簽結，每次審核的紙本函證須耗時往復，若利用區塊鏈的技術將大節省時間且又可防僞，可大幅函證審核效能。

國內由永豐金控、臺灣金融研訓院與成功大學，共推「數位證書 i-Certificate」區塊鏈平台，三方將協助各發證機構、學校或企業共同加入此機制，擴大數位證書平台資料的來源，讓求職者方便的被求證其學歷、經歷與證書文件之眞實性，大幅縮減確認時間，並可防止造假與被竄改。

臺中市政府教育局與國網中心合作「畢業證書區塊鏈驗證」系統，系統會將有關畢業證書資訊記錄到區塊鏈上，日後畢業生即可使用電子證書，當作申請學校或日後出社會就職使用。此外，成功大學也自行研發「學習證書區塊鏈」，用來記錄學生的學習歷程，讓學校可根據學生修習的學分，判定授予學位。

美國國土安全部（DHS）也與區塊鏈新創公司－「Digital Bazaar」，合作打造身分驗證及管理的區塊鏈實作平台，以管理數位身分的認證。此外，美國微軟（Microsoft）公司，也積極以區塊鏈系統，建制一套去中心化的數位身份管理機制，讓用戶能夠掌握個人數位身分所有權，不用再怕網路身分被盜。

國內財金資訊公司推出全球首創之「金融區塊鏈函證」服務，結合國內 27 家主要銀行、證交所、集中保管結算所、超過 100 多家會計師事務所、以及上千家家企業共同參與。藉由「金融區塊鏈函證」服務，讓以往會計師查核企業財務報表時，須向金融機構發送詢證函，以獲取並評估查核證據之程序時間，可由平均半個月縮短到一天，且電子簽章的函證又可防止遺失及遭竄改、變造等作業風險。

四、物品運輸監管

通常貨品的運輸需要交易雙方、以及物流公司等多單位的配合，才能使貨品正確無誤的運達；尤其牽扯國際貿易的物流就更複雜了，還必須經過出關、入境等審查，貨品的文件證明、銀行信用狀等等多方的確認，才不致於發生錯誤。傳統上，貿易物流還是人工作業，每一個環節中的作業人員稍有不慎，錯誤就可能發生。因此可藉由區塊鏈技術，解決繁複的運輸作業流程，提升運輸效率。

商業上，有些物品被拿去當作抵押品或證物，對於這些物品的監管，傳統上，確實也須耗費許多人力去維持，且監管程序非常繁複。現在可利用區塊鏈系統，將物品資料寫入區塊鏈之中，以保存、追蹤、紀錄這些物品，並且利用智慧合約來做控管，以防止作假與被竄改。

美國 IBM 與全球最大貨櫃船運業者快桅（A.P. Moller-Maersk），宣布將共同創立一家採用區塊鏈技術的物流公司，新公司將建立一個可供全球航運生態系統使用的貿易數位化平台，以簡化與透明化貨物的流通。

國內勤業眾信會計事務所，利用以太坊（Ethereum）的私有鏈，推出全台首個「區塊鏈證物管理系統」，透過區塊鏈記錄證物相關資訊和移轉過程，不僅可降低紙本作業、以及繁雜的證物管理過程，並可提升證物的可信度，以達不可竄改之目的。

五、休閒事業管理

近年來，區塊鏈技術的應用愈來愈多元化與生活化，觸角也擴及文化藝術、運動娛樂、旅遊觀光等休閒事業的管理。區塊鏈所發展的智能合約，可以協助飯店訂房、機票訂位、展演訂票、以及記錄運動成績等，讓該產業發展更具智慧與效率。

臺灣電商平台－「奧丁丁市集」，推出「OwlNest 區塊鏈」旅宿管理服務，提供一套支援智能合約的飯店管理系統，而且可串接各家大型飯店的訂房服務，以管理促銷方案、住房率管理等，讓飯店訂房更具智慧化。

國內中國信託銀行所研發的「娛樂區塊鏈」，可將各種展演票券銷售，藉由區塊鏈技術，進行智能銷售。因為區塊鏈上發行的電子票券可被多方驗證，讓售票平台、主辦方、買方都省事，可避免假票、囤票的事情發生，且可按現在的銷票情形，進行即時的促銷活動，讓銷售更為智慧化。

國內富邦金控與臺灣鐵人三項公司合作，運用工研院、AMIS 帳聯網和微軟共同提供技術的「運動區塊鏈－ BraveLog」，可將運動員的賽事記錄在區塊鏈上，因具不可竄改的特性，可提供給參賽者，作為終生的成績證明，讓運動成績更具公信力。

紐西蘭航空（ANZ）透過瑞士新創公司 Winding Tree 的區塊鏈，應用於票務銷售，可簡化機票銷售程序、以及輔助其他產品銷售，客戶可從降低的交易成本中受益，航空公司可提高服務的安全性和效率，包括：行李追蹤和機票預訂。

六、智慧版權保護

由於區塊鏈技術共有分享的特性，可記錄各節點帳本，確實可以保護數位智慧版權，讓創意者的創新作品、或者學術工作者的創新論文可以受到保護，也讓數位版權分享，更能夠直接的獲得酬勞，並可建立起一個公開互信的數位授權機制，讓智慧數位版權的管理更具效率。

國內的音樂串流服務平台－ KKBOX 集團，欲將利用區塊鏈技術解決音樂版權執行的難題。該平台攜手區塊鏈技術新創公司－ Bitmark 和中國信託商業銀行，透過跨界技術整合，首創區塊鏈技術之數位音樂發行平台－「Soundscape在田」，讓音樂的智能合約可自動執行音樂授權和分潤，以取代傳統人工作業，讓數位授權及分帳條件，都清楚的寫在智慧合約程式中，讓原來複雜的授權和分潤流程，變得更簡單與可信任。

美國新創公司－Lino，目標將建造「區塊鏈版YouTube」平台，以解決傳統影音串流平台和內容創作者之間，權利不對等情形。所以Lino希望透過區塊鏈打造一個社群共享、去中心化的影音平台，讓內容創作者能更直接獲得獎勵。

國內新創公司－Researchain，利用區塊鏈建構全球學術區塊鏈社群平台，讓學術工作者從投稿出版到審查出版，可不用再經過傳統第三方出版商，而且所有的出版程序、以及版權契約亦將通通上鏈，以防止人爲篡改及抄襲等問題。

七、資料通信安全

由於區塊鏈技術，可以將網路資料分散儲存，並無須依賴信任第三者，即可互相驗證其信息的有效性(防僞);且具不可回溯的特性，讓資訊在網路上傳遞時，即使網路單點故障，也不影響傳送的品質，亦可預防惡意第三者竊取或篡改通訊數據，讓資訊傳收保持透明和安全。

美國新創公司－Gladius，使用區塊鏈技術創建信任網路，讓平台上的各節點能夠在保持完全加密的同時，將敏感和重要的訊息傳播到全球；且可以顯著降低駭客的攻擊能力，並讓消費者和企業可利用閒置的頻寬。此外，美國國防部高級研究計劃局（DARPA），也預計利用區塊鏈技術建立一個能夠完全安全通信的交易平台。

美國郵政署（USPS）將建立區塊鏈系統，以驗證個人身分的方式，去驗證包裹和郵件；如果每份包裹都裝上感應器，區塊鏈就能管理美國郵政署與不同夥伴（例如：UPS和聯邦快遞公司）之間的照管鏈，並能迅速執行清關程序，把支付、物流整合到一個平台上，讓郵件包裹運輸更便利安全。

全球國際匯款系統－環球銀行金融電信協會（SWIFT）與多家國際大型金融機構合作建構「電子股東投票」概念性驗證（PoC）系統，希望藉由區塊鏈分散式帳簿技術應用於電子投票系統，以改善股東會之透明度與自動化程度，並提升股東會之效能及股東參與度。

八、產權資訊透明

由於區塊鏈技術，對於區塊內所儲存的記錄，具有不可偽造、以及可追溯的特性，所以可使個別節點的資料透明眞實，因此也被業界廣泛運用於產權資訊的登記與防偽證明上。

美國佛蒙特州的南柏林頓市（South Burlington）與區塊鏈房產平台－Propy合作，將試用區塊鏈技術記錄房產交易，讓登記房屋產權的轉讓紀錄，更為迅速與透明。

歐盟內政總署，為了解決歐盟會員國，竄改二手車里程數的歪風，已研擬利用區塊鏈技術，各節點資料透明眞實的特性，讓二手車商、民眾能夠隨時查看車況資訊，以降低里程表被竄改的情形。

日本住宅建商積水房屋（Sekisui House）在區塊鏈組織 Nexchain 的協助下，將房地產租賃合約登記在區塊鏈上，將租賃流程中的各種程序轉為一站式服務，以簡化用戶租賃流程。

九、零售行銷順暢

由於區塊鏈技術，具分散帳本與不可作假的特性，可運用於網路行銷、銷售、廣告等環節上，這樣可以有效改善生產運送、銷售存貨、廣告行銷等流程，使整個商品銷售管理更效率順暢。

美國知名信用卡公司－MasterCard，將藉由區塊鏈技術改善非洲地區市場的銷售模式，將推出數位訂購系統－Kionect，串接在地小型零售商，以手機簡訊便利地完成貨品訂購，以及完成付款交易。此外，藉由每次交易累積信用記錄於區塊鏈上，將讓小型零售商，以平常所累積的信用向金融機構貸款，以實現普惠金融之願景。

全球知名交易所－那斯達克（Nasdaq），所發展的 Linq 區塊鏈平台，提供紐約互動廣告交易所（Nyiax）技術支援，為廣告買賣雙方提供透明的數位交易過程。它提供出版商、廣告客戶以及媒體廣告商利用智能合約進行交易，以提高交易效率，減少交易雙方不必要的成本和風險。

國內區塊鏈新創公司－數金科技（DTCO），建置區塊鏈的廣告設備物聯網，可將電視牆等裝置直接與區塊鏈連接起來，透過區塊鏈智能合約自動媒合投放戶外廣告，以消除中介管理的需求，並提高廣告媒合的效益。

十、資源交換便利

由於區塊鏈技術的分散帳本特性，讓網路上各節點可清楚的記錄下，所有的交易過程，且不可造假與可追溯認證，因此可讓各節點進行資源交易或交換的過程，更爲便利透明。

美國的綠能公司－LO3與區塊鏈技術開發商－ConsenSys，合作共同開發「微電網計劃」，讓居住在兩個不同地區的居家，將其中一家太陽能板所剩的電力能夠傳送給另一住家，以完成點對點的電力交換，並將傳輸過程的資料紀錄下來，也讓電力可以成爲個人化交易的標的。

日本關西電力公司（KEPCO），利用結合物聯網的區塊鏈系統，處理大阪再生能源的躉購制度中的過剩電力，讓區塊鏈可以自動處理過剩電力的P2P交易，以讓資源交換更公開透明。

國內中國信託銀行與富威電力聯合成立的區塊鏈綠電交易平臺，將提供再生能源供需市場一站式的綠能交易服務，能確實記錄能源供給、交易媒合、電力使用、金流往返等資訊。

國內台新銀行加入國際區塊鏈－以太坊（EEA）所建置的「GLN全球紅利點數聯盟」，此平台可以協助跨國點數的交換，並提供給消費者可利用此平台，可不須另外消費集點，就能互相交易或交換所需的紅利點數。

金融搜查線

為什麼區塊鏈大部分的應用都是為區塊鏈而區塊鏈？

曾經和大家介紹過之前聽起來「無所不能」的區塊鏈，好像用處沒有想像的這麼大？那到底他們在吹捧的那些應用醫療病歷、農產履歷、學歷證明又是怎麼回事呢？這些區塊鏈是眞的有用還是「爲區塊鏈而區塊鏈」呢？

病歷上鏈保險理賠轉診不用等？

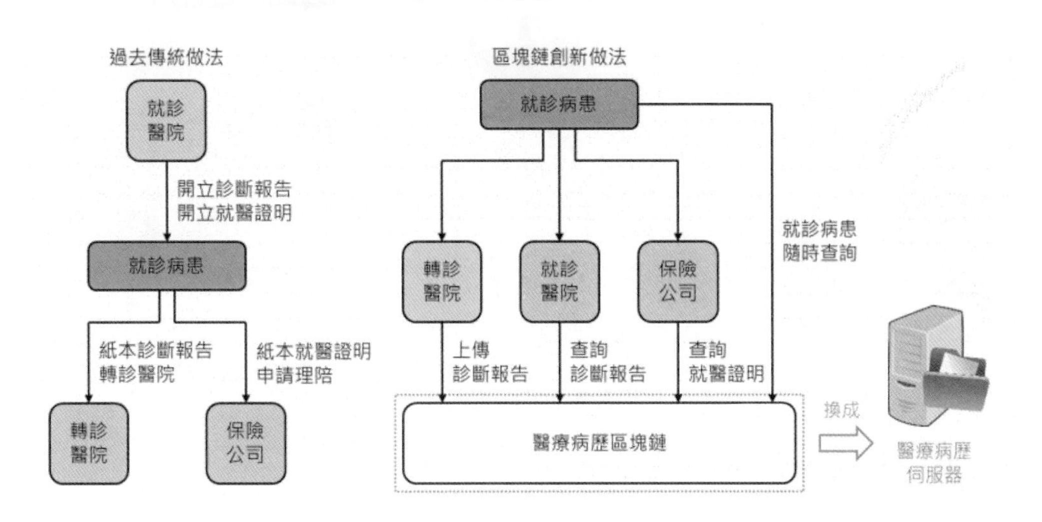

如上圖所示，過去病人在不同醫院看病，必須取得診斷證明，才能和保險公司申請理賠，這裡有診斷證明造假的可能，而且不同醫院的病歷不能流通，病人到不同的醫院就診很麻煩。但是只要所有醫院和保險公司加入「醫療病歷區塊鏈」，病歷和診斷證明可以直接上傳，保險公司直接到區塊鏈裡下載資料就可以理賠，病人到不同的醫院就診，醫院也可以到區塊鏈裡下載病例，不但使用方便，而且因爲區塊鏈不可篡改、可以信任，因此這樣的運作模式更好，你覺得對嗎？

上圖其實畫的都對，前面的文字說明問題也不大，唯一的問題是，如果我們把「醫療病歷區塊鏈」換成一臺「健保局伺服器」不是全部都做到了嗎？是因爲我們懷疑醫院會上傳假資料到健保局伺服器嗎？如果是這樣那用區塊鏈也防不了呀！還是我們懷疑健保局可能篡改伺服器的資料？而且使用一臺健保局伺服器效率更高，資料結構更簡單不容易出錯；使用區塊鏈由於各節點的伺服器要同步資料，又要使用特別的演算法確保資料無法篡改，因此反而效率變差。更別說他們使用的是私有錢、假聯盟鏈，還是眞連盟鏈？都要確定才知道有多大的意義。

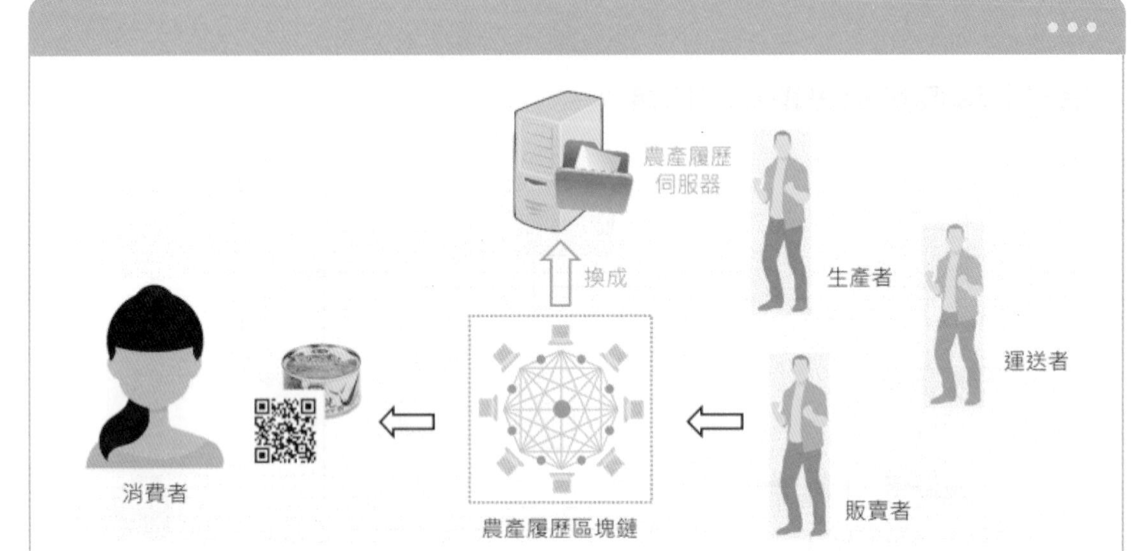

農產履歷區塊鏈耕種紀錄全記載？

上圖所示，過去農漁產品的生產者、運送者、販賣者必須把生產相關證明交給相關單位驗證，再由農委會發給標章，消費者購買時可以用標章辨識農產品，這裡有標章造假的可能。但是只要所有生產者、運送者、販賣者加入「農產履歷區塊鏈」，生產相關證明直接上傳，消費者直接到區塊鏈裡查詢，就可以確認農漁產品的生產資料，不但使用方便，而且因爲區塊鏈不可篡改、可以信任，因此這樣的運作模式更好，你覺得對嗎？

上圖其實畫的都對，前面的文字說明問題也不大，唯一的問題是，如果我們把「農產履歷區塊鏈」換成一臺「農委會伺服器」不是全部都做到了嗎？是因爲我們懷疑生產者、運送者、販賣者會上傳假資料到農委會伺服器嗎？如果是這樣那用區塊鏈也防不了呀！還是我們懷疑農委會可能篡改伺服器的資料？更別說他們使用的是私有鏈、假聯盟鏈，還是眞聯盟鏈？都要確定才知道有多大的意義。

學歷證明區塊鏈串聯你所有學經歷文件？

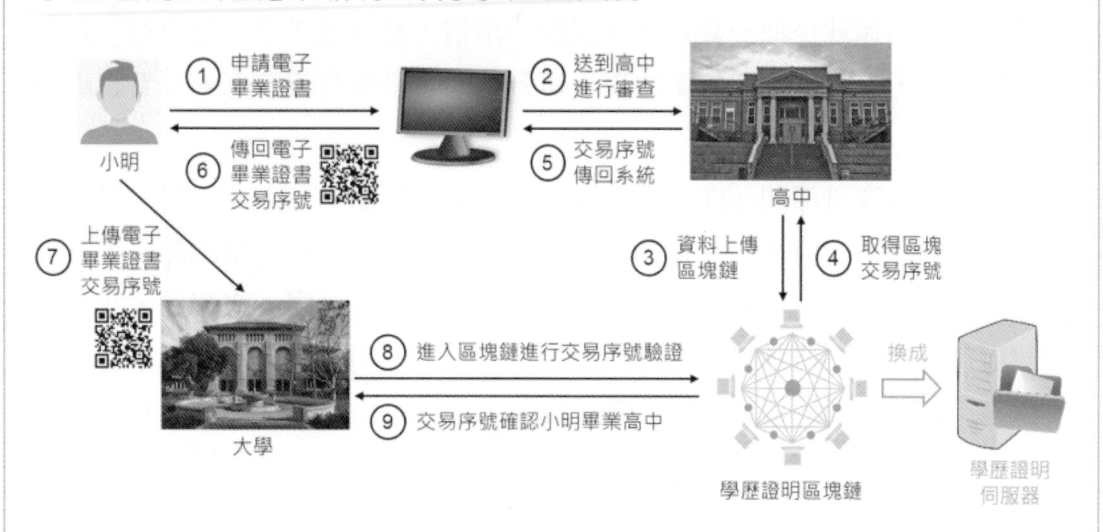

如上圖所示，過去小明從高中畢業要去大學報到，必須把畢業證書交給大學做為證明，這裡有畢業證書造假的可能。但是只要所有學校加入「學歷證明區塊鏈」，將學生畢業相關證明直接上傳，大學直接到區塊鏈裡查詢，就可以確認小明真的是某高中的畢業生，不但使用方便，而且因為區塊鏈不可篡改、可以信任，因此這樣的運作模式更好，你覺得對嗎？

上圖其實畫的都對，前面的文字說明問題也不大，唯一的問題是，如果我們把「學歷證明區塊鏈」換成一臺「教育部伺服器」不是全部都做到了嗎？是因為我們懷疑高中會上傳假資料到教育部伺服器嗎？如果是這樣那用區塊鏈也防不了呀！還是我們懷疑教育部可能篡改伺服器的資料？更別說他們使用的是私有錢、假聯盟鏈，還是真連盟鏈？都要確定才知道有多大的意義。

區塊鏈就是把簡單的事情複雜化

許多人常常問我上面這些區塊鏈應用圖到底什麼意思？其實很簡單，只要把圖中的「XXX 區塊鏈」想像成「XXX 伺服器」就懂了，差別在於「XXX 伺服器」代表的是一臺電腦（中心化），而「XXX 區塊鏈」代表的是幾千臺電腦分散在全世界（公有鏈），或幾百臺電腦分散在特定企業（聯盟鏈），或幾十臺電腦分散在單一企業（私有鏈），因此所有大家聽到那些神奇的區塊鏈應用，不過就是把一臺電腦可以做的事情，變成幾千臺、幾百臺、幾十臺電腦來做，其實就是把簡單的事情複雜化，這麼做有沒有意義要看實際的應用情境。

我常常被資訊部門（IT）人員詢問區塊鏈的問題，大部分的情況是公司的主管們想要導入區塊鏈，但是公司的資訊部門人員不熟悉區塊鏈（實際上是主管們更不熟悉），因此找了外面的「區塊鏈科技公司」來協助，花幾千萬建置所謂的「區塊鏈平臺」，在導入公司時才由這些「區塊鏈專家」來替資訊部門人員上課，接下來進行系統串接，再來就是資訊部門人員心中的疑惑：串接時發現所謂的區塊鏈是「把簡單的事情複雜化」，明明一臺電腦用一個簡單的資料結構就可以做到的事，爲什麼要用一堆雜湊演算法算來算去？依照他們知識，這件事根本沒有意義，但是因爲主管們說這是「金融創新」所以一定要做，他們是部屬只能聽令，甚至有些部屬以爲可能是自己學識不足吧！

事實上大家讀的書都一樣，這些資訊部門人員想的也都沒錯，區塊鏈就是「把簡單的事情複雜化」，只是這麼做並不一定有錯，就好像企業都會設定網路封包過濾器來過濾進出公司的網路資料，大家都知道這樣把簡單的事情複雜化會使得網路效率變差，但是爲了確保資訊安全一定要做，因爲利大於弊。同樣的道理，區塊鏈把簡單的事情複雜化要看目的是什麼？如果利大於弊才有做的必要，但是目前大部分的情況是公司的主管們只是因爲看到好像主管機關也喊、同業也喊，全世界都喊區塊鏈，自己不跟著喊不就落伍了？到底這個應用爲什麼要區塊鏈？用區塊鏈是不是利大於弊？好像這些都不重要了！

曾經被點名的區塊鏈應用到底有那些，我替大家收集了包括：電子商務、學歷證明、旅館民宿、醫療病歷、民意調查、能源交易、生產履歷、金融應用、供應鏈物流、專利與著作權等，區塊鏈應用在這些場景都是把簡單的事情複雜化，但是這麼做並不一定有錯，那麼到底大部分的區塊鏈如何唬人？又是那種應用的商業模式必須使用區塊鏈才容易成功呢？

圖文來源：摘錄自風傳媒 2021/05/29

解說

近幾年來，區塊鏈技術確實被廣泛的應用於各種商業與金融運作模式上，但大部分的應用，都強調區塊鏈能夠防偽、共存帳本與去中心化之特質，但其實很多商業運作或許真得不需要利用到它，也可運作的很正常。或許新技術，業者常常只是愛跟風或拿來當作行銷的話題。

金融 FOCUS

QR CODE	影片主題、網址、日期、長度、語言與出處	影片重點簡介
	◆ 金融服務的進化，什麼是區塊鏈與央行數位貨幣CBDC https://www.youtube.com/watch?v=F8oGeMn8x9M 2021/07/30 | 8 分 21 秒 | 華語 | 金融研訓院	金融服務逐漸進化，區塊鏈是一個重要技術，它除了被拿來發行虛擬貨幣外，其應用早已潤物無聲，悄悄的融入我們生活的各行各業中。
	◆ 不只是比特幣　區塊鏈防偽應用掘起 https://www.youtube.com/watch?v=qV53LMSI_ek 2021/06/09 | 2 分 54 秒 | 華語 | 寰宇新聞	矽谷有家公司就運用區塊鏈技術，結合 QRcode，幫客戶驗證各種合約、文件、信用卡和證件，使偽造文件無所遁形。
	◆ 金融區塊鏈瞎咪碗糕？　讓國際信用狀流程減至24小時 https://www.youtube.com/watch?v=avOWQnsCcD4 2019/08/09 | 3 分 48 秒 | 華語 | 經濟日報	各國金融業者與監理機構共同組成區塊鏈聯盟，讓「國際貿易信用狀」的流程運作，原本須耗費 1 周的時間，現可在 1 天內完成。
	◆ 買賣NFT一夜致富？了解區塊鏈避免「繳學費」 https://www.youtube.com/watch?v=xQqmcWhovIM 2022/01/28 | 3 分 4 秒 | 華語 | 寰宇新聞	最近藉由區塊鏈技術所發行NFT，非常不同於傳統金融投資，但也正是因為這些特色，讓 NFT 成為年輕世代趨之若鶩的投資標的。
	◆ Web 3.0是什麼？　下一代網路基礎架構如何去中心化？ https://www.youtube.com/watch?v=Xd_qfASeEFE&t=11s 2020/06/27 | 2 分 29 秒 | 華語 | PanSci 泛科學	近年來，具區塊鏈去中心化概念的網路系統 Web 3.0 逐漸成形。Web 3.0 也是建構虛擬貨幣、DeFi 系統的重要關鍵技術。
	◆ 中藥材台灣品牌　區塊鏈產銷履歷驗明正身 https://www.youtube.com/watch?v=sYzyQgZXHjc 2021/01/31 | 4 分 57 秒 | 華語 | 大愛電視	台灣雖能栽種中藥材，但因規模小，無法由藥廠收購進醫療市場。不過，有些小農透過區塊鏈產銷履歷，讓這些食藥兩用的中藥材，提高它的價值。

金融科技力知識檢定測驗試題

( ) 1. 對區塊鏈的敘述，下列何者正確？
(A) 區塊鏈的參與者一定是匿名的
(B) 區塊鏈只能用於虛擬貨幣（如比特幣）
(C) 區塊鏈一定要開放讓所有人都能自由加入
(D) 區塊鏈可以完整、不可篡改地記錄價值轉移（交易）的全部過程。
〔第 1 屆〕

( ) 2. 下列何者不是區塊鏈特性？ (A) 資料不可篡改 (B) 利用複雜的公鑰與私鑰機制，可以驗證資料有效性 (C) 比特幣的核心 (D) 只能運用於銀行與支付業務之金流交易。 〔第 2 屆〕

( ) 3. 區塊鏈技術所架構出共享的分類帳和資料庫可以提供政府和金融服務業許多顯著好處，下列何項不是其核心處理要素？ (A) 分散式共享帳簿交易鏈 (B) 智慧合約 (C) 共識演算法 (D) 隱私共享。 〔第 3 屆〕

( ) 4. 下列何者不是區塊鏈在數位金融應用上的重大影響及效益？
(A) 降低信任風險
(B) 交易過程多層次化
(C) 驅動新型商業模式的誕生
(D) 共同執行可信賴的流程，是實現共享金融的有利工具。 〔第 4 屆〕

( ) 5. 下列敘述何者與金融支付或資料之區塊鏈（blockchain）技術不符合？
(A) 區塊鏈可採用去中心化作業，涉及加密與資料傳輸技術
(B) 係電腦系統依照程式規劃自動化交易過程與資料
(C) 具資訊透明度以及可追蹤性，但也可能因爲匿名技術產生弊端
(D) 技術的開發耗費龐大，交易成本高，並且爲了安全、結算時間比傳統作業略長。 〔第 4 屆〕

( ) 6. 區塊鏈的技術是藉由下列哪一項與網路通訊科技共享帳簿資料處理的電腦技術，保護交易帳戶的安全與隱私達成共享帳簿的互聯網？ (A) 密碼學 (B) 智慧合約 (C) 區塊 (D) 共識演算法。 〔第 6 屆〕

( ) 7. 有關區塊鏈去中心化作業匯款系統的特點，下列何者正確？ (A) 透過中介機構保障安全 (B) 交易成本較高 (C) 可追蹤性較差 (D) 能夠幾乎即時結算。 〔第 6 屆〕

(　　) 8. 下列何者不是區塊鏈在數位金融應用上的重大影響及效益？
(A) 降低信任風險
(B) 交易過程多層次化
(C) 驅動新型商業模式的誕生
(D) 共同執行可信賴的流程，是實現共享金融的有利工具。〔第7屆〕

(　　) 9. 比特幣區塊鏈中所謂的「挖礦」係指下列何者？
(A) 與其他節點競爭交易權　(B) 與其他節點競爭軟體的下載權
(C) 與其他節點競爭轉帳權　(D) 與其他節點競爭記帳權。〔第8屆〕

(　　)10. 比特幣網路各節點所共有的比特幣交易總帳本，針對此總帳本，下列敘述何者正確？
(A) 各節點的帳本是總帳本的一部分且不會重複
(B) 各節點的帳本是總帳本的一部分但有部分重複
(C) 各節點的帳本可以是總帳本也可以是總帳本的一部分
(D) 各節點的帳本都是相同的總帳本。〔第8屆〕

(　　)11. 下列何項並非區塊鏈所擁有的特點？　(A) 以集體共識維護帳本　(B) 不可篡改性　(C) 必定存在智能合約　(D) 不可否認性。〔第8屆〕

(　　)12. 區塊鏈技術已發展出智能合約的功能，請問智能合約置放於下列何處，無法被竄改？　(A) 錢包軟體上　(B) 礦工節點上　(C) 錢包地址上　(D) 區塊鏈上。〔第9屆〕

(　　)13. 有關比特幣區塊鏈，其交易具有匿名性係指下列何者？　(A) 交易者姓名被加密保護　(B) 每筆交易被加密保護　(C) 每筆交易僅以錢包地址作爲發送及接收的基礎　(D) 交易採用數位簽章，以確保匿名性。〔第9屆〕

(　　)14. 下面何項並非區塊鏈的種類？　(A) 公有鏈　(B) 私有鏈　(C) 自由鏈　(D) 聯盟鏈。〔第10屆〕

(　　)15. 比特幣（主網路）屬於何種形式的區塊鏈？　(A) 聯盟鏈　(B) 公有鏈　(C) 私有鏈　(D) 混合鏈。〔第11屆〕

(　　)16. 區塊鏈是透過下列何者來實現分散式計帳？　(A) 邊緣化機制　(B) 量子機制　(C) 共識機制　(D) 拆分機制。〔第11屆〕

(　　)17. 區塊鏈技術中所指的DLT係指下列何者？　(A) Digital Ledger Technology　(B) Digital Layer Technology　(C) Distributed Ledger Technology　(D) Distributed Layer Technology。〔第12屆〕

( )18. 有關比特幣區塊鏈的敘述，下列何者正確？ (A) 比特幣區塊鏈屬於公有鏈，也屬於認許制區塊鏈 (B) 比特幣區塊鏈屬於公有鏈，也屬於非認許制區塊鏈 (C) 比特幣區塊鏈屬於私有鏈，也屬於認許制區塊鏈 (D) 比特幣區塊鏈屬於私有鏈，也屬於非認許制區塊鏈。〔第 12 屆〕

( )19. 區塊鏈的開放性，可以解決不少傳統保險所遭遇的難題，下列何者錯誤？ (A) 保險供給端與需求端資訊不對稱問題 (B) 保險市場存在的道德風險與逆選擇問題 (C) 過去保險商品難訂價及難分析的問題 (D) 保護保戶隱私和安全問題。〔第 13 屆〕

( )20. 在比特幣區塊鏈中，理論上何種攻擊可以讓節點更改紀錄或逆轉先前的交易？ (A) 49% 攻擊 (B) 50% 攻擊 (C) 51% 攻擊 (D) 52% 攻擊。〔第 14 屆〕

( )21. 區塊鏈在金融業最有潛力的應用場景包含下列哪幾項？ A. 跨境支付 B. 外匯交易 C. 貿易融資 D. 供應鏈金融 (A) 僅 A (B) 僅 AB (C) 僅 ABC (D) ABCD。〔第 14 屆〕

( )22. 比特幣地址是以公鑰密碼術產生的公鑰再取雜湊值得到，它可以被當作下列何者來使用？ (A) 付款帳號 (B) 收款帳號 (C) 付款密碼 (D) 收款密碼。〔第 14 屆〕

NOTE

第三篇
金融創新營運服務

CH06　網路與自動化金融
CH07　支付金融
CH08　社群金融－新興平台
CH09　社群金融－虛擬貨幣
CH10　電商金融

現代創新的金融營運型態所提供的服務，基本上，是由網路科技所建構而成的。這些創新的金融服務，相較於以往傳統金融的服務模式，更具便捷性、共享性、經濟性與安全性等特點。因此創新的金融營運服務模式，對整體經濟社會的發展，具有正面且巨大的影響。

本篇內容爲金融創新營運的服務篇，其內容包含五大章，主要介紹「數位金融」與「金融科技」兩種創新營運模式的服務型態。

Chapter 6 網路與自動化金融

本章內容為網路與自動化金融，主要介紹有關數位金融所提供的兩種金融服務－網路與自動化金融服務等內容，其內容詳見下表。

節次	節名	主要內容
6-1	網路金融服務	介紹網路數位平台、直銷銀行與社群銀行服務。
6-2	自動化金融服務	介紹智慧運算與虛擬感測設備之服務。

【本章導讀】

近年來，傳統的金融服務，受到跨國際的金融科技服務的挑戰與衝擊，迫使傳統金融業必須積極的轉型與升級，以順應科技潮流的趨勢。因此傳統金融，除了早期涉入網路平台的經營外，現在必須加入更多的智慧化的元素與設備，以提升傳統金融業的服務競爭力。以下本章將介紹幾項數位金融的智慧化服務，分別爲網路與自動化金融服務。

6-1 網路金融服務

一般而言，數位化的金融發展，很重要的就是要能夠，提供即時且快速的網路交易服務。因此各金融機構須將本身的業務與服務，藉由網路的通道建立各種數位平台，以提供給客戶，效率簡捷的網路金融服務。此外，數位金融的服務，除了原本金融機構將業務放置數位平台外，亦可新成立以網路服務爲主，並結合社群媒體的新數位化金融機構（例如：直銷銀行與社群銀行），以進一步強化數位金融的服務。

以下本節首先，將介紹傳統金融機構，利用雲端技術與網路通道，所建構的各種網路數位平台服務；其次，再介紹新成立以數位化服務爲主的網路金融機構－直銷銀行；最後，再介紹結合社群媒體經營模式－社群銀行。

一、網路數位平台

傳統的金融機構要朝向數位化發展，可利用網路設立各種數位平台，將公司各種的業務與服務，經由數位平台的通道，增進金融交易的處理速度、以及增加與客戶之間的互動機會。因此現代積極發展數位化的金融機構，都會建構專屬於公司業務的服務數位平台。此外，現在傳統金融機構，也積極與科技相關業者相互合作，並於網路上開放自家的內部資料，提供給第三方業者進行串接的「API」服務，讓雙方共享數據資料，以達雙贏之目的。

以下本單元將介紹幾種有關傳統金融，如：銀行、投信、券商與壽險公司，所設置的網路數位平台服務項目與特性，並進一步介紹「API 服務」。

（一）網路銀行平台

網路銀行（Online Bank）是指銀行透過網際網路的通道，建立數位平台，以提供給客戶各項的金融服務。其服務項目包括：帳戶開戶、查詢、匯款、轉帳、貸款、外匯交易、信用卡、基金買賣、證券交易等有關個人的財富管理、或企業的公司理財服務。有關網路銀行平台服務，詳見圖 6-1。

圖 6-1 臺灣銀行－網路銀行平台

網路銀行的服務，客戶只要在住家或辦公室連上網路即可使用，其較傳統銀行具有以下兩項優勢與特點：

1. **快速省時，安全便利**

   客戶只要透過網路，就可隨時快速的處理帳戶內，相關的金融服務，不用至實體櫃台辦理，也不用受限實體據點的營業時間，所以幫客戶節省許多時間。此外，客戶在網上的交易情形，銀行都會提供安全的保障機制，且客戶都可以隨時查詢以往的紀錄，讓客戶很清楚的知道帳戶內資金的流動情形。

2. **節省成本，經營擴展**

   銀行架設網路銀行的服務，可以節省實體據點營業設備的投入、以及人力需求的成本支出，所以可以幫銀行節省許多營運成本。網路銀行可帶給居住在較偏遠或較基層的客戶，快速便利的金融服務，因此可以增進這些客戶與銀行的往來，對銀行經營規模的擴展具有正面幫助。

（二）行動銀行平台

由於智慧型手機的普及發達，使得人們從事網路金融交易活動，由原本須侷限在桌上型或筆記型電腦才能完成的事務，現在隨時隨地的利用手機或平板電腦就可以處理之。因此，現代數位化的銀行，也會積極建置行動數位平台，以便隨時提供客戶較方便與即時的資訊與服務。

此外，銀行為了便利消費者，使用行動裝置與桌上型或筆記型電腦上網時，擁有相同的網頁介面，所以會引進「響應式網頁設計」（Responsive Web Design；RWD）[1]，讓客戶無論是在手機、平板電腦、桌上型、筆記型電腦上進入銀行的官網，進行處理金融相關服務時，使用平台上的服務網頁介面都是一致，不會因螢幕大小不同，而有不同的操作模式。因此增進客戶利用行動裝置使用行動銀行平台的便利性。以下介紹兩種行動銀行平台的主要服務。有關行動銀行平台服務，詳見圖 6-2。

1 響應式網頁設計（RWD）又稱「自適應網頁設計」，這是一項新型的網頁設計開發技術，其技術主要讓傳統電腦的網頁與行動裝置的網頁相一致，以減少使用者使用上的不便。

圖 6-2 玉山銀行－行動銀行平台

1. **行動帳戶管理**

   一般銀行的客戶只要在智慧型手機，下載銀行的 APP，即可將該客戶在銀行內的各種帳戶相連結。所以客戶的智慧型手機，可隨時隨地的移轉帳戶內的資金、以及查詢帳戶內的資金流動情形；或者可以將智慧型手機當作行動支付的工具。

   例如：客戶可以拿智慧型手機至 ATM，不需插入金融卡，就可進行資金移轉，且馬上就可查詢帳戶內的資金狀況。此外，當客戶去實體店家消費後，不用再取出實體信用卡，亦可使用智慧型手機內的信用卡進行行動支付；或者利用第三方支付模式進行行動支付或拆帳等活動。

2. **即時資訊傳遞**

   銀行可將現在金融市場各類商品最新的變動資訊、或者將生活消費的訊息，即時的傳送至客戶的手機，以讓客戶可以掌握最新的投資理財訊息、以及消費購物優惠的資訊。

例如：客戶在銀行所購買的基金，已經到了可以停損或停利點的通知；或者客戶欲換購的外匯幣別，其價位已經觸到客戶設定的價格通知；或者客戶的帳戶有新的資金匯入與匯出的訊息通知；或者與銀行簽約的合作餐廳、賣場、飯店有特價活動的訊息通知等等。

（三）基金銷售平台

共同基金的銷售，投資人除了可直接至投信或基金代銷機構（如：銀行或證券商）的櫃台購買外、亦可至投信或基金代銷機構，所自設的網路銷售平台上購買。此數位平台有助於投資資訊的透明化，亦可幫投資人節省時間與交易成本。有關投信架設的基金銷售服務平台，詳見圖 6-3。

圖 6-3 元大投信－基金銷售服務平台

此外，現在投資人亦可至非傳統金融機構，所設置的基金代銷平台（例如：國內的基富通證券）上購買，此部分爲「金融科技」之範疇，詳見本書第 8 章之介紹。

（四）證券與期貨交易平台

由於證券與期貨交易，大都採集中市場交易，因此各家證券與期貨商，都會在網路建構自己的交易平台、並與證交所或期交所相連線，以協助客戶以更快的速度進行交易，不用再透過證券營業員或期貨經紀人委託下單。有關證券與期貨交易平台，如圖 6-4。

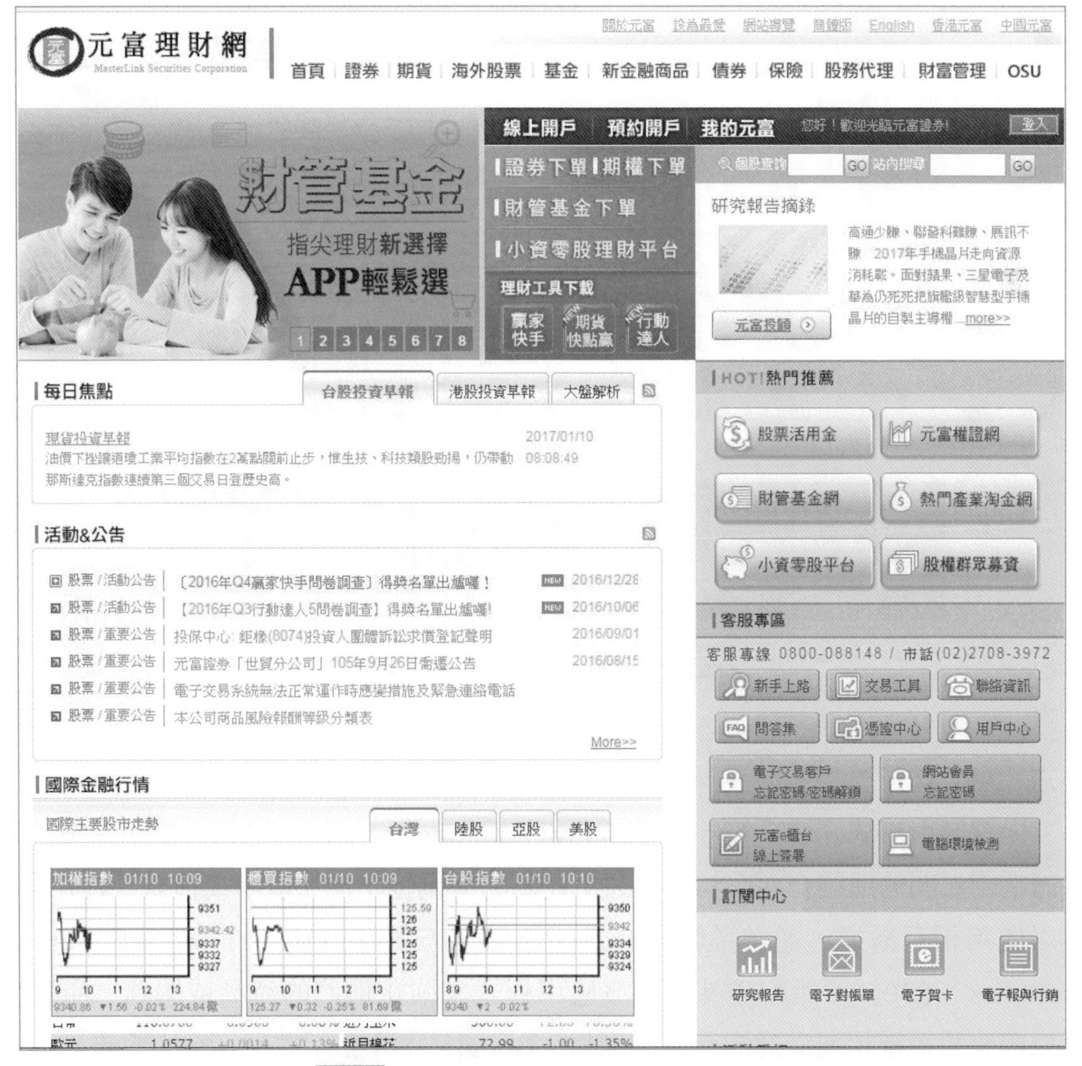

圖 6-4 元富證券－證券與期貨交易平台

（五）保險銷售平台

由於保險的種類繁多與複雜，大部分保險的銷售都是經由保險銷售人處理。但有些較簡易的或較標準化的意外險、車險或旅遊平安險等，可透過各家保險公司，利用網路所建置的保險保單銷售平台進行販售，並提供與消費者互動的新模式，讓保戶更容易由不同電子裝置隨時隨地掌握個人的保險內容。

此外，近年來，隨著物聯網技術的進步，現在保險公司也積極發展結合人工智慧與大數據分析，設計規劃出按使用量計費與客製化的「保險科技」（InsurTech）相關保單以供市場所需。有關保險科技較詳細內容可參考本書第 8 章之介紹。以下圖 6-5 為一般保險網路銷售交易平台。

圖 6-5 康健人壽－保險銷售平台

（六）API 服務

所謂應用程式介面（Application Programming Interface；API）是指兩種不同軟體系統之間的連結介面，其主要的用途為聯繫兩種不同系統（或程式）之介面，使之能夠相互溝通。通常系統廠商為了讓第三方服務公司（Third-Party Service Providers；TSP），能夠額外的開發應用程式來強化他們的產品或服務，所推出可以與他們系統相連溝通的介面。例如：Google 公司就有開放 API 的服務，提供內部資料供外部者使用，如：Google Map，乃外部廠商可開發應用程式輕易的使用 Google Map 所提供的套件，並與 Google 龐大的地圖資料相銜接，並鑲嵌在自己的網路介面上，以提供自家的服務。

近年來，傳統金融業也逐漸著眼於金融科技業所帶來的新商機，也紛紛與它們合作，開放自家內部的資料或系統（如：銀行的信用卡紅利點數、證券商的下單系統），提供給第三方服務公司（如：金融科技公司或非金融服務公司等）可進行串接的「API」服務，讓雙方共享數據資料，相輔相成增進彼此的利益。

例如：銀行推出開放 API 的服務，讓第三方業者（如：P2P 借貸平台、代收代付公司）的服務可與銀行的內部資料相結合，此可快速串接金融服務，共同節省開發成本，也讓銀行藉此接觸到更多消費者。證券商開放 API，讓外部業者（如：操盤軟體開發商）透過介面與證券商的電腦下單系統相連結，讓外部業者可自行進行程式下單交易，靈活的設計投資決策，並加快下單速度，減少情緒干擾，使投資行為更為理智。

（七）金融 FIDO 機制

由於網路與行動裝置的普及，民眾利用金融機構的網路服務增多，每個人都有許多的線上帳號。但帳號常有被盜用的風險，且使用不同帳號時又會面臨忘記密碼的情形，因此傳統利用帳號密碼驗證身份的方式，已不再是最安全與迅速的登入途徑。隨著雲端運算與人工智慧的發達，讓結合生物辨識的新世代的「快速網路身分識別」（Fast Identity Online；FIDO）系統可解決這個問題。

國內金融機構已積極導入國際 FIDO 標準，以後用戶只要綁定行動裝置與金融帳戶（實體卡片）及代表身分的生物特徵，以後使用金融服務時，即可用綁定的行動裝置與生物特徵進行身分識別，無須再使用實體卡片或帳號密碼。

將來國內的金融機構導入 FIDO 機制，民眾可解決以帳號密碼作為身分驗證方式所衍生的各項問題，提高使用的便利性及安全性；金融機構也可免除向客戶重複驗證身分的作業，提高對民眾的服務效率，並降低相關營運成本。

金融搜查線

API 經濟崛起！
快速串接金流，為什麼銀行「愈開放愈好賺」？

● **開放銀行如何利用API，顛覆你的金融體驗？**

銀行將金融資料開放，透過開放API（Open API），將金融服務分享給第三方業者，並加到產品設計中，產業業者再選擇適合的API串接。在跨產業合作下，消費者無論在網路購物、查詢房屋貸款價格時，都能夠直接使用金融服務而不須透過銀行。

開放銀行的核心在於「開放」，銀行在顧客同意的前提下，利用 API 與第三方業者、產業對接，提供消費者更便利的服務，「API 經濟」將崛起。如果將「開放銀行」（Open Banking）的概念比喻爲一支交響樂團，那麼銀行、消費者和第三方服務公司（TSP 業者）個個都是不能缺少的樂器，各自扮演不同的角色與功能，如何整合三方，奏出和諧優美的音色，將決定演出的成敗。

在開放銀行生態圈裡，握有金融資料的銀行，可在消費者同意的前提下，將資料開放給 TSP 業者使用，發展新的金融服務與場景；銀行也能以 TSP 業者收到的消費者回饋、數據爲依據，提供更符合消費者需求的產品。

在過去，金融資料涉及個人隱私，資訊的流通受到法令的嚴格規範，跨業串接金流也是非常麻煩費工。當開放銀行的時代到來，來自新創或各產業的 TSP 業者，就可以發揮所長，靈活運用獲得解禁的金融資料，爲消費者提供多元的服務與應用場景。

銀行異業結盟背後盤算：接觸新客群

未來銀行的經營模式，將不再是從頭到尾通包，而是透過與產業共享價值鏈，發展出新的獲利模式，才能一起把市場做大。然而，過去銀行將客戶數據視爲獨占的金礦，開放 API 將迫使銀行與其他業者共享資訊和利潤，銀行這麼做的誘因何在？

遠東商銀數位金融事業群副總分析，過去幾年，許多銀行推出行動錢包，最後卻有不少服務因爲經營不善退出市場，主因就在於銀行將服務建在自家平台，只服務自家用戶，沒有好的合作夥伴關係，導致缺乏生態系場景。

API 經濟的核心，仍舊必須回到用戶體驗。銀行必須具備資料導向思維，透過 API 與第三方業者串接，不但能夠透過異業結盟，接觸到新客群，還可以加速銀行的數位化轉型，讓民眾有更多機會與銀行互動。

案例：凱基銀行

首波攻勢：敲碎「一體式」金融服務

凱基銀行的第一波攻勢，是將傳統的產品與服務敲碎、變形，把金融服務「碎片化、模組化、API 化」，並在 2017 年底推出金融 API 平台「KGI inside」。對新創業者來說，API 有「隨插即用」、無縫接軌的優勢，將銀行業者的金融服務元件，運用在自身的創新服務中組裝成想要的產品，最直接的好處之一，就是節省開發成本。開發 API 初期，凱基將目標鎖定在「生活繳費」服務。經營數位平台的業者非常仰賴流量，繳費是「剛性需求」，每人每月平均會有 4 ～ 5 次需求，只要服務好用，用戶每個月都會來報到，黏著度相對高。

凱基的繳費 API，像是把超商繳費流程搬到手機上，都是建立在開放的基礎上，任何人只需拿出帳單，店員根本不會問繳費的人是誰、要繳哪家銀行的帳單。不過，凱基剛開始構思繳費 API 的提案時，卻遭金融業人士質疑：「銀行都有自動扣繳，誰還需要這種服務？」但既有銀行 App 內建的繳費功能，屬於封閉型交易，只能繳自己銀行客戶的帳單，而且必須額外下載 App，認證過程繁瑣，每年交易成長率頂多 4% ～ 5%。

相比之下，由於 API 的開放特性，不只是凱基銀行的客戶，國內超過 30 家銀行的客戶，都可以透過串接凱基繳費 API 的支付工具繳費，目前交易量累積超過 10 萬筆，月成長率達 50%；而包括 LINE、Pi 行動錢包、麻布記帳等多個異業策略夥伴，也都已經串接凱基的繳費 API，方便用戶繳交信用卡、水電、停車等帳單。

打鐵趁熱：把門開得更大，與新創合作

最近，凱基和全台最大的信用貸款比較網站 AlphaLoan 合作「數位信貸 API」。過去若要貸款，沒有一個公開平台可以比較不同銀行的貸款方案、利率，AlphaLoan 的服務，就是做爲貸款者和銀行之間的橋樑，在貸款前，AlphaLoan 會分析客戶授信數據，例如：Facebook、電商平台、個人實名資料等，給出銀行核貸結果預測。

過去做完比較後，使用者仍要填寫大量個人資料，以及跳轉到銀行網站申貸，但串接「數位信貸 API」後，使用者可直接在 AlphaLoan 的頁面上申請信貸，不需要進入銀行網站或下載額外的 App。因爲資料互通直接帶入，將原本客戶必要填寫的 21 個欄位資訊，簡化爲 14 個，申請時間比過去縮短 30% 以上，而且就算原本不是凱基銀行客戶，也能在信貸比較網「一鍵」申請信貸。

帶著滿滿的經驗，凱基不僅成爲財金公司「開放 API 研究暨發展委員會」創始會員之一，更成功協助 3 家新創商轉，其中一家從申請 API 到商轉只花了 3 周。凱基認爲，唯有把門開得更大，新的商業模式才有竄出的可能，未來在開放 API 的模式下，即使是小規模的銀行和新創，也能有機會接觸到大市場。

圖文來源：摘錄自數位時代 2019/10/16

解說

現在銀行的經營思惟必須打破單打獨鬥，須與異業相结盟打造一個金融生態圈，才能擴大經營範圍，所以開放 API 就是一個重要的關鍵之一。銀行透過開放 API 串聯第三方業者，可以接觸到新客群，藉由增加與民眾更多的互動，以利於擴展新業績。

金融搜查線

無密碼比有密碼更安全！新光人壽 率先啓動 FIDO 身分驗證

疫情加速金融科技發展，許多民眾已習慣在手機使用金融服務，而帶來便利同時也衍生新的問題，其中最令人困擾的就是「輸入密碼」。爲保障使用者交易安全，金融服務的密碼規範普遍複雜難記，容易忘記或打錯，新光人壽兼顧金融便利性及安全性，率先導入國際標準規格 FIDO 身分驗證，「以生物辨識取代輸入密碼」，不但可無密碼登入及交易，資安等級也較傳統密碼安全。

新光人壽表示，FIDO 身分驗證的好處是不用取得使用者個資，對隱私更加有保障，比傳統輸入帳密方式的安全度更高。同時，新壽 FIDO 身分驗證服務也是響應金管會金融行動身分識別標準化機制，接軌國家金融科技發展政策，以全齡客戶可安全快速使用的數位服務，積極實踐普惠金融。

首波推出的無密碼交易，只要驗證晶片金融卡，且生物辨識成功後，即可綁定單一行動裝置，於行動裝置使用保險服務時，就能以指紋或臉部辨識完成交易；除行動裝置之外，新光人壽 FIDO 身分驗證也可在電腦網站使用，實現跨螢幕的無密碼設計。下一步將開放免驗證晶片金融卡，便可透過生物辨識，在安全的技術規格下登入會員專區，全面優化使用者體驗。

圖文來源：摘錄自工商時報 2023/02/06

解說

近年來，民眾已習慣在手機進行數位金融服務，但常常遇到忘記「密碼」的時候，造成不便。新光人壽率先導入國際標準規格 *FIDO* 身分驗證，「以生物辨識取代輸入密碼」，不但可無密碼登入及交易，資安等級也較傳統密碼安全。

二、直銷銀行

通常傳統的銀行會設實體營業據點，以提供客戶各種金融服務。但「直銷銀行」（Direct Bank）幾乎不會設實體營業據點，大部分的金融服務皆透過郵寄、電話、傳真、電腦、手機、平板電腦與 ATM 等管道完成；且也不發放實體金融卡與信用卡。因爲幾乎沒有實體據點的營業費用，所以直銷銀行可以降低營運成本，並可將利潤直接回饋給客戶，這就是直銷銀行最重要的核心價值。

由於近代，網路的逐漸普及發達，所以現代的直銷銀行，大都是以網路經營爲主；那就跟「網路銀行」就很相像，但其實兩者經營的本質上，仍有所不同。通常直銷銀行可以是一家大型銀行，另外附設的子銀行；亦可單獨以獨立的個體存在。但網路銀行就是一般傳統銀行利用網路經營業務，也就是上述的網路數位平台，所提及的經營方式，因此網路銀行並不以單獨的個體存在。

由於近年來，互聯網金融的發達，電商公司亦積極介入許多金融營業活動，讓傳統的金融業倍感威脅。因此使得傳統銀行，必須更積極利用網路銀行、以及直銷銀行的模式，來開拓客源。所以直銷銀行的經營模式，日顯重要。以下本節將介紹直銷銀行的源起與發展、經營特點以及經營模式。

（一）源起與發展

其實，直銷銀行早在還沒有網路時代，就已經存在。最早可溯源自 1965 年成立於德國法蘭克福的儲蓄與財富銀行，也就是現在荷蘭 ING[2] 集團－直銷銀行的前身，其早期直銷銀行的營運模式，大都採用郵寄方式與客戶聯繫。爾後，隨著電話通訊的發展，英國匯豐集團（HSBC）－ First 直銷銀行，就開始提供 24 小時通訊服務。

隨後 90 年代起，歐美地區的網際網路與個人電腦的普及，促使直銷銀行逐漸採取網路的經營模式。例如：1995 年成立的 SFNB[3] 銀行是美國第一家開設的網路直銷銀行；1997 年荷蘭 ING 集團的直銷銀行，就將 ING 集團的直銷業務，利用網路的便利，逐漸從歐洲拓展至美國與全球，使 ING 集團[4] 仍是現今全球最大的直銷銀行。在亞洲地區，2000 年新加坡華僑銀行；設立亞洲第一個網路直銷銀

2 ING：Internationale Nederlanden Group

3 SFNB：Security First Network Bank

4 ING 集團，雖然 2008 年金融危機，出售其在北美多處的直銷銀行業務，轉給美國的第一資本（Capital One）公司，但仍承襲 ING 集團直銷銀行的運作模式。

行－FinatiQ；在臺灣最早由英國匯豐集團（HSBC）下的First直銷銀行[5]，在台北開啓全自助式、無櫃檯、無實體服務人員的直銷門市服務。

直銷銀行經過網路20幾年的發展，其營運規模逐漸擴大，已佔全球銀行業的業務市場約有一成的規模。近期，隨著行動裝置的普及，互聯網的崛起，使得中國地區的電商公司所主導的互聯網金融業務，已嚴重侵蝕到傳統銀行的利基，於是該國的傳統銀行紛紛成立直銷銀行予以應戰。例如：北京銀行成立「北京直銷銀行」、民生銀行成立「民生直銷銀行」、平安銀行成立「平安橙子」等。所以近期全球的直銷銀行業務，以中國地區最爲蓬勃發展，乃都是因爲要抗衡互聯網金融的威脅，所應運而生的。

此外，國內的傳統銀行也因應這股數位潮流，亦紛紛成立網路的「數位銀行」，其爲各銀行的子銀行，也是直銷銀行的一種，例如：台新銀行成立「Richart」、國泰世華銀行成立「KoKo」、王道銀行成立「O-Bank」等。另外，國內新成立的三家「純網路銀行」－樂天（Rakuten）、連線（LINE）、將來（NEXT）銀行，也都是直銷銀行的類型。以下表6-1爲國內外較知名的直銷銀行所屬的金融集團。

表6-1　為全球較知名的直銷銀行所屬的金融集團

直銷銀行	所屬集團	運作模式
INGDirect銀行	荷蘭－ING集團	集團下的直銷銀行
First Direct銀行	英國－HSBC集團	附屬於事業群的直銷銀行
SFNB銀行	無	純粹直銷銀行
Revolut純網銀	無	純粹直銷銀行
Ally銀行	美國－Ally金融控股	集團下的直銷銀行
北京直銷銀行	中國－北京銀行	集團下的直銷銀行
民生直銷銀行	中國－民生銀行	集團下的直銷銀行
平安橙子	中國－平安銀行	集團下的直銷銀行
Richart	臺灣－台新銀行	集團下的直銷銀行

5　國內由英國匯豐集（HSBC）團成立的First直銷銀行，已於2014年結束營業，全部業務轉為匯豐銀行的網路銀行平台。

直銷銀行	所屬集團	運作模式
KoKo	臺灣－國泰世華銀行	集團下的直銷銀行
O-Bank	臺灣－王道銀行	集團下的直銷銀行
樂天（Rakuten）純網銀	無	純粹直銷銀行
連線（LINE）純網銀	無	純粹直銷銀行
將來（NEXT）純網銀	無	純粹直銷銀行

（二）特點

近年來，直銷銀行藉由網路通道，讓業務的經營更具規模性與競爭性。因此直銷銀行在全球各地，已逐漸在市場上占有一席之地。以下將介紹直銷銀行的幾項特點：

1. **降低成本，回饋客戶**

   因爲直銷銀行幾乎不設實體經營據點，所以可以節省實體分行的固定成本，大幅壓低營運及人事費用的支出。因此可將節省的成本，直接回饋給消費者，讓客戶享有較低廉的借款成本或手續費；或讓客戶可以獲取較高的存款利息、以及提高理財商品的報酬率等優勢。

2. **方便快捷，滲透基層**

   現代的直銷銀行將所有的業務經營，都藉由網路的便利性與快速性，提供給客戶無遠弗屆與全年無休的服務。因此直銷銀行可比傳統銀行，更能將服務範圍滲透至最基層與較偏遠的客戶，並可增加與客戶的互動。

3. **客戶體驗，整合服務**

   現代的直銷銀行，可藉由網路上各種介面（如：投資理財），讓民眾自主的操作體驗，並能自動分析客戶的收支預算、且提供精細的財務規劃。此外，客戶可透過直銷銀行各種網路上的介面或 APP，整合客戶在網路上的消費、以及各種帳戶的管理。

4. **精準行銷，嚴控風險**

   現代的直銷銀行，可蒐集客戶在網路的交易消費數據、以及上網軌跡資訊，並透過大數據分析，精準的提供客戶個人化的理財商品。此外，直銷銀行仍沿襲傳統銀行對風險控制的優勢，有別於高風險高報酬的互聯網金融商品，給予客戶較安心的感覺。

（三）營運模式

通常直銷銀行仍是金融體系內的一環，其銀行的組織架構，大部分都是作爲大型銀行集團的附屬機構或子公司。目前全球比較著名的直銷銀行，荷蘭－ING 集團的直銷銀行、英國－匯豐集團 First 直銷銀行、美國－艾理銀行（Ally Bank）、中國－北京與民生直銷銀行等等。這些知名的直銷銀行之營運模式，均以網路經營爲主，但仍有「純粹網上」、以及「網上與網下相結合」兩種經營模式。

1. **純網路線上模式**

   純網路線上模式是指所有產品與服務，全部透過網路線上的系統、或者是電話通訊處理；即使有些直銷銀行會成立直銷的服務門市，但門市內都是設立一些遠端虛擬櫃員機，讓客戶採取自助式與遠端的銀行服務員進行聯繫，現場並無實際人員與櫃檯提供門市服務。

   例如：德國直銷銀行網路－ Number 26（N26），該行僅提供純粹的網路服務，客戶可透過行動裝置就可進行存款、付費及預付、轉帳和開立發票等業務；且客戶於該銀行建立帳號僅需數分鐘即可，相當便利。此外，匯豐集團旗下的 First 直銷銀行，除了透過網上服務外，亦提供的遠端虛擬櫃員機，讓客戶自助式與遠端服務人員進行聯繫。

2. **網路線上與線下直銷店面融合模式**

   網路線上與線下店面融合模式是指除網路線上服務外，還會設立實體據點，提供人員進行線下的輔助解說服務。那些實體據點，通常並不是以傳統的銀行分行的型式出現，而是以較貼近民眾生活的餐廳或飲品店出現。因爲有了實體的直銷路，提供客戶虛實整合的服務，有助於銀行創新產品與服務的推廣。

   例如：ING 集團下的直銷銀行，就透過線下咖啡館的服務，拉近銀行與客戶的距離，並爲顧客介紹直銷銀行的功能且協助處理一些疑難雜症；但並非直接鼓勵顧客現場開戶或申請貸款。因此 ING 直銷咖啡廳（Direct Café）的存在，除了兼具有金融諮詢服務外，更賣咖啡賣文化，以強化客戶的忠誠度。

   此外，現代的傳統數位銀行也積極尋求轉型，以亦加入直銷銀行線下所採用直銷商店模式，讓傳統分行將轉型成「商店（Store）」的概念，讓客戶進入銀行承做金融業務的同時，亦可品嚐銀行特地準備的高級飲品。此舉讓數位分行能以更深入的方式與客戶互動，創造出歸屬感的分行。圖 6-6 爲直銷銀行線下的經營型態。

美國紐約 ING 直銷咖啡廳一隅

圖解說：這是位於紐約的 ING 直銷咖啡廳（ING Direct Café），店內並沒有傳統銀行常見的櫃台，就如同咖啡廳販賣各式咖啡飲品，顧客能通過電子螢幕瞭解市場動向、閱讀財經報紙、與朋友聚會談天，或使用免費 Wi-Fi 關注自己的投資組合狀況。店內服務生皆是 ING 直銷銀行業務人員，會為顧客介紹銀行的業務，並協助處理客戶對銀行不瞭解的問題。

圖片來源：Coffee and the city

渣打銀行數位分行一隅

圖解說：渣打銀行跨界與百年王德傳茶行合作，讓高端的客戶進入銀行品嚐量身打造專屬特調茶品「渣打玫瑰紅茶」，以增添人文元素，並為客戶提供財富管理的諮詢與服務。

圖片來源：渣打銀行

圖 6-6　為直銷銀行線下的經營型態

金融搜查線

機器空間就是數位銀行嗎？「王德傳紅茶」飄香渣打的驚喜

「機器空間」就是數位銀行？

「未來分行不再是金融交易中心，將轉型成『商店（Store）』概念……打造出為『人』設計，而不是為『錢』設計的分行，能以更深入的方式與客戶互動，創造出歸屬感的分行。」

渣打 iWealth 提供的服務，和其他銀行提供的服務差距，並沒有太大。如：渣打 iWealth 引入數位科技，客戶走進這裡可以享受 VIP 式的個人式的數位理財諮詢。「而且渣打 iWealth 的高科技也非最尖端，渣打僅僅使用 QR Code 或輸入身分證字號掃描來賓身份，沒有啓動人工智慧做人臉辨識，渣打也沒有找來 Pepper 機器人。

渣打玫瑰紅茶與品茗大使：身在銀行卻無銀行之感

但渣打 iWealth 為了為高端客戶，結合品茗體驗，並營造一種舒適又時尚的氛圍。渣打 iWealth 很懂得怎麼賣服務，賣出了氛圍，賣出了品味。「這裡主要服務高端客戶，如：淨資產 300 萬台幣的客人。」走進渣打銀行 iWealth 數位旗艦，迎來王德傳大紅茶罐映入眼簾。這裡除了提供最具臺灣代表性的烏龍茶外，也特別提供王德傳為渣打特製的「渣打玫瑰紅茶」，喝起來香甜回甘，唇齒留香。渣打還送出自己的員工到王德傳茶莊訓練，接受品茶訓練，擔任「品茗大使」，客戶可以在此了解專業的中華茶文化與茶歷史。在這種氛圍裡，待在分行不會有侷促感，也不會有傳統分行，抽個號碼牌後，等待再等待的焦急心。

「數位」銀行不一定要凸顯科技力量

渣打 iWealth 把科技藏起來，隱而不顯。這裡彰顯的，反而是和金融高科技完全沒有關聯的中華茶文化。王德傳過去和時尚圈，這是第一次和金融圈合作，而烏龍茶在茶界則有茶界 LV 之稱。這些意味渣打把 iWealth 當成精品店經營。

所以「數位」銀行不一定要凸顯科技的力量，凸顯「人文價值」或在地特色成爲一個溫暖的，有獨特氛圍的也許更爲重要，科技只需要在背後成爲系統平台默默服務，讓人們身在銀行卻無銀行之感，也許是另一種可參考的方向。

圖文來源：摘錄自數位時代 2016/12/13

解說

現代的銀行積極的轉型為「數位銀行」，有些強調內部須有許多新潮的機器人或感測設備，但有些則添加了人文價值，利用品味氛圍，吸引高端客戶。「渣打銀行」將分行與「王德傳紅茶」相結合，希望以獨特的品茗體驗，為高端的理財客戶，進行精緻兼具人文的金融服務。

金融搜查線

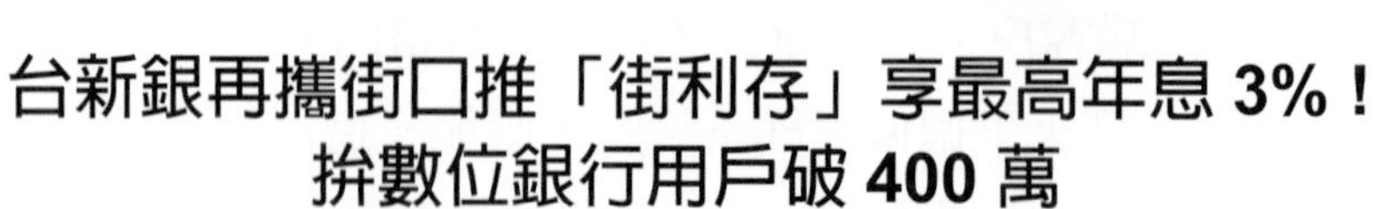

台新銀再攜街口推「街利存」享最高年息 3%！拚數位銀行用戶破 400 萬

鎖定下一世代主力客戶！台新銀行與街口支付再度攜手，串聯台新 Richart 數位帳戶和街口支付 App，推出「街利存」帳戶，透過應用程式介面 API 技術，單一款 App 即能完成存款、支付與金流檢視的三大功能。消費存錢一次搞定，最高享有存款年息 3%、付款 3% 回饋。台新銀看好透過「街利存」帳戶推出，有增加用戶活躍度，目標將台新 Richart 數位銀行用戶推升破 400 萬戶。

一般的電子支付需綁定信用卡消費，或是在電子錢包內儲值，用戶想要查詢存款，需登入銀行的 App 帳號。新上線的「街利存」為台新 Richart 數位銀行的子帳戶，應用 API 串流，用戶能在街口支付 App 上查看金流，且用於電子支付和存款領息。

台新銀行說明，「街利存」帳戶為 Richart 專為街口支付設計的子帳戶服務，讓用戶可以進行更便利的分帳管理。用戶可直接透過街口 APP 連結開立「街利存」帳戶，之後系統會自動連結綁定本人的街口電支帳號進行消費扣款。藉由資料共享機制，使用者可直接於街口 App 查詢到「街利存」帳戶之帳戶資訊，省下跳轉、等待，以及重新登入銀行 App 的時間。

圖文來源：摘錄自 Yahoo 新聞 2023/04/12

解說

國內的知名數位銀行一台新 Richart，其數位帳戶和電子支付廠商一街口支付相串接，推出「街利存」帳戶，透過應用程式介面 API 技術，單一款 App 即能完成存款、支付與金流檢視的三大功能。

三、社群銀行

雖然網路的出現，改變了許多商業經營模式，但再加入社群的元素，會讓群眾的力量，更深化經營的內涵。例如：以往民眾至網上購物，僅圖個便利性與經濟性；但現在消費者會先去參考各種社群網誌，所提供的消費者評價，考慮後再進行購買行為。所以現在社群媒體的力量，已轉變消費者的購買行為，因此業者的經營模式，必須再升級與優化，才足以滿足消費者需求。

當然的，重視品牌經營的銀行，也因應這股社群媒體的潮流，讓經營模式加入社群的因子，使得傳統銀行必須轉型或強化為「社群銀行」（Social Banking）。因此讓銀行的經營業務，利用社群媒體的力量，營造與客戶更多互動的機會、以及提供更多元的服務，以增強品牌形象與創造成長動力。

通常社群銀行如同前述的直銷銀行一樣，都幾乎不設實體銀行據點，只透過網路提供各項金融業務；但社群銀行較直銷銀行，更加入了社群媒體的經營策略，希望能發掘更多網路仰賴度高的「數位世代」用戶（例如：臉書的高活躍用戶、生活數位化程度高的用戶、以及網路與手機遊戲的玩家等），以增加銀行更多的獲利機會。

因此社群銀行的經營，必須結合各種主流社群媒體的運作，才能使社群銀行的經營模式，發揮出群眾的力量。以下本文首先，針對欲新成立、或欲轉型成爲社群銀行，所須的五階段經營策略；其次，再說明社群銀行的經營模式。

（一）經營策略

根據美國－IBM 金融顧問公司的報告指出，若銀行欲朝向社群的經營模式，則建議新成立者對社群媒體的經營，須逐步進行以下五個階段：

1. **社群參與**（Social Participation）

   首先，就是主動的加入社群媒體，例如：臉書（FB），聆聽客戶在社群媒體裡討論的議題，再以眞實身分回應客戶的發文，以形成眞實的互動關係。此外，同時須積極的主動參與社會慈善活動、或參與社區活動，以建立品牌形象與社區地緣關係，讓金融機構在社群媒體裡，增加知名度與信賴感。

2. **社群分析**（Social Analytics）

   其次，隨著參與多個社群媒體，使得金融機構的曝光度的增加，被討論到的機會將增加。此時，須積極蒐集社群媒體中，哪些議題是被廣泛討論的，並藉由分析工具，精準的判斷這些討論結果，對金融機構的形象的評價爲何？若察覺是負面評價，應快速研擬因應方案，以做出最適當的回應。

3. **社交經營**（Social Engagement）

   再次，透過分析瞭解客戶關心的議題後，對於客戶關心的議題，可主動出擊的舉辦各類社群媒體活動。例如：舉辦退休族的理財活動，並建立特定議題論壇，以吸引目標客戶的參與。另外，亦可舉辦網路理財競賽活動，以引發客戶的注意，並鼓勵參與競賽，讓銀行更能推出適合的理財商品，供客戶選擇。

4. **社群行銷**（Social Marketing）

   再者，當金融機構在社群媒體逐漸活躍時，可在社群平台進行行銷活動。並根據客戶在社群所留下的各種訊息，分析其客戶的習性與偏好後，推薦合適的理財商品；再運用客戶的從眾（Herding）心理，說服其認同，並接受此產品，以達成有效的行銷。

5. **社群銀行**（Social Banking）

   最後，若政府監理單位核准社群媒體，亦可以執行金融商品銷售時，則銀行在社群媒體上，就可順理成章的進行金融服務。例如：南非的第一國家銀行（FNB）就將銀行的匯款支付服務，移上臉書（FB），讓客戶可在臉書上，匯轉資金給其他朋友。例如：紐西蘭－ASB 銀行則是將虛擬分行（Virtual Branch）建立在臉書，讓客戶可在虛擬分行，就可直接與眞實世界的銀行員工辦理業務。例如：德國的 Fidor 銀行也結合社群媒體－臉書（FB）、以及虛擬貨幣－比特幣等網路元素，以吸引數位的新世代用戶的加入。

（二）經營的模式

經營社群銀行業者會結合主流社群媒體、以及電子商務網絡的運作，以區隔與傳統銀行之間的經營模式。以下將說明社群銀行的經營服務模式：

1. **結合社群媒體，進行資金借貸與募集投資業務**

   經營社群銀行業者一定會結合主流社群媒體，利用社群媒體的群眾集體力量，以進行資金借貸、與群眾募資與投資等業務。

   例如：德國的知名的社群銀行－Fidor 銀行，就將客戶的借貸利率，結合 Fidor 銀行的臉書（FB）粉絲團按「讚」數；當按讚數每增加 2,000 個，用戶存款利息就會提高 0.1%，貸款利率則會減少 0.1%，藉由社群群眾的互動關係連結借貸利率。例如：客戶可把自己在 Fidor 銀行帳戶的資金，利用社群群眾的力量，進行群眾募資與投資的業務。

2. **結合電子商務，進行支付與虛實貨幣互換業務**

   經營社群銀行業者也會結合電子商務，利用社群網絡的關係，以進行資金支付、與支援法定貨幣與遊戲虛擬貨幣之間互換的業務。

   例如：德國的知名的社群銀行－Fidor 銀行，就與電子商務公司合作，當 Fidor 銀行的客戶，欲購買遊戲業者或開發商設計的軟體，可用銀行帳戶內資金，直接支付給電商。例如：當客戶在遊戲世界所使用的虛擬貨幣，亦可透過 Fidor 銀行所設立的帳戶，直接進行法定貨幣與遊戲虛擬貨幣之間互換。

圖 6-7　德國 Fidor 社群銀行結合臉書及比特幣等網路元素，吸引數位世代用戶

圖片來源：Fidor Bank 與路透社

金融搜查線

英國金融科技獨角獸大揭純網銀金融服務新模式

從倫敦發跡的純網銀 Revolut，成立 4 年多的時間，已成為英國金融科技獨角獸，從歐洲、澳洲等主要營運地區，逐漸擴張到新加坡與美國，下一步將進軍日本與加拿大。Revolut 在全球累積了 800 多萬個人用戶與 20 萬企業用戶，且以每月 1 萬個人用戶的速度增長。成立至今，處理了超過 3.5 億筆交易，總價值 400 億英鎊。

Revolut 打造金融服務新體驗時，會考慮 3 個面向。首先，是對既有銀行服務流程的改變；二是給予消費者更多掌握，包括對金錢流向、安全性與費用透明；三是如何給消費者更多創新服務，且必須在同一 App 達到流暢、連貫式的服務體驗。

在對既有銀行服務流程的改變，其中一個是開通帳戶的流程。Revolut 帳戶開立流程完全線上進行，消費者只要輸入電話、地址，再拍好 180 度的大頭照與身分證件即可。透過機器人模型進行人臉辨識，整個開戶流程僅需花上 5 分鐘，1 天內即可審核完畢。

另一個是 Revolut 核心金融產品「多幣別電子錢包」，用戶只要開立一個 Revolut 帳戶，等於同時擁有 28 種外幣的戶頭，可在同一錢包自由進行多幣別貨幣轉換，且中間無須支付額外匯差，銀行也不會再向用戶收取額外的換匯手續費。用戶利用 App 自動換匯功能，只要持有 Revolut 發行且與 App 電子錢包帳戶連動的實體 Debit 卡（簽帳金融卡），即可在國際間刷卡、轉帳、到 ATM 提款，且不會收多餘的手續費。

Revolut 更把訂閱制服務帶進銀行，有別於傳統銀行是以客戶的現有資產規模進行分級，提供其不同的金融服務；Revolut 觀察到，許多消費者是願意每月付一筆費用，享受不同程度的金融服務。例如：每月調高免費轉換匯的額度，或是增加可在各國 ATM 免費提領外幣的額度、免費的旅遊保險、可進行虛擬貨幣交易等。

在安全性的設計上，用戶若遺失 Revolut 簽帳金融卡，可以在 App 上直接凍結卡片，也可隨時恢復使用，用戶還可自行關閉卡片於線上消費或是在 ATM 提領的功能。此外，Revolut 也會偵測用戶消費當下，卡片與手機的距離，假設系統偵測到用卡片消費的交易地點與手機距離很遠，代表有詐欺的狀況發生。Revolut 提到，利用了機器學習來偵測詐欺，透過即時交易監測模型，根據消費者的消費行爲、消費地點，判斷交易是否有問題，一旦偵測到異常交易，就會立即阻斷交易，凍結消費者卡片，傳訊通知消費者是否爲本人的消費。除了實體的卡片，Revolut 還能在手機上發行一次性的虛擬卡片，用戶使用此張虛擬卡片一次性消費後，其卡號就會翻新。

然而，Revolut 的最終目標，其實是要提供一站式的金融服務，爲此，Revolut 透過使用者調查，從客戶角度了解眞正的需求，再去開發額外的創新功能。例如：Revolut 發現消費者對存款的需求很大，於是開發了 Vault（金庫）的服務，Vault 類似虛擬戶頭或是金錢暫存區，用戶可以設定每月薪水要有多少自動轉到這個金庫，讓用戶每月的存款流程更爲方便，且此金庫是可多人貢獻，像是家人之間可以共同爲旅遊基金存款。

此外，在 Revolut 上也能進行加密貨幣的買賣，不過，Revolut 並非自行開發加密貨幣相關平臺，而是透過開放 API 的方式，與外部專門提供加密貨幣服務的公司串接，讓用戶在 Revolut App 也能輕易接觸加密貨幣。Revolut 也提供了旅遊保險服務，用戶在 App 即可自行設定，其方案之一是 1 天付上 1 英鎊來支付旅遊保險，消費者出國幾天就加保幾天，而整個投保流程只需幾秒鐘，且完全是無紙化作業。

Revolut 觀察到，世界金融的潮流，將會越趨近一站式的金融服務，大家都想要盡量全站式涵蓋所有金融服務，不管是自行開發，還是透過開放 API 方式與外部業者進行串接。另一項潮流，則是以客戶真正需求，提供他們想要的金融服務的訂閱制方案。而隨著 FinTech 設計的投資介面與投資門檻的降低，Revolut 預期，千禧世代會越來越多開始加入投資的行列。

圖文來源：摘錄自 iThome2019/12/19

解說

英國知名純網銀 Revolut，由於它所提供的創新與便利服務，已讓它在全球累積了 800 多萬個人用户與 20 萬企業用户。它的服務乃在提供三個優勢，首先，既有銀行開户服務流程的改變；第二是提供供消費者更多透明流向、安全性與低交易成本；最後是如何給消費者更多創新服務，如：可交易虛擬貨幣等，且將服務透過開放 API 與異業合作，讓業務盡量在同一介面就可完成連貫式的服務。

金融搜查線

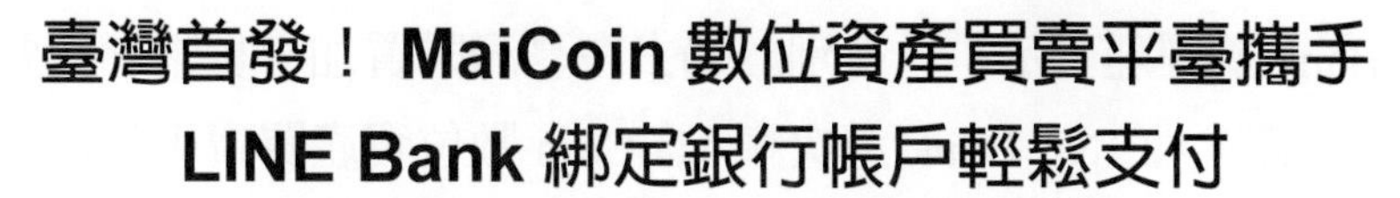

臺灣首發！ MaiCoin 數位資產買賣平臺攜手 LINE Bank 綁定銀行帳戶輕鬆支付

MaiCoin 集團旗下 MaiCoin 數位資產買賣平臺，主打小額輕鬆買加密貨幣，延續 2023 年 2 月推出美元購買加密貨幣功能，持續開發便捷的加密貨幣購買管道。MaiCoin 集團看好數位存款帳戶的廣大用戶群，率先與業界擁有 150 萬用戶及龐大 LINE 生態圈的純網銀 LINE Bank 合作，推出 LINE Bank 帳戶綁定扣款繳費功能。即日起，MaiCoin 數位資產買賣平臺用戶綁定 LINE Bank 帳戶後，購買加密貨幣可選擇 LINE Bank 帳戶扣款繳費，節省手動轉帳，或前往便利商店繳費的時間，滿足 MaiCoin 用戶交易時效性，提供更快速且直覺的下單體驗。

MaiCoin 集團積極與金融機構合作更多服務期待互相導流用戶並擴大服務範圍

MaiCoin 集團致力推動加密貨幣主流化，旗下 MaiCoin 數位資產買賣平臺更主打小額輕鬆買幣，因此 MaiCoin 數位資產買賣平臺致力開發多元的支付管道，降低購買加密貨幣門檻，滿足用戶需求，期待與更多金融機構深度合作，讓大眾持有加密貨幣不再遙不可及。

近年數位存款帳戶越來越普及，根據銀行局公布之統計資料，截至 2023 年第一季國內數位存款帳戶開戶數已超過 1,600 萬，LINE Bank 的開戶數已達 150 萬，成為純網銀之冠，且貼近擁有 2,100 萬用戶的 LINE 生態圈，

MaiCoin 集團看好數位存款帳戶之廣大用戶群，率先與 LINE Bank 合作，期待透過雙方合作，繼續推動加密貨幣主流化且擴大潛在用戶群。

LINE Bank 總經理表示：「有別於過去在臺灣購買加密貨幣，需要額外轉帳或到便利超商繳費，LINE Bank 這次和 MaiCoin 數位資產買賣平臺合作，用戶在 MaiCoin 平臺上購買加密貨幣時，透過預先綁定的 LINE Bank 帳戶進行扣款繳費，享受更輕鬆、即時的支付流程。這次合作也開拓『LINE Bank 快點生活圈』的金融服務場景，降低用戶的支付門檻，滿足用戶更多元、豐富的金融需求。」

MaiCoin 平臺推出 LINE Bank 帳戶綁定扣款功能　提供用戶更有效率的購買體驗

MaiCoin 數位資產買賣平臺主打小額輕鬆買幣並提供多元付款管道，包含使用臺幣餘額錢包扣款、綁定銀行帳戶轉帳，以及 7-ELEVEN 與萊爾富便利商店繳費等，MaiCoin 平臺為持續優化用戶繳費流程，開發多元付款管道，即日起 MaiCoin 數位資產買賣平臺用戶事先綁定 LINE Bank 帳戶，購買加密貨幣時可選擇 LINE Bank 帳戶直接臺幣扣款繳費，減少流程頁面跳轉或前往便利商店繳費的時間。

MaiCoin 集團創辦人暨執行長表示：「我們看好 LINE Bank 基於社群基礎所建構的金融生活圈，LINE Bank 帳戶用戶數快速成為純網銀之冠，同為線上服務提供商，我們很期待未來與 LINE Bank 有其他深度合作，一同建構新世代的金融生態圈；今年 MaiCoin 集團將會更積極與金融機構合作，希望透過跨界的合作，挖掘 MaiCoin 平臺的潛在客戶、加速實現加密貨幣主流化。」

圖文來源：摘錄自 Yahoo 新聞 2023/05/18

解說

國內知名純網路銀行（直銷銀行）— LINE Bank 與虛擬貨幣業者 — MaiCoin 相互合作，LINE Bank 數位帳戶與 MaiCoin 數位資產買賣平臺可相連結，用戶可利用數位帳戶直接扣款購買虛擬貨幣，節省手動轉帳，或前往便利商店繳費的時間，以滿足 MaiCoin 用戶交易時效性，也擴大 LINE Bank 的潛在用戶群，共創雙贏。

6-2 自動化金融服務

近年來，要發展數位金融與金融科技，除了前述的幾項重要技術外，還需要有幾項重要的智慧化的機器設備來提供智能的服務，才能使金融智慧化發展得更加完善。尤其在傳統金融方面，由於受到金融科技競爭，以及行動金融的威脅，使得實體據點的業務量萎縮，所以傳統金融產業，必須積極投入轉型與創新，才能跟的上時代的潮流。因此傳統金融機構，須再增添許多智慧型設備，以取代人工的決策或服務，並增加更快速的電腦運算系統，以促使金融產業的升級。以下將介紹兩種發展金融智慧化的重要設備－智慧運算設備與虛擬感測設備。

一、智慧運算設備

此處將介紹幾種欲發展金融智慧化，金融機構或電商公司可以增添的一些智慧運算設備，以增加資訊的處理能力以及服務品質。

（一）智慧機器人

智慧機器人（Robot）是指將電腦的精密處理能力，透過智慧運算平台的設計，使機器能與眞實的人類，進行較擬人化的溝通設備。通常智慧機器人的運作，除了電腦內建豐富的資料外，亦可以透過網路至雲端進行運算、採集、存取等多重處理分析，再透過智慧平台將資料分析結果，以語音或文字的方式，傳達訊息給對方。

實務上，現在智慧機器人大都已運用在實體銀行內，當簡易的招待客戶、以及提供標準化的理財諮詢。且在銀行或電商公司，所成立的網路理財平台，也大量運用機器人的精密運算能力，提供網戶個人最佳化的資產管理，並收取較低的管理費用；這也就是一般所認定的「機器人理財」（Robot Advisers）範疇。

（二）高速運算電腦

高速電腦又稱超級電腦（Supercomputer）爲一種主機電腦，是在一定時期內運行速度最快的、功能最強的電腦，且可以進行高速度和大存儲量的計算。通常金融交易活動，除了講求策略外，更重視執行的速度。因此必須要有處理運算非常快速的電腦予以協助。此外，高速運算電腦可用來預測模擬金融商品的走勢，因此在現今的金融環境下，高速電腦具有一定需求。

實務上，金融交易活動中，投資人利用電腦程式、以及電腦處理速度優勢，在市場尋找極為短暫，可以套利的機會，藉以賺取買賣之間的價差，此稱為「高頻交易」（High Frequency Trading；HFT）。由於高頻交易必須仰賴交易速度，所以有些交易商會利用高速運算電腦予以協助尋找，因速度所產生的套利機會；甚至有些交易商會將主機放置在交易所附近，減少主機與交易所之間的距離，以期得到更短的時間差異。

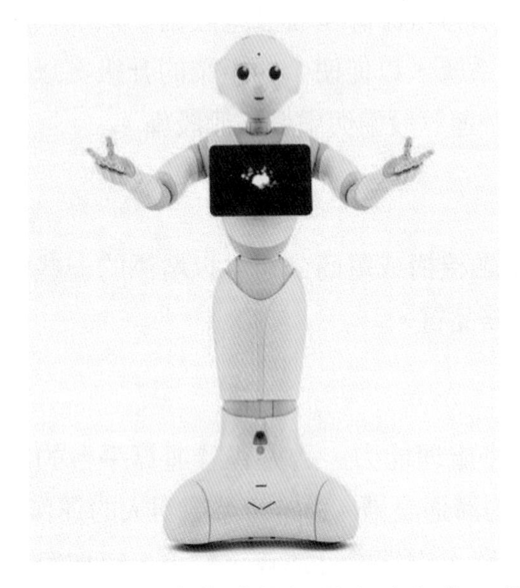

圖解說：日本軟體銀行發表鴻海代工的 Pepper。

圖片來源：數位時代

圖解說：美國田納西州 OAK Ridge 實驗室的泰坦超級電腦。

圖片來源：科技商情

圖 6-8 智慧運算設備

二、虛擬感測設備

此處將介紹幾種欲發展數位金融，銀行將裝設一些數位的虛擬感測設備，以縮短民眾臨櫃等待時間、以及提供個別化服務。

（一）虛擬櫃員機

傳統銀行都會在分行裝設自動櫃員機（Automated Teller Machine；ATM），以提供客戶可以透過機器，自助辦理提款、存款以及轉帳等金融服務。現在發展數位化金融，會在 ATM 加入視訊的服務，稱為「虛擬櫃員機」（Virtual Teller Machine；VTM），或稱視訊櫃員機、遠端櫃員機。

由於 VTM 的設立，可以替代實體銀行的服務，減少銀行據點的設立，降低部署營業網點的成本，還能使區域性商業銀行突破地區性的限制，輕鬆將自身網點鋪設到全國的各個角落，以增加營業規模。

實務上，現在已有許多大型傳統銀行、直銷銀行或社群銀行，都採用虛擬櫃員機，為客戶提供遠端服務，客戶不用至實體銀行，可經由視訊就可讓客戶和銀行客服人員進行對話溝通。且銀行客服人員，也能藉此對用戶的身份進行判定，並為用戶提供更精細的服務。

（二）數位寫字台

近年來，隨著智慧型手機、以及觸控螢幕的普及，人們之間的訊息交流方式，已漸漸由手寫資料改為數位資料輸入。因此數位化的銀行，會在分行裡導入「數位寫字台」（I-Station）的裝備，讓民眾透過觸控操作、以及人性化介面的引導，以協助進行存放款、繳費、換匯、理財等銀行事務。

實務上，現在已有許多智慧型銀行，會設立數位寫字台的設備，除了引導客戶進行傳統銀行的事務外，民眾亦可經由觸控螢幕滑動操作，瀏覽銀行各項商品資訊，且更可經由智慧型手機拍下理財商品的 QR Code，將商品資訊儲存，以便日後參考。由於數位寫字台的導入，讓民眾可以更效率的處理銀行的相關事務，且也可節省許多紙張宣傳品的浪費。

（三）識別設備

由於將來的社會將朝向物聯網的趨勢發展，所以人們手邊的智慧型手機就以替代個人身分，並經由網路將生活逐漸推往「物聯網」世界。現代智慧型銀行，會在分行會裝感測技術－ iBeacon，以協助銀行辨識民眾。「iBeacon 技術」是透過使用藍牙技術自動創建一個信號區域，當裝置進入該區域時，相應的 APP 程式便會提示使用者可接入這個信號網絡，之後使用者便能使用智慧型裝置來傳輸數據。

現代智慧型銀行會裝設 iBeacon 識別民眾系統，當客戶走進分行，手機開啓藍牙，即可與分行 iBeacon 識別裝置相互感應，銀行便會知道客戶的身分，以便利銀行為該客戶提供個人化的精緻服務。

（四）虛擬實境設備

近期，網路科技興起一股元宇宙熱，使用者只要穿戴上虛擬實境（Virtual Reality；VR）設備就可感受到由計算機技術創建模擬環境，並可在擬眞的 3D 世界，進行各種生活與商業等活動的沉浸式體驗。

實務上，傳統金融業者利用虛擬實境設備（如：VR 眼鏡），讓民眾進入由銀行所建構的元宇宙世界，除可體驗各種生活的虛擬場景，亦可投資虛擬貨幣（如：NFT）、或選擇與虛擬行員互動、體驗投資風險分析與理財諮詢等服務，打造實體與虛擬共感的沉浸式體驗，讓客戶滿足多元的理財和生活需求。

虛擬櫃員機

圖解說：具有遠端視訊的服務的 ATM。

圖片來源：御銀新聞

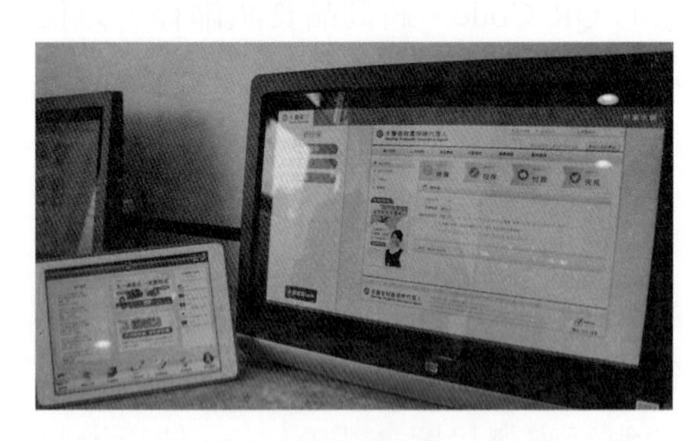

數位寫字台

圖解說：永豐銀以網路銀行搭配觸控式螢幕，滿足客戶買保單、貸款、換匯等簡易需求。

圖片來源：東森新聞

iBeacon

圖解說：利用手機與感測設備 iBeacon，相互感應，以達識別效果。

圖片來源：passbeemedia

圖 6-9 虛擬感測設備

金融搜查線

兆豐銀智慧櫃員機協助開戶 20 分鐘搞定

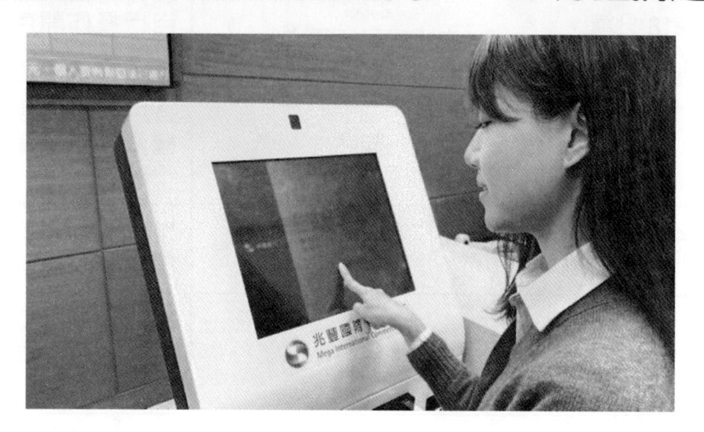

因應洗錢防制法要求，到銀行開戶變得麻煩又耗時，爲兼顧洗防風控與作業效率，兆豐銀行去年推出「智慧櫃員機（STM）」，標榜 20 分鐘內搞定開戶流程，目前透過 STM 完成開戶共約 1.6 萬戶。

洗防法讓原本稀鬆平常的銀行開戶變成麻煩事，光是文件簽名至少就有 10 張以上，銀行更因此惹來客訴抱怨，爲加快作業效率，銀行各自祭出法寶，包括智慧櫃員機（STM）、遠端視訊（VTM）開戶，標榜可減少文件填寫與等待作業時間。

以 VTM 來說，是透過遠端視訊服務，減少紙本文件填寫，平均開戶時間約 30 分鐘；STM 則由銀行員協助，不僅可減少文件填寫數量，開戶時間也降至 20 分鐘以下。

兆豐銀行表示，智慧櫃員機（STM）透過建立標準化作業程序、簡化開戶流程並降低人工作業的介入，客戶只要在 STM 螢幕上閱讀開戶作業相關條款，即可申辦新台幣、外幣帳戶、申請金融卡、網路銀行、行動 e 碼等服務，讓開戶作業時間從平均 1 個多小時大幅縮短爲 19 分鐘。兆豐銀行指出，STM 執行成效良好，未來也將陸續增加 STM 設置，讓更多前往分行開戶的民眾享受數位金融科技帶來的便利性。

銀行各類開戶方式比較表

開戶方式	所需時間	簽名數	進行方式
STM 兆豐獨家	18 分鐘	2 次 （申請書及印鑑卡）	於分行營業廳設置，客戶可自行操作開戶，旁邊設櫃有行員協助。
VTM	30 分鐘	無	客戶至 VTM 設置場所與視訊櫃員對話操作（佈點數量尚不普及）。
臨櫃	40 分鐘至 120 分鐘	視銀行作業及申請項目而定，約 10 ～ 20 次	以書面填表方式處理，全部由櫃員人工作業。
數位存款	1 天	無	線上操作，交由後台人工審核，帳戶權限及額度遠較臨櫃開立帳戶為小。

圖文來源：摘錄自聚亨網、兆豐銀行網站 2020/01/08

解說

因應洗錢防制法要求，民眾至銀行開戶麻煩又耗時。兆豐銀行積極發展自動化的金融服務，推出「智慧櫃員機（STM）」，可同時兼顧風險控管與作業效率，讓客戶可於 20 分鐘內搞定開戶流程。

金融搜查線

免臨櫃就能調整投資額度，凱基證券聯手凱鈿導入「視訊電子簽章」

軟體服務商凱鈿行動科技於宣布，與凱基證券聯手，推出遠端「視訊電子簽章」的證券交易服務，此服務整合了凱鈿旗下產品點點簽（DottedSign）的電子簽名功能，讓凱基證券的客戶可以線上即時調整證券交易額度。

過往如果透過線上開戶，在證券交易時有交易額的上限，消費者如果要調整額度，就必須臨櫃與營業員溝通辦理。凱基證券在與凱鈿合作後，客戶即可在 App 內線上預約視訊時間，並透過專屬視訊與電子簽名服務，完成最高新臺幣 500 萬元的額度調整。

凱基證券導入凱鈿科技「點點簽」服務，不需臨櫃就能調整額度

凱基證券董事長指出：「對客戶來說，金融機透提供有溫度的服務是重要的，有助於提升信任度與滿意度。在與凱鈿合作後，客戶不用臨櫃也能獲得百分之百的服務。」

不需臨櫃就能調整額度，是凱基證券第一階段的目標；第二階段將會啓用瞄準銀髮族的衍生性金融商品投資，同樣透過視訊來服務習慣臨櫃的銀髮族；第三階段，則是把理專服務帶到線上，讓理財專員在線上提供過去需要面對面、親臨櫃檯的服務。

凱基證券表示，在與凱鈿合作，導入電子簽章技術後，對客戶來說有 3 大加值：

第一，服務不受地點與時間限制，就可以享有線上專人服務。

第二，視訊由客戶端與營業端直連，不會經過任何不需要的第三方伺服器，且再也不用翻拍或掃描證件，避免資料外流。

第三，電子簽名同步帶入 IP、時間戳記與電子信箱等稽核紀錄，確保簽名有效且不可竄改。

凱鈿創辦人表示：「這將是金融業與科技業合作的重要里程碑，數位化、無紙化是長期的趨勢，臺灣需要更多這樣的合作案例。」

圖文來源：摘錄自數位時代 2022/09/27

解說

國內金融機構銀行使用數位自動化服務愈來愈積極，凱基證券推出遠端「視訊電子簽章」的證券交易服務，讓凱基證券的客户可以線上即時調整證券交易額度，客户不用臨櫃也能獲得百分之百的服務。

金融搜查線

創新金融 金管會擬擴大資料共享

金融業爭取資料共享擴大開放項目

項目	現狀	業者期望
高風險資料庫	可疑交易通報警調，必須保密	可疑或高風險名單可通報集團，避免重覆踩雷
行銷好客資料庫	僅風控及防制洗錢名單可共享	全集團好客資料共享
跨業跨市場資料庫	仍未放行	如電信資料、健保、退休金資訊可共享
備查制	證券期貨業首案要申請	一律採備查制

採訪整理：彭禎伶

創造新的金融商機。金管會針對 308 家金融機構進行問卷調查，金融業最想要擴大的三種資料庫，一是高風險或可疑名單資料庫，二是業務推展 VIP 資料庫，三是跨市場或跨業資料庫。

金管會強調，會依問卷結果研議下階段開放的可能性，讓金融機構能更運用分析更多資料，更精準提供金融服務，創建新生態圈，發展「智慧型金融產業」。

金管會在 2021 年公布「金融機構間資料共享指引」，今年即將屆滿一年，已有 117 家金融機構共享資料，大部分是開戶、客戶基本資料、掃描身分證件共用等，而金控或金融集團間可能有建置防制洗錢、風控的共用資料庫。

金管會針對 308 家金融機構進行問卷調查，了解共享資料的情況及對未來期待，「作為未來研議金融機構間資料共享相關政策的參考」，即會進一步評估擴大開放的方向及範圍。

根據金融業者的回卷，最想擴大建置的三種資料庫，第一就是可疑帳戶或交易，如詐騙人頭帳戶等，銀行查覺後，通報檢調，但相關資訊必須保密，金融機構希望至少同金控或同金融集團的子公司，亦可通報、共同防範，但這部分恐有法律問題。

第二是行銷用 VIP 資料庫，金管會表示，現行金控或金融集團有建置子公司可共同查詢的資料庫，但多用在防制洗錢、風險控管，有業者建議是否能建置行銷共用的資料庫，如客戶往來資訊及特徵，即「好客」或 VIP 大戶的資料庫，讓各子司或金控母公司、集團可分析運用，推出符合這些好客需要的商品或服務。但這部分亦有些法規或責任歸屬需要釐清，金管會表示，會依業者建議列入評估及研究。

第三是跨業或跨市場間資料共享，如電信資料、健保資料、退休金情況等，金融機構希望獲取更多客戶資訊，去評估客戶信用風險、購買能力、健康情況、退休金缺口等，才能在財富管理、保單核保上，有更精準的判斷。

圖文來源：摘錄自工商時報 2022/11/03

解說

近期，金管會在推展「金融機構間資料共享指引」，希望金融機構之間能夠共享資料，主要以客户基本資料、掃描身分證件等資料共用，以防制洗錢與落實風險控管。將來可能跨業或跨市場間資料共享，讓金融機構能更運用分析更多資料，更精準提供金融服務，創建新生態圈，發展「智慧型金融產業」。

QR CODE	影片主題、網址、日期、長度、語言與出處	影片重點簡介
	◆ 不用趕3點半！　「虛擬分行」夯　無摺開戶.理財諮詢 https://www.youtube.com/watch?v=nnDxL-KgsW0 2022/10/28 / 1 分 54 秒 / 華語 / TVBS 新聞	銀行業者透過元宇宙，讓客戶體驗在戶外，開戶、投資。另外有業者把虛擬行員，搬進超商 ATM，想要做理財諮詢、無摺開戶，不用再跑分行。
	◆ "開放銀行"9月底啓用！　上網就能比較銀行商品 https://www.youtube.com/watch?v=_M1zPZAVvU8 2019/09/23 / 1 分 50 秒 / 華語 / 中視新聞	開放銀行要正式登台了！未來民眾只要靠著網路資訊就可以比較各家銀行商品，不過對消費者來說相對便利，但恐怕也會對部分銀行造成衝擊。
	◆ FIDO比密碼安全？Web 3.0興起的DID去中心化身份是什麼？ https://www.youtube.com/watch?v=zv-ryUwVo10 2022/11/04 / 4 分 37 秒 / 華語 / 金融研訓院	現在手機打開電子支付或各家網路銀行 APP 時，我們可以使用 Face ID 或者指紋掃瞄，來進行驗證這項技術就是 FIDO。
	◆ #MaiCoin 推 #LINEBank #帳戶綁定 #扣款 #加密貨幣 https://www.youtube.com/watch?v=V1YpOp4HMYw 2023/05/18 / 5 分 47 秒 / 華語 / 加密叔叔	國內純網銀 Line Bank，與虛擬貨幣業者－ MaiCoin 相互合作，用戶可利用 Line Bank 數位帳戶直接扣款購買虛擬貨幣。
	◆ 銀行業與基金平台合作首例　"一鍵開戶"享優惠 https://www.youtube.com/watch?v=M-pVbu0VyVc 2023/06/01 / 1 分 21 秒 / 華語 / 民視新聞	台灣首間純網銀－樂天，宣布與國內最大的基金交易平台合作，推出一鍵開戶服務，讓純網銀的客戶，3 分鐘內就可線上完成投資帳戶申請。
	◆ 首創視訊電子簽章｜不用親自臨櫃，也有專人服務？ https://www.youtube.com/watch?v=xFEa7nuV3Ug 2022/09/30 / 4 分 14 秒 / 華語 / 凱基證券	數位金融愈來愈方便，凱基證券聯手凱鈿行動科技，首創「視訊電子簽章」服務模式，讓遠端服務不只方便、安全、更有溫度！

金融科技力知識檢定測驗試題

(　　) 1. 有關自適應 RWD（Responsive Web Design）的敘述，下列何者錯誤？
(A) 是一項網頁設計開發技術的趨勢
(B) 以百分比方式及彈性畫面設計，在不同解析度下改變網頁頁面佈局排版
(C) 讓不同的設備都可正常瀏覽同一網站，提供最佳的視覺體驗
(D) 由企業自行開發的網頁格式，符合企業自我需求。〔第 1 屆〕

(　　) 2. 下列何者並非虛擬／遠程視訊櫃員機 VTM 所能提供的「差異化」服務重點？ (A) 提領現金 (B) 降低分行場地成本 (C) 延長客戶服務時間 (D) 透過客服中心一對多的模式，提高服務的效率。〔第 1 屆〕

(　　) 3. 下列何者為 API 的數位金融應用？
(A) 與行業內外 APP 整合，擴大服務的範圍
(B) 獨立開發的理財 APP
(C) 客戶個人資料加解密安全機制
(D) 金融機構內部徵審系統。〔第 2 屆〕

(　　) 4. 下列哪一種實體分行型態是為特定的客戶族群或特定的區域提供完整的金融服務？ (A) 旗艦分行 (B) 衛星分行 (C) 自助化服務中心 (D) 僅有傳統提款機的無人分行。〔第 2 屆〕

(　　) 5. 實體分行如為使用全自助化設備的無人分行或以遠程視訊櫃員機和客服人員互動者，係屬下列何種分行型態？ (A) 旗艦分行 (B) 衛星分行 (C) 機場分行 (D) 高科技分行。〔第 3 屆〕

(　　) 6. 有關純數位銀行兼具德國銀行執照的 Fidor Bank，下列敘述何者錯誤？
(A) 具有堅強的實體通路
(B) 資源集中在社群金融為其特色
(C) Banking with Friends 為該銀行口號
(D) 將儲蓄與信貸的年利率結合該銀行 Facebook 粉絲團按讚數連動以達社群行銷目的。〔第 3 屆〕

(　　) 7. 智慧分行轉型方案首應著手進行者為下列何項？
(A) 數位內容設計　(B) 分行整體設計原則
(C) 確認主要業務情境　(D) 數位科技解決方案。〔第 3 屆〕

(　　) 8. 下列何者是將分行交易頻率高或交易流程複雜但頻率低的交易，透過整合影音客服系統，轉移到此設施上來提供客戶服務？ (A) 虛擬櫃員機 (B) 智慧機器人 (C) 半自助式櫃員機 (D) 互動數位電視牆。〔第 4 屆〕

(　　) 9. 下列何者非 Open API 對金融業者帶來的好處？ (A) 加速產品開發 (B) 節省成本 (C) 降低法遵風險 (D) 節省時間。〔第 8 屆〕

(　　)10. 建置「數位分行」需要事先考慮許多要素，下列何者非必要之要素？
(A) 掌握所在地理位置之客戶群體的特性
(B) 了解當地客戶使用數位科技的意願及熟悉度
(C) 分析數位分行功能與其他數位通路功能的互補性
(D) 持續複製與移植具各國特色之先進數位分行進行展示。〔第 8 屆〕

(　　)11. 依據央行定義，下列對純網銀敘述何者有誤？
(A) 無實體分行　(B) 無實體客服中心
(C) 所有金融服務均透過網路進行　(D) 服務手續費較低。〔第 9 屆〕

(　　)12. 開放銀行為傳統銀行帶來的機會不包括下列何者？ (A) 風險管理 (B) 金融服務的創新 (C) 增加利息收入 (D) 強化市場競爭力。〔第 9 屆〕

(　　)13. 有關 Open API 的相關敘述，下列何者錯誤？
(A) 係指一個可公開取得的應用程式介面
(B) 提供開發人員透過程式化存取一個專有的軟體應用程式
(C) Open API 為人與程式提供了便利且快速的溝通界面
(D) 如涉及個人資料的傳輸仍應取得個資當事人的同意。〔第 9 屆〕

(　　)14. 有關純網銀與傳統銀行網銀的比較，下列何者錯誤？ (A) 純網銀沒有總行 (B) 純網銀可在線上完成開戶 (C) 純網銀「服務手續費」較低 (D) 純網銀營業時間較長。〔第 10 屆〕

(　　)15. 有關開放銀行的敘述，下列何者錯誤？
(A) 係將帳戶資訊的主控權還給消費者
(B) 消費者有權決定讓其他銀行或非銀行的第三方服務提供者獲得自己帳戶資訊的權利
(C) 消費者往往要與第三方業者簽署授權 Private API 的權限，以共享數據
(D) 消費者可獲得更為多元的金融服務。〔第 10 屆〕

(　　)16. 下列何者非開放銀行對客戶的好處？ (A) 整合財務狀況 (B) 培育創新生態系統 (C) 可更無縫切換金融服務 (D) 可更有效率獲得金融服務。〔第 11 屆〕

(　　)17. 開放銀行對傳統銀行帶來的機會中，開放銀行是提供一個下列何種模式，傳統銀行可以與其他參與者，透過平臺串聯，強化其優勢的產品曝光，提升其競爭力？ (A) 跨業結盟 (B) 資料獨立 (C) 創新服務 (D) 標準化共享服務。〔第 12 屆〕

(　　)18. 金融業的開戶審核、授信與徵審流程與智慧化客戶服務等，可以藉用何項技術而達到自動化的效果？ (A) 機器人流程自動化 (B) 客戶行爲模型 (C) 自然語言處理 (D) 認知計算。〔第 13 屆〕

(　　)19. 開放銀行牽涉到金融數據資料的共享，而開放銀行所涉及之資料中，最主要的是哪兩類金融數據？ A. 客戶增值數據 B. 公開數據 C. 聚合數據 D. 帳戶及交易數據 E. 商業敏感數據 (A) 僅 AB (B) 僅 BC (C) 僅 BD (D) 僅 CD。〔第 14 屆〕

(　　)20. 請問下列何項聯盟是爲各種數位化服務提供一套開放、互通標準，以解決身分認證技術彼此之間缺乏互通性的問題，並解決使用者以傳統輸入帳號密碼方式進行身分辨識可能衍生的問題？ (A) EIDO 聯盟 (B) FIDO 聯盟 (C) GIDO 聯盟 (D) HIDO 聯盟。〔第 14 屆〕

NOTE

支付金融

Chapter 7

本章內容為支付金融，主要介紹有關行動支付與電子支付等內容，其內容詳見下表。

節次	節名	主要內容
7-1	行動支付	介紹行動支付的技術型態、感測模式、資金帳戶與發展趨勢。
7-2	電子支付	介紹電子支付的運作方式、特點、風險與發展趨勢。

【本章導讀】

近年來，由於行動裝置的普及進步、網路的處理速度增快、以及雲端運算的儲存空間加大，使得人們以往須侷限於桌上型或筆記型電腦，才能處理的事務，現在已經進展到隨時隨地，都可以利用智慧型手機或平板電腦，即可處理許多事務。因此整個商業運作模式，逐漸往行動化的趨勢發展；當然的，金融交易活動，也順應這股科技趨勢，產生了行動化的金融服務。

通常人們無論在實體商店或網路平台，買賣實體、或金融商品與服務時，欲支付購買款項時，以往只能選擇現金、信用卡、儲值卡（帳戶）等工具付款。但現在智慧型手機，可將這些支付工具整合於系統內，讓人們可以很便利的使用它，來進行支付。因此行動化的支付模式，是現今發展金融智慧化的重要服務型態。

此外，近年來，爲了網路買賣的交易順暢，興起的一種由非銀行居間的電子貨幣交易模式，稱爲「電子支付」。此種支付方式，讓資金的流通更爲便利與效率，且發展出可行動支付的電子錢包模式，現已是行動支付的主流型式之一。以下本章將分別介紹這兩種支付模式－「行動支付」與「電子支付」。

7-1 行動支付

「廣義的行動支付」（Mobile Payment）是指消費者在實體商店或網路平台，購買商品或服務時，不用現金支付方式，乃利用各種可以儲存金錢價值的晶片、卡片與帳戶，予以取代之；例如：金融卡、信用卡、儲值卡（帳戶）等。但隨著行動裝置、以及網路的普及發達，將這些實體的晶片、卡片或帳戶，皆可整合於人們的隨身裝置（如：手機、平板電腦、穿戴裝置、生物辨識）來完成支付的行爲，這就是較「狹義的行動支付」的定義。

本文所要討論的「行動支付」工具，是狹義的定義爲主。現今，支付工具大致上是以「智慧型手機」爲主；但將來隨著物聯網的發展，支付工具將會擴散展至利用人體的「生物辨識」（如：聲紋、臉部、虹膜、指紋等）、或者「穿戴裝置」（如：智慧型手錶、虛擬實境機等）。

利用智慧型手機來進行行動支付，必須經由許多機構（如：銀行、電商公司、網路公司、電信公司、手機製造商、支付平台業者等等）共同協調配合，才能順利進展。由於需要配合協調的業者眾多，且網路與電信公司的服務範圍，通常都具區域性，因此利益分配的問題，也較具複雜性。此外，行動支付還會遇到跨境結算的問題，還須協調雙邊政府主管單位的同意。因此，既使一筆小小的資金流動，後頭卻須一大堆機構的相互配合，才能完成行動化的流程。

現今智慧型手機，仍是人們現在最主要的行動支付工具，但其支付的「技術型態」、「感測模式」，會因業者所建構的系統不同，而有所差異。此外，在進行行動支付時，所連結的「資金帳戶」，也會因業者所設置的帳戶不同，而有所差異。以下本文將介紹「智慧型手機」當支付工具時，其支付的「技術型態」、「感測模式」與「資金帳戶」上的差異，且進一步介紹全球行動支付的發展趨勢。

一、支付的技術型態

行動支付的技術型態，依據是否須仰賴支付的感測系統來區分，大致可分爲遠端與近端支付兩種。

（一）遠端支付

遠端支付是指智慧型手機或行動裝置，無須靠近任何感應器、讀卡機等的感測系統，就可以完成行動支付的行爲。通常用戶乃利用安裝於智慧型手機內的應用程式（APP）、或開啓商家的行動網頁等方式，就可輸入信用卡、金融卡或第三方帳戶的資料，以完成交易結帳程序。

目前各金融機構所提供的各種繳費及轉帳的行動銀行 App 模式、或者第三方支付業者提供之行動購物模式，皆屬於遠端支付作業模式。該支付模式屬於網路交易作業模式，其支付技術已相當成熟，已被廣泛的使用中。

（二）近端支付

近端支付是指智慧型手機或行動裝置，須靠近感應器、讀卡機等資料感測設備，才可以完成行動支付的行爲。通常用戶須開啓內建於智慧型手機的 NFC 或 QR Code 系統，與商家的端末網路讀卡機相感應連結，以完成交易結帳程序。

目前近端支付模式，須仰賴手機內建的 NFC 或 QR Code 系統，與以輔助之；其支付模式的相關技術標準、以及商家感測設備的普及率等問題仍須克服，所以仍處於發展階段，有很大的成長空間。

二、支付的感測模式

行動支付不僅是一種技術，它更改變了整個金融生態系，從消費者、商家、電信公司、電商公司、支付平台到金融機構，都需涉及資金的支付程序。通常利用手機進行行動支付時，依據支付的感測模式，大致可分為兩種模式，其一為利用手機內建的「近場通訊」（Near Field Communication；NFC）、另一為利用內建的「QR Code（Quick Response Code）掃描器」。以下將介紹這兩種資金的支付方式：

（一）近場通訊（NFC）

使用此種支付模式，消費者將現行流通的信用卡、金融卡或儲值卡轉變成虛擬電子錢包，透過「空中下載技術」（Over-the-air technology；OTA）[1] 以及「代碼化」（Tokenization）技術 [2]，將實體卡整合於手機的 SIM 卡之中；當進行消費支付時，只要開啓手機內建的 NFC 功能，再與消費店家的讀卡機相感應連結，即可完成資金的支付。

但利用此種模式，消費者欲當作支付的信用卡或金融卡，這些卡片的基本資料，需先建構於手機的 SIM 卡之中，目前提供此種行動支付服務的業者，大致可分為兩種系統：

1. **信託服務管理平台**（Trusted Service Manager；TSM）

   消費者需先向電信公司，申請一張有建構欲支付卡片資料的 SIM 卡；當要消費支付時，NFC 會透過行動支付業者所建構的 TSM 平台，確認卡片資料後，即可完成支付。

---

1 「空中下載技術」（OTA）是一種資訊傳輸技術，讓行動裝置透過網路連線上網，即可完成資料接收工作。所以 OTA 的技術乃應用在近端行動支付上，讓使用者下載信用卡資料到手機中，並結合 NFC 技術就，可以完成行動支付。

2 2013 年 10 月，由 Visa、MasterCard、American Express 三家信用卡公司共同合作，為行動支付產業建立代碼化技術，並於 2014 年公開發表成為 EMV Co. 技術標準。代碼化技術讓「代碼服務供應商」（Token Service Provider）先把真實卡號（Primary Account Number；PAN）轉換成代碼（Token），然後儲存於消費者手機上，讓消費者以手機所儲存之 Token 進行行動支付。所以利用「代碼支付」的方式，乃將信用卡號虛擬化，當消費者欲進行支付時，皆不顯現真實卡號，藉以提高支付過程之安全性。

2. **雲端授信發卡平台**（Host Card Emulation；HCE）

行動支付業者將消費者欲支付的卡片資料，建構於雲端的 SIM 卡中；當要消費支付時，NFC 會透過業者所建構的 HCE 平台，確認卡片資料，然後完成支付。通常採取 HCE 的運作模式，會較 TSM 模式方便簡單。

此外，有些智慧型手機製造商或服務商（如：Apple、Samsung、Google），會直接將行動錢包的軟體直接內建在手機內，使用者只需要打開手機裡的 Wallet，就可以完成現有信用卡註冊；如：Apple Pay、Samsung Pay、Google Pay。相較於沒有將行動錢包的軟體直接內建在手機內，則必須另外在「Play 商店」下載「twallet+」才可完成現有信用卡註冊。因此，直接使用系統內建行動錢包的手機較無建立者方便許多。

圖 7-1 行動支付－利用 NFC 功能，與消費店家的讀卡機相感應，完成行動支付程序

圖片來源：中時電子報

（二）QR Code 掃描

使用此種支付模式，消費者須先跟行動支付業者，設定欲當作行動電子錢包的信用卡、金融卡或儲值帳戶資料；當需消費支付時，店家利用二維碼掃描槍，掃描消費者手機上的 QR Code、或者消費者開啓手機的二維碼掃描功能，去掃描消費店家的 QR Code，就可各自指定所選取的行動電子錢包，完成付費交易。

通常採用 QR Code 技術相較 NFC 支付技術，被認爲是較容易導入的行動支付模式，因爲對於消費店家的而言，它不需再增添 NFC 所使用的感應讀卡機裝置之費用。

圖解說：當需消費支付時，店家利用二維碼掃描槍，掃描消費者手機上的 QR Code，即可完成行動支付。

圖片來源：萊爾富

圖解說：消費者開啓手機的二維碼掃描功能，去掃描消費店家的 QR Code，即可完成行動支付。

圖片來源：三立新聞

圖 7-2 行動支付－利用 QR Code 掃描模式

三、支付的資金帳戶

不管是利用手機、或者是人體生物辨識、穿戴裝置、汽車等等，來當作行動支付的工具。其最重要的就是資金的移轉運作模式，一般資金的移轉模式，可透過原有的銀行體系，所發行的信用卡或金融卡（銀行帳戶）；亦可不經過銀行，而是經過公正的第三方業者所設置的儲值帳戶，來進行支付。以下將介紹這兩種模式：

（一）將信用卡與金融卡虛擬化

不管是利用 NFC 或 QR Code 來進行支付，其將消費支出的窗口，仍由實體信用或金融卡來擔任。此模式只是將實體信用卡與金融卡虛擬化，成為手機信用卡與金融卡，讓支付更安全與便利。

由於使用者必須綁定銀行帳戶或信用卡，才能使用，所以此種金流模式與實體卡支付模式雷同，並未改變原有支付生態系。因此現在全世界許多知名的支付，都很多採取此模式，如：Google Pay、Samsung Pay 與 Apple Pay。還有國內的銀行與電商公司或支付平台的合作，也紛紛推出自己的支付系統，也大都採取此模式居多。

（二）利用儲值卡或儲值帳戶

若支付的金流不是來自於原來的金融體系內的信用卡或金融卡，而是藉由「電子票證公司」所發行的儲值卡（例如：悠遊卡、一卡通）[3]、或者是由「電子支付公司（第三方業者）」所提供的儲值帳戶（如：街口支付）以進行支付移轉。若儲值卡（帳戶）之間可進行帳戶間（P2P）的資金互轉行為，此稱為「電子支付」、或稱「第三方支付」。所以只要電子支付將支付的儲值帳戶，轉成行動支付的電子錢包，則電子支付也可以進行行動支付。但市面上所有的行動支付，就不一定是電子支付。

此種支付模式，若在進行行動支付上，通常大都是利用 QR Code 的方式進行。但重要的功能乃是網路上進行 P2P 交易時，其資金的支付只要透過雙方在第三方所設置的儲值帳戶，就可完成資金相互移轉；已不用再透過原有信用卡與金融卡組織，所以會對原有的支付生態系統造成影響。

3 在國內消費者利用悠遊卡或一卡通等儲值卡，來進行資金支付的方式，此種方式僅限於消費者與店家之間，並無法進行消費者之間儲值帳戶內的資金移轉，所以僅能稱為「行動支付」，並不是「電子支付」（或稱第三方支付）。但隨著國內電子票證公司與電子支付公司的整併，電子票證公司也可進行電子支付的 P2P 資金移轉活動。

四、發展趨勢

自從 2007 年推出智慧型手機後，世界各國對於行動支付的發展，正以如火如荼的趨勢進展中。市場上的支付模式與支付工具，不斷的推陳出新，使得支付的產業，正在進行一項革命性的改變。

當然的，要成功的發展行動支付，除了需要眾多的機構相互配合外，最重要的還是所發展的支付技術，能夠創造一個全新的商業生態系統，要能符合人們生活所需，且提供更便利的支付功能，這樣才是眞正的關鍵因素。以下本文將分別說明幾個國家行動支付的發展趨勢。

（一）日本

當今全球，日本可以說是發展行動支付的領頭羊，早在還沒有智慧型手機的 2004 年，Sony 公司就開發出「FeliCa」支付服務，利用一般的行動電話以非接觸式 IC 晶片技術，進行行動支付。由於「FeliCa」支付系統，並非國際標準，與當今較爲普遍主流的 NFC 支付系統不相容，因此，有關以發展 NFC 技術的支付系統（如：Apple Pay），並無法進入日本市場。

但近期，美國的 Apple 公司將和 Sony 合作，要讓 iPhone 支援在日本廣爲普及的「FeliCa」支付系統，也將開始在日本提供「Apple Pay」服務。美國 Google 公司也與日本三菱金融集團合作，在日本提供「Google Pay」服務，且全球電商龍頭亞馬遜的「Amazon Pay」也在日本提供服務。

除了上述國際大型行動支付進駐日本境內，該國境內也有繁多的行動支付業者參與其中。由於行動支付業者林立，導致系統混亂，於是日本政府於 2018 年 7 月與產業界合作成立「Payments Japan」，展開整合的行動，統一技術規格「JPQR」，讓更多的使用者及店舖可以免於行動支付業者繁雜，提升使用率。

現今日本本土的行動支付比率仍低，不到 40%，以日本電信三雄 docomo、Softbank、KDDI 所屬的支付系統相互分庭抗禮。其中，docomo 結合 Line 的「LINE Pay」，Softbank 結合 Yahoo 的「Pay Pay」，KDDI 結合樂天的「R Pay」與「au Pay」爲三大主要支付管道。

（二）美國

美國的行動支付的發展，則是在 2010 年由三大電信商合作成立 ISIS 公司（目前更名為 Softcard），開始著手推動行動支付的業務。2011 年 Google 公司，首先推出以 NFC 技術，進行支付的電子錢包－「Google Wallet」，但因當時商家的 NFC 裝置並不普及，所以初期推廣較不易；爾後，直至在 2014 年 Apple 公司推出「Apple Pay」之後，才逐漸提升行動支付的使用率。

美國除了 Google 與 Apple 兩家積極布局行動支付外，原本的第三方支付龍頭－ PayPal 也不甘示弱，也於 2015 年收購電子錢包公司 Paydiant，開始進軍行動支付；並與臉書（FB）進行合作，讓民眾利用臉書（FB）的 Messenger 管道進行轉帳時，可於 Paypal 帳戶直接支付；且進一步與信用卡公司 Visa、Master 合作，讓 PayPal 的電子錢包可與這兩家信用卡帳戶相連結，以進行行動支付。

雖然，美國是行動支付的先驅之一，但長久以來，該國人民已根深蒂固的習慣利用實體信用卡支付，且線下店面支援 NFC 的機器太少，所以行動支付業者仍有很大的努力空間。但近期，在 Apple 公司的積極布局下，現在 Apple Pay 的支付已獲得大幅成長，並成為美國民眾最常使用的行動支付工具。

（三）中國

中國的行動支付的發展，乃從電商龍頭－阿里巴巴所成立的第三方支付平台－「支付寶」，所延伸出的行動電子錢包－「支付寶電子錢包」，現在該支付系統，已是全球最大的行動支付市場居於領先地位。此外，另一社群巨擘－騰訊集團，也利用自家即時通訊服務，發展出「微信支付」也打入行動支付市場，並占有一席之地。其餘如：京東集團的－「京東錢包」，平安集團的－「壹錢包」都積極在行動支付上布局。

此外，由於中國行動支付市場龐大的商機，也吸引來自海外的 Apple Pay、Samsung Pay 與 Google Pay，也紛紛與中國的信用卡系統－「銀聯卡」或銀行進行合作，都想進入中國市場，欲想搶食支付之大餅。但中國的行動支付市場，早就被「支付寶」與「微信支付」這兩大巨頭佔領，所以國外系統，並不易突破現有疆域。

由於該國利用傳統信用卡支付並不普及、加上提領現金的不便性，讓後來發展的行動支付成了市場主流。根據中國人民銀行表示：2021 年中國的行動支付普及率已達到 86%，遠高於全球平均水平，也是全球最大的行動支付王國。

（四）低度開發國家

其實，發展行動支付並不是網路、金融與經濟較發達國家的專利。全球使用行動支付最普及的國家，其實是非洲的肯亞，該國早在 2007 年就透過電信公司－Safaricom，在一般低階的手機，所建立的「M-Pesa」系統，以簡訊的方式就可完成行動提款、存款、付帳、匯錢等服務。該系統讓即使在銀行沒有戶頭的人，也能享受到立即、快速的電子化支付服務；且該國現已有近 90% 的使用者，曾使用過「M-Pesa」系統。

此外，其他低度開發國家，如：印度的「Paytm」、「Freecharge」、「MobiKwik」，緬甸的「Wave Money」、菲律賓的「Smart Money」、「G-Cash」、泰國的「K-Pay」、印尼的「Go-Pay」、「T-Cash」以及越南的「MomoPay」等，都提供利用手機就可進行支付、轉帳與匯款的行動金融服務。由於對於比較無法享受到傳統銀行服務的國家而言，行動支付系統可說是一項福音，所以這些國家的行動支付發展迅速，且可望躍為主流的支付方式。

（五）臺灣

國內或許是因為我們使用現金太過於便利，讓我們在發展行動支付上起步稍晚些，但國內的銀行、電信、電商、遊戲科技業、社交通訊業者仍積極建立自己的行動支付系統，希望能搶食這塊大餅。

目前國內行動支付，大抵上是以手機當作支付工具，亦有利用穿戴式裝置進行的支付模式。由於支付的大餅，具有龐大商機，所以國內專營與兼營行動支付的廠商業者如繁星，也導致每家廠商很難達到規模經濟的程度。

國內現今除了開放中國的支付寶、微信支付、以及國際智慧型手機製造商或服務商所設置的支付系統，如：Apple Pay、Samsung Pay、Google Pay 等外，尚有本土經營行動支付的單位，包含：專營廠商、銀行、通訊軟體、商店、醫療機構等共超過 100 家業者，這大概也是另類的臺灣奇蹟。

由於眾多支付業者加入，一定會出現支付規格凌亂的大問題。現在除了國內幾乎所有的銀行的支付系統都整合成「台灣 Pay」的共通支付標準外，若要進行其他支付系統，都必須下載各自的 APP，所以確實會造成使用者的不便性，也讓臺灣的行動支付比例仍低於政府預期。截至 2023 年底，國內最多人使用的行動支付，依序分別為「街口支付」、「一卡通」與「全支付」這三個系統。

金融搜查線

LINE Pay 也能貸款、保險了！首波攜手四大銀行合作申貸

LINE Pay貸款專區全新上線!

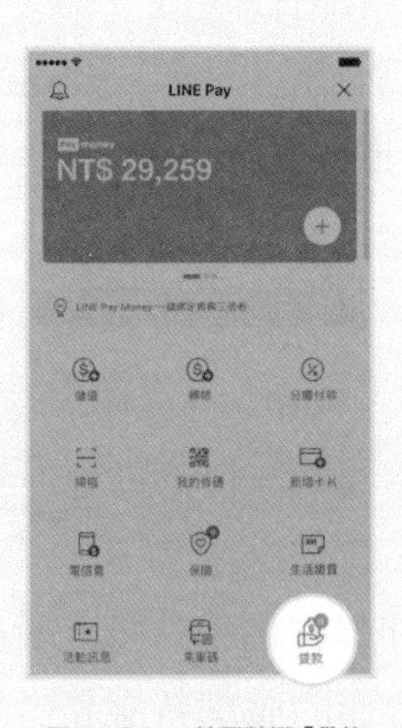

1. 至LINE Pay首頁點選「貸款」

2. 瀏覽合作銀行貸款方案並選定貸款方案

3. 跳至銀行網站申請貸款專案

LINE Pay 宣布，全新金融服務正式上線，推出「貸款」及「保險」兩大服務，整合多家銀行貸款專案，用戶只要透過 LINE Pay 貸款專區，便可即時查詢合作銀行貸款商品，保險服務則提供三大功能，讓用戶可直接掃碼或進行身分查證即時完成保費繳交。

LINE Pay 宣布，自即日起，用戶在 LINE Pay 的服務頁面中，可找到「貸款」及「保險」兩大新功能服務，用戶進入「貸款」專區後，可一次瀏覽所有合作銀行提供的貸款專案，並依據自身需求挑選合適的商品，挑選包括快速線上核准、超低利貸款、卡友貸款、大額信貸等類別商。

LINE Pay 表示，「貸款」首波合作上線銀行包括中國信託銀行、台北富邦銀行、聯邦銀行及渣打銀行，其中中國信託銀行推出快速線上核准，標榜線上申貸、核准到撥款全程最快 3 分鐘；台北富邦銀行針對 LINE Pay 用戶獨家推出全程線上、快速撥貸、開辦費 0 元的富邦 J 好貸專案；聯邦銀行推出卡友專屬、年利率 0.68% 起的貸款專案；渣打銀行推出最高 350 萬、前 6 期年利率固定 1.845%。

LINE Pay 指出，「保險」專區提供三大功能，用戶可透過「LINE Pay Money」完成繳交保險費服務，包括「掃描付款」，用戶打開掃描付款功能，只要掃描紙本帳單 QR Code，即可輕鬆完成繳交保費，以「即查即繳」，只要輸入身分證及生日並完成驗證後，即可進行保費查詢及繳交等服務，還有「提醒設定」讓用戶完成首次繳費後，系統將會開啓此功能並自動推播提醒用戶繳費。

LINE Pay 說明，「保險」專區首家合作保險業者爲富邦產險，適用險種包含汽機車保險、旅平險、健康傷害險及住宅火險，「掃描付款」提供所有持有繳款單的保戶透過 LINE Pay 條碼讀取器掃描 QR Code 的方式繳費，「即查即繳」主要服務投保強制險的廣大機車族群，輸入簡易資料後即可查詢即將續保的強制險保單。

LINE Pay 強調，未來將持續與更多金融業者合作以提供用戶多元貸款專案及各種保險服務，同時也將積極深化與金融業者合作開發創新服務，擴增行動支付應用場景，滿足用戶生活中的各種需求。

圖文來源：摘錄自 ETtoday 2020/10/29

解說

現今國內最多人使用的行動支付— LINE Pay，近期與各家銀行與保險公司合作推出全新金融服務，LINE Pay 使用者可在介面就可進行「貸款」與「保險」兩大服務，以滿足用户的日常生活需求。

金融搜查線

萬事達卡：數位支付已成臺灣民眾付款首選 多數集中三個支付錢包

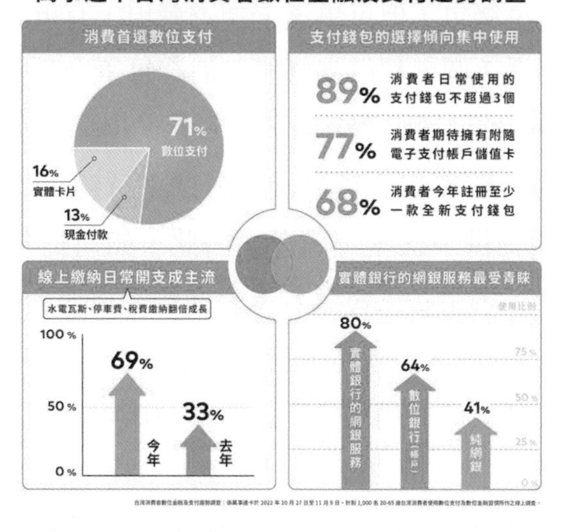

萬事達卡臺灣消費者數位金融及支付趨勢調查。 圖／萬事達卡提

臺灣數位支付蓬勃發展，大幅改變民眾生活與消費習慣。萬事達卡發布「臺灣消費者數位金融及支付趨勢調查」，已有七成以上臺灣民眾在日常消費時首選使用數位支付工具付款，而在過去一年間，每十個消費者中就有一人不再使用現金作爲支付工具，顯示民眾對數位支付的高度依賴。

此外，該調查同時發現，臺灣民眾數位支付行爲有從消費擴大至繳費的趨勢，和 2021 年相較，透過線上繳納水電瓦斯等日常開支的比例成長一倍，而 61 ～ 65 歲的銀髮族群的成長比例更達到 3 倍。隨著數位支付滲入全年齡群眾的生活，消費者在使用支付錢包時有更加集中化的趨勢，也進一步期待電支帳戶的使用在未來將不受地方限制，輕鬆嗶進全世界。

金管會的最新統計，2022 年前三季累計非現金支付交易金額約 4.5 兆元，相較 2021 年同期增長約 12.8%，2022 年全年有望突破 6 兆元大關。數位支付便捷安全的特質，再加上百貨、超商（市）等零售業者積極進攻支付市場的推波助瀾，促使消費者下載並註冊新的支付錢包。萬事達卡調查顯示，有68.1%的消費者在2022年至少註冊一款以上全新的支付錢包；而註冊數達10個以上支付錢包的消費者，更較去年成長5倍。

萬事達卡臺灣區總經理指出，臺灣數位支付業者百家爭鳴，民眾雖受各式促銷影響註冊多個支付錢包，但萬事達卡調查發現，有近九成消費者日常使用的支付錢包最多不超過3個，利用支付錢包消費每筆金額逾250元的消費者也已超過半數，成長幅度近一成，顯見消費者對於使用特定支付錢包忠誠度高。

此外，從調查中也觀察到消費者期待各個支付錢包能夠用在更多地方，並更加重視商戶是否提供多樣支付選擇。因此，如何提升民眾的黏著度與持續擴大支付使用場景，將是各支付業者未來面臨的重要課題之一。

萬事達卡發現，消費者經常遇到商戶無法提供數位支付服務，而有近45%的受訪者表示必須因此使用現金。面對目前市場上繁多的數位支付品牌，有90%的消費者仍希望在更多地方可用數位支付來付款；在開發新功能方面，也有77%的消費者希望自己所使用的支付錢包，能夠擁有附隨電子支付帳戶儲值卡，僅用電支帳戶綁定就可嗶進全世界的商家，使用場景更無遠弗屆。

萬事達卡「臺灣消費者數位金融及支付趨勢調查」指出，儘管支付優惠回饋仍是消費者在選擇使用支付錢包的首要考量，但有55.9%消費者表示在挑選支付錢包時，會重視是否可在更多地方使用。而不同年齡族群挑選支付錢包的考量因素也有所差異，20～30歲的年輕世代最重視優惠回饋方案與單一支付錢包能否在多數消費地點使用；50～65歲的中高齡族群則是更加重視資安保障程度以及是否有繳納水電費等附加功能。

萬事達卡「臺灣消費者數位金融及支付趨勢調查」顯示，「便利商店、超市、網購與量販店」是消費者最頻繁使用數位支付的四大場景，且隨著電支條例於2021年7月上路後，零售業者紛紛加入支付戰局並搶攻商品隨取服務市場，同時運用各自累積的會員資料庫精準推播優惠訊息以提升用戶黏著度與忠誠度。

該調查發現，有超過25%的消費者2022年開始透過數位支付購買超商、量販店的商品隨取券，且有近一成消費者開始固定訂閱咖啡、衛生紙等日常消費品，顯示零售業數位支付平臺帶來的全新消費模式正改變消費者日常購物的習慣。此外，該調查也觀察到，透過線上繳納水電費等日常開支的消費者成長比例翻倍，從2021年的32.8%上漲至2022年的68.6%。

實體通路繳費不僅有移轉至數位支付的趨勢，同時也逐步被各類型的網銀功能取代，在金融業積極推動數位轉型下，數位金融的使用普及率快速提升，繼實體銀行延伸出網銀服務後，各金融業者持續推出數位銀行帳戶及純網銀等多元服務選擇。萬事達卡調查發現，臺灣民眾已習慣依賴數位金融生活，且對網銀有很高的黏著度，近三成民眾每天都會使用網銀服務。

雖然目前市面上有實體銀行的網銀服務、數位銀行帳戶、純網銀等三種不同選擇，但仍有四成消費者僅會選擇使用一款服務，其中以實體銀行延伸出的網銀服務最受民眾青睞，民眾對新興純網銀的採用度仍相對偏低。

萬事達卡調查指出，「不需要更多銀行帳戶、對品牌不熟悉、有資安疑慮」是民眾不選擇使用純網銀的主因。值得注意的是，該調查數據也指出，同時開立使用實體銀行網銀、數位銀行帳戶及純網銀的民眾已有26.3%，顯示消費者正慢慢開始嘗試使用新興金融工具享受數位金融生活。

萬事達卡「臺灣消費者數位金融及支付趨勢調查」統計，除目前網銀用戶日常最常使用轉帳、查詢交易紀錄等基本功能外，有高達76%民眾會透過網銀服務申辦貸款、外幣匯兌或繳納水電費等生活帳單。

爲滿足消費者可以一鍵享有整合式數位金融服務，萬事達卡與各銀行持續合作推出以信用卡作爲金融服務核心的「理財信用卡」，在支付功能外也爲信用卡附加理財價值；消費者除了在投資理財時能額外享有回饋外，也能透過理財帳戶整併，更便捷、有效率地資產管理。萬事達卡也將持續推動整合式金融服務與多元解決方案，助力政府、商業夥伴建構健全數位金融生態圈，讓消費者享有更便捷的金融生活。

萬事達卡指出，數位支付工具的定義爲包含任何非使用現金、支票、實體卡或銀行帳戶轉帳，透過以下形式實體或線上交易：透過綁定信用卡及金融卡之感應式支付錢包；透過綁定信用卡及金融卡之通用型 QR code 支付錢包；透過綁定信用卡及金融卡之商戶型 QR code 支付錢包。

圖文來源：摘錄自工商時報 2022/12/21

解說

近期，傳統信用卡業者—萬事達卡發布「臺灣消費者數位金融及支付趨勢調查」，雖然臺灣數位支付業者百家爭鳴，民眾雖受各式促銷影響註冊多個支付錢包，但有近九成消費者日常使用的支付錢包最多不超過 3 個。調查中，指出所有支付中，手機佔 71%，實體卡佔 16%，現金僅佔 13%，顯示國人使用行動支付愈來愈普及。

金融搜查線

Apple Card 儲蓄帳戶突破 100 億美元！4.15% 年利率，強攻金融市場

蘋果與華爾街大行高盛聯手推出的 Apple Card 儲蓄帳戶廣受市場歡迎，據了解推出的首週就吸引將近 10 億美元的存款，會受青睞的原因正是在於高達 4.15% 的年利率，此外加上 iPhone 的普及，事實上在推出首日開戶數就突破 24 萬、吸引 4 億美元存款。

CNBC、金融時報等外媒報導，美國科技巨頭蘋果公司（Apple）宣佈攜手金融巨擘高盛（Goldman Sachs）推出 Apple Card 儲蓄帳戶，年利率高達 4.15%；蘋果進一入深入金融服務市場，也讓目前面臨存款外流的銀行業者壓力更增。

Apple Card 儲蓄帳戶 4.15% 年利率，無最低存款要求

蘋果表示，儲蓄帳戶無最低存款或餘額要求，餘額上限爲 25 萬美元。用戶能從 iPhone 上的 Apple Wallet App 設置儲蓄帳戶，前提是必須先開通

Apple Card（即蘋果發行的信用卡，目前僅向美國用戶開放）。Apple Card 用戶消費時獲得的 Daily Cash 現金回饋也將自動存入帳戶。

根據聯邦存款保險公司（Federal Deposit Insurance Corporation，FDIC）的數據，美國儲蓄帳戶的平均年化收益率（APY）爲 0.35%，故蘋果祭出的 4.15% 年利率相較之下相當誘人；該利率也優於部分市面上其他金融機構提供的高利率儲蓄帳戶，包括美國運通（American Express）的 3.75% 和高盛 Marcus 高利率儲蓄帳戶的 3.9%。

蘋果才用先買後付敲進金融市場，如今再跨新一步

蘋果甫於 3 月底推出先買後付（buy now pay later, BNPL）支付服務，儲蓄帳戶正式上線，代表該公司跨出拓展旗下金融服務產品的最新一步。值此同時，傳統銀行（尤其地區銀行和較小型的銀行）正面臨資金流向貨幣市場基金等收益更高產品的問題。金融時報報導，隨著儲戶爲追求更高利率而轉移資金，嘉信理財集團（Charles Schwab）、道富銀行（State Street）和 M&T 等三大銀行 2023 年首季存款水位大減近 600 億美元。

自 Silvergate Bank、矽谷銀行和標誌銀行 3 月相繼倒閉以來，美國銀行存款正以 2008 年金融危機以來最快的速度外流。蘋果進一步深入金融服務戰局，顯然將讓傳統銀行業者面臨更大的壓力。

圖文來源：摘錄自數位時代 2023/08/04

解說

全球智慧型手機龍頭之一——蘋果推出的 Apple Card 儲蓄帳户，因為 4.15% 的超高年利率，大受歡迎。因該利率也優於部分市面上其他金融機構提供的高利率儲蓄帳户讓傳統銀行業者面臨更大的壓力。

7-2 電子支付

近年來，爲了網路買賣家的交易便利，興起的另一種由「電子支付公司」居間仲介的資金移傳模式，稱爲「電子支付」（Electronic Payment），由於資金移轉非由傳統銀行，而是電子支付公司以第三方名義居間，所以也被稱爲「第三方支付」（Third Party Payment）[4]。通常電子支付機構成立電子支付平台，接受使用者註冊、以及開立資金移轉與儲值帳戶，並利用電子設備，以連線方式傳遞收付訊息之業務。

由於電子支付（第三方支付）系統的運作模式，提供給網路的買賣雙方一個安全便利的資金流通平台，且因資金不經銀行仲介，可以節省許多交易手續費。近年來，又拜智慧型手機的普及發達，讓原本靜態的網路儲值帳戶，延伸至可以進行行動支付的電子錢包，大大的提升使用的便利性與廣泛性。因此，近年來，全球各國都積極的發展自己的交易平台與系統，希望讓資金的流通更爲便利與效率。以下本節將介紹電子支付（第三方支付）運作模式、特點、風險、以及發展趨勢。

一、運作方式

有關第三方支付的資金移轉模式，此處以華人圈中最大的第三方支付系統，爲中國阿里巴巴集團所推出的「支付寶」爲例，來進行說明。交易說明如下，並詳見圖 7-3 的輔助說明：

1. 網路買賣家，首先均在「支付寶」開立帳戶，並將銀行資金儲值於帳戶內。
2. 買家於淘寶網完成選購商品。

---

4 嚴格來說：第「三方支付」的名稱來自中國，其業務性質與臺灣的「電子支付」相同，因習慣與先入為主的觀念，所以在國內將兩者混為一談。但其實臺灣的支付制度中，「電子支付」與「第三方支付」是不同的兩種機構。臺灣的第三方支付的主管機關是「經濟部」，其業務範圍是與信用卡收單機構簽訂，提供網路交易代收代付服務平台業者，例如：Yahoo 奇摩輕鬆付、支付連等。但臺灣的電子支付的主管機關是「金管會」，其業務經營為網路或電子支付平台為中介，接受平台會員進行資金儲值與會員之間相互移轉。所以國內的第三方支付，僅能代收代付，並無法進行資金儲值與移轉的行為，這是兩者最大的差別。

此外，國內以前還有一種「電子票證」公司（如：悠遊卡或一卡通），其主管機關也是「金管會」，其與電子支付最大的不同點，就是電子票證僅能儲值，並無法進行會員之間的資金移轉。但隨著國內「電子票證」公司與「電子支付」公司將進行整合，以後「電子票證」公司將在國內消失，全部轉型成為「電子支付」公司。

3. 買家將購物價款，由「支付寶」預付給淘寶網。
4. 淘寶網通知賣家出貨，且通知買家已付款之訊息。
5. 賣家出貨商品給買家。
6. 買家收到商品後，再通知淘寶網「確認收款」。
7. 淘寶網再將商品價款，支付至賣家的「支付寶」。

所以以上七個步驟，藉由第三方支付，就完成網路交易買賣雙方可以商品與價金同步交割的情形。

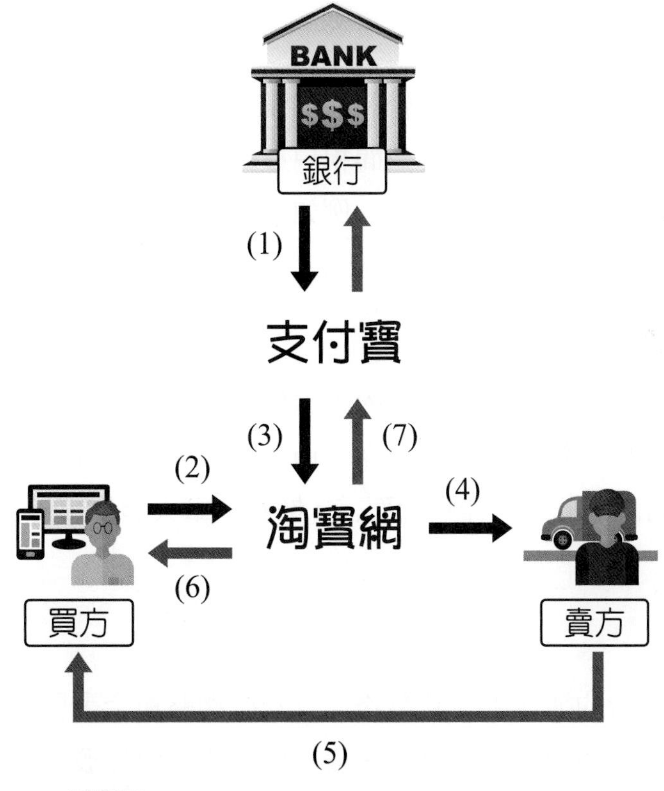

圖 7-3 第三支付交易模式－以「支付寶」為例

二、運作特點

一般而言，第三方支付系統的運作特點，如下四點：

（一）保障網路交易順暢

第三方支付平台，在網路買賣交易中，扮演一個公正第三者的角色。網路上的買賣交易，無論是資金支付、商品交貨與退貨，平台業者在整個交易過程中，可以對買賣雙方進行約束及監督，並提供必要的相關支援。因此第三方支付平台，相對於以往傳統的網路交易之貨款交付方式（如：信用卡付款、銀行轉帳付款、貨到付款等），提供更便利與安全的交易流程。

（二）提供多元支付方式

第三方支付平台，客戶可以除了可用於網路上買賣的支付外，亦可將靜止的儲值帳戶內的資金，延伸至可以進行行動支付的電子錢包，帶給客戶使用上的靈活便利性與多元廣泛性。

（三）客戶減少轉帳支出

客戶將資金移入第三方支付平台內的儲值帳戶後，當網路上買賣雙方，進行資金移轉時，都是在平台的儲值帳戶間相戶移轉，因此幾乎不用支付任何轉帳費用，相較以往支付方式，更能降低成本。例如：以往信用卡付款賣方須支付手續費、跨行轉帳買方須支付手續費。

（四）合作銀行增加存款

客戶將資金移入第三方支付平台內的儲值帳戶後，所有的資金都在與平台業者合作的銀行帳戶內，這些資金的流動，頂多是在虛擬的儲值帳戶內移轉，並不會外流至其它銀行。因此對合作銀行而言，擁有一筆大額且相對安定的存款資金，可供生利運用。

三、運作風險

第三方支付平台的運作上，其業務性質介於網路與金融服務之間，所以在運作上，各國必須在法律地位上，給予明確定位，才不致於發生妾身不明的情形。有關第三方支付平台的運作上，除了上述定位的問題外，尚有以下兩種運作風險：

（一）平台業者非法挪用資金

第三方支付平台業者，集結大量且小額的資金於業者的銀行帳戶內，平台業者成爲「資金保管人」，但終究不具備對資金的所有權。所以將來隨著用戶的增加，資金池會累積龐大的資金，這些資金會有被平台業者，非法挪用的風險存在，尚有資金池內的活期存款利息分配的問題。所以監管單位必須給予適當的規範，以免平台業者濫用此資金與利息的支配。

（二）平台易成為洗錢的管道

客戶在第三方支付平台開立儲值帳戶，若平台業者沒有嚴格規定客戶要採實名制，就不易掌控客戶的眞實身分；既使採取實名制，客戶仍有可能利用人頭戶，從事非法的資金轉移、或是洗錢的行爲。

四、發展趨勢

全球最早的第三方支付系統，誕生於美國。爾後，被中國發揚光大，且逐漸演變發展出一個巨大的電商金融生態，其整個生態的產業鏈規模之浩大，令人嘆爲觀止。國內有鑑於，中國電商金融的蓬勃發展，近年來，本土業者亦急起直追，希望能夠跟得上這股第三支付時代的潮流。以下本文將介紹美國、中國與臺灣，第三方支付的發展趨勢。

（一）美國

全球最早的第三方支付系統，首推美國於 1998 年所成立的「PayPal」第三方支付平台。該平台於 2002 年，被知名拍賣網站「eBay」收購成爲主要支付管道，後因合併效益不如預期，於 2015 年「PayPal」正式脫離「eBay」。

近年來，PayPal 積極著力於行動支付，於 2015 年收購電子錢包公司－「Paydiant」，以及收購跨境匯款公司－「Xoom」，也踏入跨境匯款市場，並於納斯達克（Nasdaq）交易所掛牌上市。2016 年，又與 Visa、Master 信用卡、以及社群媒體公司－臉書（FB）進行合作，讓 PayPal 的電子錢包與各通道相連結，以擴展行動支付支規模。現「PayPal」仍積極與全球各網路商進行合作，服務範圍涵蓋全球 200 多個國家和地區，擁有超過 3.5 億活躍支付帳戶，支持全球 100 多種貨幣交易。

近期，PayPal 也面臨 Stripe、Square、Zelle、Vantiv 等新興支付平台的競爭，再加上蘋果－ Apple Pay、Google － Google Pay 等科技大廠也不斷優化旗下支付功能，使得 PayPal 的市佔率節節敗退，雖然 PayPal 累積了豐富的線上支付經驗，但面對蘋果、Google 終端消費者產生的影響力，讓 PayPal 的發展倍感威脅。也因此，2021 年 PayPal 正式接手中國第三方支付平台「國付寶」將以全外資名義進軍中國支付市場，希望能擴大第三方支付的經營市場。

（二）中國

近年來由於中國互聯網金融的發達，知名電商公司阿里巴巴，旗下的「淘寶網」於2004年所推出的「支付寶」，現已成爲全球第三方支付交易量最大的霸主。現在支付寶可爲全球190多個國家的用戶，提供支付的服務；且由於交易量過於龐大，所衍生的非法問題也較多，因此2016年起，「支付寶」採取實名制帳戶，希望藉此防止非法洗錢。

此外，中國自2010年後，對第三方支付機構的管理納入牌照化後，短短幾年即出現200多家第三方支付業者。其中，另一支付巨頭乃由社群巨擘－「騰訊」於2014年所成立的－「微信支付」，其與支付寶兩者的交易額，在2020年第一季約佔整個中國市場約94%的額度，幾乎壟斷整個支付市場。其餘業者，如：京東集團的－「京東錢包」，平安集團的－「壹錢包」也都在第三方支付上積極布局。此外，2021年又開放第三方支付始祖－PayPal進入市場，將來可能會在中國的跨境支付市場開啓新競爭模式。

由於中國擁有龐大的第三方支付使用人口，該國央行（中國人民銀行）爲了避免第三方支付的帳戶成爲洗錢獲利的溫床，於2017年中，紛紛列管第三方業者的資金流動情形，將來帳戶內的資金流通，不能直接再透過合作銀行，必須透過中國人民銀行旗下新成立的「網聯平台」來處理。因此也讓中國官方能夠掌握消費者的資料、交易紀錄等數據，並可監管用戶的資金流向。近期，中國官方認定「支付寶」和「微信支付」合計的市占率都已超過了監管規定2/3標準，所以可能意味著這兩家支付巨頭可能會面臨被分拆的命運。

（三）臺灣

由於國內地狹人稠，ATM服務據點廣佈，使得國人使用現金過於便利、及國人申請信用卡簡易與普遍，以習慣利用實體卡進行支付。此外，國人在網路上消費，也普遍利用廣佈的超商進行貨到付款之服務。所以國內在支付活動，原本就存在著種種的便利，因此讓我們使用行動支付缺乏誘因，也使得我們在發展電子支付的腳步稍緩些。

國內直至2015年5月，才正式通過電子支付專法後，規定經營此業務須取得電子支付機構營業許可。近期，由於金管會欲鬆綁電子支付的業務，讓他除了轉帳支付外，亦可從事小額匯兌與買賣外幣業務，讓原本已熱鬧非凡的產業，現又加入狹有眾多會員的電商或超商，如：蝦皮、全聯與全家等都欲加入電子支付行列；

且更何況國內已修法通過「電子支付」與「電子票證」整併，所以可預見將來國內的電子支付市場應會更爲戰火紛飛。目前截至 2024 年 3 月，國內已有 10 家專營[5]及 20 家兼營的電子支付公司。

金融搜查線

1 消費習慣逐漸改變，銀行局統計，截至 2022 年 10 月底本土電子支付使用者共 2,077 萬人，年增 36.3%；2022 年 1 ～ 10 月電子支付交易金額 878 億元，年增 24%，電子支付「方便、優惠、零接觸」特性深受青睞，愛金卡公司旗下 icash Pay 服務特別攜手元大投信，推出購買基金服務，更成爲業界首家提供電子支付帳戶購買基金服務的電支業者。

icash Pay 目前提供連結存款帳戶，截至目前已合作累積達 13 家金融機構，包括台北富邦、國泰世華、中國信託、中華郵政等，即日起擁有這 13 家

5 10 家專營電子支付公司分別為全盈支付、全支付、悠遊卡、一卡通、愛金卡、歐付寶、橘子支付、國際連支付、簡單行動支付、街口支付。

金融機構存款帳戶的 icash Pay 使用者，在線上就可完成元大投信開戶及支付綁定。至 2023 年 3 月 31 日，使用 icash Pay 單筆或定期定額申購元大投信 0050 ETF 連結基金、0056 ETF 連結基金等主打基金，即享該檔基金 0 元手續費優惠，同時為降低基金理財門檻，每月最低只要 1,000 元，形同每天省下 30 元的飲料錢，就能申購這些主打基金。

除了有 icash Pay 申購優惠活動外，元大投信更於 2022 年年底推出 LINE 官方帳號，民眾於 icash Pay 申購成功，並於元大投信 Line 官方帳號完成綁定，即可線上查看個人基金庫存、交易明細及配息資訊，簡單管理基金資產，透過小錢理財放大你的財富。未來愛金卡將持續擴散 OPEN POINT 生態圈範疇，並透過微金融支付優勢與創新金融科技的產業夥伴合作，拓展各面向商戶與場域合作，更將透過精準行銷數據分析，推動共贏效益。

圖文來源：摘錄自工商時報 2023/01/11

解說

國內電子支付服務新突破，愛金卡的 icash Pay 攜手元大投信，領先業界成為首家提供電子支付帳戶購買基金服務的業者，此舉讓電支業者除了支付外，也能進行投資，擴大電支金融生態圈。

金融搜查線

全盈支付攜台新推小額信貸 首創貸款直入電支帳戶

全盈支付引入新股東台新創投，宣布攜手台新銀行推出小額信貸微金融服務，首創貸款金額直入全盈 +PAY 電支帳戶，持續邁向開放金融新時代。

隨數位經濟發展，電子支付市場前景可期，全盈支付因應未來長遠發展，充實營運資金後盾並鞏固市場競爭力，引入新股東台新金控旗下的台新創投，持續深化全盈支付「零售、金融與電商」3 大混血基因。

根據資策會（MIC）最新行動支付調查報告指出，結合消費場景發展嵌入式金融服務、客製個人化金融爲未來支付發展趨勢，隨著行動支付消費功能與通路發展越趨成熟，消費者更傾向針對不同場景選擇最合適的支付工具或金融服務。

邁向開放金融新時代，看好年輕族群對線上保險、貸款等新型態的金融服務接受度高，全盈 +PAY 發布新聞稿宣布，攜手台新銀行推出全新 Richart 全盈貸，首創貸款金額撥入電支帳戶的微金融服務，用戶於全盈 +PAY 金融服務專區即可進行申貸服務，更首創貸款金額小於新台幣 5 萬元，可撥款至全盈 +PAY 電支帳戶中。

看好未來電子商務及數位金融發展，全盈 +PAY 積極布局線上電商消費場景，今年起陸續串接 PChome24h、東森購物網等電商平臺再與臺灣零售軟體雲服務公司 91APP 串接，使其合作的 D2C 品牌商家官網與 APP 皆可選擇使用全盈 +PAY 支付。

全盈支付總經理表示，全盈 +PAY 在 2022 年 4 月開業，以嵌入式支付金融科技差異化策略切入臺灣電支市場，並進駐全家便利商店、智生活與 STAYFUN 等場景夥伴企業 APP，深耕零售、社區、職場、金融 4 大場景，開業週年目標已全數達陣，會員數突破 150 萬、特店通路達 10 萬支付點、活躍會員比例高達 7 成。

圖文來源：摘錄自中央通訊社 2023/06/01

解說

近期，國內的電子支付市場又推出新業務，由電支新兵一全盈支付攜手台新銀行推出全新 Richart 全盈貸的小額信貸服務，首創貸款金額直入電支帳戶，讓開起微金融服務新時代。

QR CODE	影片主題、網址、日期、長度、語言與出處	影片重點簡介
	◆ 無接觸商機崛起！ 數位金融服務玩創新一機在手搞定收付款 https://www.youtube.com/watch?v=mgjIHPBFVDM&t=9s 2022/09/06 ｜ 1 分 58 秒 ｜ 華語 ｜ 三立新聞	疫情造就無接觸商機逐漸崛起！現在搭計程車只要拿起手機，就可進行行動支付非常方便。數位金融服務玩創新一機在手搞定收付款。
	◆ 後疫情「無現金時代」 雞蛋糕攤也行動支付 https://www.youtube.com/watch?v=rt8OTZbnito 2022/06/08 ｜ 2 分 04 秒 ｜ 華語 ｜ 東森新聞	後疫情時代，讓生活方式出現改變，就連街邊攤商，都有提供行動支付，降低用「現金」的機會，能減少和人接觸機會，達到防疫效果。
	◆ 蘋果攜高盛推"4.15%"高利息活存！傳統銀行挫勒等？ https://www.youtube.com/watch?v=SKfb8xWAPgk 2023/04/18 ｜ 2 分 18 秒 ｜ 華語 ｜ 非凡新聞	蘋果推出 Apple Card 儲蓄帳戶，年利率高達 4.15%，此帳戶無手續費，也無最低存款要求，可以簡單透過 iPhone 裡的蘋果錢包管理帳戶。
	◆ 電子支付讓食衣住行更便利！再升級擴及繳費報稅 https://www.youtube.com/watch?v=VSCKZdiBEZg 2023/05/17 ｜ 1 分 50 秒 ｜ 華語 ｜ 非凡新聞	現在越來越多人使用行動支付，用手機 App 就能付款。不管是買東西、搭捷運、繳費到報稅都能使用，也為日常生活增添便利性。
	◆ 全台首家電子支付買基金！ 小資族穩健投資錢「兔」似景 https://www.youtube.com/watch?v=7rSVdx4umIA&t=21s 2023/01/12 ｜ 2 分 16 秒 ｜ 華語 ｜ 民視新聞	近年來，國人逐漸朝向電子支付方向邁進，元大投信瞄準商機，攜手電支業者，提供全台首家電子支付買基金服務，鼓勵年輕小資族群，穩健投資。
	◆ 一卡通邁進3.0階段 啓動數據賦能 https://www.youtube.com/watch?v=0GCPwaNkMaY 2023/03/13 ｜ 3 分 42 秒 ｜ 華語 ｜ TNEWS 聯播網	電子支付公司一卡通，無論在電子支付及儲值卡的服務上，都累積了龐大的數據資源，不僅積極打造數據中台，也推動 ESG 綠色運具服務。

本章練習題

金融科技力知識檢定測驗試題

(　　) 1. 有關行動支付的營運與發展，下列敘述何者錯誤？
(A) 行動支付需第三方支付業者才能提供服務
(B) 行動支付從技術上，可分為遠端支付與近端支付兩種形式
(C) 行動支付可透過手機進行連線／離線的支付服務
(D) 許多新科技被應用於行動支付，包括穿戴式裝置與生物辨識技術。
〔第 1 屆〕

(　　) 2. 從金融生態圈的角度來看，成功的行動支付平台業者需要具備整合能力，下列敘述何者不是主要關鍵因素？ (A) 要有能力吸引消費者與商店 (B) 有能力進行同業與異業的合作 (C) 有能力整合提供各式支付工具 (D) 有能力提供置換新型智慧手機的補貼。〔第 1 屆〕

(　　) 3. 行動支付中的遠端支付業務已經行之有年，作業模式成熟，下列敘述何者不是主要營運發展模式？ (A) 手機線上訂票 APP 服務 (B) 透過手機感應式支付服務 (C) 透過手機進行遊戲加值等支付服務 (D) 金融機構行動銀行提供之各項繳費、轉帳等服務。〔第 1 屆〕

(　　) 4. 行動支付中的場景金融，重要的是要能夠提升場域生活價值，下列敘述何者不是主要情境因素？
(A) 透過手機觀看股市新聞，作為證券下單參考
(B) 透過手機提供超商的電子會員卡與折扣優惠，鼓勵支付消費
(C) 結合線上線下交易，例如透過線上訂車、支付，而坐車是線下
(D) 透過近端行動支付，分散夜市熱門攤販的支付，簡省排隊時間。
〔第 2 屆〕

(　　) 5. 肯亞電信商提供的 M-Pesa 是以下列何者完成支付聯繫？ (A) 臨櫃確認 (B) 行動電話簡訊 (C) 電子郵件 (D) 電話通知。〔第 2 屆〕

(　　) 6. 下列何者是行動支付成功因素？ A. 解決使用者需求／痛點 B. 政策環境配套讓更多商戶有動機導入 C. 建立經濟生態體系，創造場景金融 (A) 僅 A.B (B) 僅 B.C (C) 僅 A.C (D) A.B.C。〔第 2 屆〕

(　　) 7. 下列何者屬遠端支付類型？ (A) NFC (B) 高鐵訂票 APP (C) mPOS (D) QR Code。〔第 2 屆〕

(　　) 8. 有關 QR Code 應用於行動支付，下列敘述何者正確？
(A) QR Code 行動支付在臺灣的交易筆數已超越其他行動支付工具
(B) QR Code 行動支付需消費者轉換 SIM 卡後方得使用
(C) QR Code 行動支付可依流程分爲線上支付與線下支付
(D) 所謂的 QR Code 線下支付，意指由消費者掃描店家所提供之 QR Code，以完成交易。〔第 2 屆〕

(　　) 9. 對於第三方支付之敘述，下列何者正確？ (A) 第三方支付等於行動支付 (B) 提供買賣雙方交易保障服務 (C) 第三方支付業者指的就是銀行機構 (D) 第三方支付不含電子票證。〔第 1 屆〕

(　　)10. 由第三方支付公司（支付平台）主導的行動支付服務，下列敘述何者錯誤？
(A) 客戶可於手機 APP 上綁定信用卡與銀行帳戶直接扣款
(B) 支付平台負責對客戶的銀行帳戶與商店帳戶進行清算
(C) 支付平台可發揮支持行動電信營運商、金融機構及客戶提供連結等功能
(D) 支付平台獨自完成營運作業，故效率與作業安全性相對於傳統銀行業更差。〔第 2 屆〕

(　　)11. 有關行動支付的技術，最安全的行動交易形式是下列哪一種？ (A) TSM (B) NFC (C) SMS (D) HCE。〔第 3 屆〕

(　　)12. NFC（Near-Field Communication）支付通常依賴三個主要的組成元素，下列何者錯誤？ (A) 手機天線 (B) 手機內建防干擾安全元件 (C) RFID 技術 (D) 讀卡機。〔第 3 屆〕

(　　)13. 有關 QR Code 行動支付敘述，下列何者錯誤？ (A) 無轉換新卡、限定機種問題 (B) 因不涉及特殊規格，因此目前使用便利性相當普及 (C) 消費者需要下載 APP 並完成註冊 (D) 在實體商家或網路商場均可進行購物。〔第 3 屆〕

(　　)14. 有關第三方支付平台的敘述，下列何者錯誤？ (A) 其提供的行動支付主要是以近端支付服務爲主 (B) 爲行動電信營運商、金融機構及客戶三者提供連接 (C) 負責對客戶的銀行帳戶與商店帳戶進行結算 (D) 因金融機構被邊緣化，第三方支付安全性受質疑。〔第 3 屆〕

(　　)15. 下列何者不是屬於近端支付的技術？ (A) NFC（Near-Field Communication） (B) mPOS（Mobile point of Sale） (C) SMS（Short Message Service） (D) HCE（Host Card Emulation）。〔第 4 屆〕

( )16. 下列何者可說是「行動支付」成功運作之核心關鍵，即接受服務供應商之委託，進行相關行動支付、行動商務服務的下載、安裝及個人化的被信賴獨立第三方機構？ (A) TSM（Trusted Service Manager） (B) NFC (C) OTA（Over the Air） (D) HCE。〔第 4 屆〕

( )17. 有關行動支付中信用卡資料的認證機制，下列何者正確？ (A) NFC 使用虛擬卡號與交易金鑰 (B) HCE 主機卡模擬須輸入密碼或簽名 (C) mPOS 使用存放在晶片中的安全元件 (D) 使用 Token 服務以隨機編碼產生的代碼。〔第 4 屆〕

( )18. 下列何項不符合國際清算銀行所定義的行動支付？ (A) 行動銀行轉帳 (B) Apple Pay (C) 掃碼支付（如支付寶、Pi 或街口等 App） (D) 分行 ATM 支付。〔第 4 屆〕

( )19. 下列何者主要的服務不是第三方支付平台？ (A) 支付寶（阿里巴巴） (B) 支付連（PCHome Pay） (C) 愛金卡（i cash） (D) PayPal。〔第 4 屆〕

( )20. 下列何者屬近端支付類型？ (A) Apple Pay (B) Apple iTunes Store 購買 App 或音樂 (C) Google Pay 購買 App 或音樂 (D) 全國繳費網 App。〔第 4 屆〕

( )21. 下列哪個項目不屬於遠端支付？ (A) 提供繳費、轉帳的網路銀行 App 模式 (B) 第三方支付的行動購物模式 (C) 醫療費用行動支付平台綁定信用卡或金融卡，以繳付醫療費用的 App 模式 (D) Apple Pay、Google Pay、Samsung pay。〔第 8 屆〕

( )22. EMV 支付代碼服務框架是為了解決何種問題？ (A) 為了加速完成支付交易 (B) 為了讓店家請款時對帳方便 (C) 為了讓消費者不需記憶冗長的卡號資訊 (D) 為了讓支付的過程中，不讓店家有可能儲存客戶的卡號資料。〔第 9 屆〕

( )23. 下列何項非屬近距離無線通訊（Near Field Communication；NFC）支付的主要組成元素？ (A) 手機的 NFC 天線 (B) 收銀台的非接觸式讀卡機 (C) 手機內建防干擾的安全元件 (D) QR Code。〔第 9 屆〕

( )24. 資料標記技術（EMVCo Tokenization）主要解決了下列問題？ (A) 消費者常忘記卡號 (B) 降低店家收單成本 (C) 付款流程複雜 (D) 個資外洩。〔第 10 屆〕

( )25. 下列何者非屬網際網路興起後的支付模式？ (A) 電子資金轉帳 (B) 純網路銀行 (C) 電子商務支付系統 (D) 加密貨幣。〔第 10 屆〕

( )26. 有關 NFC 的敘述，下列何者錯誤？ (A) 是最安全的行動交易形式 (B) 傳輸距離長 (C) 手機必須具有 NFC 功能才能使用 (D) 收款店家需有 NFC 讀卡機。〔第 11 屆〕

( )27. 下列何項非屬主管機關對電子支付機構的業務或經營開放方向？ (A) 加強吸引境外機構設立或入股 (B) 開放不同電子支付業者平臺之間的相互轉帳 (C) 進行外幣買賣業務（一定金額以下之小額匯兌） (D) 強化無接觸金融服務之範疇。〔第 12 屆〕

( )28. 根據聯合國（UNSGSA）2019 年之報告，若某家銀行將電子錢包及 P2P 轉帳應用於商品服務中，係屬於下列何項領域之運用？ (A) 支付 (B) 借貸 (C) 儲蓄 (D) 保險。〔第 13 屆〕

( )29. 下列何者非屬行動支付興起的原因？ (A) 行動裝置普及 (B) 行動裝置內密碼輸入便利 (C) 生物辨識裝置普及 (D) 行動支付資金移轉不便利。〔第 14 屆〕

( )30. 有關 HCE 的敘述，下列何者錯誤？ (A) 透過 app 取得控制權 (B) 免除 OTA 介接費用 (C) 在雲端進行晶片模擬 (D) 需換發 SIM 卡。〔第14屆〕

Chapter 8

社群金融－新興平台

本章內容為社群金融－新興平台，主要介紹有關網路社群與金融、**P2P** 網路平台、群眾募資平台與商品銷售平台等內容，其內容詳見下表。

節次	節名	主要內容
8-1	網路社群與金融	介紹網路社群與社群金融。
8-2	P2P 網路平台	介紹 P2P 借貸、P2P 匯兌與 P2P 保險平台。
8-3	群眾募資平台	介紹群眾募資平台的組成、模式、特點、風險與發展趨勢。
8-4	商品銷售平台	介紹基金代銷、保單銷售、財富管理平台。

【本章導讀】

金融科技的運作模式之所以具破壞式創新的特性，乃是在茫茫的網路世界裡，加入「社群」的因子；把全世界各地的網戶聚集一堂，利用群眾的力量，進行互利共享的運作模式，讓金融資源被公平、透明、效率的分配，以實踐「普惠金融」的目標。因此，網路社群金融的普及發展，不僅使得金融資源得以重新分配，也爲金融創新營業活動帶來新契機。

以下本章首先，介紹網路社群與金融的結合，其次，再依序介紹網路社群滲入金融活動後，所產生的 P2P 網路平台、群眾募資平台與商品銷售平台等社群金融的服務型態。

8-1 網路社群與金融

由於網路社群的興起，改變了人們溝通與聯繫的習慣、也改變了商業的運轉模式，也讓金融活動變得更加的便利與普及。因此網路社群的發展，對於現代經濟社會的運作，具有著實的影響性。以下本節將說明網路社群與社群金融的形成、運作與特點等內容。

一、網路社群

隨著網際網路的蓬勃發展，原本經營各種商業性的入口網站，曾是致力於發展電子商務的重要目標。雖然入口網站，可以短期間聚集大量網戶的目光，但一旦網站內的內容，不符網戶所需時，並無法讓網戶長期的留駐於網站內；對於經營網站的業者而言，就無法獲得賴以爲生的廣告收益。因此，經營入口網站的利益逐漸式微，取而代之的是能長期間聚集網戶人氣的「網路社群」營運模式。

「虛擬網路社群」（Virtual Community）是將人們原本在眞實的生活中，面對面交流的實體社群，轉化爲一張張隱匿於遠端電腦後面的個體，所組成的「虛擬社群」。由於網戶可以依據各項需要，在網路上成立各種的社群，並藉此進行經驗交流、聯絡溝通、以及興趣分享。因此網路社群的經營，已成爲現今網路發展的重要的運作模式。

由於社群網站內的成員，大都志同道合，因此網戶之間的互動多爲雙向溝通，且停留在網站的時間也較長。因此對於商業經營的運轉、以及人們的交流情感較具有競爭與優勢。因此社群網站的經營型態，對於現代的經濟社會發展，具有創新性與必要性。以下本節將說明人們成立網路社群的動機、以及網路社群的運作型態。

（一）成立網路社群的動機

通常網路世界裡，匯集許多的資訊與資源，具有共同目標的人們，可以聚集成立網路社群，以增進彼此的情感與經驗。一般而言，人們會基於以下四種動機，來成立網路社群：

1. **興趣**

   具有共同興趣的人，可以在網路上成立社群，以討論共同的話題、經驗分享等。一般而言，基於興趣所建構的社群，是目前網路社群中最爲普遍的模式。例如：美食、旅遊、購物等網路社群。

2. **人際**

   虛擬的網路世界裡，有成千上萬的人們在相互流動著，所以人們可以基於建立人際脈絡爲主體的社群，以進行人際之間情感與經驗的交流。例如：交友、婚姻等網路社群。

3. **幻想**

   網路虛擬的環境裡，創造了一個充滿幻想和娛樂的空間，可以吸引許多人上網成立社群，以共享探險之樂趣。目前此類的網路社群，以網路遊戲爲主。例如：電玩、動漫等網路社群。

4. **交易**

   網路世界裡商業資訊的流通速度快且數量多，所以可以藉由成立社群，將這些商業資訊聚集流通，讓網戶彼此可以交換討論買賣經驗，以形成交易行爲。通常金融社群的形成，大都是基於交易的動機所成立的。例如：拍賣、P2P 借貸等網路社群。

（二）網路社群的運作型態

通常網路社群的運作型態，依據社群的成員彼此之間的互動關係，可分成以下三種運作型態，圖 8-1 爲網路社群的運作型態的說明。

1. **集合體**（Pool）

   集合體社群的建立，乃來自於社群成員彼此之間，擁有共同的目標或價值所組成。例如：蘋果（Apple）商品愛用者所組成的集合體社群。

2. **網狀體**（Web）

   網狀體社群的建立，乃來自於社群成員彼此之間，擁有深入的一對一關係。例如：臉書（FB）社群的成員關係。

3. **輻射體**（Hub）

   輻射體社群的建立，乃來自於社群的成員中，有一位具吸引力的中心人物出現。例如：著名歌星的粉絲團。

圖 8-1 網路社群的運作型態

二、社群金融

金融社群的形成大都是基於交易的動機所成立的。傳統的金融社群主要是由經濟社會中，資金的「供給方」、「需求方」以及「仲介的金融機構」所組合而成。但隨著網際網路的發達、以及科技的進步，互聯網的金融社群，將會淡化金融機構仲介的角色，甚至去仲介化。所以，有關金融交易中的資金的流通、或金融商品的交易，都會由網路社群平台中「供給方」、「需求方」，兩方直接以 P2P 的方式進行。

因此，現今的網路金融社群平台的運作模式，將具有共享經濟、與效率交易的特色。以下本處將進一步介紹網路金融社群平台，其主要的運作目的與特色。

（一）運作目的

網路金融社群平台主要的運作目的，有以下兩點：

1. **資金流通交易**

   最常見的金融營業活動，就是將資金進行流通交易，例如：資金借貸、移轉與支付等活動。以往這些資金的流通，須透過金融機構扮演介質的角色，並進行交易的訂價；但現在人們可以在社群裡，可不須經傳統金融機構的仲介，即可進行 P2P 的資金借貸、移轉與支付等活動。例如：人們可經由 P2P 的借貸、匯兌平台、群眾募資平台、或第三方支付平台，進行資金的流通交易活動。

2. **金融商品交易**

   傳統的金融體制運作裡，大部分的金融商品交易，都須透過金融機構當仲介，並且傳輸交易資料至交易所，進行集中撮合處理。但現在人們可以在社群裡，利用區塊鏈技術，就可進行安全且具效率的 P2P 商品交易活動。例如：人們可經由 P2P 的商品交易平台、虛擬貨幣交易平台，進行各種金融商品與虛擬貨幣的流通與交易活動。

（二）運作特點

網路金融社群平台主要的運作特點，有以下兩點：

1. **共享經濟**

   由於網路社群平台內，每個網戶的地位均等，所以在社群內進行任何金融交易活動，網戶之間基於公平公開的原則、以及合作分享的精神，讓顧客直接享有交易的參與權，以達到共享經濟之境界。

2. **透明效率**

   由於社群裡資訊公開且流動迅速，網戶在社群內，進行資金移轉或商品交易等活動，無論交易速度或者交易價格，皆可很容易達到效率均衡的情形。因此，在網路社群裡的交易活動，具有公開透明與效率的特質。

金融搜查線

【打造元宇宙金融！ Facebook Pay 更名為 Meta Pay

根據 Meta 的 Fintech 新任負責人在部落格上表示，Facebook Pay 將更名爲 Meta Pay，隨著這樣的品牌重塑，Meta Pay 將加強 Facebook Pay 現有市場的支付服務，而拓展到新的市場則非首要考量。

Meta Pay 接下來會在 Meta 元宇宙裡扮演簡化各平臺間交易的角色，不過 Kasriel 也強調 Meta 對於一個錢包服務能提供什麼樣的體驗，還在非常早期的探索階段，目前初步的輪廓是打造一個能夠證明身份，並且讓使用者帶著這個身份穿梭於元宇宙的各式各樣的體驗之中。接下來 Meta Pay 也會想辦法讓使用者帶著虛擬物品到處走，以及不論對商家或個人都能支援多種支付方法。

Meta Pay 接下來的任務會是在元宇宙成爲主流之前，就打好金融服務的基礎，那麼之後就能讓人人都可以使用並成爲金融體系的一份子。Facebook Pay 2009 年上線，並且在 160 個國家提供 55 種貨幣支付服務，包括商務和個人用戶。而 Facebook 公司在 2021 年 10 月更名爲 Meta 並宣示要建構元宇宙的龐大野心。而金融價值體系更是建構一個新世界的重要基底，因此隨著 Facebook Pay 跟著改名爲 Meta Pay，可以期待接下來支援更多虛擬服務，來串連起元宇宙的橋梁。

圖文來源：摘錄自 INSIDE2022/05/13

解說

全球知名社群媒體平臺－Facebook，在全世界超過 30 億人的用戶數，這龐大的用戶數，讓其發展支付具有很大的商機。前陣子，Facebook 成立金融業務部門，整合旗下各支付產品。近期，將原先的 Facebook Pay 將更名為 Meta Pay，並支援更多虛擬服務，以串連元宇宙金融的橋梁。

8-2 P2P 網路平台

傳統上，資金的借貸、轉帳與匯兌，大都是透過「銀行」運作。但現在由電商公司所提供的 P2P 網路平台，就可以媒合網戶之間，資金的借貸與匯兌需求，不須再透過銀行。此外，傳統上，保險客戶遇到保險需要理賠時，都是由「保險公司」進行賠償，但 P2P 保險機制，當遇到理賠時，保戶之間也可進行互相承擔，不須再完全透過保險公司。因此 P2P 網路平台，乃是一種有別於傳統金融的創新營運型態。以下本文將介紹三種較常見的 P2P 網路平台類型。

一、P2P 借貸平台

傳統的金融活動中，資金的借貸大都是透過「銀行」體系的存放系統來進行；銀行可以決定放款對象、金額多寡與利息高低。但是，現在由電商公司所提供的網路借貸平台，可以媒合有資金需求與供給的個體戶，讓供需雙方在網路上完成 P2P 的借貸交易，不用再經過傳統銀行的仲介。此舉可以幫助中小企業、以及個人，解決小額信用貸款問題，且可替貸款者降低利息支出、以及增加放款人的利息收入。

因此，P2P 借貸平台，可以為借貸雙方創造雙贏的契機；所以近年來，在全球各國如雨後春筍的大量冒出，也對傳統銀行的資金借貸仲介角色，產生嚴峻的挑戰。所以有關 P2P 借貸平台的運作模式、運作風險以及發展情勢，本處以下將分別介紹之。

（一）運作模式

P2P 借貸平台的運作模式，可以依據平台業者，所提供的保障程度差異，大致上可區分以下四種模式：

1. **平台配對模式**

   此種模式平台業者，只擔任資金借貸的仲介角色，業者僅對借款者進行制式化的信用審查後，並發佈借款消息，讓平台上的借款者與放款者，雙方自行撮合配對，因此放款者要自付違約風險。這種模式是 P2P 借貸平台的最原始方式，全球最早的 P2P 業者英國－「Zopa」的初期營業情形、以及臺灣早期成立的「哇借貸」，都是採取此模式。

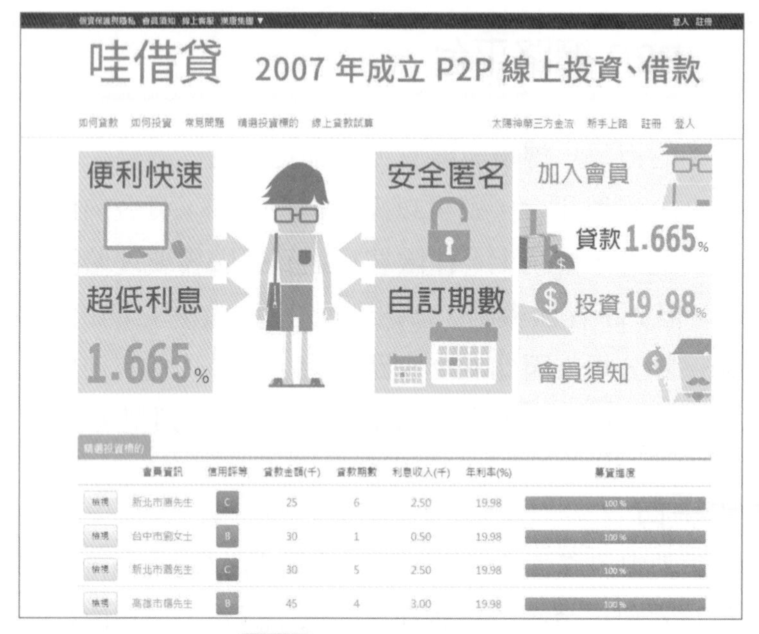

圖 8-2 「哇借貸」網站

2. **平台擔保模式**

此種模式平台業者，除了擔任資金借貸雙方的中介與配對角色外，也對借款者進行較嚴密的信用審查，且擔任保證人的角色、或提供其它的保障方式；一旦借款人發生違約時，平台業者須負責償還放款者全部或部分的本金。例如：臺灣的「LnB 信用市集」，也是類似採取此模式。

圖 8-3 「LnB 信用市集」網站

3. **債權轉讓模式**

此種模式平台業者，首先會對借款者進行較嚴密的信用審查，然後先由一個資金雄厚的大額放款者，將資金放款給借款者，最後再由大額放款者，將債權分割成小額的債權，轉讓給其他小額的放款人。若借款者發生違約時，平台業者會協助小額放款人催收、提起法律訴訟或轉讓債權。此種模式，有點像以往的地下錢莊業者，自己先當起資金大戶，再將債權轉給其他小額投資人。例如：臺灣的「鄉民貸」乃採取這種模式。

圖 8-4 「鄉民貸」網站

4. **導入銀行模式**

此種模式平台業者，首先會將平台上，有資金需求的借款者轉介給銀行，再由銀行將債權證券化後，再發行小額的理財投資商品，並回掛至平台賣給投資人（放款人）。此種模式的資金供需方，比較像是間接金融的運作，因此小額的投資人購買平台上的理財投資商品，後台有銀行當保障，所以相對比較安全。現在全球最大的 P2P 借貸平台「Lending Club」就是與「webbank」，採取此種合作關係。

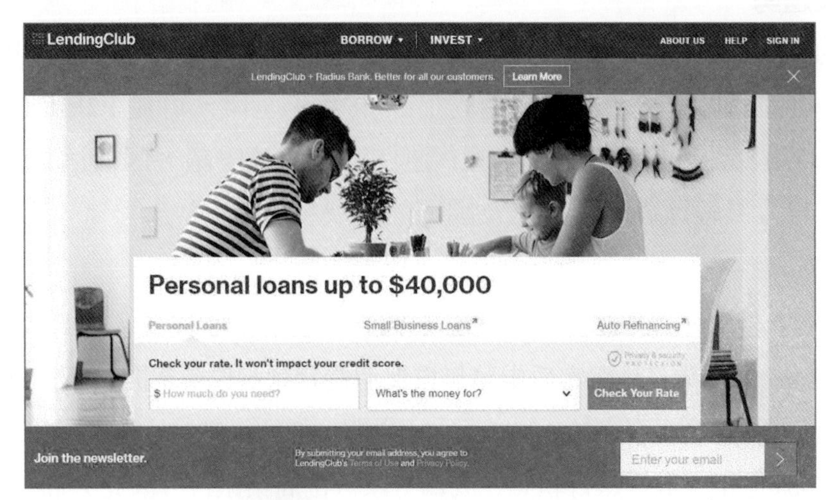

圖 8-5 「Lending Club」網站

（二）運作風險

P2P 借貸平台的運作模式中，將會對平台業者、以及借貸雙方，產生以下四種風險：

1. **違約倒帳的風險**

   一般而言，民眾對 P2P 借貸平台的運作模式，其最大的疑慮，就是被違約倒帳的風險。這個風險可能來自兩方面，其一就是借款人把資金借出後，不還錢的倒帳風險；另一就是平台業者可能會假借是借款人，然後將匯集的資金，捲款潛逃、或出現詐欺、惡意倒閉的風險。

2. **個資外洩的風險**

   平台業者所建立的 P2P 平台，若開發 P2P 的程式不夠嚴謹，容易被駭客入侵，形成個人資安的漏洞。此外，不法的 P2P 平台業者，也可能將個人資料外洩或賣給其他單位。

3. **資金流動的風險**

   貸款人將資金借給借款人，這筆出借的資金不可隨時收回；且當借款人也有可能出現借款到期時，並沒有準時還款的問題，這都是會出現資金流動性的風險。

4. **非法資金的風險**

   網路上的世界本來就很容易隱匿眞實身分，所以會造成平台業者非法吸金、或者提供給非法人士，藉由平台進行洗錢的行爲，這將造成監理單位管理上的挑戰。

（三）發展趨勢

全球的 P2P 網路貸款平臺，於 2005 年興起於英國，經過這 10 幾年的發展，全球已有將近 70 個國家，都有相關的借貸平臺在運作，可見 P2P 借貸平臺，普遍的流行於各國。但也有些國家的 P2P 運作出現太多爭議，因而消失。下我們介紹幾個全球曾發展較蓬勃的國家以及國內的發展趨勢。

1. **英國**

   全世界 P2P 貸款模式，首創於 2005 年英國－ Zopa 公司，曾是歐洲最大的 P2P 貸款公司。Zopa 主要業務是讓客戶申請無擔保消費貸款，自營業開始至 2019 年，這 14 年來，其 P2P 的壞帳率介於 0.16% 到 4% 之間，低於一般的傳統銀行。但自 2020 年 6 月，Zopa 已正式取得銀行執照，成爲一家數位商業銀行。因此 Zopa 已在 2021 年底終止 P2P 業務，將原有投資人持有的貸款全數買回，專心經營 Zopa Bank 銀行業務。

此外，英國與歐盟的監理單位，對 P2P 與募資平台業務，都有採取明確的管理規章，均以審慎監管原則進行管理；英國是採取類似商業銀行的金融安全網設計，予以管理。

2. **美國**

美國的 P2P 貸款公司－「Lending Club」，是全世界最大的借貸平台，該公司已於 2014 年底，在紐約證交所上市。2019 年，該平台就促成超過 123 億美元的貸款，且於 2020 年收購純網路銀行 Radius Bank，此交易也將成爲美國首宗金融科技公司收購銀行的案例。在美國 P2P 借貸平台的發展亦呈現多元性，市場上出現可滿足特定社群團體需求的借貸平台模式，如：「SoFi」是針對「助學貸款」、「Prosper」是針對「網購貸款」等。

此外，在美國的 P2P 網路借貸和募資平台，皆被視爲證券業務，所以都必須被美國證券交易委員會（SEC），納入證券市場的監管框架。通常要成立 P2P 借貸平台，SEC 會設立很高的市場參與門檻，以防止劣質的平台進入。

3. **中國**

近年來，中國是 P2P 網路借貸平台，全球成長最快速的國家。該國 2011 年時，P2P 借貸平台數量僅 50 家，隨後，以爆炸式的成長近百倍，直至 2016 年達到最高峰約有 5,500 家。在快速成長中，導致良莠不齊，當時有上千家業者出現借貸糾紛的情形，紛紛出現倒閉潮，爾後，該國政府又進行管制，自 2017 年以來平台出事率就降低許多。但 2020 年起，該國政府的監管機構爲了徹底嚴控金融風險，已讓 P2P 平台於該國絕跡了。

4. **臺灣**

國內首家 P2P 借貸平台－「哇借貸」，已於 2007 年成立，爾後，市場陸續又有「LnB 信用市集」、「鄉民貸」「臺灣資金交易所」、「新聯在線」、「商借町」、「必可」等多家加入。至於國內的金管會對於 P2P 平台的管理，已確定不立 P2P 專法規範，改採「鼓勵銀行與 P2P 公司合作」的方式加強監理。此外，爲避免 P2P 作業有違法行徑，金管會也劃出 4 道紅線，明定 P2P 業者不得有以下行爲：

(1) 不得涉及證券交易法「發行有價證券」、金融資產證券化條例「發行受益證券或資產基礎證券」等行爲。

(2) 資料蒐集應符合個人資料保護法相關法令規定，不得違法蒐集、處理及利用個人資料，並避免個人資料外洩等侵害權益事項。

(3) 只能作爲提供金流中介服務，不得直接或間接吸收社會大眾資金，涉及銀行法「收受存款」、電子支付機構管理條例「收受儲值款項」等行爲。

(4) 債權催收服務，不得有暴力討債等不當的債務催收行爲、或以騷擾方法催收債務等情況；且不得違反公平交易法、多層次傳銷管理法等法令規定。

金融搜查線

國內首宗 P2P 詐騙 金管會要求 4 銀行檢討 KYC

「不動產借貸媒合平臺 im.B」爆發金融詐騙事件，受害者上千人，並籌組自救會，估算被詐騙金額達 25 億。國內首宗 P2P 詐騙事件，立法院財委會朝野立委一致關注，但 P2P 平臺民間的借貸行爲屬於民法規範，非金管會監管的特許事業，目前金管會配合檢警調查，並要求 im.B 開戶的 4 家銀行檢討。

這起 im.B 事件是由臺灣金隆公司成立 P2P 不動產債權借貸，媒合欠債方及債權人，再合法由投資人承購，請來名人代言，同時主打 9% 到 12% 高息，吸引許多民眾投資。在受害者錄製影片上傳網路後，整個事件炸鍋，不僅高達 95% 爲假債權，且吸金已 25 億元，負責人早已涉捲款潛逃。

金管會主委在財委會備詢時指出，P2P 平臺是民間借貸行爲，應屬民法規範，不是金管會監管的特許事業，但金管會在 2016 年提醒過該平臺可能衍生的風險，並且提醒銀行如與 P2P 業者合作，應遵守規定。也因爲非金管會監管的特許事業，受害民眾無法向金融評議中心求助。

金管會掌握的資料，im.B 平臺在 4 家銀行開存款帳戶，分別是中信銀、國泰世華銀、玉山銀和永豐銀，目前有兩家銀行將 im.B 列警示帳戶，金管會要求 4 家銀行須檢討當初讓 im.B 平臺開戶的 KYC。雖然 4 家銀行都對 im.B 作控管，但目前帳戶餘額都只剩下幾萬元，投資人匯入的款項應已被轉走。

金管會主委也強調，高利率就會有高風險，大部分 P2P 業者與銀行合作雖有遵守自律規範，民眾投資 P2P 產品前仍須審慎評估。至於金管會是否能納管 P2P，或者讓合作銀行做好把關責任，金管會主委表示，如果銀行爲了讓客戶在此建立存款戶，必須承擔過多不合比例的責任，銀行恐怕也不願意承接，權利義務應該要符合商業比例原則。

圖文來源：摘錄自中廣新聞網 2023/05/03

解說

近期，國內出現首宗的 P2P 詐騙，估算被詐騙金額達 25 億，受害者上千人。金管會主委指出，P2P 平臺是民間借貸行為，應屬民法規範，不是金管會監管的特許事業，金管會也提醒銀行如與 P2P 業者合作，應遵守規定。此事件的發生，金管會要求 4 家銀行須檢討當初讓 im.B 平臺開戶的 KYC。

二、P2P 匯兌與匯款平台

傳統上，資金的匯兌與轉帳，大都是透過「銀行」來運作，銀行可以決定匯兌買賣價的差額、以及手續費的高低。但現在由電商公司，所提供的 P2P 匯兌與匯款平台，可以媒合資金匯兌的需求、以及提高資金轉帳的便利性。以下本處將介紹這兩種有關匯兌與匯款的 P2P 平台。

（一）P2P 匯兌平台

以往人們要進行不同幣別的兌換，都是須至銀行進行匯兌，匯率與手續費都由銀行決定，顧客只能選擇去哪家銀行進行操作。但是現在電商公司，所設置的 P2P 匯兌平台，提供跨國換匯與匯款的服務，讓網戶在平台上，可找到相對應的貨幣兌換者。此舉可以幫助網戶交易雙方，降低手續費與換匯成本。例如：臺灣當地有人想拿台幣換美金，美國當地有人想拿美金換台幣，兩者在 P2P 匯兌平台，即可完成換匯交易，不須經過銀行買賣價的價差剝奪，可以節省成本。

全球最早成立的 P2P 匯兌平台，乃是 2010 年的英國跨國換匯公司－「TransferWise」，並於 2021 年更名爲「Wise」。其所提供的 P2P 換匯服務，是由平台提供各種匯率，讓網戶以競標的方式運作，若客戶得標，即客戶與平台達成換匯協議，雙方即達成 P2P 的匯兌業務。現該匯兌平台，共支援全球 750 多種貨幣路線，包括美元、歐元、英鎊、澳幣與加幣等主要幣別。

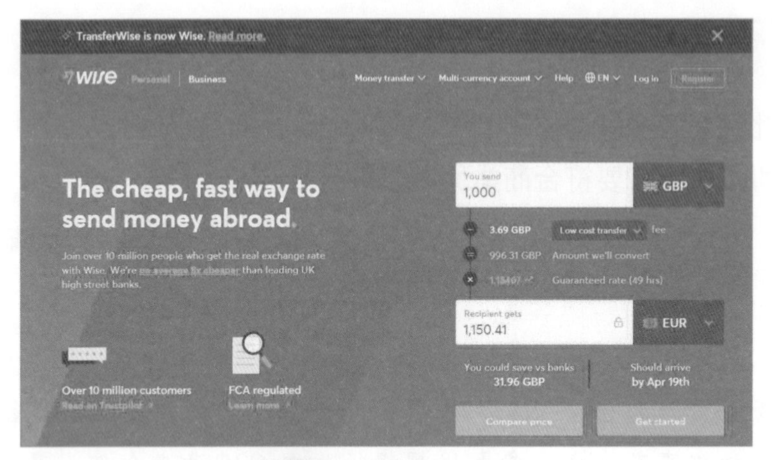

圖 8-6 「Wise」網站

（二）P2P 跨境匯款平台

以往人們要跨境轉帳，都是須至銀行進行匯款，手續費都由銀行決定，顧客只能選擇去哪家銀行進行操作。但是現在電商公司，所設置的 P2P 跨境匯款平台，提供跨國匯款的服務。此舉可以幫助網戶交易雙方，降低手續費。

全球最早成立的 P2P 跨境匯款平台，乃是 2001 年的美國跨國匯款公司－「Xoom」。Xoom 跨國匯款公司，讓民眾可以匯錢到其他國家，提供比銀行、第三方支付（如：PayPal），還要低廉的手續費，且民眾只要將銀行帳戶或信用卡綁定 Xoom 帳號，就可以隨時隨地透過行動裝置上的 App 快速完成跨國匯款。目前 Xoom 已被美國第三方支付龍頭 PayPal 收購，並在 PayPal 的加持下，業績快速發展，現可提供全球 130 個國家的跨境匯款服務。

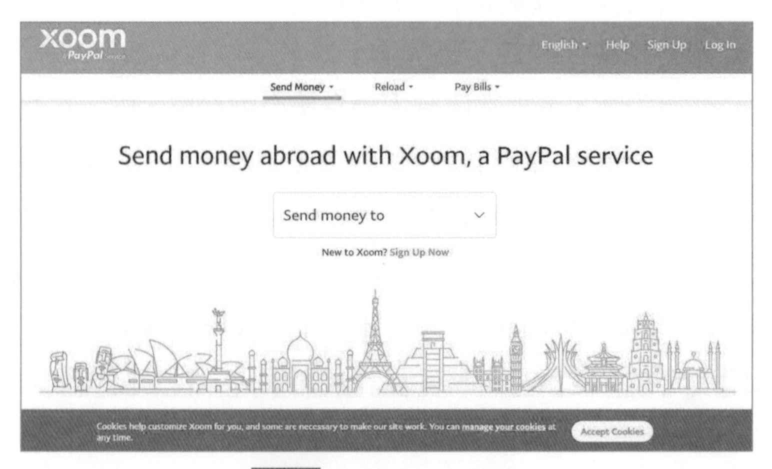

圖 8-7 「Xoom」網站

三、P2P 保險平台

傳統上，保險公司販售各類型的保險商品，當保戶遇到需要理賠時，都是由「保險公司」承擔風險。但是隨著數位科技的發達，網路社群的崛起，使得科技與社群的元素滲入至保險的運作模式，於是興起了一股「保險科技」（InsurTech）的經營型態。

現在由電商公司所提供的 P2P 保險平台，乃集合某些特定保戶，當保戶遇到需理賠時，若是小額理賠資金，先由保戶共同承擔；若理賠金超過某個程度，再由保險公司承擔部分的風險。因此 P2P 的保險機制乃奠基於「風險共同承擔」的概念，讓保險團體成員之間彼此互相幫助。以下本文將介紹有關於 P2P 保險平台的運作模式、運作特點以及發展趨勢。

（一）運作方式

P2P 保險的運作模式，是以若干保戶所組成的團體爲一個單位，首先，每位保戶先繳交一筆保費至團體內；然後，再將團體內的所有保費，分成兩個部分。一部分去爲整個團體，購買傳統保險商品，所支付的保費，另一部分則進入回報資金池。以下，以成員是否有發生出險的情形，分成兩種狀況說明：

1. 當保費到期時，只要團體內保戶沒有人出險，各保戶就可以均分，拿回資金池中的資金。所以出險率低的用戶團體，就可以獲得實質性的保費返回獎勵。
2. 當若保費期間有成員發生出險，若是小額理賠，先從回報資金池的資金支應；當理賠資金超出資金池所能承擔的部分，才由保險公司進行理賠。

（二）運作特點

P2P 保險平台的運作機制，具有以下幾項特點：

1. **風險共同承擔**

   傳統的保險商品，大都是以一個人爲單位，P2P 保險的運作機制，是以一個團體爲運作單位，所以當某一成員發生風險時，由所有團體內的成員共同承擔，因此具有分散風險的優點。

2. **保費返回機制**

   傳統的保險商品保費較高，且當保戶沒有發生出險的情形，保費如同被沒收的感覺。但在 P2P 保險機制中，通常投保金額門檻較低，有利於鎖定長尾市場中後端的廣大客群，如果整個團體沒有發生出險的情形，每個保戶還可拿回部分的保費。

3. **運作透明自主**

傳統保單的規格，大都是由保險公司制定。但 P2P 保險平台，其保險產品的理賠條款透明，保戶可以自主決定，且可以自主尋找出險率較低的成員，組成受賠團體，所以整個保險運作機制較透明自主。

（三）發展趨勢

全球第一家發展 P2P 保險公司，乃成立於 2010 年的德國－Friendsurance 保險經紀公司。Friendsurance 在平台上提供顧客，各種類型的保險產品（如：車險、醫療險等），投保的顧客可以透過 Facebook 或 Linkedin 等社交網路，邀請朋友或是家人，組成一個互助、且可分擔風險的團體。此外，根據 Friendsurance 數據統計，以往大約有 94% 的用戶獲得了現金回饋。

有鑑於 P2P 保險平台的共同承擔機制，其他國家也紛紛成立相似的保險平台，如：美國－「Lemonade」、「Uvamo」、英國－「Guevara」、紐西蘭－「PeerCover」、以及澳大利亞－「Huddle」等保險科技公司。

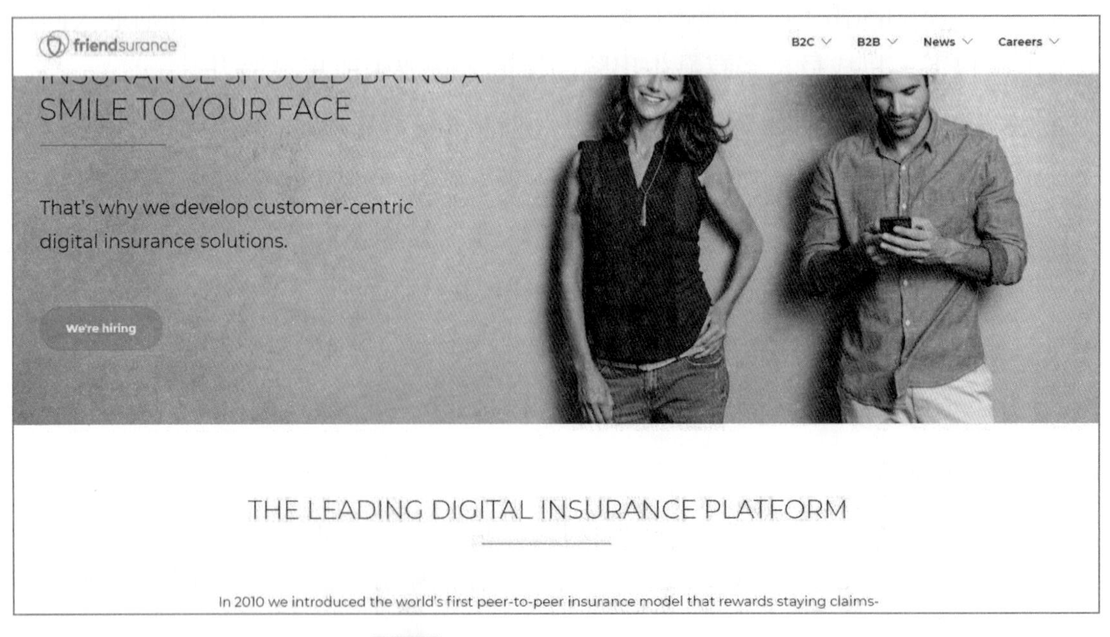

圖 8-8 「Friendsurance」網站

金融搜查線

陸嚴控金融風險　P2P 絕跡

大陸嚴打網路金融攻堅戰，網路金融借貸業務「P2P（peer-to-peer）」，在官方強力整頓下已全數遭終結。銀保監會首席指出，全大陸實際營運的P2P 網貸機構由高峰時期的約 5,000 家，逐漸縮減到 2020 年 11 月中旬完全歸零。中證網表示，金融資產盲目擴張已經扭轉，影子銀行風險持續收斂，規模較歷史峰值壓降大概人民幣 20 兆元。

《中國經濟周刊》指出，2007 年，大陸首家 P2P 網路借貸平台「拍拍貸」在上海成立，到了 2013 年底，平台數量已經達到 1,372 家。但 2014 年被業內稱爲是P2P行業的「爆雷年」，當年「踩雷」事件頻頻發生，許多投資人損失慘重。

大陸P2P大事記

時間	內容
2007年	P2P網貸平台問世元年，但鮮少人涉足
2012年	P2P網貸平台進入成長期，增逾2,000家
2016年2月	P2P平台約5,500家，當月平台交易量達人民幣2.5兆元
2017年12月	大陸央行、銀監會頒布「規範整頓現金貸業務的通知」，成為P2P行業分水嶺，敲定整治七大原則
2020年8月	銀保監會主席郭樹清稱，網貸平台的監管經歷痛苦階段，截至2020年6月底，大陸網貸機構降至29家
2020年11月	大陸營運的P2P網貸機構，到11月中旬完全歸零

資料來源：新聞整理　　蔡敏姿／製表

由於金融違法腐敗行爲受嚴厲懲治，一系列的非法重大集資案件、不法金融集團和中小銀行機構風險得到處置。金融業防範化解重大風險攻堅戰取得實質性進展，網路金融風險大幅壓降，P2P 網貸機構到 2020 年 11 月中旬完全歸零。

圖文來源：摘錄自經濟日報 2020/10/28

解說

中國 P2P 借貸平台曾經歷過暴力成長階段，由於良莠不齊，導致倒閉風波不斷。近期，中國的監管機構為了徹底嚴控金融風險，已讓 P2P 平台於該國畫下休止符。

金融搜查線 

LnB× 魏導首創金融科技電影籌資

名導魏德聖《臺灣三部曲》電影即將開拍，目前已在群眾募資平台籌得1.24億元，對於每部電影拍攝預算超過12億元而言財務仍有缺口。《臺灣三部曲》攜手LnB信用市集共同宣布，將推出首創金融科技（FinTech）提供電影產業新籌資方向，投資人可選擇提供24萬或36萬元借貸，返還品包括電影周邊商品、參與電影搭景、拍攝、後製各種體驗行程，達到普惠金融新境界。

LnB信用市集執行長表示，曾推出小農與在地產業的「借錢還物」借貸方式後，現更將觸角延伸到電影工業，這種商業模式可同時解決資金與產銷問題，這次《臺灣三部曲》還物內容是參與協助臺灣留下400年歷史的夢想，希望獨一無二體驗可募到上億元資金。

此次投資方案也提供分期付款，目前行銷通路除網路外，也會透過包括臺灣大車隊及其他跨業合作的實體通路，期待透過普惠金融科技可深入每個產業解決資金問題，而目前除《臺灣三部曲》外，不少金馬獎導演也因為籌資不易與LnB信用市集聯繫。

LnB信用市集強調，與募資平台不同，LnB信用市集不是預購，而是有返還責任的借貸關係，如果期限到無法返還，就得擔負法律責任，募資平台常見的不出貨或延遲出貨的問題，這些LnB信用市集都極少發生。

圖文來源：摘錄自自由時報 2021/01/21

解說

國內知名 P2P 借貸平台－LnB 信用市集發揮金融科技力量，為《臺灣三部曲》電影進行籌資活動。投資人可選擇以「資金借貸」方式，亦可以「借錢還物」的方式，返還品包括電影周邊商品、參與電影搭景、拍攝、後製各種體驗行程，將資金借給電影拍攝單位。

8-3 群衆募資平台

群眾募資（Crowdfunding）是指由電商公司成立網路平台，提供給「微小型企業」或「具創意或公益等專案」，向不特定大眾宣傳其公司未來前景、或者創意或公益等專案的概念、設計或作品，藉以達到募資的目的。

由於全球自 2008 年金融危機過後，全球股市暴跌銀行業放款緊縮，讓許多新創企業，開始走向群眾募資的管道籌措資金。此外，由於互聯網的發達，也讓缺乏資金，但具有創意性或公益性構想與理念的個人，利用群眾募資平台，向普羅大眾推銷其創意構想與公益理念，以爭取獲得資金的援助。

因此，群眾募資平台的運作，已是現今金融創新營運模式裡，重要的資金供需管道。以下本節將逐一介紹群眾募資平台的運作組成份子、模式、特點、風險以及發展情勢。

一、組成份子

群眾募資的運作模式，大致包含以下三種組成份子：

（一）募資者

通常是具有創意與創作，但缺乏資金的個人、或新創公司。這些募資者，在完成具體目標後，通常會以商品、股權、或者籌集資金的本利和等，回饋給出資者。

（二）出資者

通常為對募資者的創意或構想趕到有興趣，且有能力出資的人。這些出資者往往是那些新創公司的「天使投資人」[1]，仍然投入的資金不多，但卻對這些具創意或具公益的案件，實現夢想與理想的重要資金。

（三）募資平台

由電商公司成立的募資平台，除了連結資金供需雙方的需求外，還必須擔負平台秩序監督者。例如：當募資者最後無法完成目標時，平台業者有責任與義務督促募資人，退款給出資人。

二、模式

群眾募資平台依照募資的目的可分爲：「捐贈」、「回饋」、「股權」與「債權」等四種模式，以下本處將對這四種運作模式進行介紹：

（一）捐贈模式

出資者投入資金後，若提案者並無承諾回饋，則屬於單純的捐贈。由於是無償的捐贈，除非雙方有特別約定，當募資不足時，應退還出資，否則出資者很難對募資者有任何求償的權利。通常此模式，大都是具公益性的案例，因此又稱爲「公益募資」模式。

（二）回饋模式

出資者投入資金後，募資者會承諾，將開發的產品或服務，回饋給出資人。例如：贊助開發有機食品的生產製作，若將來案例能成功的完成執行，出資者可獲得有機食品當作回饋獎勵。通常此模式的運作，兼有「贈與」與「買賣」商品之特性。

（三）股權模式

出資者投入資金後，成爲募資者公司之股東，未來有權監督公司運作以及配股分紅之權利；此種募資模式，亦即「股權群募平台」。通常股權募資者，須提出一份較完整的商業計畫書、以及擬分配股份的數量與價格。待籌資成功後，募資者與投資人須共同處理合約簽屬與股權轉移等事項。目前全球第一個股權群募

---

1 所謂的「天使投資人」（Angel Investor）是指出資資助一些具有創意與公益的案件的出資人。通常這些資金對於募資者而言，有如天使一樣從天而降，讓它們可以將創意與理想付諸實現。通常天使資金提供給是高風險、高收益的新創公司最早期的外部資金。其次，若新創公司再需外部資金的挹注，其挹注的資金依先後順序，就是一般俗稱的「A輪」、「B輪」、「C輪」與「D輪」的融資資金。

平台爲英國的「Crowdcube」；國內早期也有三家業者，提供此類型的平台服務，分別爲「第一金」、「元富證券」與「創夢市集」，但現已都轉型經營其他業務。

（四）債權模式

出資者投入資金後，募資者事後須歸還本金加計利息。此模式亦即前述中的 P2P 借貸平台。目前 P2P 借貸平台已蓬勃發展成爲一獨立事業，全球最有名的 P2P 平台爲－Lending Club；臺灣目前現有多家借貸平台，例如：「LnB 信用市集」與「鄉民貸」等。

三、特點

群眾募資平台的募資管道，具有以下幾點特色：

（一）兼具公開與效率

由於網路的開放性，讓群眾募資平台在進行募資時，可以公開揭露現在的募款狀況（例如：募資的完成度、參與募資的人數等），所以募資管道，具公開透明性。並藉由網路的迅速性，讓籌集資金的速度，較傳統的證券承銷融資業務，具有效率性。

（二）多元資助與集資

由於募資平台，除了提供給新創企業初期的天使資金外，亦對各種具創意、公益的專案（包含：人文藝術、時尚設計、影視娛樂、社會運動等等活動）提供多元的支助資金；且募資的對象，大都是小額且多面向的贊助與認同者。所以讓整個募資活動，會呈現群眾參與的氛圍。

（三）兼具行銷與營利

通常募資者需要有很吸引人的構想或理念，才能在募資平台籌集到資金，也可提高公眾對募資者的認知度，以達到行銷的效果。且籌集到的資金，除了可讓專案的理念或理想獲得實現外，亦可用於創造利潤。因此募資平台的運作，可以同時肩負著行銷與營利的模式。

四、風險

群眾募資平台的運作模式，對於出資者與募資者，各具以下幾種風險：

（一）回饋期不確定性

在群眾募資平台的運作模式中，募資者會對出資者提供一些回報，以答謝出資者的資金贊助或資助。通常募資者會設定回饋物品的期限，但有時並無法如期的製造出商品、或者一開始就無法達到募資的目標金額，以致使募資失敗，這都會出現回饋的不確定風險。

（二）募資者惡意詐騙

在群眾募資平台的運作模式中，募資者可能會出現具創意且美好的構想與理念，也成功的獲取許多出資者的認同與資助。但卻有些居心不良的募資者，將獲得的資金，不全然用於原先的計劃案、或者將資金捲款而走。這都是募資平台在運作時，會面臨到的法律與道德風險之問題。

（三）創意案件被竊仿

在群眾募資平台的運作模式中，讓募資者具創意的構想、理念與設計，藉由平台先行公諸於世。但這些創意案件，隨著平台的散播，雖達到行銷效果的同時；卻也有可能遭到心懷叵測的人，竊取或模仿其創意，並先行製造出相關或相似的商品，以侵害募資者的智慧財產權。

五、發展趨勢

全球網路群眾募資平台，於 2003 年興起於美國，經過這 10 幾年的發展，全球已有超過千家以上的募資平台的成立，整體群眾募資的市場呈現快數成長的趨勢。以下我們介紹幾個全球發展較蓬勃的國家、與國內的市場趨勢。

（一）美國

近代，全球網路群眾募資的鼻祖乃於 2003 年，在美國設立的「ArtistShare」，該平台是以音樂粉絲爲基礎的藝術類型募資平台。隨後，隨著網路與社群的發達，美國當地的各式各樣的募資平台，如雨後春筍般的大量冒出。其中，以「Kickstarter」[2] 爲全球最大的綜合性群眾募資平台；其餘大型知名平台，如：「Indiegogo」是以科技產品爲主的募資平台；「Angelist」則是全球知名的股權類型的募資平台，「Crowdfunder」則是天使投資爲主的股權募資平台；「Razoo」

2 美國的「Kickstarter」募資平台，大都以創意專案為主，其專案共分為 13 大類和 36 小類，包含：藝術、漫畫、舞蹈、設計、時尚、影視、食物，音樂、遊戲、攝影、出版、技術和喜劇等。

與「CrowdRise」則是專注於慈善公益項目的募資平台；「Rockethub」則是開放給藝術家、科學家、企業主、以及慈善家的綜合性募資平台。

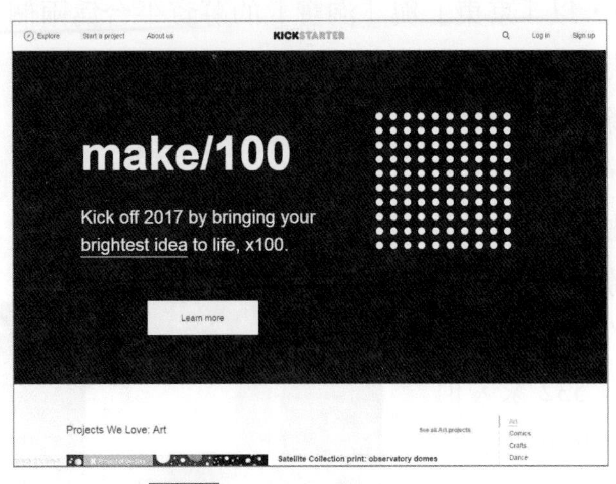

圖 8-9 「Kickstarter」網站

（二）英國

英國是全球金融科技行業發達的國家之一，該國的金融市場監管局（FCA）對群眾募資平台的發展，一方面採取嚴格監管，以保護投資人；另一方面則又以政策優惠，以鼓勵投資。所以全球第一個股權群募平台，就是 2011 年誕生於英國的「Crowdcube」[3] 平台。此外，近期成立於英國的股權群募平台－「Seedrs」，也積極的帶給普通人參與天使投資的機會。

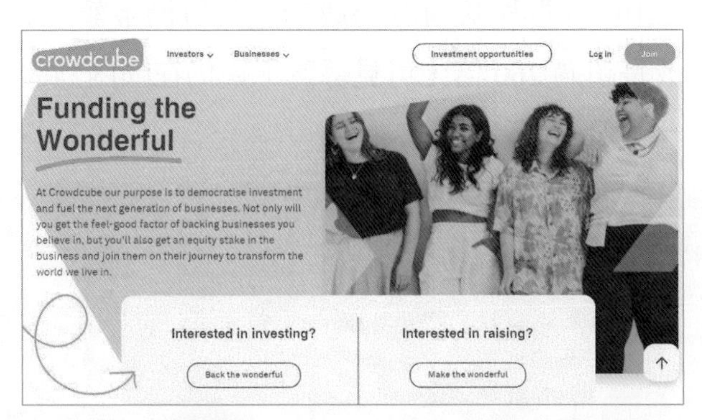

圖 8-10 「Crowdcube」網站

3 英國的「Crowdcube」平台所涉及的行業，包含：零售、食品、聯網、科技、製造、健康、媒體等 15 個行業。

（三）中國

全球另一個群眾募資發展的重鎮－中國，也隨著互聯網的發達，湧出了大批的募資平台。其中，以「京東」與「淘寶」的募資平台爲兩個最大的領先群，其募資金額約佔整個市場的 7 ～ 8 成的業務量。其餘，較積極參與該市場的業者，如：平安、百度等互聯網金融的經營者，也相繼踏入群眾募資市場的經營。2016 年該國的募資平台數量達到頂峰，共有 532 家，但隨著該國政府整頓 P2P 借貸平台，截至 2020 年 4 月底，在運營中的募資平台僅有 59 家。

圖 8-11 「京東募資平台」網站

（四）臺灣

國內於 2011 年底，開始有募資平台的成立，經過這幾年的發展，現今共有 13 個屬於非股權與債權式的群眾募資平台，此類型的平台數目，讓臺灣成爲全球密度最高的國家。這幾個募資平台，較知名，如：「flyingV」、「貝果放大」、「HeroO」、「嘖嘖」、「度度客」等。國內群眾募資的活動經過 10 年的發展，截至 2023 年，有超過 2,100 件群眾集資計畫成功達到目標金額，其募資金額已達 35.6 億元，在 10 年內共成長超過 260 倍，可見募資平臺仍在國內烈火烹油的發展中。

圖 8-12 「flyingV」網站

金融搜查線

臺灣有哪些群衆募資平臺？哪個平臺適合我？十大群衆募資平臺總整理

臺灣群眾募資的市場總額每年都近乎以倍數在成長，2021 年更飆破 33 億臺幣。最近，我連續接觸到幾個海外的亞洲品牌，都會先好奇問他們：「爲什麼你們會想要來臺灣募資啊？」這些廠商的理由一致都是：「發現臺灣的募資市場很大啊！」身爲臺灣的廠商們，如果能趁早把握這個市場趨勢，也許可以加速你的目標實現。

不過，你知道臺灣的群眾募資平臺不止嘖嘖、flyingV 嗎？以下分享 10 個臺灣現行的募資平臺！或許能激發品牌、跟募資圈內人（?!）想出一些新的玩法。但除了列清單沒意思，我也會針對每個平臺，分享我自己觀察受歡迎的專案類型，還有我自己挑選出認爲具有代表性的專案，可以幫助你一眼看出平臺的特性：

【產品回饋型募資】

這是最多人認識的群眾募資形式，也就是贊助者提供金錢、讓提案者把產品或理念實現，並將更優惠、專屬的產品回饋給贊助者。以下四個皆是產品型回饋平臺：

1. 嘖嘖

受歡迎的專案類型：海外代理產品、臺灣原創設計、議題 / 公益 / 時事，算是目前看起來專案種類最多元的。

近期代表性專案：

- 低衝擊！關節、心肺零負擔！改變世界的家常運動：iNO 太空人律動機
- 【理科太太太空人維他命】夢想生活大開外掛，讓你狀態好到爆炸！
- hó-lim 飲料杯｜喝飲料再也不用吸管！不管是珍奶還是咖啡，專利 Uni-tube 讓飲料超順暢更好喝了！

2.FlyingV

受歡迎的專案類型：海外代理型產品（小家電、耳機類表現尤其亮眼）

近期代表性專案：

- （臺灣第一個破億群募案）POIEMA Fit 零耗材空氣淨化器 | 大口呼吸，安心打拼
- FORGE NC | 史上最舒適的智慧降噪耳機
- QIN 指靜脈智慧保險箱 | 你的祕密，不被開箱

3. 挖貝

受歡迎的專案類型：公益 / 議題型募資、影視作品

近期代表性專案：

- 拯救臺灣石虎募資計畫 2.0——化解雞舍衝突，打造友善石虎國家隊！
- 疫情相挺，我們一起！前線助餐挺醫事、後方蔬食挺家人
- 《男人與他的海》紀錄片後製上映集資計畫

4. 愛料理市集（揪團前哨戰）

受歡迎的專案類型：料理用小家電、廚具餐具。特別的是有很多產品都是在嘖嘖募資結束後，接著上愛料理進行二次募資，藉由轉換平臺延長銷售時間。

近期代表性專案：

- Turnula 雙向矽膠鍋鏟
- LazySusan 空氣炸鍋
- LiFE RiCH 不鏽鋼可微波便當盒

【課程回饋型募資】

5.Hahow

受歡迎的專案類型：較平價（NT$1,000 ～ 3,000）的語言學習、影音設計動畫、網頁軟體程式設計等入門型課程居多。

近期代表性專案：

- 跟 YouTuber 莫彩曦學美國道地的說話習慣
- 百萬 YouTuber 阿滴－攻心剪輯術！
- 讓圖不只是好看的－資訊設計思考力！

6.SAT.Knowledge

受歡迎的專案類型：較高單價（NT$5,000 以上）的經營管理、語言學習、身心靈成長、藝術養成類型，提案者大多為專業領域 KOL。

近期代表性專案：

- 掌握口語表達與舞臺魅力 | 葉丙成的簡報必修課
- 心念自癒 | 許瑞云&鄭先安醫師身心靈自我療癒課
- 故事 X 聆賞 X 生活 | 焦元溥的 37 堂古典音樂課

7.Yotta

受歡迎的專案類型：繪畫攝影、居家烘焙、投資理財、DIY 手作，課程比較偏提升生活技能類型，就算是素人開課也能獲得不錯的成效。

近期代表性專案：

- 12 款經典日本麵包一次學，跟著職人吳克己開間麵包店！
- 用手繪記錄生活，速寫一點都不難
- 打造專屬自己的輕鬆酒吧！成為專業調酒師的必修課

補充 .PressPlay（前身是 HeroO）

受歡迎的專案類型：投資理財、職場專業，個人認為特別的是連健身 / 兩性、甚至性愛，都有不少相關課程，算是課程類募資平臺中主題範圍最廣的。

近期代表性專案：

- PressPlay Academy X 滅火器樂團「講臺語足感心」臺語線上課程
- 12 週打造理想體態 | 飲食訓練一手包辦（Peeta 葛格）
- 啾音好書 | 用說書開啓閱讀的新方式（啾啾鞋）

【公益型募資】

8. 度度客（群募結合區塊鏈）

受歡迎的專案類型：動物生態保育、弱勢兒少關懷，近一年來平臺結合區塊鏈技術，個人期待他們未來對於公益組織有更具流程化規模化的區塊鏈整合服務。

近期代表性專案：

- 與神鳥同行 - 神話之鳥保育行動
- 泰雅文苑空間修繕計畫
- 關渡地圖計劃

9. 紅龜好事群募

受歡迎的專案類型：弱勢關懷（團體、個人皆有）、兒童教育、動物保育。這個平臺特別的是有許多為滿足個人需求而發起的專案，跟美國最大的個人公益募資平臺 GoFundMe 的型態類似。

近期代表性專案：

- 2021 迦南玉荷包季：助養清寒重癱者
- 陪小腳丫走下去（發起者為勵馨基金會台北分事務所）
- 翻轉障礙，給身障者一個發光的機會

【融資型群衆募資】

10.Bznk 必可企業募資

受歡迎的專案類型：中小企業需要資金來作為營運週轉、設備採購用途，向群眾（自然人）募集貸款，通常承諾在 6 ～ 12 個月償還。

近期代表性專案：此群募平臺未公開贊助人數、已募資金額，而且這種模式屬於投資理財，有興趣的人請 DYOR（Do Your Own Research）！

圖文來源：摘錄自：bbm2022/04/19

解說

國內的群眾募資平臺經過10幾年來的發展，募資金額每年都在成長中，募資平臺也潮向多元發展，較知名的10個平臺分屬「產品回饋型」、「課程回饋型」、「公益型」與「融資型」，可提供給不同募資者擁抱夢想的機會。

金融搜查線

2023 年臺灣人群衆集資瘋什麼？AI 產品湧現！這 2 類產品持續長紅

群眾集資顧問公司「貝殼放大」近期發布《2023 臺灣群眾集資年度報告》，報告指出，2023 年臺灣群眾集資計畫成功達標超過 2,100 件，集資金額破千萬元的集資計畫共有 81 件，創下有史以來最高紀錄。但另一方面，整體集資金額約 35.6 億元、贊助人次約 92 萬人，無論是金額還是贊助人次，都比前年度下滑，更是 2020 年以來，首度跌破百萬人次。

2023 集資排行榜：AI 產品崛起！清潔家電和環保杯依然火紅

回顧 2023 年的臺灣群眾集資市場，清潔家電類和環保杯依然占據前 10 大榜單。「追覓 L20 Ultra 掃拖機器人」以破億成績位居全年之冠，掃拖機器人、廚餘機和洗地機等產品，在群眾集資中持續長紅。

贊助人次冠軍則由臺灣品牌源源鋼藝「Hiding Tou 新國民飲料杯」拿下，共有 3 萬 1,089 贊助人次。尤其環保杯產品全年群眾集資總共超過 5 萬 7,000 人，反映臺灣人對手搖飲的熱愛程度。而日曆、行動電源和鍋具等生活用品，也都有超過 5,000 人次以上的熱度。

值得一提的是，去年的 AI 熱潮延燒到集資產品，標榜「生成式 AI」的相關產品入榜，其中「PLAUD 錄音卡」主打導入 ChatGPT 整理筆記與摘錄，集資金額突破 4,000 萬元；而「Pubook Pro 彩色閱讀器」內建 ChatGPT 翻譯與解說功能，集資金額破 3,600 萬元，打破臺灣電子閱讀器的集資紀錄。

此外，日曆在集資平臺仍是不敗經典。以「實體出版品」來說，前 10 大榜單有 8 個是日曆專案，由知名 YouTuber Hook 的「2024 每天都想史」奪冠，集資金額突破 3,000 萬元。

2024 集資平臺迎來三大趨勢，老品牌可望在此找到新出路

針對 2024 年的趨勢，有三個重點。第一，導入 AI 應用，例如去年就出現的 ChatGPT 功能的相關消費產品；第二，療癒和教育，以 500 盤共同主席的「暖廚家味計畫」爲例，將線上烹飪課程的收入捐贈給食物銀行，結合家常菜教學與公益活動，集資金額已突破 2,000 萬元；第三是場域改造，近來有愈來愈多公私部門合作活化空間的案子，公部門提供場地、民間募集資金來建造整修，例如齊柏林紀念館，預計今年會出現更多案例。

圖文來源：摘錄自經理人 2024/02/22

解說

國內的群眾募資市場經過 10 幾年來的發展，已有大幅成長。近年來，募資趨勢有三個重點發展方向，第一為導入 AI 應用，第二為著重在療癒和教育，第三為場域的改造。

8-4 商品銷售平台

以往的金融商品銷售，傳統上大致都是由金融機構負責行銷。近年來，隨著金融科技的日新月異，電商公司設置許多商品銷售平台，並結合原有金融機構的行銷管道，以提供了投資人更多便利性與經濟性的投資管道。以下本節將介紹幾種以電商公司爲主，所設置的金融商品銷售平台。

一、基金銷售

傳統上，通常國內投資人買賣開放型基金，以往可於「投信公司」或「代銷機構」（通常以銀行或證券商爲主）進行買賣。近年來，由政府單位與電商公司，成立「基金銷售平台」，可提供投資人更多元、更便利、更透明、以及收費更便宜的投資管道。以下將說明基金銷售平的特點與發展情形：

（一）特點

1. **收費低廉**

   通償基金銷售平台所銷售的基金種類，會與代銷機構（如：銀行）一樣多元，但因不須代銷機構的專人服務，所以銷售手續費可以獲得優惠，投資成本較爲低廉。

2. **透明便利**

   基金銷售平台會公開所銷售基金的基本資料，讓投資人可以很清楚知道基金的種種情形，且銷售平台全天候服務，投資人隨時進行基金的申贖交易，讓投資更爲便利。

3. **智慧理財**

   基金銷售平台，也會提供智能的投資理財服務，利用機器人理財幫投資人依個人投資屬性，尋找合適的標的商品與投資時機，且會根據市場動態，隨時對投資人提出適度的投資規劃。

（二）發展情形

國內由集中保管結算所與櫃檯買賣中心所共同籌設的「基富通證券」[4]，就是我國第一個基金網路銷售平台，該平台與國內眾多投資信託合作，網羅國內近 9 成的基金上架銷售，另外，國內尚有兩家基金銷售平台分別爲「鉅亨網基金」以及「中租投顧全民基金」交易平台。此外，韓國政府也主導建置獨立基

圖 8-13 「基富通證券」網站

4 「基富通證券」此基金銷售平台，雖名稱為類似證券公司，但卻不是我們一般認知的證券公司，而是一家科技公司。

金網路平台－「FOK」（Fund Online Korea），同樣擔負起該國網路銷售基金的主要管道。

二、保單銷售

傳統上，保險市場中販售保險商品的機構，大都以「保險公司」、「保險經紀公司」、「保險代理公司」爲主要單位。近年來，由「電商公司」成立保單銷售平台，再結合原來的保險、保險經紀與保險代理公司，共同提供更多元、便利、透明、以及精確的合適保單給欲投保的顧客。

通常由電商公司主導的這種「保險」（Insurance）結合「科技」（Technology）之「保險科技」（InsurTech）相關保單，又依照保單的設計簡易與複雜程度，可區分兩種類型，其一爲提供簡易的「保單直銷」，乃以簡單與標準化的保單產品爲主，如：車險、旅遊平安險等；另一是結合物聯網、人工智慧與大數據分析，提供按使用量計費與客製化的「科技保單」。以下將介紹這兩種「保險科技」相關保單的特色與市場發展情形：

（一）特點

1. **多元一站式服務**

   科技型保單的銷售方式可呈現多元性，將來可由電商公司結合保險經紀人或代理人於各社群媒體（如：FB）或旅遊網站等提供保險商品，並不限以往只能透過保險公司自營平台才能銷售。保險科技也強調保險商品從設計開發、銷售核保、後續理賠等程序，都可藉由人工智慧技術協助進行一站式處理，以簡化流程，提高效率，並將省下實體通路的管銷費用，以提供更超值的保單給保戶。

2. **保單碎片化設計**

   科技型保單的設計會將過去套裝式的保險商品，拆解成更精準、碎片化，且更能符合生活情境的合約保障。例如：「依使用情形保險」（Usage Based Insurance；UBI）的車險內容可依據使用者開車是從事出遊、上班通勤、約會、運動等不同生活情境挑選保險組合，亦可依據車輛的行駛里程、駕駛時段及駕駛行爲等車輛使用情形來設計保單。所以此種碎片化的保單設計，打破以往齊頭式的保單設計與收費，更能符合被保險者的實際需求。

3. **智慧化透明訂價**

   科技型保單將運用物聯網、人工智慧與大數據分析等技術，可設計出具差異性的保單，提供給不同屬性的客戶，且也因更完整瞭解客戶的實際需求，有助於保單的收費更為精準透明。例如：透過物聯網連結裝置蒐集客戶的用車使用情形，收費可按大數據分析後，依實際使用量訂價收費。

（二）發展情形

國外經營「保險科技」業務的公司，例如：美國由巴菲特所投資的直銷保險商－「Geico」與純網路保險公司「Lemonade」、英國最大的零售保險商－「Direct Line」、日本經營意外險為主的－「Sony 損失保險公司」、以及中國首家的網路保險公司－「眾安保險」，都以經營「保險直銷」業務為主，它們利用人工智慧與大數據分析精準處理保險行銷及快速理賠申請。

此外，結合物聯網的「科技保險」，例如：美國的－「Metromile 車險公司」，就利用手機 APP，掌握顧客的開車里程數，並根據蒐集到的資料進行大數據分析其開車習性，以實施客製化收費，此舉可讓顧客根據開車使用量與習慣，推出按量計費的新型態車險，讓客戶而更公平地支付保費。國內「明台產險」首創結合行車紀錄器與保險推出「UBI」車險保單，保單內容以行駛里程數為減免因子，記錄駕駛習慣並進行客製化保費計算，且搭配行車紀錄器即時連結雲端的通訊技術，若紀錄器偵測到碰撞時，系統會自動上傳碰撞前後 15 秒之影像紀錄，可成為將來釐清肇事責任歸屬或保險理賠談判的重要關鍵。

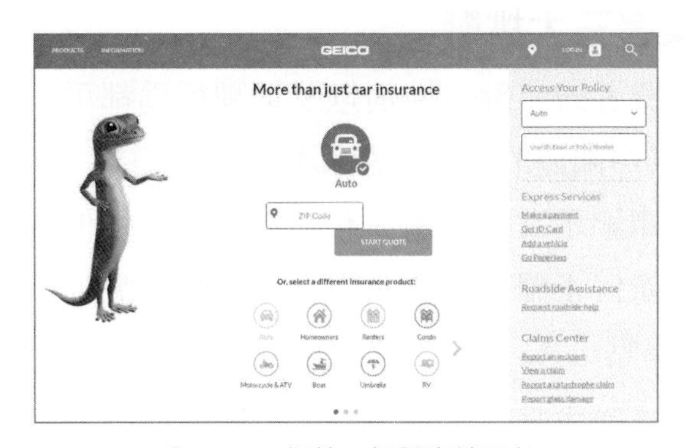

「Geico」網站－保單直銷平台

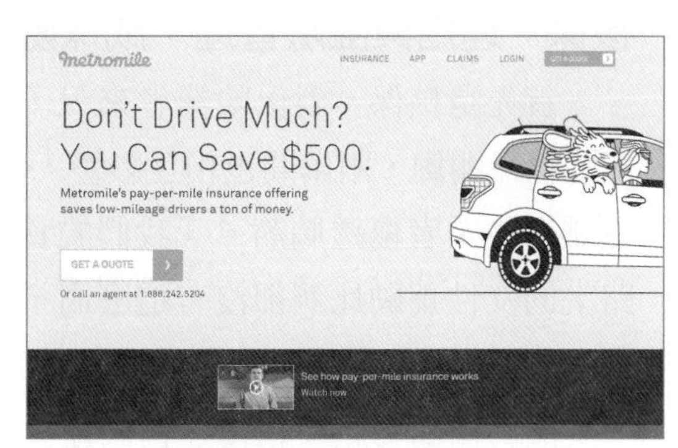

「Metromile」網站－科技保單平台

圖 8-14 保單銷售平台

金融搜查線

一臺行車記錄器，為保險業者帶來轉型？
明台產險總座：技術到位後，以後我們急著賠你錢。

明台產險其實很早就就跨足到「UBI 車險」領域，嘗試在性別、年齡之外，透過如手機等行動裝置的數據搜集，作爲分析用路人駕駛行爲評斷的依據，讓保費能跳脫過往靜態模式，走向動態調整的可能性。

不過，單純仰賴明台產險一己之力執行卻也困難重重。不僅是數據資料的搜集在精確度上不夠客觀存有疑慮，市場上將迎來的電動車時代，也可能改變遊戲規則，未來事故的責任歸屬與釐清又是個考驗。

全名爲「Usage Based Insurance」的 UBI 車險，是一種以車輛使用狀況與駕駛人行爲來評估的保險。相比於過去單純以性別、年紀甚是肇事紀錄作爲承保依據的標準，UBI 車險能透過如行車記錄器等裝置，並結合急煞車次數或平均車速等大數據進行全面行的綜合評估，能提供給駕駛人更具彈性、合理的汽車保險。

核保、理賠與風險管理，成保險業者三大挑戰

首先是核保。對保險業者來說，消費者的年齡、性別以及駕駛行爲都可能是核保關鍵，兩兩間也相互影響，但其中關鍵的決策資訊卻難以眞實掌握，更讓保險業者傷透腦筋。「我們的資料庫顯示女性保險人有超過 5 成」，但路上的女性駕駛比例卻沒有這麼高，該如何正確分析資訊辨識保戶的駕駛行爲，訂定對雙方有利的動態保費，是爲痛點一。

明台產險表示，核保、理賠與風險管理成眼前的三大難題，即便已經投入 UBI 車險的懷抱，但爲了要加速提升產業與客戶的體驗，決定攜手外部資源一同迎戰。

其次是理賠。爲人詬病的是一直以來理賠過程耗費冗長的往返時間，從資訊收集、通報、等待，「有些事故發生時用路人早已慌了手腳，難以說明

清楚，」所以陳嘉文認爲，車險的轉型不只是爲了保險業者，有效提升用路人的使用體驗，讓理賠環節能夠再更順暢，是爲痛點二。

最後，則是風險管理。KPMG 出具的《2020 自動駕駛汽車準備報告》，指出預計在 2040 年，拜自動駕駛的普及，國內交通事故發生率將會降低 6 成，屆時保險業者將面臨的是當風險降低時，用路人對於保險的需求是否有不同的期待與需求？而保險業者又該如何針對自動駕駛時代的到來，搶先佈局規劃產品，是爲痛點三。

創星物聯靠數據與 AI，助理賠時間減少 1/10

尋找外部資源談何容易。要能了解產業知識又同時兼具專業技能，更重要的是必須能成爲長期合作夥伴，確保明台產可能持續給予消費者良好的體驗，幾番尋覓後終於讓明台產險找到了提供車聯網服務數據與 AI 應用的創星物聯。

創星物聯擁有車聯網服務數據與 AI 應用的強大技術背景，配合國內在 ICT 產業的優勢能打造具成本競爭力的行車記錄器，軟硬整合就成了明台產險轉型的幕後推手。創星物聯總經理表示，團隊擁有 42 種以上的數據模型與演算法，及每年多達百億筆駕駛行爲數，能透過演算法協助保險公司取得最佳的計價模式、強化 UBI 車險。

舉例「何謂危險駕駛」？若單看時速對用路人並不公平，車速加上了環境暴露數據如：道路等級、坡度、車流速度、溫、濕度、能見度…等天氣數據，就能更客觀的爲駕駛人貼上「安全」或「危險」的標籤，也才能更進一步針對保險費率做出浮動修正。

此外，臺灣得天獨厚的 ICT 產業也是發展 UBI 車險的利器。團隊自行開發的行車記錄器不只在成本上具有優勢，也是讓創星物聯可以精準分析的秘密武器，這台全時攝影機不僅具備遠端即時串流、異常推播，也能提供影像輔助理賠的處理，讓客服人員能立即掌握事故狀況，提供用路人更全面的服務完成一鍵處理的目標。

臺灣市場上有個奇特的現象，就是相比海外、國內汽車安裝行車記錄器的比例其實已經高達 7 成以上，這讓明台產險「車聯御守 UBI 車險」的效益與影響力更加擴大。「用路人至少省下 1/10 的時間，」以過去理賠的程序對比，而這正是其中一項功能「一鍵理賠」服務所創造的成果。未來車險應該是基於目前的努力與數據的蒐集，走向全自動理賠、智慧保單的趨勢。

在導入創星物聯的解決方案後，不只保費能在評鑑後進行動態調整，爲企業與保戶帶來雙贏，明台產險也借鏡日本母公司一鍵理賠的成功經驗，將它複製到臺灣市場。而一鍵理賠也帶來了意想不到的收穫，「我們發現到二次車禍的比例有下降，」正因爲用路人在第一時間只需要通報，系統就能回傳前後 15 秒的影像進行記錄，無需冗長的在現場等待，正是減少二次車禍的比例，同時也讓使用者眞正體會到保險是如何爲他們創造便利的生活。

搶在顧客之前，全自動理賠成下個目標

「有人說保險業者總是理賠慢，或找理由不賠，」但看在明台產險卻不是如此。他表示，如同現在旅遊不便險已經能在區塊鏈技術的導入下，在乘客尙未落地前就能因行程延誤主動告知理賠金額，而不再是被動等候乘客提供各式班機延誤的資訊，未來車險也將朝這個方向邁進。

訂定動態保費、一鍵理賠都還只是起步，未來的車險應該是靠著這些數據累積及人工智慧的輔助，全面走向智慧保單、全自動理賠的應用場景。將來系統將不再只是單純的通報，更將透過影像辨識判讀損害的狀況以及整體維修費用，在技術可靠的輔助下，「以後是我們急著想要賠你錢」。

圖文來源：摘錄自數位時代 2023/02/24

解說

隨著物聯網的進步，讓保險結合科技所產生的科技保單應運而生。國內有保險公司結合物聯網公司透過行車記錄器推出 *UBI* 保單，讓保費與駕駛習慣與時數等情形相連結，並提供客户「動態定價車險」，且可增快理賠速度。

三、財富管理平台

傳統銀行裡，幫助客戶進行財富管理的業務，大都是由銀行裡的理財專員負責。但人類的理財顧問模式，是很容易受到理財人員的利益、情感等不理性的因素干擾。現在由電商公司所成立的財富管理平台，又稱爲「機器人理財」（Robot-Advisor），其運作方式乃利用人工智慧（AI），先瞭解客戶屬性與投資需求（如：年齡、所得、職業、投資目標、風險承受度等），再提供給投資人合適的投資理財建議，且會根據市場動態，隨時對投資人提出適度的投資規劃。

由於機器人理財確實提供有別於傳統的投資理財顧問的服務方式，近年來，已有電商公司所成立的機器人理財平台，且眾多傳統金融機構亦提供此類的服務。以下將說明機器人理財平台特點與發展情形。

（一）特點

在此種理財平台模式下，僅有極少（或全無）人力之參與，因此能降低過去人爲誤導或誤判的不理性情形，且由於人工智慧可以快速大量解決各類數據運算，所以可以提爲投資人提供自動化、客製化、低門檻、低費用與便捷性之投資理財顧問服務。

1. **自動化**

   機器人理財平台的運作方式，乃強調投資人透過人工智慧進行投資理財，因此所有的投資建議與運作都可藉由電腦程式自動執行，僅有極少（或全無）人力之參與，因此能降低過去人爲誤導或誤判的不理性情形。

2. **低成本**

   由於機器人理財平台業者，並不用僱用大量人力協助投資人進行理財，可以省去許多人力成本，並將所節省資費用回饋給投資人，所以對投資人所收取的手續費或仲介費會較低。

3. **低門檻**

   通常機器人理財平台爲了吸引更多年輕族群參與，會將提供服務的投資門檻降低，讓尚無大量資產的年輕人，亦可輕鬆簡單的參與投資理財。

4. **客製化**

   機器人理財平台可透過人工智慧爲投資人規劃出適合自己屬性的商品與建議，讓投資人可以受到客製化的理財服務，免受以往傳統金融機構的服務人員爲了業績而進行較人情性的投資干擾。

5. **便捷性**

機器人理財平台強調利用電腦與網路處理，所以可以提供全天候服務，且只要一開始將所應具備的銀行帳戶處理好，將來就可很方便快速的利用平台進行投資理財活動。

（二）發展情形

現今機器人理財活動，除了有少數電商公司單獨成立平台外，大都被傳統金融機構另行開發系統，應用於協助機構內客戶的財富管理。美國的兩大機器人理財巨頭－ WealthFront 和 Betterment，就利用理財機器人協助客戶尋找出最佳的投資規劃，因理財門檻也較低，可吸引許多年輕族群進入該領域，且平台也針對個人避稅或退休生活需求，提供更長期性的理財計畫。

此外，現在全球各大型銀行與投資機構，如：瑞士銀行、野村證券等，也都紛紛成立機器人理財平台，以擴展智慧財富管理的業務。國內的金融相關機構，也積極投入機器人理財服務，如：玉山、中國信託、國泰世華銀行、富邦證券、以及基富通證券、大拇哥投顧、聚亨網基金交易平台等不勝枚舉。

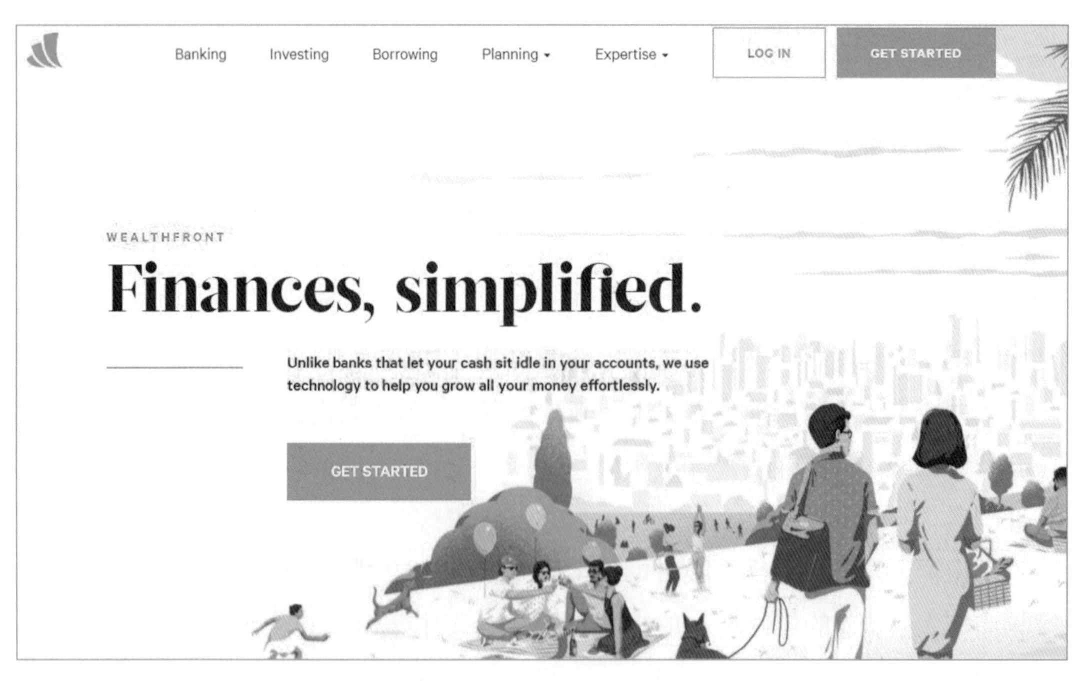

圖 8-15 「Weaithfront」網站

金融搜查線

全臺灣理財機器人手續費用與特色比較

隨著金融科技跟人工智慧的發展，理財機器人（Robo-advisor）逐漸風行，它是「根據大數據資料庫來做分析，搭配演算法進行自動化管理，以全無或極少的人工服務，提供客戶投資組建議的理財顧問服務」。以下Mr.Market 市場先生，將介紹國內外比較知名的理財機器人的特點：

美國知名理財機器人介紹

根據Investopedia網站票選，2020年7月止，最佳的5家理財機器人公司，如下：

美國知名理財機器人公司

公司	Investopedia評分	管理費	帳戶最低金額
wealthfront	4.4/5	0.25%	$500美元
InteractiveAdvisors	4.2/5	0.08%~1.5%	$100美元
Betterment	4.1/5	0.25%	$0美元
M1 Finance	4/5	0%	$100美元
personal CAPITAL	4/5	0.49%~0.89%	$100,000美元

資料來源：Investopedia，2020/07　整理：Mr.Market市場先生

臺灣「銀行」理財機器人手續費用與特色總整理

目前理財機器人在臺灣的銀行及投信也是蓬勃發展，幾乎各家都紛紛推出理財機器人的服務，也時常有優惠活動，但是規模都不大，以下整理國內目前現有的理財機器人服務。

臺灣銀行理財機器人平台　收費與特色					
金融機構	平台使用費	信託管理費	手續費	投資門檻	特色
王道銀行 王道機器人	1% （投入 100 萬以上 0.8%）	X	X	• 基本型台幣 1,000 元 • 進階型台幣 10,000 元	最早投入理財機器人的銀行
中國信託銀行 智動 GO	X	依照投資組合收： • 安鑫策略、富利策略、趨勢策略：0.79% • 智動 GO 目標策略、智動 GO 退休策略：1.00%	X	台幣 1,000 元或美金 200 元	業界首創自動再平衡機制
國泰世華銀行 智能投資	X	0.88%	X	台幣 5,000 元	與香港金融公司合作
兆豐銀行 理財 e 把兆	X	依照總信託金額收費： • 大於 100 萬：0.55% •30 ～ 100 萬：0.75% • 小於 30 萬：0.95%	X	台幣 10,000 元或美金 300 元	第一家跨足理財機器人的公股銀行
台北富邦銀行 奈米投	X	1%	X	美金 100 元	與歐洲最大智能理財公司合作投資全球 ETF
台新銀行 理財智多新	X	依照投資組合金額收費： • 台幣投組大於 100 萬、美元投組大於 3.2 萬：0.58% • 台幣投組 30~100 萬、美元投組 1.6 ～ 3.2 萬：0.78% • 台幣投組小於 30 萬、美元投組小於 1.6 萬：0.98%	X	台幣 3,000 元	門檻低，收費親民
永豐銀行 ibrAin 智能理財	1%	X	X	台幣 3,000 元	100% ETF 投資標的

臺灣「投信、投顧公司」理財機器人手續費用與特色總整理

除了銀行以外，各大投信投顧或基金平台如富蘭克林投信、復華投信、野村投信、中租投顧等，都有推出理財機器人的服務，下表則爲各家理財機器人的手續費用與特色的總整理：

臺灣投信、投顧公司理財機器人平台費用與特色				
金融機構	平台使用費	手續費	投資門檻	特色
富蘭克林投信 國民理財機器人	X	牌告 1% 目前優惠為 0.5%	單筆申購 3 萬元或定期定額 5,000 元	定期定額方案每月最低 5,000 元
復華投信 強勢通 / 低點通理財機器人	X	0.30%	單筆申購 12 萬元	低點通機器人找到相對低檔時機進場
野村投信 理財農場機器人	X	牌告 0.6% 目前優惠免收	目前優惠單筆申購 10 萬元或定期定額 1 萬元	境內基金 0.99% 經理費
群益投信 金智動	X	首次申購費用 0.3%，之後定期定額申購免收手續費	單筆 10 萬，之後「需每期」定額投入最低 6 千	綁定定期定額投資
中租投顧 WISEGO 理財機器人	•10 萬以下 1.2% •10 ～ 100 萬：1% •100 萬以上：0.8%	X	首次申購 30,000 元，增額級距為 1,000 元	與德國第一大零售基金公司「德意志資產管理」技術合作
鉅亨投顧 阿發總管	牌告 0.15%	牌告 1.2%	首次申購 50,000 元，增額級距為 1 元	有著以配息為目標的投資組合

圖文來源：摘錄自 Mr.Market 市場先生 2020/08/19

解說

隨著人工智慧（AI）的發達，機器人理財服務漸趨成熟。現今國外已有眾多獨立機器人理財平台的成立，國內大都由傳統金融機構開發提供服務，各家的特色、投資門檻等都不一，投資人可依自己需求選擇合適的平台進行理財服務。

想靠機器人理財？這 3 種人請先做功課

根據美國財經媒體研究機構報告指出，全球由「機器人理財」管理的資產，2020年將突破8兆美元，與2017年3,300億美元相比，成長幅度近25倍。臺灣也跟上這股風潮，2017年王道銀行、中國信託與富邦證券接力推出機器人理財服務，近期，國泰金控也將加入戰局。在機器人加持下，再搭配「手續費全免」、「投資門檻低」等優惠方案，對於投資新手而言，確實具有一定吸引力。

機器人理財包含兩個元素：「自動化」與「客製化」。顧名思義，它是能根據市場、使用者條件與設定投資目標，提供建議的自動化工具，幫助投資人一步一步達到理想。它就像提供給駕駛的智慧導航服務，能根據不同需求決定最佳路線，即便行車過程發生狀況，也能即時煞車或是轉向。只是在這裡，把具體的開車行爲轉換爲投資理財，目的地則是獲利或資產管理的目標。

誰適合？ 3 大族群請先做功課

1. **經驗值不夠的「首投族」：**對於持有資金不多，也缺乏投資經驗的「首投族」而言，目前臺灣理財機器人服務的門檻最低為 1,000 元，並配合各種費用優惠，適合剛起步的投資新手族，透過實際參與，了解市場運作背後的邏輯。
2. **無暇兼顧投資的上班族：**不少上班族雖然手上有積蓄，但工作忙碌，無法投入大量時間研究市場，亦可透過機器人理財服務，協助消化資訊，並應用在實際投資行為裡。
3. **投資達人：**即使是閱歷豐富的投資達人，也可能陷入「不敢買」或「捨不得賣」的主觀陷阱。透過理財機器人提供理性、客觀的投資建議，可從旁協助克服理財上的心理盲點。

儘管機器人理財愈來愈廣泛，並不是所有人都需要機器人理財服務：「如果你對投資期待的報酬率不高，甚至只要打敗定存利率就好，其實不需要這麼複雜的投資工具。」畢竟，沒有一種投資不存在成本與風險，機器人理財當然也不例外。不論是傳統理財專員，或是當前機器人理財服務，投資人最在乎的不外乎績效與費用，但事實上，「知識」才是誰也帶不走的財富。投資人還是得做好功課，才能善用工具，打造出更進階的理財力。

圖文來源：摘錄自 Cheers 2018/03/09

解說

國內在金融科技浪潮下，機器人理財正夯，報導中建議有三種人，可利用機器人理財，但既使將理財事務交給機器人，投資人也必須先瞭解各種理財常識，這樣才能借力使力不費力。

金融搜查線

金管會盯上機器人理財

金融業機器人理財規模					
時間	2022年第1季	2022年第2季	2022年第3季	2022年第4季	2023年第1季
家數	15	16	16	16	16
規模(億元)	48.47	55.43	59.21	62.75	68.99
季增(%)	–0.27	14.36	6.82	5.98	9.94

註：家數、規模為累計數
資料來源：金管會　　廖珮君／製表

迎戰 AI（人工智慧）新興科技，金管會對 AI 機器人理財開第一槍、拉高監理強度。金管會正研擬將原屬投信顧公會「自律規範」的機器人理財，提升法律位階到《證券投資信託及顧問法》，一旦違法，最重將處 1,500 萬元罰鍰。

金管會截至 2023 年第 1 季底統計，有 16 家業者做機器人理財、客戶數達 16 萬 6,801 人，資產管理規模 69 億元、年增 42%，前三大都是銀行業者，包括國泰世華銀 18.7 億元、第一銀近 15 億元、和華南銀約 7 億元。

AI 科技應用愈來愈多元，科技監理需要更加嚴格，金管會與投信顧公會研擬提升法律位階，將 AI 機器人理財納入《投信投顧法》，增強監理強度。其次，機器人理財最重要的就是演算法，機器人演算法是否合理？是否有人爲修改？也需加強審查機制。

目前各家機器人理財演算法，都是業者自己做審查，未來金管會將委外成立專家小組，審查各業者的機器人理財演算法。「機器人理財」指透過演算法、AI 等技術，以自動化工具向客戶提供投資組合建議，又稱「自動化投顧服務」。金管會是在 2017 年 6 月發布相關作業要點，機器人理財全面上路，2021 年又放寬機器人「自動再平衡」規範。

圖文來源：摘錄自經濟日報 2023/04/21

解說

近年來，國人利用機器人理財金額成長中，因怕將來產生糾紛與風險。金管會與投信顧公會研擬提升法律位階，將 AI 機器人理財納入《投信投顧法》，以增強監理強度。

金融 FOCUS

QR CODE	影片主題、網址、日期、長度、語言與出處				影片重點簡介
	◆ Facebook更名"Meta"！祖克伯重押"元宇宙"生態系 https://www.youtube.com/watch?v=nd7Ps4V8rlI				全球知名網路社群－臉書公司最新宣布進行品牌重塑，母公司更名為「Meta」，將納入公司的虛擬實境未來願景，也就是他所說的「元宇宙」。
	2021/10/29	2 分 24 秒	華語	非凡新聞	
	◆ P2P平台imB爆25億糾紛　自救會逾上千人 https://www.youtube.com/watch?v=YiCNm5HhPHg				P2P 不動產借貸媒合平台－imB，發生平台負責人捲款逃跑，初估高達 25 億。imB 的行為也已涉犯銀行法，必須由司法檢調機關，審理判斷。
	2023/05/02	1 分 48 秒	華語	東森新聞	
	◆ 中國互聯網P2P金災難民續維權　網傳倡議書 https://www.youtube.com/watch?v=0g3I2A0yZ74				中國自 2018 年以來，連續爆發大規模 P2P 網貸平台倒閉，甚至發生大規模金融難民到北京抗議，引起國際關注。倒閉問題延續至今尚未解決。
	2023/02/15	2 分 37 秒	華語	新唐人亞太電視台	
	◆ 群眾募資市場達37.7億　首見台日聯動募資 https://www.youtube.com/watch?v=z4x9o62P67s				2022 年全台群眾募資金額上看 37.7 億台幣，成為各新創及品牌爭奪曝光的平台。國內 3C 周邊商品業者創下台日跨國同步集資專案上架的先例。
	2023/04/05	4 分 30 秒	華語	TVBS	

QR CODE	影片主題、網址、日期、長度、語言與出處				影片重點簡介
	◆ 基富通與樂天銀合推"一鍵開戶"　落實普惠金融拚3贏 https://www.youtube.com/watch?v=MRNZ7rd0NX4				基富通與樂天銀行合作推出「一鍵開戶」服務，3 分鐘就能完成基金帳戶申請，雙方合作能發揮最大綜效，打造金融生態圈的新常態。
	2023/05/31	1 分 56 秒	華語	非凡新聞	
	◆ 一鍵理賠通知！　UBI車險搭行車紀錄器"自動上傳事故影片" https://www.youtube.com/watch?v=7UGkC12oL38				產險業者推出 UBI 保單，採用大數據計費模型，還提供行車紀錄器，當事故發生時，會自動上傳事故影片，只要按一鍵就能與客服人員語音連線。
	2021/01/05	2 分 32 秒	華語	非凡新聞	
	◆ 好險有科技！保險科技＝老產業＋新科技～迸出新滋味！ https://www.youtube.com/watch?v=Sxdyk3rMLP8				隨著數位時代到來，保險業結合科技行銷保險科技保單，將是保險業的未來趨勢，不僅提供保戶快速便利服務，且還提供精準計價的商品。
	2020/08/14	4 分 03 秒	華語	金融研訓院	
	◆ 銀行推「理財機器人」　民眾詢問投資更便利 https://www.youtube.com/watch?v=1yR7eLvtV2U				銀行推出「理財機器人」服務，客戶只要用電腦或是手機，上網就能輕鬆挑選標的，還會幫您分析風險屬性，提供不同建議。
	2020/06/01	1 分 19 秒	華語	台視新聞	

金融科技力知識檢定測驗試題

( ) 1. 對於 P2P 匯兌（P2P Transfers）的敘述，下列何者錯誤？ (A) P2P 匯兌需透過兌換平台來執行 (B) 配對過程必須以銀行提供之的市場匯率與利率為交換基準 (C) 透過 P2P 匯兌方式換匯，可節省消費者交易成本 (D) TransferWise、Azimo 及 peerTransfer 等公司都是著名的 P2P 匯兌公司。〔第 2 屆〕

( ) 2. 新科技對於保險業務的影響，下列敘述何者錯誤？ (A) 物聯網的技術可以讓保險業者更即時地蒐集客戶使用和行為資料 (B) 由於客戶的使用及行為資料利用，保險業者可將保險產品高度個人化 (C) 消費者更容易進行保險產品間的比價及購買 (D) 新科技對保險業的風險定價影響較小，仍以保險公司過往掌握的歷史數據進行，透過損失機率預測最大可能損失來決定。〔第 1 屆〕

( ) 3. P2P 貸款平台有何特性？ (A) 不直接承擔借款違約風險 (B) 業務會多集中於低風險借款人 (C) 僅限金融機構業者才能建構此平台，並收取仲介服務費用 (D) 平台上，貸方可獲取較傳統金融更高收益，且不必承擔呆帳風險。〔第 3 屆〕

( ) 4. 有關傳統金融存貸與 P2P（peer-to-peer）借貸優缺點分析，下列何者正確？ (A) 皆有存款保險保障 (B) 傳統金融的存戶較易蒙受個別違約風險，而 P2P 借貸能有效降低該風險 (C) 傳統金融貸款人無法選擇風險與報酬，而 P2P 借貸可滿足不同放款人風險偏好 (D) 因為具第三方角色，因此不論是傳統金融機構或 P2P 借貸平台都會直接涉入借貸契約。〔第 3 屆〕

( ) 5. 有關群眾募資的特色，下列何者正確？ (A) 群眾募資透明度低，專案支持者不能夠親身經歷專案的所有流程 (B) 個別投資人直接參與投資，投資成本將降低 (C) 群眾募資沒有道德風險，不會發生支持者收到的回報與事前不同 (D) 群眾募資將避免協助處於高風險種子階段的新創公司取得資金。〔第 4 屆〕

( ) 6. 下列何者是群眾募資的挑戰？ (A) 提供投資人發現並直接投資的機會 (B) 募資前公佈的專案細節與募資後實際執行情況不符 (C) 相對於傳統金融，群眾募資的透明度高 (D) 不必透過中介機構進行投資。

〔第 4 屆〕

(　　) 7. 有關保險科技的敘述，下列何者錯誤？　(A) 保險科技可以降低人力成本　(B) 保險科技可以降低保戶資料被竄改的風險　(C) 保險科技可以提供客製化的服務　(D) 保險科技無法減輕資訊不對稱的問題。〔第 8 屆〕

(　　) 8. 有關保險科技之敘述，下列何者錯誤？　(A) 隨著保險科技的發展，保險公司將來可以提升經營效率　(B) 消費者與保險公司均可由保險科技創新中受益　(C) 在政策上，主管機關應該多多鼓勵保險公司發展以提升保戶的權益爲中心的保險科技　(D) 保險科技不會影響未來保險通路的發展。〔第 8 屆〕

(　　) 9. 有關 P2P 借貸平台之敘述，下列何者錯誤？　(A) 提供借方信用評等分數，協助核貸與後續程序　(B) 資金供給者可以自行挑選符合其風險偏好的放貸對象　(C) 投資人無法獲得更高利率的報酬　(D) 借款人較易取得貸款。〔第 8 屆〕

(　　)10. 群眾募資具有協助新創業者募資之功能，但亦存在許多風險。下列何者非爲群眾募資之可能風險？　(A) 較少的法律保障　(B) 較低的投資損失　(C) 稀釋風險　(D) 資訊不對稱。〔第 8 屆〕

(　　)11. P2P 借貸爲何會有流動性風險？　(A) 資金規模小　(B) 債權憑證多缺乏次級市場，不易轉售換取現金　(C) 無投資人保護機制　(D) 有網路攻擊風險。〔第 8 屆〕

(　　)12. 群眾募資類型中較類似於「團購＋預購」模式的，爲下列何種類型？(A) 捐贈　(B) 回饋　(C) 股權　(D) 債權。〔第 8 屆〕

(　　)13. 有關保險科技（InsurTech）的敘述，下列何者錯誤？　(A) 保險科技是金融科技的一環　(B) 保險科技是科技業者針對保險價值鏈中不效率的地方，使之變得更有效率　(C) 保險科技的崛起，促使保險業者開始要考慮經營策略的轉變　(D) 保險科技的發展，通常會促使保險業者開發出成本較高，附加價值也高的產品。〔第 9 屆〕

(　　)14. 有關 P2P 借貸平台之敘述，下列何者錯誤？　(A) 增進資金使用效率　(B) 網路交易無地域性　(C) 人事及設備成本降低　(D) 潛在投資收益較低。〔第 9 屆〕

(　　)15. 有關 P2P 借貸傳統模式之敘述，下列何者正確？　(A) 僅協助資訊中介　(B) 銀行參與合作撥貸　(C) 向出借人承諾一定收益　(D) 以自有資金撥貸。〔第 9 屆〕

(　　)16. 下列何種募資方式，主要是運用於公益事業上？ (A) 股權 (B) 回饋 (C) 捐贈 (D) 債權。〔第 9 屆〕

(　　)17. 群募貝果與嘖嘖是屬於下列何種群募平台？ (A) 捐贈型 (B) 回饋型 (C) 股權型 (D) 債權型。〔第 9 屆〕

(　　)18. 理財機器人服務流程之第一步驟爲何？ (A) 提供投資組合建議 (B) 執行交易 (C) 瞭解客戶 (D) 風險監控。〔第 9 屆〕

(　　)19. 有關「新市場平台（New Market Platform）」的敘述，下列何者錯誤？ (A) 具資訊媒合平台使用特點 (B) 具資源使用效率提高特點 (C) 與共享經濟或平台經濟完全不同 (D) 可提高市場流動性及交易透明度。〔第 10 屆〕

(　　)20. 下列何項並非發展保險科技的目標？ (A) 讓客戶更倚賴實體通路 (B) 提供客戶更便利的服務 (C) 提高保險的可近性 (D) 讓保險經營變得更有效率。〔第 10 屆〕

(　　)21. P2P 借貸管理不當會造成的風險，下列何者錯誤？ (A) 違約風險 (B) 通貨膨脹風險 (C) 詐欺風險 (D) 資訊不對稱風險。〔第 10 屆〕

(　　)22. 群眾募資最早起源於下列哪一個國家？ (A) 瑞典 (B) 英國 (C) 新加坡 (D) 美國。〔第 10 屆〕

(　　)23. 下列何者不屬於臺灣的群眾募資平台？ (A) 嘖嘖 (B) flyingV (C) 群募貝果 (D) Kickstarter。〔第 10 屆〕

(　　)24. 有關跨境 P2P（peer-to-peer money transfers）匯兌的敘述，下列何者錯誤？ (A) 跨境 P2P 匯兌的估計匯率與實際匯率常有所差距 (B) 匯價的波動常會引發 P2P 匯兌延遲處理 (C) P2P 匯兌平台有可能發生資金不平衡現象 (D) 客戶身分確認，不易出現漏洞。〔第 10 屆〕

(　　)25. 下列何項業務的出現對於新創企業來說擺脫了銀行放款條件的規定與作業時間，有機會直接與社會大眾互動，直接由社會大眾取得成本較低且較快速的資金？ (A) 電子支付 (B) 創業投資 (C) 群眾募資 (D) 網商交易。〔第 10 屆〕

(　　)26. 機器人理財，以服務功能可區分爲諮詢建議型及資產管理型，下列敘述何者錯誤？ (A) 諮詢建議型主要係依客戶需求提供理財規劃與投資組合建議 (B) 諮詢建議型後續會引導客戶至推薦的商品交易平臺做交易 (C) 資產管理型即全權委託投資操作 (D) 資產管理型會幫客戶安排資產配置，將獲利再投資，同時採取風險管理措施，即爲避險交易（hedge trading）。〔第 11 屆〕

( )27. 保險科技對保險業帶來之影響，下列何者錯誤？ (A) 未來將增加大量的數位消費者 (B) 保險公司在經營策略上發生改變 (C) 改變了核心金融業務之風險屬性 (D) 客戶服務不再受時間空間的限制。〔第 12 屆〕

( )28. 針對「捐贈型與回饋型」之群眾募資，下列敘述何者錯誤？ (A) 相較於其他群眾募資型態門檻較低且取得資金較快速 (B) 出資者在募資完成後會參與發起人企業之營運 (C) 某些國家對於此兩類型的群眾募資規範較為寬鬆 (D) 群眾募資最早起源於美國，早期多以此兩類型的群眾募資為主。〔第 12 屆〕

( )29. 保險科技的崛起對保險生態造成很大衝擊，下列敘述何者錯誤？ (A) 迫使保險業的經營策略發生轉變 (B) 使保險商品及服務以客戶為中心 (C) 重塑了保險商業模式與業務型態 (D) 提高了面對面行銷的比率。〔第 13 屆〕

( )30. 下列何者非屬「機器人理財」的特性？ (A) 強調理性的投資策略 (B) 強調大數據資料分析 (C) 不分析投資人的風險屬性和需求 (D) 強調人工智慧演算法。〔第 14 屆〕

( )31. 下列何種特色並非是在世界經濟論壇中提到新市場平臺（New Market Platform) 所具備的特色？ (A) 社群化 (B) 個人化 (C) 標準化 (D) 自動化。〔第 14 屆〕

( )32. 保險科技主要可以降低下列何種資訊的不對稱？ (A) 保險人與投資人 (B) 保險人與被保險人 (C) 保險人與再保險人 (D) 被保險人與投資人。〔第 14 屆〕

Chapter 9

社群金融－虛擬貨幣

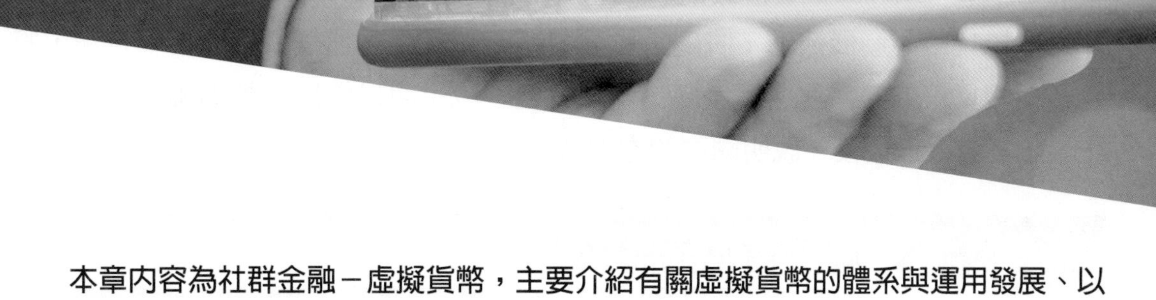

本章內容為社群金融－虛擬貨幣，主要介紹有關虛擬貨幣的體系與運用發展、以及去中心化金融與國內證券型代幣等內容，其內容詳見下表。

節次	節名	主要內容
9-1	虛擬貨幣的體系	介紹虛擬貨幣體系內的各種幣別類型。
9-2	虛擬貨幣的運用發展	介紹虛擬貨幣的用途、風險與發展趨勢。
9-3	去中心化金融	介紹去中心化金融的服務型態與特色。
9-4	國內證券型代幣	介紹國內證券型代幣的管理規範與其優缺點。

【本章導讀】

由於近年來，網際網路的發達，各種網際間的聯繫交易頻繁，造就網路虛擬市場的產生。在這虛擬的市場裡，由於人們基於交易或服務等動機成立了社群，網戶成員在社群裡彼此交換討論買賣經驗與需求，所以電子類型的虛擬貨幣也應運而生。

所謂的「虛擬貨幣」（Virtual Currency）是指存在於網路世界的數位化貨幣（Digital Currency），由開發者發行與管控，供特定虛擬社群成員使用。通常創設虛擬貨幣的開發者，都會設立流通平台，以服務網路社群成員。

由於全球知名的虛擬貨幣－「比特幣」（Bitcoin），其發展所運用的「區塊鏈」（Blockchain）技術，因具去中心化、交易過程加密且可追蹤、也具不可造假之特性，所以一直被視爲發展智慧金融所須的利器，因此也連帶的捧紅了虛擬貨幣的重要性。

近年來，由比特幣所帶動的虛擬貨幣發行風潮，讓市場更增添許多虛擬代幣、穩定幣、證券型代幣等相似幣種的誕生，也激發「去中心化金融」（DeFi）的創世，更催生「中央銀行數位貨幣」（Central Bank Digital Currency；CBDC）的降臨。所以虛擬貨幣的發展演進，將逐步影響整個金融體系之運轉。以下本章首先，將介紹虛擬貨幣的體系與運用發展，其次，進一步說明以虛擬貨幣爲軸的「去中心化金融」發展，最後，說明國內證券型代幣的發展情勢。

9-1 虛擬貨幣的體系 [1]

虛擬貨幣與「電子貨幣」（Electronic Money）（例如：儲値卡、電子錢包）很相似，但兩者最大的不同是電子貨幣具法償地位等同於眞實貨幣，可以在眞實的生活使用。但虛擬貨幣雖有自訂的計價單位，但不具法償地位，大都僅限於特定的網路社群裡使用，一般將之視爲「商品」而非眞正的法定貨幣。

在虛擬貨幣的體系裡，以往的虛擬貨幣，大都僅限開發者所限定的平台內流通使用，無法與眞實貨幣進行「雙向兌換」，且大都不具加密特質。但由於具加密技術的虛擬貨幣－「比特幣」的崛起，讓它擁有可與眞實貨幣進行「雙向兌換」

---

1 本章 9-1 與 9-3 內容，部分參考自李顯儀（2021），「探究虛擬貨幣及去中心化金融的發展演變」，貨幣觀測與信用評等，149 期，51-62 頁。

的特質，因此爾後，這種具加密特性的虛擬貨幣，逐漸演化出一系列相關的虛擬代幣出現，讓整個體系對經濟社會影響性逐漸擴大。以下本單元將虛擬貨幣大致分成兩種體系進行介紹，分別為「非雙向兌換」與「可雙向兌換」兩種體系。圖 9-1 為現今整個虛擬貨幣體系發展的情形。

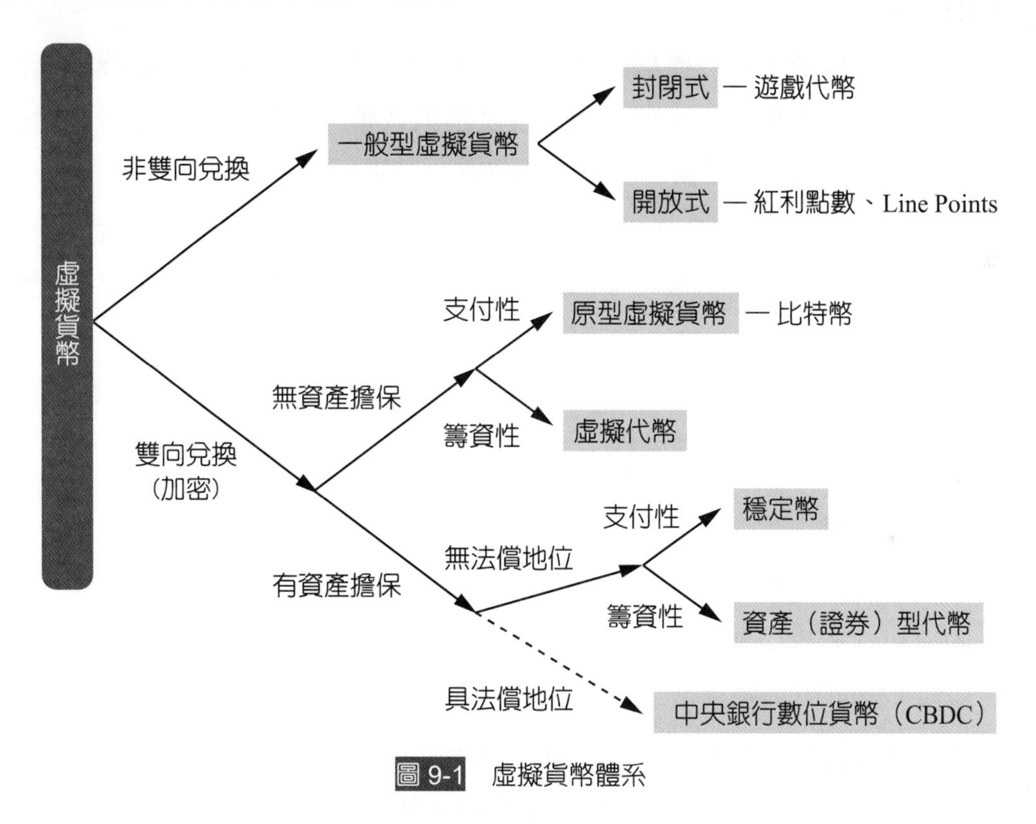

圖 9-1　虛擬貨幣體系

一、非雙向兌換

早期，虛擬貨幣的發展乃以「一般型虛擬貨幣」為主，通常不具加密特性，但在現今區塊鏈技術被普及的應用下，此類型已有些也是利用區塊鏈技術所生成，具加密特質，但仍不可與真實貨幣進行雙向兌換。以下本單元再將此類型的虛擬貨幣又區分成「封閉式」與「開放式」兩種進行說明：

（一）封閉式

通常封閉體系的虛擬貨幣乃由發行者於虛擬環境下所發行，只可以在封閉的虛擬環境中使用，並與真實貨幣無關，既使能夠拿來兌換商品，也是虛擬世界的虛擬商品，並不是實體商品。

例如：由遊戲軟體公司所發行的遊戲代幣，如：「天堂幣」、「金幣」等，此種代幣乃由使用者在遊戲中所賺取的獎勵貨幣，遊戲玩家只能利用此貨幣換取遊戲中的商品，如：購買武器或增強戰力等。

（二）開放式

此類虛擬貨幣乃由發行機構所推出的代幣，使用者可能於該發行機構進行消費支出後所產生的獎勵代幣、或者利用現金換取代幣。該虛擬貨幣可用於兌換該發行機構所提供的商品與服務，且僅可與眞實貨幣進行「單向兌換」。

例如：由網路或實體商店所推出的代幣，如：亞馬遜幣（Amazon Coins）、航空公司的飛行里程紅利點數、全聯福利中心的福利點數等；由通訊社群軟體公司所推出的代幣，如：Line Points 等；由政府學校機構所發行的代幣，如：台東金幣、高雄幣、銘傳幣、南台幣等。這些虛擬貨幣可以跟發行單位兌換實體商品、服務或折抵現金等，惟無法換回現金。

二、可雙向兌換

此類虛擬貨幣大都是利用「區塊鏈」加密技術所生成，由於具隱匿性且具跨境支付的便利性，故受某些特定人士的青睞（如：欲進行洗錢者），遂發展出具有支用價值，並可與實體貨幣進行「雙向兌換」之特性。

此類型虛擬貨幣，早期發展乃由網戶參與「區塊鏈」的解密而得，故並無任何資產當作發行擔保，因此在進行交易流通時，常發生價格劇烈波動情形。爾後，此類貨幣的發行就尋以某些資產（或價值）當作抵押擔保，讓幣價的變動能夠與擔保品相連結，促使幣值較趨於穩定。

本單元將此類型虛擬貨幣的發行，依是否以某些資產（或所有權）當作擔保抵押品，分成「無資產擔保」與「有資產擔保」這兩類進行說明：

（一）無資產擔保

此類虛擬貨幣原以「支付性」爲主要功能的「原型虛擬貨幣」爲始，爾後，又發展出兼具「籌資性」的「虛擬代幣」。這兩種虛擬貨幣說明如下：

1. **原型虛擬貨幣**

此類虛擬貨幣乃網戶參與「區塊鏈」的共識驗證解密活動，所產生的工作量證明或稱獎勵（酬勞）貨幣。由於這種「加密虛擬貨幣」（Cryptocurrency）具隱密性，所以便於被特定人士用於跨境支付行爲，並可與「眞實貨幣」進行雙向兌換，且市場也設置買賣此種虛擬貨幣的交易所，讓它在市場具有與眞實貨幣連結的交易價格。全球知名的此類型的加密虛擬貨幣首推始祖－比特幣，由於深受市場的青睞，隨後又發展出上千種相似的虛擬貨幣，其中，以萊特幣（Litecoin）、瑞波幣（Ripple）、以太幣（Ether）最爲知名。以下表 9-1 爲這四種知名加密虛擬貨幣的基本資料。

表 9-1 全球四種知名的加密虛擬貨幣基本資料

種類	比特幣（Bitcoin）	萊特幣（Litecoin）	瑞波幣（Ripple）	以太幣（Ether）
創立（發行）者	中本聰（Satoshi Nakamoto）	GitHub 公司	Open Coin 公司	Vitalik Buterin
發行日	2009 年	2011 年	2012 年	2014 年
發行量	2,100 萬枚	8,400 萬枚	8,400 萬枚	無限量

智慧金融小百科

比特幣的發行與價格

比特幣是一種以區塊鏈作為底層技術的加密貨幣，是由網戶共同參與共識解密所產生的獎勵（或稱酬勞）。該貨幣於 2009 年 1 月 3 日，由網路化名為「中本聰」（Satoshi Nakamoto）完成第一筆驗證活動，將創世區塊予以誕生。爾後，該系統每 10 分鐘接受 2,500 人共同參與驗證活動，每次可獲取 50 個比特幣當作酬勞獎勵。

由於比特幣的發行機制，為了避免通貨膨脹的問題，會於每 4 年減半發行，所以至今已於 2012 年（25 枚）、2016 年（12.5 枚）、2020 年（6.25 枚）各減半發行過一次，因此現在挖礦人只可於 10 分鐘內取得 6.25 枚比特幣，並將 2140 年會接近總發行數 2,100 萬枚。

比特幣於市場交易的最小記帳單位是 0.00000001（一億分之一）比特幣，稱為「1 聰」（Satoshi）。截至現今 2021 年 4 月，1 枚比特幣（BTC）價格約為 6 萬美元。

2. **虛擬代幣**

虛擬代幣（Crypto Token）乃由上述的原型虛擬貨幣所衍生出來的代幣，且都利用區塊鏈技術，故亦具加密特性。通常代幣發行者利用「首次公開發行代幣」（Initial Coin Offerings；ICO）的名義於市場籌集資金，故虛擬代幣具籌資功能。

其實，這種虛擬代幣的發行，有點類似某家公司所發行的儲值卡內點數，發行公司藉由ICO籌集資金，讓認購代幣者，除可於發行機構當作支付工具（如：買賣商品），這些虛擬代幣也可至虛擬貨幣交易所進行買賣交易，若代幣水漲船高亦可大賺一筆。例如：國內的首家發行虛擬代幣「沃田咖啡」所發行的「咖啡幣」籌集資金，此虛擬代幣乃透過「以太坊」發行，所以代幣符合 ERC20 標準[2]，代幣購買者，除可用來購買咖啡外，此咖啡幣亦可至虛擬貨幣交易所進行交易。

全球虛擬代幣的發行籌資活動曾風潮過一段期間，但因大部分的 ICO 計劃案都涉及詐騙、洗錢等非乏活動，現大都已被各國禁止。此外，由於市場上有許多 ICO 的失敗案例，所以之後又發展出以「虛擬貨幣交易所」爲發行主體的代幣出現，並利用「交易所首次發行代幣」（Initial Exchange Offerings；IEO）的名義於平台發行代幣，向交易所用戶籌資。但就融資本質而言，IEO 與 ICO 兩者，並沒有本質上的區別。

（二）有資產擔保

此類虛擬貨幣的發行者，將提供約等值的資產（或所有權）當作發行擔保，讓虛擬貨幣的價值具有抵押品支撐，所以相較於上述無資產擔保的幣值穩定。

現在該幣種依據發展趨勢，大致可分成兩種類型，其一是以「支付性」爲主要功能的「穩定幣」，另一則爲以「籌資性」爲主要功能的「資產（證券）型代幣」。以下進一步介紹這兩種虛擬貨幣：

1. **穩定幣**

穩定幣（Stable Coins）乃由發行機構利用區塊鏈技術，並提供某些資產（如：法定貨幣）當儲備、或提供穩定機制所發行的加密虛擬貨幣，且以「支付」爲主要功能。穩定幣除了具有與眞實貨幣進行雙向兌換的功能，且因價格會較無提供資產擔保的虛擬貨幣穩定，所以其「支付性」更受到信任。穩定幣可用於金融上的支付、跨境匯款，也兼具與其它原型虛擬貨幣（如：以太幣）相連結之功能，讓它可成爲傳統

2 ERC20 為目前「以太坊」上最多人使用的代幣標準規格，若發行者發行代幣符合 ERC20，即表示它是一個可於市場進行交易流通的功能性代幣。

金融投資者要進入虛擬貨幣世界，再進入去中心化金融（DeFi）生態的一座橋樑。

現今全球穩定幣仍處於發展階段，有關它的發行型式，大致出現三種主要類型，分別爲「資產型」、「演算法型」與「混合型」這三類。

(1) 資產型穩定幣（Asset-linked Stablecoin）

此類型乃發行者提供某些資產當作發行穩定幣的擔保，且該穩定幣的價格與抵押資產的價值相連結。以下將介紹三種以資產（或價值）當擔保所發行的穩定幣。

① 以法幣當擔保

法幣穩定幣[3]（Fiat Stablecoin）是以各國的「法定貨幣」當作抵押擔保，並與其匯率相掛鉤所發行的虛擬貨幣。例如：發行 1 枚穩定幣會拿 1 美元當儲備，讓該穩定幣的價格與美元匯價相連結。

此類以法幣當儲備的穩定幣，雖不具法償地位，但由於它幣值具穩定性，可拿來當作數位貨幣支用，所以也激發各國中央銀行發行具法償地位的「中央銀行數位貨幣」（CBDC）之意願。尤其，以美元當儲備的穩定幣，現常被當成「數位美元」使用，在幣值不穩定的國度（如：委內瑞拉、阿根廷等）頗受到歡迎。

由於法幣穩定幣具隱蔽性且價格穩定，故也很受某些特定人士的青睞（如：欲進行洗錢與販毒者），且進行跨境支付速度快，成本低，所以逐受各界使用。此外，由於有些加密虛擬貨幣的投資只接受利用穩定幣來進行支付或兌換，因此也被視爲「法幣」要進入「虛擬貨幣」世界之間的通道。

現今全球已有眾多公司發行法幣穩定幣，例如：全球市值最大穩定幣－「泰達幣」（Tether USD；USDT），乃由發行公司 Tether，以 1 枚泰達幣（USDT）兌換 1 美元等值發行。其餘，如：由 Coinbase 公司所發行的 USD Coin（USDC）、Trust Token 平台所發行的 True USD （TUSD）、Paxos 公司所發行的 Paxos Standard（PAX）、以及 Binance 平台所發行的的 USD（BUSD）皆爲與美元 1：1 等值兌換的穩定幣。此外，全球通訊軟體霸主－臉書（FB）所預計發行的虛擬貨幣－ Diem，將在世界各國以多種法幣做爲儲備貨幣（如：美元、歐元、英鎊、日圓等）擔保發行。

3 根據曾為全球最大的加密虛擬貨幣交易所－幣安（Binance），在 2019 年 11 月所發佈的報告顯示：大約 96% 的穩定幣使用者，乃以由「法幣」當擔保的穩定幣為主。

② 以商品當擔保

商品穩定幣（Commodity Stablecoin）是以生活中的實體商品當作抵押，並與其商品價格相連結所發行的穩定幣。一般而言，實體商品可爲金屬類（如：黃金、銀等）、能源類（如：原油、天然氣等）、農畜類（如：大豆、玉米、小麥、糖、咖啡、活牛、豬肚等）。

現今全球拿實體商品當穩定幣的抵押品並不多見，如：Paxos 公司與 Tether 公司都以「黃金」當擔保，分別發行 PAX Gold（PAXG）、Tether Gold（XAUT）穩定幣。這兩款穩定幣皆以 1 枚 PAXG 與 XAUT，可以兌換倫敦合格交割的 1 金衡盎司金條。此種以黃金當儲備的穩定幣，會將每條金條的序列號、純度和重量記錄於代幣內，且可將黃金投資轉爲小額化代幣，提供便捷、安全與透明的投資管道。

③ 以虛擬貨幣當擔保

密碼穩定幣（Crypto Stablecoin）是以在市場上具有一定價值的原型虛擬貨幣（如：比特幣、以太幣）或原生虛擬代幣（如：SNX）當作抵押，並與其價格相連結所發行的穩定幣。此類穩定幣常被用於替代原型虛擬貨幣使用，並廣泛運用於虛擬世界裡，尤其，在「去中心化金融」（DeFi）裡，必須以此種密碼穩定幣當作流通交易的貨幣。所以此種穩定幣可當作虛擬貨幣世界，要進入去中心化金融世界之間的一座橋樑。

現今全球以原型虛擬貨幣當穩定幣的抵押品，大多以比特幣或以太幣居多。例如：MakerDAO 公司所發行的穩定幣－DAI，是以以太幣當抵押品；Synthetix 平台抵押他們發行的 SNX 代幣[4]，才能生成與美元價格連結的穩定幣－sUSD。這些穩定幣也是將來要介紹「去中心化金融」的要角之一。

圖 9-2 傳統金融、虛擬貨幣與去中心化金融領域的連結關係

(2) 演算法型穩定幣（Algorithm-based Stablecoins）

該類型幣是運用區塊鏈的演算法與智能合約，來管理發行的一種具價格「穩定機制」的穩定幣。嚴格來說此種穩定幣並無任何資產或價值支撐，所以要稱它爲穩

4 SNX 代幣乃 Synthetix 的前身是 Havven 在 2018 年利用 ICO 所募集的原生虛擬代幣。

定幣，仍有商榷餘地，應屬於「無抵押穩定幣」，但因它具有一套自動調整機制，使其價格與所連結的法幣維持穩定關係，才稱它爲穩定幣。

該穩定幣的發行機制乃透過演算法與智能合約，自動的增減發行貨幣的數量，以維持價格的穩定。該機制有點類似中央銀行貨幣政策內的公開市場操作，當它所發行的穩定幣價格相對所連結的法幣價位還要高時，則演算法系統將會自動增加穩定幣的供應量，讓其價格下降；反之，穩定幣價格相對所連結的法幣價位還要低時，則演算法系統將會自動減少穩定幣的供應量，讓其價格上升。這種演算法穩定幣，若所追蹤的法幣在市場遇到市場風險時，仍會連動的造成穩定幣的價格異常波動，所以若以「一籃子法幣」當作追蹤標的，比較能讓穩定幣的價格更爲穩定。

此類型穩定幣，如：BASIS、Carbon 都是連結美元的一種演算法穩定幣，兩者都會根據與美元的相對價格，利用演算法自動調整發行量。

(3) 混合型穩定幣（Hybrid Stablecoin）

該類幣是先以資產當擔保所發行的資產型穩定幣，然後再導入演算法來管理其發行量，讓其價格與所連結的資產維持穩定關係，所以該幣的發行量不受限於資產價值，具有彈性發行機制，因此該類穩定幣是一種結合「資產型」與「演算法型」特點的混合型穩定幣。

此類型穩定幣，如：Reserve、Boreal 這兩者，皆乃「以太幣」當作資產擔保發行穩定幣後，再導入演算法與智能合約以管控發行量，讓穩定幣與以太幣之間的相對價格維持進行穩定。

2. **資產（證券）型代幣**

資產型代幣（Asset Token）乃由發行機構利用區塊鏈技術，並以資產（或所有權）的價值當作抵押擔保所發行的加密虛擬貨幣，且以「籌資」爲主要功能。通常資產型代幣在進行籌資時，若願受到當地證券交易法令的規範會將之稱爲「證券型代幣」（Security Token）。在虛擬貨幣世界裡，將資產價值碎片化轉爲「虛擬代幣」型式，稱爲「代幣化」（Tokenization），這如同傳統金融中，將資產價值碎片化轉爲「有價證券」型式，稱爲「證券化」（Securitization）。

證券型代幣常用來表徵發行機構的資產（或財產）、或其所擁有的權利，並以有價證券型式發行，並受相關法令規範與管理。通常發行機構可透過「證券型代幣首次發行」（Security Token Offering；STO），向投資人募集資金，並可於虛擬貨幣交易所進行買賣交易。由於證券型代幣可將資產碎片化，以利小額募資，且藉由區塊鏈的技術，將傳統有價證券的發行、託管和結算等程序融入智能合約內，讓發行與交易更便利、安全與透明。

實務上，只要是具有價值的資產（或所有權），都可成為資產（證券）型代幣的標的資產（如：股權、債權、房地產、一籃子股票、智慧財產權等）。現今全球資產（證券）型代幣仍在積極蓬勃發展中，各種可充當代幣的資產或所有權標地物，如雨後春筍的大量冒出。以下將介紹幾種較常見，以不同資產（或所有權）當標的所的資產（證券）型代幣：

(1) 公司資產

以公司資產當標的所發行的資產（證券）型代幣，大致可分為兩種類型，其一為「分潤型」乃投資人可以參與發行人經營利益，其類似「股權」，另一為「債務型」乃投資人可以領取固定利息的權利，其類似「債權」。因證券型代幣的發行者可藉由區塊鏈的技術，公開透明的發行、託管和結算程序、以及未來要「分配利潤」或「支付利息」載入智能合約中，且可自動執行，可減少會計、法律及科技人力的成本，提高交易效率。

例如：德國區塊鏈借貸平台－ Bitbond，獲得德國監管機構批准發行債券型 STO，Bitbond 將在 10 年後回購代幣，代幣的購買者每人每年約為 8% 的分潤利率報酬。

(2) 不動產

以不動產當標的所發行的資產（證券）型代幣，這種有點類似傳統金融裡的「不動產證券化」（Real Estate Securitization），以往是將不動產的價值小額化，轉化成「有價證券」發行，現在只是轉以「虛擬代幣」發行。若發行機構將持有的不動產價值，轉成「股權」的樣式，以代幣發行，這就類似傳統金融裡「不動產投資信託證券」（Real Estate Investment Trusts；REITs）；若轉成「債權」的樣式，以代幣發行，就類似「不動產資產信託」（Real Estate Asset Trusts；REAT）。

例如：全球首將以房地產當標的所發行的資產型代幣，乃德國監管機關批准德國區塊鏈公司－ Fundament 所發行的 15 年期債券的房地產證券型代幣，代幣持有人可以對發行人要求約 4% ～ 8% 年報酬率。

(3) 金融資產

以各種金融資產當標的所發行的資產（證券）型代幣，這種有點類似傳統金融裡的「金融資產證券化」（Financial Assets Securitization）。銀行亦可將放款資產（如：企業應收帳款、汽車、信用卡等）代幣化，發行債務型的證券型代幣。此外，投信公司也可將一籃子股票或債券組成某種指數，包裝成「指數證券型基金」（Exchange Traded Funds；ETF）的樣式，發行股權或債權型的證券型代幣。

(4) 無形或其它資產（所有權）

實務上，有些無形資產（所有權），如：智慧財產權、專利權、排碳權等，或其它數位資產（所有權），如：遊戲卡、虛擬寶物、藝術品、收藏品、網路貼文或創造、身份認證……等等，亦可拿來當作資產型代幣的標的物。由於這些無形或其它資產（所有權），常具不可分割、稀缺與獨一之特性，所以會發行以表徵不同價值的代幣，稱爲「非同質化代幣」（Non-Fungible Token；NFT）。

一般虛擬代幣都是同質性代幣，可以相互交易流通，但因非同質化代幣（NFT），因每個 NFT 的代幣，可以表徵有形或數位資產「所有」或「部分」的價值，因此每個 NFT 所表徵的資產或價值並不一樣，所以代幣之間不可交易流通，所以又稱之爲「不可互換代幣」。

現在虛擬貨幣市場上，就會有很多人拿一些具稀少性與奇特性的東西，利用發行 NFT 來吸金、吸引人氣或提供被收藏性，只要有代幣發行機構（通常爲「虛擬貨幣交易所」）願意幫發行者規劃 NFT 的發行，反正 NFT 的價格沒有一定的標準，買賣雙方願意以多少價格成交就好。

其實，這幾年的 NFT 發行市場，也與「元宇宙金融」相結合，不管是有形的房地產或證券，乃至於無形的數位資產，都可以被它當作標來發行，幾乎是能「化萬物於無形，再轉化成有形的價值」，且幾乎不受政府單位監管，但價格是很容易被亂炒作，投資者仍須注意它具有價格泡沫與流動性不足的風險。以下表 9-2 爲現今常見的 NFT 發行種類。

表 9-2 常見的 NFT 發行種類

無形（數位或虛擬）資產	有形（實質或金融）資產
智慧財產權、專利權、排碳權、遊戲卡、虛擬寶物、藝術品、音樂、收藏品、數位文章、訪談權、身份認證、電子存證	房地產、證券、保險

中央銀行數位貨幣（CBDC）

中央銀行數位貨幣（Central Bank Digital Currency；CBDC）是一種由各國中央銀行所發行，具有法償地位的數位貨幣，可替代部分現金的發行。現在全世界約八成的央行（包括：美國、中國、日本與歐盟各國等）都在研擬發行中。

智慧金融小百科

國際金融監理機構對虛擬貨幣之分類

由於自從知名虛擬貨幣－比特幣出世後，各式各樣的虛擬貨幣大量湧現，其發展已讓許多人摸不著邊。瑞士金融市場監理機構（Swiss Financial Market Supervisory Authority；FINMA）於 2018 年針對整個虛擬貨幣體系，發布三種分類方式，分類如下表所示。

種類	定義	代表性幣種
支付型代幣 （Payment Tokens）	虛擬貨幣可作為支付工具，持有人對發行機構並無後續服務的請求權。	1. 原型虛擬貨幣 2. 穩定幣
功能型代幣 （Utility Tokens）	虛擬貨幣持有人對發行機構，具有請求提供服務或應用的權利。	1. 一般型虛擬貨幣〔服務性〕 2. 虛擬代幣〔籌資性〕 3. 資產（證券）型代幣〔籌資性〕
資產型代幣 （Asset Tokens）	發行機構會提供相對等值的資產當儲備，代幣持有人對發行機構具有資產請求權。	1. 穩定幣 2. 資產（證券）型代幣

金融搜查線

【金融搜查線】央行數位貨幣（CBDC）是什麼？為何各國都要發行、有全面監控支付的隱憂？

近年來，隨著支付市場變化、與加密貨幣技術的快速發展，除了歐美之外，包含臺灣在內，中國、日本、新加坡…等亞洲國家也都陸續啓動央行數位貨幣（CBDC）的研究和實驗。本文將爲讀者詳細說明 CBDC 是什麼？優缺點是什麼？並統整各國目前的發展現況。

CBDC 是什麼？

CBDC 是中央銀行數位貨幣（Central Bank Digital Currency）的縮寫，概指由各國央行發行的數位貨幣。不像比特幣等加密貨幣一樣由去中心化的網路發行，CBDC 是由各國央行主導發行和管理。基本上價值與該國法定貨幣相同，波動相對穩定；而且支持智能合約之後，可更爲提升支付效率。

CBDC 對央行的意義：

各國央行發行 CBDC 之後，主要可以帶來以下優勢：

1. 促使支付系統現代化：CBDC 的發行有望推動支付系統的現代化，提高效率和便利性，以及降低支付成本。
2. 提升貨幣政策的可操作性：通過 CBDC 的發行，央行可以更好地掌握貨幣供應量和流通情況，實現更精確的貨幣政策（例如緊縮或寬鬆），以更好地應對經濟波動。
3. 加強國家貨幣主權：CBDC 發行後，央行可以更好地掌握國內貨幣流通情況、更有效控制貨幣流通量，保護國家的貨幣主權。

CBDC 的種類有哪些？

目前可簡單依照不同的使用對象，將 CBDC 區分爲零售型（rCBDC）、和批發型（wCBDC）兩大類：

1. rCBDC 零售型：一般民眾、商家可自由流通使用。
2. wCBDC 批發型：限商業銀行間流通，有機會開放給其他特許機構。

CBDC 如何運行？

CBDC 的運作結構主要可劃分成以下三個部分：發行、交易和管理。

1. 發行：CBDC 是由各國央行發行和管理，因此可對發行的數量、速度和範圍進行更全面的管控，實現更加精準的貨幣政策目標。
2. 交易：CBDC 的交易可透過加密貨幣技術實時紀錄。央行可以對此進行追蹤和監控，以防止洗錢和其他非法活動。
3. 管理：CBDC 由央行負責管理和監督，通常央行還需要與其他金融機構和政府部門合作，確保 CBDC 的運作和管理符合法規和政策要求。

總體來說，CBDC 的運作結構與傳統貨幣相似，但其在發行、交易和管理方式透過區塊鏈技術可以更爲提高支付效率和安全性。

CBDC 的優缺點和風險？

CBDC 優點：

1. 提高支付效率：CBDC 可以實現即時支付，降低支付成本和時間成本，提高效率。
2. 促進金融創新：CBDC 可以激發金融創新，推動金融科技產業在新時代的發展。
3. 加強金融監管：CBDC 可以提高金融監管的效率和能力，增強對金融活動的監管能力。

CBDC 缺點：

1. 隱私風險：CBDC 交易可以即時被追蹤、監控，可能會損害用戶的金融隱私權益。
2. 技術風險：CBDC 的技術基礎尚未完全成熟，可能存在安全漏洞和技術風險。
3. 政治風險：CBDC 可能會受政治因素影響，如政府對貨幣政策的操控和影響等。

CBDC 風險：

在各國積極規劃推出 CBDC 的大背景下，社群上也有不少反對聲音，多名 KOL 認爲 CBDC 的推出將會侵害民眾的隱私、遭到全面管控，變成一個金融體系的反烏托邦。

各國 CBDC 發展狀況如何？

1. 臺灣央行

臺灣央行總裁楊金龍 3 月底在立法院接受質詢時表示，CBDC 的第三階段試驗「至少要三年後」才會完成、也未有明確發布時間。表態臺灣無需與他國競爭搶著要發行，CBDC 應著重於符合政策目標和滿足大眾需求。

2. 歐洲央行（ECB）

歐洲央行（ECB）總裁拉加德接受訪問時表示，數位歐元（CBDC）的推出最快有望於今年 10 月拍板定案。不過當主持人提及人們不希望被政府組織「控制金融自主權」時，如果央行不能控制 CBDC 那將是危險的，支持政府應監控民眾交易支出的論點。

3. 美國

美國財政部負責國內金融事務的副部長 於公開表示，未來由美國財政部、聯準會和白宮官員組成的工作小組將開始定期會面，討論 CBDC 的可行性。此前 Fed 也多次強調，它只會在擁有行政部門、國會以及廣泛公眾的支持下，才會考慮發行 CBDC；整體來說在發行 CBDC 的態度上相對消極。

4. 日本央行

日本央行 2 月宣布，在針對是否發行央行數位貨幣（CBDC）進行了兩年的試驗之後，理事表示將在今年 4 月啓動央行數位貨幣（CBDC）試點，以測試數位日圓的使用情況、希望與私營企業能有更多討論。

5. 中國央行

中國開發的數位人民幣（e-CNY）錢包試點版 APP 在一月初已於中國的 iOS 和 Android 應用程式商店上架，並且微眾銀行（微信支付）數位人民幣錢包也隨之上線，爲使用者提供數位人民幣服務。根據中國人民銀行數字貨幣研究所所長的說法，數位人民幣試點計劃的金額已達上千億人民幣。在應用 CBDC 的腳步上，中國目前處於領先地位。

圖文來源：摘錄自動區 2023/04/12

解說

近年來，全球逐漸走向數位支付時代，並催生了各國央行發行數位貨幣（CBDC）的動機。現今全球應有超過八成的央行都在研擬發行，目前應該是以中國央行最為積極。

金融搜查線

英格蘭銀行行長：穩定幣和 CBDC 的組合將會是支付領域的未來

英格蘭銀行行長在演講中，直指比特幣等數位資產在支付方面缺乏實用性，其聲稱，由於缺乏價格的確定性，這些加密貨幣無法在支付領域中獲得廣泛採用。不過認爲，由法定貨幣做背書的穩定幣是可以在這方面可以提供一些有用的好處，其描述了一個可能的未來，即從用戶體驗的角度來看，穩定幣和 CBDC 將會共存並相互彌補。

穩定幣和 CBDC 不一定是互斥的。只要設計得當，它們可以相互共存，既可以作爲不同的支付方式，也可以與諸如錢包等穩定幣生態系統集成，從而爲消費者提供訪問 CBDC 的權限。在未來的付款中，私營組織和公共部門可能會共同朝這個方向努力。

穩定幣監管

對於穩定幣監管框架的議題，英格蘭銀行行長贊同其他監管機構的想法，並表示穩定幣確實有必要進行國際之間的協調。全球穩定幣是一種跨境現象。它可以在某一個地區中發行，以另一種貨幣計價，並被第三方的消費者使用，監管對策必須與此相匹配，就像銀行和傳統支付系統一樣，監管對策必須以國際認可的標準爲基礎。全球性問題必須全球共同解決，尤其是針對這種計畫用於跨境交易的多幣種穩定幣。

資料來源：摘錄自鍊新聞 2020/09/04

解說

隨著比特幣的崛起，全球各式各樣虛擬貨幣蜂擁誕生，也激發各國中央銀行發行 CBDC 的決心。專家指出將來可能會由穩定幣與 CBDC 一起擔負起全球跨境支付的重責大任。

金融搜查線

女股神、馬斯克都關注 幣圈新寵 NFT 交易火熱

近來幣圈掀起 NFT 交易熱潮（非同質化代幣），連特斯拉 CEO 馬斯克、ARK 投資長都關注看好。數據顯示，截止 2012 年 2 月底 NFT 銷售額接近 3.1 億美元，是去年全年的 5 倍。到底 NFT 是什麼？爲何能被炒作？

不同於比特幣每一枚都等價與相同，每一枚 NFT 都獨一無二且無法分割，且同樣能被驗證與永久紀錄。因此 NTF 可以將各式數位畫作、稀世珍品的所有權紀錄在區塊鏈，進而變成數位收藏品來買賣，被視爲區塊鏈的最佳應用實例。

畫作、歌曲、球員卡 NFT 什麼都可以賣

特斯拉 CEO 馬斯克日前表示，他將在 NFT 上賣歌與視訊，他的歌手女友早他一步，已用 NFT 出售一套數位畫作《WarNymph》，並在短短 20 分鐘內創造超過 580 萬美元交易額。此外，知名迷音圖 Nyan Cat 動圖也以價値 60 萬美元售出。

除了藝術品，近期最火熱的 NFT 交易項目之一，是 NBA Top Shot 卡，這些虛擬卡片代表你可以買到儲存在區塊鏈上的籃球比賽經典場面，每個場面的卡片數量有限，並使用以太坊區塊鏈技術而獲得保障，因而造成搶購。

NBA 球星小皇帝詹姆士（LeBron James）一張稀有的精采場面卡，就以 20 萬美元賣出。

在 NFT 席捲之下，推特創辦人 Jack Dorsey 也進場湊一腳，把自己 15 年前發的第一則推特貼文，用 NFT 形式在線上進行拍賣，上週喊價已達 250 萬美元天價。

NFT 交易也登上佳士得拍賣會。3 月初，數位畫作《每一天－最初五千天》在佳士得以近 7,000 萬美元拍出，這是佳士得首次提供 NFT 的數位藝術品進行拍賣，亦是加密貨幣第一次被用來支付售出的作品，揭開數位藝術／加密藝術的全新時代。

NFT 開創新交易模式 數位藝術家最受惠

NFT 交易熱潮，受惠最大的就是數位內容創作者，過去數位內容易被無限複製的特性，讓創作者很難透過作品獲利。目前數位內容創作者想獲利，多半是將作品上傳至 Instagram、YouTube、TikTok 或 Spotify 等社交媒體平台，透過點閱、訂閱及廣告分潤。

如今，數位創作者可以直接通過 NFT 來利用其追隨者獲利，無需中間媒介即可出售獨特的數位內容。若 NFT 普及，創作者們大可不必讓平台抽成，自己的作品在區塊鏈上賺到多少錢，裝進腰包的就是多少錢。

除了藝術內容，NFT 可以讓獨一無二的東西進行所有權登記，包含票券、身份證明、金融票據等皆可應用。因此幣圈看好，未來加密幣眞的要「出圈」，靠的不是比特幣，而是 NTF。

圖文來源：摘錄自聚亨網 2021/03/18

解說

近期，虛擬貨幣圈裡，盛行一種非同質化代幣（NFT），它可將無形資產（所有權）轉化成虛擬代幣，供投資者投資收藏。現全球已有多種相關 NFT 的發行，且交易火熱。

金融搜查線

臺灣最有名水電工發行 NFT 收藏家贈送終身抓漏

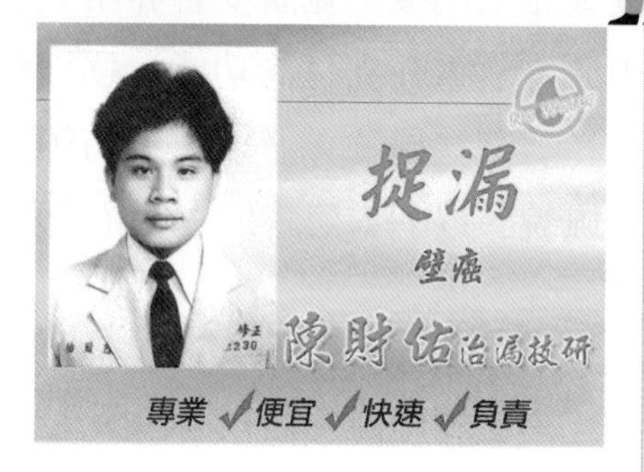

全臺灣最有名的水電工陳財佑，多年來以黑白畢業青春照當招牌在高雄大街小巷穿梭，連高雄市長陳其邁競選時都復刻他的文宣，今年陳財佑還推出 NFT，且將從 NFT 買家中抽出一位贈送房屋終身抓漏。

陳財佑是高雄最知名的「傳說」人物，專長是抓漏，數十年來的招牌是他娃娃臉的黑白版畢業照與彩色柔焦美顏大頭照。雖然陳財佑在眞實世界已經是超過 60 歲的阿伯，但無損他「不老都市傳說」的行銷討論熱度。第二代團隊創意推出全新 Slogan「No Water No Fashion」，發想來自餘抓漏工程源起於水，有水才有漏水的可能。今年又把老爸的經典人頭黑白照片結合 NFT 推上全國熱門話題，大玩創意。

「陳財佑治漏技研」由家人團隊聯手，第二代結合傳統房屋修繕與區塊鏈技術話題，把陳財佑的高雄的都市傳說搬進元宇宙，以陳財佑最經典的黑白廣告頭像切割，發行千枚 NFT，保存於區塊鏈的世界，民眾參與這個都市傳說，自 2023 年 1 月開始發行。取得 NFT 的用戶除了可得到品牌限量潮 T，同時將抽出一位名下擁有一棟 2023 年前的房子，提供不限次數免費抓漏服務。

圖文來源：摘錄自壹蘋新聞網 2023/02/28

解說

近年來，全球 NFT 市場蓬勃發展，各式各樣的無形資產都搶搭這波流行風潮。全臺灣最有名的水電工陳財佑，也將其多年放在廣告車的人頭像發行 NFT，引起眾人熱議。

9-2 虛擬貨幣的運用與發展

從全球知名虛擬貨幣－「比特幣」悄然誕生以來，原本人們對它的陌生與質疑，受伴隨它而來的區塊鏈技術被廣泛應用後，逐漸轉為好奇與驚訝，現逐已逐登大雅之門後，並廣受各界所正視與使用。現今整體虛擬貨幣體系的發展，也已由原本著重在支付的功能，逐而轉變具投資、籌資等多面向用途，但其使用上仍存在著某些風險，必須予以防範，也由於它的蓬勃發展，讓金融市場更增添許多新風貌。以下本節將依次介紹虛擬貨幣的用途、風險與發展趨勢。

一、虛擬貨幣的用途

由於利用區塊鏈技術，所生成的加密虛擬貨幣，具安全效率的特性。近年來，逐漸受到市場的關注，不僅被用來當作支付實體商品的貨幣，也被用來當作籌資、投資或投機的商品，且可被用來當作金融機構之間的交易清算工具。以下將說明虛擬貨幣的這些用途。

（一）支付

由於這種加密虛擬貨幣的生成，是由網戶利用本身電腦的運算能力，參加區塊鏈系統的解密驗證工作（俗稱：挖礦），所得到的解密驗證之「工作酬勞（或獎勵）」。基本上，這些虛擬貨幣並無實際的價值，但因要參加解密活動，仍須耗費許多成本（例如：電力與購置硬體設備等），且能夠得到這些虛擬貨幣的網戶們，也代表著他們的解密能力優於其他人，因此虛擬貨幣也被網戶們視為炫耀財的「電子寶藏」。

因此市場上，有人將這種虛擬貨幣，利用以物易物的方式，換取實體商品，就讓虛擬貨幣有了實際的價格出現。例如：知名的虛擬貨幣－比特幣，最早於 2010 年由一位工程師將自己挖礦所得的 1 萬枚比特幣，去換取價值 25 美元的比薩餅，所以最初的比特幣價格是 1 枚比特幣＝ 0.0025 美元。

自從比特幣與實物交換之後，讓虛擬貨幣與真實貨幣同樣擁有計價標準的功能，再加上這些加密的虛擬貨幣，通常大都是限額發行，且網路上也有虛擬貨幣的交易所，提供買賣雙方的報價服務，因此讓虛擬貨幣具有流動性。因為虛擬貨幣可以與真實貨幣雙向兌換，所以就被拿來代替真實貨幣進行支付。例如：實務上，有人拿虛擬貨幣去購買蛋糕、機票、電器、房子等。此外，由於虛擬貨幣的帳戶，並不受任何國家的金融監理單位監管，所以隱匿性高，因此極受到網路特定人士的喜好，因為可被拿來購買非法商品（例如：毒品）、或甚至成為非法洗錢的媒介。

近年來，由於比特幣的走紅，雖具支付功能廣受青睞，但因其價格波動過大，也讓其支付性受到許多詬病。因此市場上新發展一種與法幣連結的「穩定幣」，讓其支付性更受到信任。現在穩定幣的支付效力，逐漸獲得眾多國家與機構的認同，也有許多大型機構認為它，將會與「中央銀行數位貨幣」（CBDC）一起擔負起數位支付的重責大任。

（二）籌資

原型虛擬貨幣的主要功能在於支付，但隨著比特幣價格飛漲，讓許多機構也都想發行類似的虛擬貨幣，希望自己的貨幣能夠像比特幣般一飛衝天，並能籌集到許多資金。於是市場上，曾有許多創新公司或虛擬貨幣交易所發行「虛擬代幣」，並以「首次代幣公開發行」（ICO）、「首次交易所發行代幣」（IEO）的名義於市場籌集資金。

由於虛擬代幣的發行者，並沒有提供任何資產（或價值）當抵押擔保，所以有如發行者開出大量空頭支票，且眾多 ICO 與 IEO 計劃案都涉及非法洗錢等，因此現大都已被各國禁止。雖虛擬代幣的 ICO 與 IEO 大都不受市場信任，但卻讓虛擬貨幣的發行具有籌資之功能，也是不爭的事實。

隨後，虛擬貨幣市場上，出現以某些資產（或所有權）的價值當作抵押擔保，所發行的資產（證券）型代幣，讓代幣也像有價證券般可將資產碎片化轉為「虛擬代幣」型式於市場籌措資金。現今已有眾多機構透過「證券型代幣首次發行」（STO）於市場發行代幣籌集資金。

（三）投資

由於這種原型虛擬貨幣是基於區塊鏈技術所生成而來，具有安全與效率性，且網路上也有虛擬貨幣的交易所，提供買賣雙方的交易服務，所以具有流動性，讓交易價格具透明性。因此有許多網戶只要開立數位的虛擬貨幣帳戶，即可將虛擬貨幣當作金融商品進行交易買賣，由於這些虛擬貨幣大都限額發行，且具隱密性，所以極受到市場某些特定份子的青睞（如：欲進行洗錢者等），且在避險型基金的炒作下，讓它的價格一飛衝天，也造就許多虛擬貨幣的富翁。

由於虛擬貨幣的價格，容易被特定人炒作，而出現暴漲暴跌的現象，基於避險兼投機的需求，世界知名期貨交易所，如：芝加哥選擇權交易所（CBOE）、芝加哥商業交易所（CME）也都推出相關期貨商品（如：比特幣、以太幣期貨），因此更擴大了虛擬貨幣的投資舞台。

此外，在去中心化金融（DeFi）領域裡，也提供許多虛擬貨幣可進行投資的活動（如：進行放貸、投資合成商品等），此擴展投資人對虛擬貨幣的投資視角，不必侷限於傳統金融內。

（四）結算

由於這種加密虛擬貨幣背後的區塊鏈技術，是一項功能強大且具高效率安全性的新興技術。由於該技術可讓網戶上的節點，不經仲介就可完成個節點的訊息、商品或資金的移轉，且移轉過程都被加密的記錄下來、不可竄改。所以現今全球有許多知名的國際金融機構，紛紛發行虛擬貨幣，以當作各金融機構之間跨境資金結算的工具。

例如：全球就有 6 家知名的大型銀行，加入瑞士瑞信銀行所主導的「多功能結算貨幣」（Utility Settlement Coin；USC）專案，共同發行虛擬貨幣，透過區塊鏈技術進行跨境資金的清算與結算，以改善交易效率。美國銀行巨擘摩根大通（JP Morgan），將發行錨定美元的穩定幣－ JPM Coin，除可兌換其它法定貨幣，亦可進行機構帳戶間即時轉帳、支付等國際支付結算活動。美國貨幣監理署（OCC），也允許美國各銀行間可利用爲「法幣穩定幣」進行清算結算。

金融搜查線

花旗銀行推出「存款代幣化」服務：改善跨境匯款、支援智能合約 ...

據彭博報導，美國華爾街巨頭花旗集團（Citigroup Inc.）近日正式宣佈推出資產代幣化服務「Citi Token Services」，表示可將機構客戶存款轉爲數位代幣，立即發送至全球任何地方。

改善跨境匯款的延遲問題

由於不同國家銀行有相異的工作時間和時差，跨國銀行轉帳普遍面臨延遲問題。花旗集團表示，透過「Citi Token Services」將客戶存款轉為數位代幣後，可以大幅減少交易的摩擦成本，能確保即時結算、提高匯款效率。值得一提的是，該服務依賴於花旗集團擁有和管理的私有區塊鏈，因此客戶不需要再設置新的數位錢包，雖然好處是非常方便，但仍有中心化的風險存在。

花旗集團：首先聚焦貿易融資

對於該服務未來的發展，花旗表示將把焦點放在貿易融資上，旨在為長期受紙本化流程和手動操作程序所困擾的行業提供數位化的解決方案。例如：通過智能合約，航運公司可以更快速進行交易，而無需受限於繁瑣的紙本化流程。花旗表示，已與運河管理局和A.P. Moller-Maersk A/S進行了合作測試，結果顯示基於智能合約的即時代幣轉帳已成為可能。

花旗集團：資產代幣化上看 5 兆美元

據動區 7 月報導，花旗銀行（Citibank）在今年 3 月的一份報告中表示區塊鏈產業接近轉捩點，而下一次區塊鏈技術的大規模採用，現實世界資產代幣化（RWA）有望成為殺手鐧。報告預計到 2030 年，代幣化數位證券市場規模將成長至 4 至 5 兆美元，另外，基於分佈式帳本技術（DLT）的貿易金融規模將達到 1 兆美元。

圖文來源：摘錄自動區 2023/09/19

解說

以往國際金融機構會利用虛擬貨幣進行銀行間的資金結算。近期，花旗集團也將旗下機構客戶存款轉為數位代幣，以方便客戶在國際間進行跨境匯款，此可減少交易的摩擦成本，也能確保即時結算，並提高匯款效率。

二、虛擬貨幣的風險

近年來，由於利用區塊鏈技術所生成的虛擬貨幣－比特幣的興起，其在市場的交易流通，一直受到國際金融相關單位的關注。由於虛擬貨幣並非眞實貨幣，所以在兌換、交易與持有上，可能會涉及某些風險。以下本單元將介紹虛擬貨幣在使用上，所可能會面臨到的風險。

（一）被接受認同的風險

因爲虛擬貨幣並非眞實貨幣，且不具法償地位，一般大都用於私人或網上交易，所以各國的貨幣發行機構（如：中央銀行），大都不承認虛擬貨幣具有法律的效力。雖然虛擬貨幣中的「穩定幣」與「證券型代幣」，已逐漸受到市場認可，但也僅限於某些場域被使用，並不是普遍的被使用，且比特幣與穩定幣也常被使用於非法活動，所以較無法受到一般廣眾的認同。

（二）價格不穩定的風險

雖然有些較知名的虛擬貨幣會有交易平台，提供交易買賣的服務，但畢竟某些原型虛擬貨幣（如：比特幣）的發行量有限，很容易受到少數人的操控，造成暴漲或暴跌的現象。如果投資人購買虛擬貨幣欲當作支付用途，其價格的不穩定性，將造成使用者的損失。現在市場上，已出現與法幣連結的穩定幣，其價格波動會較以往原型虛擬貨幣（如：比特幣）來得小，但穩定幣發行時，其所提供的擔保品價值不足額時，也會造成使用者的質疑，而造成價格波動的風險。

（三）被竊取盜用的風險

由於虛擬貨幣大都存在網路交易平台的虛擬帳戶裡，這些交易平台大多屬私人創立及管理，並不受任何政府監管機構的規範。所以有時交易平台惡意倒閉或停業、甚至帳戶被駭客入侵，導致虛擬貨幣被盜取，這都會讓投資者有金錢損失的風險。

（四）被非法使用的風險

雖然虛擬貨幣的交易可能是公開的，但擁有虛擬貨幣的投資人其身分是可以被隱匿的。因此虛擬貨幣的買賣，可能會被非法組織，利用來當作洗錢、詐欺或買賣毒品之用途。所以若使用虛擬貨幣從事不法交易，在追查犯罪的事蹟具有困難性。

（五）流動性不足的風險

由於非同質化代幣（NFT）具不可分割、稀缺性與獨一性，所以在市場上，常常會出現有行無市的情形，購買 NFT 的投資人，若欲將手中獨一無二的 NFT 轉手不容易找到其他買家，造成流動性不足的風險。

三、虛擬貨幣的發展趨勢

自從 2009 年知名的虛擬貨幣－比特幣誕生後，起初大家也不經意，但由於其所使用的區塊鏈技術，確實是一項可被廣爲運用的商業利器，於是比特幣逐漸受到市場的重視。當比特幣逐漸走紅之際，仿效其發行的虛擬貨幣，如雨後春筍的大量冒出，更誘發各式各樣相似幣種的誕生，其體系之發展已讓人摸不著邊際；隨後，再由以區塊鏈當基底，各種虛擬貨幣充當要角，所共同衍生出自成一格的「去中心化金融」體系，更令人如劉姥姥進大觀園般的驚嘆。以下將簡述現今虛擬貨幣的發展趨勢與焦點。

（一）市場廣設虛擬貨幣交易所

自從比特幣於 2010 年由一位工程師，以易物易物的方式，讓虛擬貨幣與眞實的貨幣有了雙向兌換的連結開始，市場上就出現許多虛擬貨幣的交易平台，提供交易報價的服務，促進虛擬貨幣次級市場的流通性。

全球最早設立虛擬貨幣交易所，乃是成立於 2010 年，位於日本的「MT.GOX 交易所」，該交易所亦是當時交易量的領頭羊，但礙於網站常常會被駭客入侵，導致虛擬貨幣被盜取的事件層出不窮，該交易所已於 2014 年終止服務。由於虛擬貨幣的熱潮不減，新設立的交易所，也與時俱進的冒出。現今全球前 20 大的虛擬貨幣交易所，大都集中在日本、美國、中國與南韓等地區；其中早期創見於香港的「幣安（Binance）」是現今全球最大的虛擬貨幣交易所，該交易所除了有發行自己的虛擬代幣－幣安幣（Binance Coin；BNB）之外，並提供超過 100 種加密貨幣的交易。此外，臺灣境內並無設立虛擬貨幣交易所，但有幾家較知名提供虛擬貨幣代買代賣的平台，分別爲「幣託」（BitoEX）、「Maicoin（MAX）」、ACE、BitAsset 與數寶等。

（二）使用虛擬貨幣的場域增加

自從原型虛擬貨幣具有與眞實貨幣雙向兌換的功能開始，已有眾多人拿虛擬貨幣替代眞實貨幣至現實生活中，當作支付工具，且愈來愈多機構逐漸接受原型虛擬貨幣的付款。雖然原型虛擬貨幣常因價格波動過劇、以及無提供任何資產儲備，讓其支付性受到許多人的詬病與質疑，但自從市場發展出具擔保品抵押的穩定幣之後，其支付性就逐受各界所認同。由於虛擬貨幣隱匿性高，也常被用於洗錢或購買毒品等用途，所以讓虛擬貨幣黑白通吃，可以支付的場域非常廣泛。

這幾年來，我們的生活中，利用原型虛擬貨幣（如：比特幣或以太幣）當作支付的案例不勝枚舉。例如：美國加州的航空公司 Surf Air、日本樂桃航空都接受比特幣買機票。日本家電連鎖商場 Big Camera、丸井（Marui）百貨等的多家日本公司，也都接受使用比特幣付款。阿拉伯杜拜的房地產公司，也推出可接受比特幣付款買房、日本東京房地產公司 Yitanzi，將出售一棟商業大樓亦可利用比特幣支付。美國位於紐約曼哈頓的貴族幼稚園，也開放利用比特幣支付學費。南非連鎖超市 Pickn Pay，已開放虛擬貨幣支付。美國知名饒舌歌手 50 Cent，開放歌迷用比特幣購買專輯。臺灣高雄「Coin Cake 貨幣蛋糕」咖啡麵包店，也接受比特幣、以太幣的付款。美國電動車龍頭－特斯拉（Tesla）開放消費者用比特幣購車。

近年來，國際大型的金融機構也接受原型虛擬貨幣（如：比特幣）當作支付的貨幣。例如：美國大型支付平台都接受比特幣當作支付貨幣，如：「Coinbase」公司與電子支付平台「PayPal」、信用卡公司「VISA」合作，將虛擬貨幣整合至支付系統，所以可接受比特幣作爲交易支付的貨幣。

另外，由於具擔保抵押的穩定幣的支付性，更受到人們的信賴，尤其，以美元當儲備的穩定幣（如：USDT），在某些幣值波動過大的國界（如：委內瑞拉、阿根廷等）更被當爲數位美元使用，相當受到歡迎。此外，美國信用卡公司「VISA」也與區塊鏈新創公司 Circle 合作，將在 Visa 信用卡中新增穩定幣（USDC）支付功能。全球通訊軟體霸主－臉書（FB）將發行的穩定幣－ Diem，將擔負起社群內交易支付的媒介。

（三）掀起虛擬貨幣的發行熱潮

由於加密的虛擬貨幣具有支付的功能，且又具投資與籌資的功能，所以自從比特幣誕生後，連帶的也造就許多相似的虛擬貨幣，如雨後春筍般的大量冒出。至今全球類似「比特幣」的原型虛擬貨幣已有上千種，其中以萊特幣、瑞波幣、以太幣等最爲知名。因這些原型虛擬貨幣並無提供任何資產當擔保，所以其價格波動過大，也讓其支付性受到許多詬病，因此市場上新發展一種與法幣連結的「穩定幣」，讓其支付性更受到信任。

近年來，市場上有許多創新公司與虛擬貨幣交易所，著眼於數位支付是將來支付的主流，紛紛應用區塊鏈技術發行自家的數位「虛擬代幣」，以首次貨幣公開發行（ICO）、「首次交易所發行代幣」（IEO）的名義於市場籌集資金。由於ICO與IEO的發行者，並沒有提供任何資產（或價值）當抵押擔保，且都涉及非法洗錢，因此大都不受市場信任。隨後，市場上，出現以某些資產（或所有權）的價值當作抵押擔保所發行的「資產（證券）型代幣」就比較受人們的信任，並透過「證券型代幣首次發行」（STO）於市場發行代幣籌集資金。此外，市場上，也大量出現以無形資產（或所有權）的價值當作抵押擔保所發行的非同化代幣（NFT），以進行籌資或者吸引人氣的商業活動。

另外，去中心化金融生態裡，是以各式虛擬貨幣當作交易媒介的工具，因此更是各樣虛擬貨幣大展身手的競技市場。因此自從比特幣發行以來，其所帶動的虛擬貨幣發行熱潮至今仍在蓬勃的發展中。

（四）政府對虛擬貨幣監管趨嚴

由於加密虛擬貨幣的帳戶具隱匿性，較不受全球任何國家的金融監理機構所監管，因此常用於非法交易或洗錢的活動，所以起初一直無法被全世界各國的貨幣發行機構廣泛的認可。但隨著虛擬代幣的ICO、證券型代幣的STO與穩定幣紛紛出籠，使得這些虛擬貨幣的流通更為普及，因此全球各國對虛擬貨幣的監管也日趨嚴格，以防止非法的籌資行為，擄亂金融市場。

例如：國際貨幣基金組織（IMF）針對如何有效監管分佈式帳本技術（DLT）以及虛擬貨幣提出報告。世界經濟合作與發展組織（OECD）與20國集團（G20）也共同提出要對加密貨幣和區塊鏈技術形成的數位資產交易訊息進行監管報告。

美國商品期貨交易委員會（CFTC），基於保護普通投資者的利益，將比特幣與其他虛擬貨幣，正式規為「大宗商品」來管理，就如同：石油、黃金一樣納入CFTC的監管規範裡，同時也將比特幣與其他虛擬貨幣，納進政府課稅與管制的範圍。美國證券交易委員會（SEC）針對ICO、STO等籌資活動屬於證券範疇，應受到聯邦證券法令的規範。美國白宮金融市場工作小組（PWG）也針對穩定幣提出監管聲明，交易穩定幣者應蒐集所有交易者資訊、且須遵守反洗錢（AML）規定。

英國金融行為管理局（FCA）也對加密貨幣產業採取更加強硬的監管措施，尤其在反洗錢（AML）方面。瑞士金融監管局（FINMA）對數位貨幣的監管主要是為了禁止洗錢，因此對使用於轉帳產業的數位貨幣進行重點監管。

日本是第一個將虛擬貨幣交易納入法律法規體系的國家，承認虛擬貨幣作為支付手段的合法性，但對虛擬貨幣交易所實施全方位監管，所有在日本境內運營的交易所必須獲得財政部與 FSA 的牌照授權。中國人民銀行與香港證監局，也都對虛擬貨幣交易所、以及 ICO、STO 等籌資活動，採高度監管行動。臺灣是全球第一個將 STO 納入證券交易法監管的國家。

（五）法人對虛擬貨幣運用漸增

全世界各法人機構與政府單位，有鑑於區塊鏈技術，去中心化、分散帳本、資料共享、不可造假的特性，亦紛紛利用此技術發行機構之間的虛擬貨幣，以運用於資金或商品的支付或清算。此外，全球各法人機構與政府單位，也對原型虛擬貨幣的稀缺性與具價值儲存功能亦逐漸認同，且也肯定穩定幣的支付性，因此紛紛對這兩種虛擬貨幣提出許多看法與作為。

例如：全球 6 家知名的大型銀行，加入瑞士瑞信銀行所主導的「多功能結算貨幣」（USC）專案，共同發行虛擬貨幣，透過區塊鏈技術進行清算與結算。日本大型商業銀行也打算與地方銀行聯手，研究發行共同虛擬貨幣「J-COIN」，以用於資金的支付。阿拉伯杜拜推出全球第一個官方加密貨幣「emCash」，可用於政府收費和日常消費，包含：繳水電費、學費等。石油輸出國－委瑞內拉也發展虛擬貨幣－石油幣「Petro」，以用於美洲波立瓦爾聯盟成員之間的清算。馬紹爾群島政府發行虛擬貨幣－「主權幣」（SOV），此乃全球第一個將虛擬貨幣列為國幣的政府，將來「SOV」可進行，包括：納稅、採買生活用品等一切支付活動。

在原型虛擬貨幣與穩定幣的運用上，國際貨幣基金組織（IMF）認為「穩定幣」可能成為國際儲備貨幣，其中臉書（FB）所發行的穩定幣－ Diem，可能成為首例。美國貨幣監理署（OCC），允許銀行為「法幣穩定幣」的發行商提供法幣儲備金帳戶託管服務，讓穩定幣具足夠資產支持，並允許銀行用「穩定幣」進行清算。美國紐約金融服務廳（NYDFS）也核准日元穩定幣發行，讓發行商可以在紐約發行與管理日圓、美元兩種穩定幣。全球最大資管公司－貝萊德（BlockRock）也認為比特幣有望成為全球性市場資產。美國支付平台 PayPal，將推動用戶可使用比特幣付款。美國 VISA 信用卡公司將推出比特幣回饋信用卡，有別於過去信用卡大多回饋現金或航空哩程。

（六）創造出去中心化金融體系

加密虛擬貨幣能夠逐漸受到世人的關注，其背後的區塊鏈技術，才是最大的奠基者。該技術原本強調去中心化的特性，經由虛擬貨幣在系統內穿針引線的運作下，自行的演化出「以虛擬貨幣爲軸，區塊鏈爲底」的金融生態，稱爲「去中心化金融」（DeFi）。

由於「去中心化金融」（DeFi）領域具低成本、高自由與透明性等特質，可讓眾多金融服務達到自主性，現已逐受到關注中。現今 DeFi 領域仍在積極的發展中，其所提供的金融服務，大致上以虛擬貨幣的生成、借貸、匯兌、合成商品、支付等等爲主。

金融搜查線  

大支付巨頭入局！
MasterCard 宣布 2021 將開放「加密貨幣直接付款」

國際金融巨頭萬事達卡（MasterCard）指出，「不論你對加密貨幣是支持抑或反對，不可否認的是，這些數位資產已經成爲支付世界中的重要組成了」。另外，根據萬事達卡網路數據，使用信用卡購買加密資產、使用加密金融卡來消費的用戶量都在快速成長中。

由於各個加密貨幣的合規性不盡相同，因此其網路將不會支持所有的加密貨幣，並強調其整個生態系統將專注於具「可靠性」及「安全性」的加密資產，而穩定幣可能是考慮範圍內。除此之外，萬事達卡並未清楚提及將支持哪些加密貨幣。萬事達卡表示，其精選的加密貨幣將會專注於消費者隱私及安全性、嚴格合規協議，以及穩定性。萬事達卡所指的，很有可能是與美元錨定的穩定幣。

最後，在萬事達卡宣布的資訊中特別提要：接受加密貨幣「直接支付」並不代表加密貨幣會在其支付網路中移動。用戶支付的加密貨幣，將會由萬事達卡合作夥伴轉爲傳統貨幣，然後再將其傳輸到萬事達卡網路之中。由此一來，遍佈全球 210 個國家的萬事達卡，將會爲其 2,000 餘萬的合作商家開啓加密貨幣支付服務，除了能有效提高支付效率，也被視爲是加密貨幣邁向主流支付領域一大里程碑。

另一大巨頭 Visa：考慮將加密貨幣加入支付網路

萬事達卡的最大對手 Visa，同樣表示會考慮將加密貨幣加入 Visa 網路。Visa 執行長在 2021 年第一季財報中表示，可能會將比特幣和其他加密貨幣添加到其龐大的支付網路中，使加密貨幣變得更加安全、可靠和適用於支付。Visa 表示，在某種程度上，一種特定的數位貨幣已成爲公認的交易手段，Visa 沒有理由不能將其添加到支付網路當中。

Visa 雖未清楚表示該計畫將於何時執行，但 Visa 對加密貨幣的開放程度向來較萬事達卡開放，即使萬事達卡現在宣布搶先於加密貨幣「直接支付」領域開跑，但這場未來支付戰爭的贏家還未出爐，但可以確定的是，2021 年將會是傳統支付巨頭擁抱加密貨幣的一年。

圖文來源：摘錄自動區 2021/02/11

解說

全球信用卡巨頭之一的萬事達卡（Mastercard）已將加密「虛擬貨幣」列入支付付款的貨幣之一，這也顯示虛擬貨幣逐漸受到大型金融機構的重視，且可能不久的將來，信用卡另一巨頭 Visa 也會加入此行列。

金融搜查線

花旗採用 Avalanche 子網「前進 RWA」，試驗私募股權基金代幣化

花旗集團（Citigroup）持續探索將現實世界資產代幣化的可行性，花旗在近期宣布已與多家傳統金融公司合作，在 Avalanche 的 Spruce 子網進行私募股權基金的代幣化試驗，以提高交易執行和結算的效率。

Avalanche 開發商 Ava Labs 在 2023 年推出 Evergreen 子網，使機構可輕易啓動自己的 Evergreen 子網，進行研究、開發或生產就緒應用，同時能持續探索區塊鏈在流程效率、透明度、可組合性、資產代幣化等方面的優勢。通過 Evergreen 子網，機構能夠在私有、且經批准的專有鏈上，追求其區塊鏈和數位資產戰略，同時保留與其他子網展開溝通和互操作的能力。

探索私募股權基金代幣化

花旗的新試驗，涉及端對端代幣轉移、二次轉移實現交易及通過抵押貸款驗證新功能等，聲明表示，此概念驗證展現出智慧合約能實現更大程度的自動化，並有可能爲投資者、發行方創造更好的合規及控制力。花旗數位資產公司新興解決方案主管表示：此前，花旗集團已在 2023 年推出資產代幣化服務「Citi Token Services」，可將機構客戶存款轉爲數位代幣，立即發送至全球任何地方。

圖文來源：摘錄自動區 2024/02/15

解說

近期，花旗集團欲利用虛擬代幣發行私募股權基金的股份，這屬於股權型 STO 的發行。花旗集團藉由代幣化的發行，應可以提高私募股權基金的交易與结算的效率。

9-3 去中心化金融

自從比特幣橫空出世後，伴隨而來的區塊鏈技術更是顛覆傳統。它原本的去中心化特性，自從被廣泛的被運用於各種金融與商業場景後，應用性就逐漸轉演化成強調其「分散式帳本」與「智能合約」的功能。但該技術仍不忘其去中心化的初衷，仍就走出自己獨樹一格的世界，那就是「去中心化金融」。

「去中心化金融」（Decentralized Finance；DeFi）乃基於區塊鏈的去中心化本質，讓系統各節點透過虛擬貨幣（穩定幣）的流動、以及智能合約的產生，自行演化出具有借貸、投資與支付等金融活動。由於 DeFi 的運作仍透過某些依附在區塊鏈系統所建立的平台，才能完成自動化的金融交易活動，所以本質上，仍不算完全的去中心化金融，故應稱爲「分散式金融」、或「開放金融」較合適；也可稱爲「加密金融」或「區塊鏈金融」。因爲 DeFi 所有交易都在區塊鏈進行，所以每當完成一筆交易就會建立一塊區塊，因此也有人稱 DeFi 是一種「貨幣樂高」。

以往傳統金融對區塊鏈的應用，都是利用它來協助眞實貨幣或金融商品的交易流動，但 DeFi 卻是利用區塊鏈系統自創的虛擬貨幣在進行金融活動，因此它與傳統金融市場，基本上是兩條平行線，兩者中間仍可透過某種「原型加密貨幣」（如：以太幣）進行連結。所以 DeFi 生態是靠「虛擬貨幣」流動所形塑出來的市場，與傳統金融市場以「眞實法幣」當血液是不同的。

DeFi 領域自從 2018 年開始萌芽，現仍海納百川的進展中，各種服務機構與運作模式也都還在探索摸索中，且元宇宙的發展也與它相結合。現今經過幾年來的發展，發現利用虛擬貨幣所形成的市場會有流動性的問題，因此也進展出 DeFi 2.0，以解決虛擬貨幣流動的穩定性等問題，。以下本節將介紹幾種 DeFi 的服務型態與其特性。

一、服務型態

由於 DeFi 的所有運作，大多是在「以太坊」[5] 的區塊鏈系統上進行，所以要進入 DeFi 領域，必須透過「以太坊」區塊鏈所架設的服務平台、以及使用它們所

---

5 以太坊是一個開放的區塊鏈系統，就像是手機作業系統（如：Android）一樣，它可被其他應用程式或平台所附著。因此平台業者只要藉由以太坊的系統，就可開發新應用、發行虛擬代幣，所以幾乎所有虛擬代幣與金融產品，都是以太坊生態系的一員。

認可的虛擬貨幣，才能運作所有的 DeFi 活動。現今 DeFi 領域仍在爆發式的進展中，在這個領域的平台業者，各自有其不同的金融服務型態，以下本文將介紹這個國度裡，幾個較知名平台的運作模式與服務型態。

（一）代幣發行

首先，要進入 DeFi 的市場裡，必須將其他虛擬貨幣映射轉換成「以太坊」內認可的虛擬貨幣。所以在 DeFi 的世界裡，Maker DAO 就是在發行去中心化穩定幣－「DAI 的」平台。DAI 是可藉由質押以太幣（ETH）所發行穩定幣，也就說要進入 DeFi，不管投資人持有任一種虛擬貨幣都必須先轉換成「以太幣」，再轉換成 DAI、或者直接使用以太坊認定的虛擬代幣，才能在 DeFi 裡運作。

所以 Maker DAO 有點類似是 DeFi 市場裡的中央銀行，提供自動化代幣抵押借貸發行平台，DAI 就是這個市場裡主要流通貨幣之一。

（二）借貸服務

當投資人取得穩定幣 DAI 後，可至 Compound 借貸平台，將 DAI 存入資金池（Pool），投資人也可至 Compound 的資金池將 DAI 借出，Compound 平台透過「流動性資金池」（Liquidity Pool）的運作模式，就像在進行「銀行」的借貸生意。

但真實的銀行借貸，會由銀行當仲介角色，借貸利率會由它決定。但在 DeFi 的世界裡，Compound 平台只提供穩定幣的媒合角色，所有的借貸利率都由市場供需決定，借貸情形都透過演算法自動執行；當穩定幣供過於求時，存放利率就會降低，反之，利率就會提高，借貸利率完成自動化調整。而且所有的借貸合約內容都是由智能合約自動執行完成，自動撥付與收取利息，到期還本與回本也都自動執行。

當然在 DeFi 的世界裡，類似 Compound 平台提供穩定幣借貸服務，尚有 Aave、Idle Finance 等眾多平台，投資人要進入不同的平台，可能須要使用它們認可的虛擬代幣或穩定幣，且每家平台的借貸利率就取決運作幣別的供需而定。

（三）虛擬貨幣兌換

由於在 DeFi 的生態系中，穩定幣－ DAI 與原型加密虛擬貨幣－以太幣（ETH）是流通性較高的的虛擬貨幣，因此任何虛擬貨幣要進入 DeFi 的國度裡，大都會先與這兩種虛擬貨幣進行兌換。

在 DeFi 領域中，Uniswap 是一家加密貨幣的去中心化交易所（Decentralized Exchange；DEX），主要提供任何虛擬貨幣與以太坊區塊鏈上的加密貨幣（以太幣與 DAI）進行兌換，並採用智能合約的自動化交易，所以虛擬貨幣的兌換完成根據供需形成兌換價格。

當然在 DeFi 的世界裡，類似 Uniswap 提供去中心化虛擬貨幣之間兌換服務的平台，尚有 Sushiswap、Curve Finance 等眾多交易平台，每個交易平台所提供的幣種轉換並不一樣，投資人可自由比較各家平台的兌換價格，再自行決定與哪家進行交易。

（四）合成性資產

在我們生活中，任何資產都可將之轉換成區塊鏈上的「合成性資產」。合成性（Synthetic）資產的運作方式乃是在 DeFi 領域裡，發行一種虛擬代幣，讓該虛擬代幣的價格與要追蹤的資產價格相互連結，所以投資人只要在區塊鏈上進行虛擬代幣的投資，也可間接投資傳統金融市場的眞實資產。此運作模式，有點類似保險公司裡運作的「影子基金」（Mirror Fund），也類似證券商發行「指數投資證券」（Exchange Traded Note；ETN），都是藉由發行其他有價證券連結欲追蹤資產的價格。

例如：在 DeFi 領域裡，會發行 sUSD 代幣，去追蹤美元（USD）價格、發行 sSP500 代幣，去追蹤 S&P50 股價指數等。甚至，也可發行 sBTC 代幣，去追蹤比特幣（BTC）的價格、發行 sETH 代幣，去追蹤以太幣（ETH）的價格。此外，也可發行「反向」代幣用來放空資產獲利。

Synthetix 是一個建立在以太坊的去中心化合成資產發行與交易平台，它讓投資人利用它們的原生虛擬代幣－ SNX[6] 作爲鑄造新的合成資產的質押品。目前 Synthetix 的用戶可通過 Mintr 的平台，抵押他們發行的 SNX 代幣，而生成與美元價格連結的穩定幣 sUSD[7]，然後再讓投資人利用 sUSD 去鑄造新的合成資產（如：拿 sUSD 代幣去購買 sBTC 的代幣），以提供投資人在 DeFi 的國度，也可進行任何眞實資產的投資。

---

6 SNX 代幣乃 Synthetix 之前所募集的原生虛擬代幣，在市場上有一定的交易價格，可充當發行穩定幣的抵押品。Synthetix 為了讓 SNX 代幣可以增發，又提供代幣持有者可透過三種獎勵方式取得新增發的 SNX 代幣，分別為抵押代幣、交易合成資產與提供穩定幣流動性等三種方式。

7 Synthetix 中的合成資產的發行機制與 MakerDAO 的 DAI 類似，也是通過超額抵押某種資產來生成的。兩者區別在於，MakerDAO 是藉由抵押以太幣（ETH），來發行穩定 DAI；而 Synthetix 是藉由抵押 SNX 代幣，來發行穩定幣 sUSD。

目前 Synthetix 平台所提供的合成資產大致有以下以種類型：

1. 法定貨幣合成資產，如：sUSD、sEUR、sJPY 等。
2. 股權合成資產，如：sNIKKEI、sSP500、sFTSE 等。
3. 大宗商品合成資產，如：sXAU（合成金）和 sXAG（合成銀）等。
4. 加密貨幣合成資產，如：sBTC、sETH、sBNB 等。
5. 反向虛擬貨幣合成資產，如：iBTC、iETH、iBNB 等，它們反向追蹤加密貨幣的價格。
6. 一籃子代幣合成資產，如：sdefi（包含 aave、snx、yfi、ren、bal、crv 等 12 種代幣資產），它們追蹤一籃子加密貨幣的價格。

當然在 DeFi 的世界裡，類似 Synthetix 提供去中心化合成資產發行與交易平台，尚有 Nexus Mutual、HEGIC 等眾多交易平台，每個交易平台所提供的合成性商品並不一樣，提供投資人多元選擇。

智慧金融小百科

以太坊與以太幣

以太坊（Ethereum）乃由維塔利克．布特林（Vitalik Buterin）於 2014 年所創立的一個公共區塊鏈平台，該平台可以讓不同領域的程式開發人員，無限制地去建立區塊鏈的應用。以太坊可比擬成手機作業系統（Android）一樣，它可被其他應用程式或平台所附著，並開發各種運用服務。現今以太坊是最被廣為運用來生成「智能合約」和進行「去中心化應用程式」的區塊鏈平台。

以太幣（Ether）是一種在以太坊平台所流通的原生虛擬貨幣，挖礦者可在以太坊貢獻他們的電腦演算力來解決複雜的數學難題，以獲得「以太幣」的獎勵。以太幣可以無限量的生成，除可與真實貨幣進行雙向兌換外，當有人需要利用以太坊來運作建立智能合約或進行其他去中化應用服務時，可利用以太幣來進行支付或兌換。

二、特色

由於 DeFi 的所有運作都是在區塊鏈上，所以它將具以下幾點特色：

（一）開放透明

所有 DeFi 的運作都是在「以太坊」的公有鏈上，任何人都可以自由的進出系統，且無須許可，所有的交易活動與價格都仰賴買賣雙方的需求而定，較不受中介的第三方影響，因此 DeFi 的運作具有高透明度，參與者也具高自主性。

（二）低交易成本

傳統的金融活動必須仰賴第三者當仲介，但 DeFi 的運作中，第三方仲介的角色被弱化，所有的金融活動都仰賴區塊鏈的智能合約自動執行，任何利潤則都將返回給參與者，因此具有交易成本較低的特性。

（三）共享經濟

由於以去中心化爲核心，所以在運作上沒有眞正的管理者，每個使用者都是平等，且擁有相同的權限，所以讓參與 DeFi 運作的使用者，彼此共享資源與服務。

金融搜查線

DeFi 是什麼？它如何運作？一次看懂推倒金融高牆的新變革！

點開 LINE Pay 轉帳給朋友、開啓網銀 App 買基金，金融科技在過去 10 年發展下，跟「錢」有關的事情幾乎都能一機搞定。看似方便，但其實仍存在許多障礙。如轉帳必須輸入銀行代碼、一長串帳號等資訊；領錢時要注意 ATM 是否支援有往來的銀行；若有海外親人要匯生活費，可能還需經歷一連串令人抓狂的步驟。

由於每個國家幣別、使用系統和規範都不同，轉換間需要處理的細節多且繁複，更不用說，部分發展落後的國家，甚至被排除在全球金融體系外。

2009 年第一款區塊鏈應用——比特幣問世，讓分散式帳本技術（DLT）進入大眾視野。在區塊鏈的世界中，沒有國界、國家與幣別的區隔，只要有收款者錢包地址，無論在天涯海角，資金都能馬上轉移到對方手上。

可以說，所有運用區塊鏈技術打造的金融服務，包括加密貨幣、NFT（非同質化代幣）等，都能稱爲 DeFi（去中心化金融），目的就是解決傳統中心化金融的低效率與不便，讓普惠金融眞正實現。在 Web3 浪潮下，不僅可以讓傳統金融不便的高牆倒下，更能讓金融服務更好用。

透過兩大場景解說，帶你一次看懂！

場景一：XREX 搭起法幣與加密貨幣間的橋梁，讓印度商人跟全世界做生意

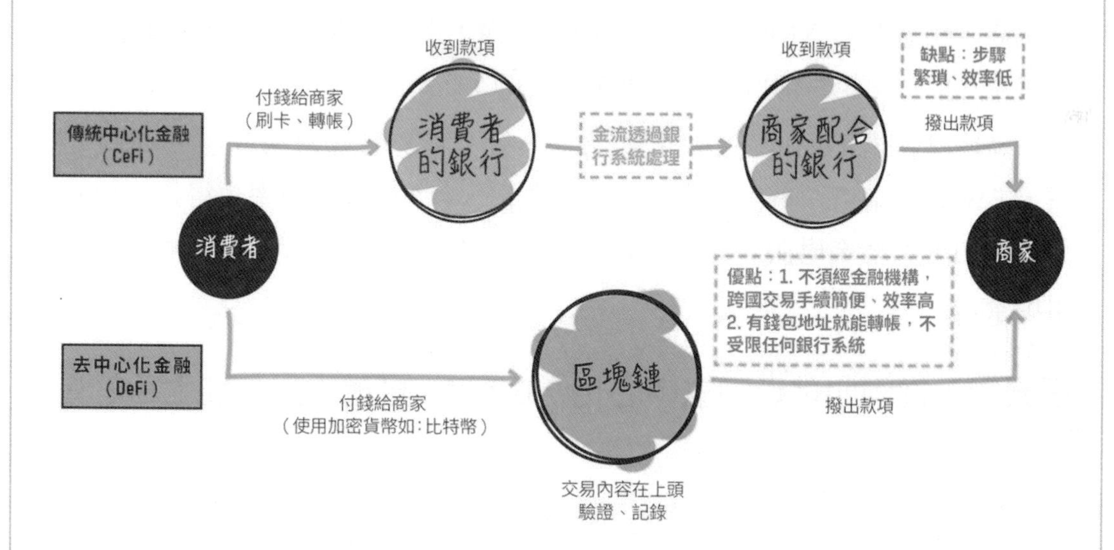

臺灣外匯存底全球排名前 5 大，一般人要購買美元並不難，登入網銀點一點就能完成，但在印度卻不是如此。臺灣區塊鏈新創 XREX 創辦人，在創立阿碼科技（Armorize）時，常常飛到印度出差，他發現當地由於外匯管制，美元稀缺是常態，更高度仰賴黑市交易。

因此，中小企業若要做跨國生意、國際貿易，不僅不容易買到美元，還可能面對匯率漫天喊價，甚至碰上詐騙所衍生的不透明、不合規導致難以申報等問題，背後付出的成本高昂，這不僅衝擊印度外貿競爭力，更凸顯社會的不公平。為此，黃耀文捲起袖子，試圖透過 Web3 做到普惠金融。

親眼見證印度商人因為缺乏取得美元的安全管道而痛苦，跨境匯流平臺 XREX，提供印度等新興市場，將美元穩定幣（與美元匯率 1：1 掛鉤的加密貨幣）轉換成法定貨幣的服務，如同虛擬金融與實體金融的橋梁，提供一個可靠、價錢合理，讓國際貿易商可以取得外幣做生意的方法。

XREX 透過跟當地銀行 ICICI Bank 合作，用戶將美元穩定幣存入 XREX 錢包後，只要按一個鍵，就能瞬間轉換成美元，存入名下銀行戶頭中，這種讓中小企業取得「類美元」的服務，不僅降低匯損，更能讓印度商人不再被排除於金融體系之外。

XREX 跟一般跨境金流商的商業模式本質是一樣的，所需取得的執照也都相同，差異在於 XREX 使用了區塊鏈技術，得以讓交易速度、流通性、成本價差降低，這是目前傳統金融所做不到的。

區塊鏈技術不只是花俏的科技名詞，而是能夠實際解決問題，黃耀文相信，在 Web3 浪潮下，普惠金融可以更加落實、金融服務的效率也得以更提升，尤其像印度這類金融服務較為落後的國家，未來將成為區塊鏈金融廣大的應用場景。

場景二：從中心化走向去中心化，Blocto 打造人人都能上手的區塊鏈金融

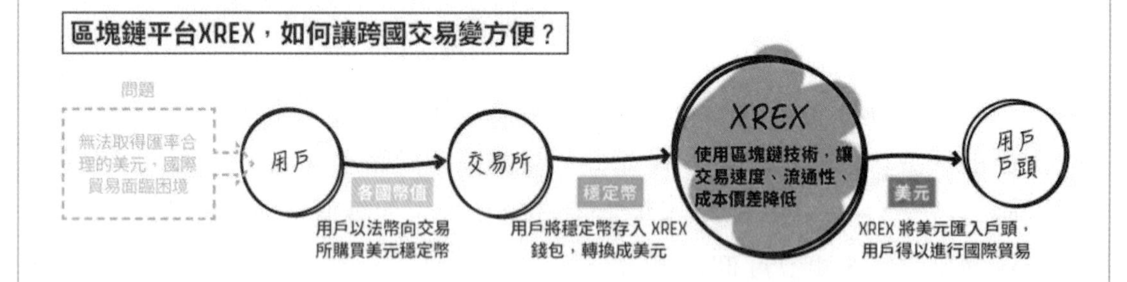

DeFi 概念的出現，也延伸出 NFT、加密貨幣等虛擬世界的金融樣態，然而，對於一般用戶來說，仍存有一定的技術門檻，並不友善。當想要購買一款明星的 NFT，會需要註冊一款錢包，還要記下錢包的助記詞，甚至安裝瀏覽器錢包插件等。

根據區塊鏈錢包業者 Blocto 統計，有高達 95% 想嘗鮮的用戶會在第一關就放棄，留下來的用戶，大多具備強烈賺錢動機，也由於存在技術門檻，一般傳統企業想推出 Web3 產品，往往會受到阻礙。

Blocto 創辦人分析，這導致區塊鏈金融應用較為單一，大多數 DeFi 仍以投資賺錢項目較多，除了沒能展現區塊鏈眞實潛力，也是許多 Web3 應用現階段難以普及的原因之一。看見這些問題，前加密貨幣交易所 COBINHOOD 技術副總和商務開發總監，一起在 2019 年推出了錢包產品 Blocto，目前全球的用戶數達到 70 萬，每月用戶以 70%左右速度成長。

Blocto 想解決的事情，就是讓區塊鏈變簡單。目前旗下主打錢包 App、錢包 SDK（軟體開發工具套件）兩大產品，分別針對一般用戶與企業。對用戶而言，只需要輸入一組 Email 就能完成註冊錢包，以及刷卡就能購買 NFT、加密貨幣，平臺也會代管錢包私鑰，確保資產安全性，不需要學習負責的技術流程，大幅降低新手門檻。

錢包 SDK 則能讓想發行 NFT 的企業可以快速上手。一個企業要發行 NFT，需要考慮的事情包括：要使用哪一條鏈？搭配哪一個錢包？用戶要去哪裡買 NFT ？是否有二級市場可以交易？這對非區塊鏈公司來說非常困難。

美國有線電視新聞網 CNN 日前以新聞片段發行 NFT，背後就是使用 Blocto 的服務。CNN 將錢包 SDK 整合到網站中，讓用戶不需要下載瀏覽器擴充插件，就能創立錢包帳號，完成購買 NFT。

最好的 Web3 應用，是把技術埋得愈深愈好，讓人在使用時，甚至感受不到背後有區塊鏈，「比方說用戶要買一個 NFT，從錢包、買幣等中間所有需要的服務，我們都把它串起來。」

在 Web3 的定義與精神中，強調去中心化、用戶共決，完全去中心化並沒有不好，只是若一開始就以這種方式推廣產品跟服務，只能吸引到有限的小眾，商業發展上比較受限。

Blocto 透過簡單操作，讓一般人能輕易進入區塊鏈世界，最終的目標，還是希望能建立更透明、民主的去中心化空間，將決策權歸還給使用者，更合理的作法是在服務生態系成形後，逐漸透過 DAO（去中心化組織）達成。2021 年底，Blocto 宣布要成立去中心自治組織 BloctoDAO，朝去中心化方向邁進，讓持有 Blocto Token（代幣）的用戶做到社群共決，一起決定未來產品的發展方向。

Web3 將影響未來商業模式，飯店鑰匙、汽車履歷都能是 NFT

未來在企業的商業模式上，Web3 也將帶來影響。Blocto 共同創辦人以 Airbnb 的商業模式舉例。平臺開放所有用戶刊登想出租的房源，入住後撰寫評分留言，這是 Web2 社群網路的精神；Airbnb 也透過演算法，決定房源在搜尋結果的先後順序，金流刷卡還須仰賴銀行服務，都是 Web1 靜態網路的特色，然而多少都影響了平臺的效率與公平性。

若是結合 Web3 元素，將房源、評價等資料存在區塊鏈上，可以確保資訊不被竄改，後續的押金、房費可以直接用加密貨幣結算，省去銀行刷卡結帳、撥款的時間，甚至房間鑰匙直接以 NFT 的形式，發送到房客錢包中，整體效率就能被提升。

義大利汽車廠牌愛快羅密歐（Alfa Romeo）在今年初，也宣布推出內建 NFT 數位憑證的車款。透過區塊鏈技術記錄車輛維修保養、車況等數據，好處是在二手市場交易時，可以確保新買家拿到正確、不經竄改的數據，甚至也能結合保險產品，讓駕駛行爲安全的車主能獲得保費優惠。

人類社會進步的動力，來自於人的惰性，Web3 浪潮的出現，並非要推翻或顛覆目前社會與產業運作，而是在現有基礎上，讓事情變得更有效率、更公平，而這點在金融領域中，所帶來的變化特別明顯。

圖文來源：摘錄自數位時代 2022/04/06

解說

去中心化金融（DeFi），不同於傳統金融模式（CeFi），能夠在區塊鏈上解決所有相關業務。DeFi 可在 Web3 的浪潮下，應可提供相較傳統金融更方便迅速的金融服務。

9-4 國內證券型代幣

現今全球虛擬貨幣的蓬勃發展，各式各樣的代幣紛沓而來到市場大展身手，由於大部分的虛擬代幣都不受政府單位監管，因此出現許多利用虛擬貨幣發行，以進行詐騙、非法洗錢等問題層出不窮。有鑒於此，我國政府於 2020 初發布證券型代幣發行（STO）管理規範專法，將證券型代幣視爲有價證券，納入證券交易法進行規管，所以臺灣是全球第一個將 STO 納入證券交易法的國家。自從 STO 專法上路後，將於 2023 年可望有首檔虛擬債券的發行，讓國內的金融市場的籌資更添多元性。以下將簡述國內證券型代幣的管理規範與其優缺點：

一、證券型代幣的管理規範

國內所公布的 STO 實行專法，針對發行人、交易人（平台業者）、投資人都有其規範。以下表 9-3 爲國內證券型代幣發行的管理規範情形。

表 9-3　國內證券型代幣發行的管理規範

1. 發行人	(1) 發行資格	發行人必須依我國公司法組織，且非屬上市、上櫃及興櫃之股份有限公司。
	(2) 募資規模	若募資金額新臺幣 3,000 萬元以下，可豁免其依證券交易法之申報義務；若募資金額 3,000 萬元以上，應申請沙盒實驗，實驗成功後，依證券交易法規定辦理。
	(3) 發行程序	發行人須限透過同一平台業者募資，並須編製公開說明書。
2. 平台業者	(1) 交易資格	平台業者須取得證券自營商執照，最低實收資本額 1 億元，營業保證金 1,000 萬元。
	(2) 交易方式	投資人僅限與單一平台業者進行「議價」買賣，平台業者須視市場狀況適時提供合理的雙邊報價，對價格異常波動之 STO，須提供冷卻機制。交易稅千分之一。
	(3) 業務限制	平台業者每一年僅受理一檔 STO，受理同一發行人募資額不得超過 2 億元。單一平台受理第一檔 STO 交易滿六個月後始能再受理第二檔 STO 之發行。
3. 投資人	(1) 資格限制	投資人可為境內與境外交易人，且必須先經過客戶資料檢視（KYC）和防制洗錢（AML）的審核。
	(2) 交易限制	須以新台幣交易。每一自然人持有同一 STO 不得超過 30 萬元，機構投資人不受限制。此外，每日每檔 STO 之交易量不得逾該檔 STO 之發行量 50%。

二、國內證券型代幣的優缺點

以下利用表 9-4 說明國內發行證券型代幣之優缺點：

表 9-4 國內發行證券型代幣發的優缺點

優點	公開透明	利用區塊鏈技術具開放透明特性。
	小額投資	因代幣金額小，流動性佳。
	交易便利	具備全天候交易、且可 T+0 同步完成清算。
	智慧合約	智能合約將利息、分紅等內容編入證券中，且自動化執行。
缺點	流動限制	僅能在同一平台交易，且限新臺幣交易。
	資訊安全	可能被駭客入侵，盜取代幣。

金融搜查線

臺灣迎首檔 STO ！
國泰證券下月發行「陽光綠益債券型 STO」

在金管會正式將「證券型代幣發行」（STO）納入規範近 4 年後，臺灣這才迎來首檔 STO 商品上市。國泰證券 11 月 10 日宣布，正式取得 STO 業務核准，並將在 12 月 12 日發行「陽光綠益債務型 STO」。

這檔 STO 將由國泰證券擔任發行商，發行人爲再生能源售電業者陽光伏特家的母公司綠點能創，發行方案爲 6 年期債務型 STO、年利率 3.5%，國泰證券表示，若搭配優惠購電機制，整體年利率可達 5.8%。

據報導，國泰證券數位資產部協理表示，陽光綠益 STO 預計募資新臺幣 3,000 萬元，國泰證券將認購 500 萬元，其餘 2,500 萬元給專業投資人認購，預本月下旬開始募資。陽光綠益 STO 每單位申購價格 1 萬元，專業自然人投資上限 30 萬元，專業法人無上限。

圖文來源：摘錄自區塊客 2023/09/10

解說

國內於 2020 年初，發布發行證券型代幣的管理規範，直至 2023 年底，終於有首檔 STO 上路。此 STO 乃國泰證券擔任發行商，發行人為綠點能創，發行 6 年期債務型 STO，年利率 3.5%。此 STO 的發行，讓國內的虛擬貨幣市場向前邁進一大步。

金融 FOCUS

QR CODE	影片主題、網址、日期、長度、語言與出處				影片重點簡介
	◆ 加密貨幣漲勢凌厲　名人加持屢創幣價新高 https://www.youtube.com/watch?v=BXd-WWKiGVw				知名虛擬貨幣－比特幣，逐漸受到機構法人的重視，紛紛宣布投資開發比特幣的相關應用，帶動幣價暴衝，也吸引大批開戶新手躍躍欲試。
	2021/02/26	6 分 20 秒	華語	寰宇新聞	
	◆ 穩定幣一哥也栽了？對沖基金瘋狂做空 USDT！ https://www.youtube.com/watch?v=qpwhG_9hjGo				近期，又有穩定幣被空頭盯上，對沖基金們正斥資數億美元做空「泰達幣」，使他在 2 個月內，跌掉 170 億美元，也導致總市值蒸發 1.3 兆美元。
	2022/07/04	2 分 12 秒	華語	非凡新聞	
	◆ 這是你聽過最酷的NFT嗎！　高雄傳說"陳財佑"推NFT https://www.youtube.com/watch?v=I55f_ZaSqCM				高雄知名的傳說人物，就是專門抓漏的「陳財佑」，他跟上虛擬貨避發行風潮，利用自己學生照的廣告發行 NFT，只要購買 NFT 可以終身抓漏。
	2023/03/01	1 分 11 秒	華語	三立新聞	
	◆ 金融科技結合不動產　首創「土地資產代幣化」 https://www.youtube.com/watch?v=nY8W4Y-I4gk				國內有土地資產開發業主與數位貨幣研發公司合作，發行「土地資產虛擬代幣」，將不動產投資，轉化成小額代幣供民眾進行投資。
	2019/05/31	30 秒	華語	民視新聞	

<table>
<tr><th>QR CODE</th><th colspan="4">影片主題、網址、日期、長度、語言與出處</th><th>影片重點簡介</th></tr>
<tr><td rowspan="2"></td><td colspan="4">◆ NFT是什麼？會是龐氏騙局？非同質化代幣的泡沫化危機？
https://www.youtube.com/watch?v=GoqAymHamhA</td><td rowspan="2">NFT 非同質化代幣，一種以區塊鏈做為背景技術的虛擬資產，藉由智能合約進行交易，並具有不可分割、不可替代、獨一無二等特性。</td></tr>
<tr><td>2022/10/27</td><td>4 分 54 秒</td><td>華語</td><td>金融研訓院</td></tr>
<tr><td rowspan="2"></td><td colspan="4">◆ DeFi誕生的意義
https://www.youtube.com/watch?v=nA_Dka9hlcl</td><td rowspan="2">DeFi 乃基於區塊鏈的去中心化本質，讓系統各節點透過虛擬貨幣的流動、以及智能合約的產生，自行演化出具有借貸、投資與支付等金融活動。</td></tr>
<tr><td>2020/08/30</td><td>1 分 30 秒</td><td>華語</td><td>微博</td></tr>
<tr><td rowspan="2"></td><td colspan="4">◆ 我來說DeFi：DEX“去中心化交易平臺”有哪些？
https://www.youtube.com/watch?v=_zcKgNysR7g</td><td rowspan="2">DeFi 的所有運作都是在「以太坊」的區塊鏈系統上，利用虛擬貨幣進行，現在鏈上大致有借貸、投資與支付等各類平台提供服務。</td></tr>
<tr><td>2021/08/09</td><td>5 分 25 秒</td><td>華語</td><td>我來說 DeFi</td></tr>
<tr><td rowspan="2"></td><td colspan="4">◆ 中央銀行數位貨幣（CBDC）究竟是什麼？
https://www.youtube.com/watch?v=v3Kg-rA107c</td><td rowspan="2">隨著虛擬貨幣的蓬勃發展，中央銀行數位貨幣也開始受到國際重視。不少國家已經研究有年，甚至已經進入實測階段，眼看著就要正式啓用。</td></tr>
<tr><td>2021/03/29</td><td>5 分 42 秒</td><td>華語</td><td>金融研訓院</td></tr>
</table>

金融科技力知識檢定測驗試題

( ) 1. 比特幣使用區塊鏈的技術，下列何者不是其特性？ (A) 一致性 (B) 來源不可追溯 (C) 不可更改 (D) 決定性。 〔第 3 屆〕

( ) 2. 根據中央銀行 2016 年第 1 季理監事會後參考資料，下列數位通貨何者屬於「電子貨幣」？ A. 悠遊卡、B. 比特幣、C. 亞馬遜幣、D. 第三方支付儲值帳戶 (A) 僅 AD (B) 僅 BC (C) 僅 AC (D) 僅 BD。 〔第 5 屆〕

( ) 3. 根據中央銀行 2016 年第 1 季理監事會後參考資料，不可兌換任何實體物品或金錢的線上遊戲貨幣，是屬於下列哪種數位通貨？ (A) 電子票證 (B) 電子支付 (C) 封閉式虛擬貨幣 (D) 開放式虛擬貨幣。 〔第 5 屆〕

( ) 4. 比較電子貨幣與虛擬貨幣，下列敘述何者正確？ (A) 兩者均以法償貨幣作爲計價單位 (B) 兩者均不以法償貨幣作爲計價單位 (C) 前者以法償貨幣作爲計價單位，後者則非 (D) 後者以法償貨幣作爲計價單位，前者則非。 〔第 8 屆〕

( ) 5. 有關數位貨幣之敘述，下列何者錯誤？ (A) 在許多國家大多數將加密貨幣視爲商品進行交易 (B) 加密貨幣具有貨幣之名，實際價值波動相當劇烈，因此不是一個良好的價值保存工具 (C) 比特幣現金是比特幣的一個分叉產品 (D) 當今市場上第一個分散式加密貨幣是萊特幣。 〔第 8 屆〕

( ) 6. 比特幣（主網路）屬於何種形式的區塊鏈？ (A) 聯盟鏈 (B) 公有鏈 (C) 私有鏈 (D) 混合鏈。 〔第 11 屆〕

( ) 7. 根據 Techopedita 網站的定義，數位貨幣是一種無形且以電子型態存在的支付方式，且可以在機構與個人中透過電子裝置移轉所有權，依據上述定義，下列何者非數位貨幣？ (A) 電子克朗（e-krona） (B) 航空公司的飛行哩程回饋 (C) 遊戲公司發行的遊戲幣 (D) 乙太幣（Ethereum）。 〔第 12 屆〕

( ) 8. 有關比特幣和區塊鏈之間的關係敘述，下列何者錯誤？ (A) 比特幣是區塊鏈的應用 (B) 區塊鏈是比特幣的底層技術 (C) 比特幣最重要的創新是區塊鏈 (D) 區塊鏈等於比特幣。 〔第 13 屆〕

NOTE

本章內容為電商金融，主要介紹電商金融簡介、電商金融的服務型態等內容，其內容詳見下表。

節次	節名	主要內容
10-1	電商金融簡介	介紹電商金融的形成與發展、特點與風險。
10-2	電商金融的服務型態	介紹支付轉帳、徵信放款、信託投資、財富管理、投資銀行、直銷銀行等影子金融型態。

【本章導讀】

本章將要討論電商金融服務，與前述兩章所討論，由電商公司所設立的網路平台，所提供的「支付」與「社群」這兩種創新金融服務，其服務的本質上是相同或相似的，乃都屬於「影子金融」（Shadow Financial）的一部分，但兩者在營運模式上，仍有些差異。

這兩者主要的差異，乃在於本章所介紹的電商金融服務，其運作模式是將原本電商所經營的網路商品買賣平台，因眾多網戶在自家的第三方支付之封閉式「儲值帳戶」裡，累積了龐大的資金；電商再利用這些資金，從事起類似傳統金融的「電商金融」業務。這與前述兩章，電商公司所主導的行動與社群金融服務中，大都是電商公司先成立平台，再去進行資金或商品交易的金融服務，是有所不同的。

簡單的說，本章所要介紹的電商金融服務，應該說是「電商先有資金後，再去成立網路平台，以提供金融服務」；但前兩章所要介紹的創新金融服務，則是「電商先成立網路平台後，再去媒合資金或商品的流動，所提供的金融服務」。因此兩者在營運模式的運作上，仍有些差異。以下本章首先將介紹電商金融的簡介，再進一步介紹電商金融的各種服務型態。

10-1 電商金融簡介

自從 1980 年代中期以後，由於網際網路的崛起，讓商業經營模式，產生了一種新的營業型態－「電子商務」（Electronic Commerce）。所謂的電子商務是指網戶雙方，在不謀面情形下，利用網際網路的管道，來進行商品買賣、以及訊息傳遞的商業行為[1]。通常電商公司提供網戶雙方，可以進行交易與聯繫的平台，若交易聯繫的過程中，涉及資金的流動，並衍生出資金的融資與投資等營利的金融活動，此稱為「電商金融」（Electricity Financial）。

「廣義的電商金融」泛指由電商公司於網路成立平台後，再提供的金融服務，例如：P2P 借貸平台、群眾募資平台等。「狹義的電商金融」是指電商公司在進行電子商務活動，所衍生出的金融營利活動，例如：電商公司所提供的融資活動

1 通常電子商務的經營型態，大致上又可區分以下幾種商業模式：B2B（Business to Business）亦即企業對企業之間、B2C（Business to Customer）亦即企業對顧客之間、C2C（Customer to Customer）亦即顧客對顧客之間、O2O（Online to Offline），亦即線上交易帶動線下消費。

（如：中國電商阿里巴巴的螞蟻小貸）。通常廣義的電商金融活動，普遍的存在於現今全球各國的商業營運模式裡；但狹義的電商金融活動，大致上僅活躍於金融資源普遍分配較不均勻、以及金融體制較不完善的國度裡，例如：中國。

但中國由於電商金融的蓬勃發展，使得金融資源分配不均勻的情形獲得改善，也讓民眾更能普遍的運用金融資源，並爲全球商業活動，帶來嶄新的營運模式與成長動能。因此中國的電商金融的發展趨勢，對全球金融科技產業的發展，具有重要的影響性。以下本節將介紹中國電商金融的形成與發展、特點以及風險等內容。

一、電商金融的形成與發展

近 10 幾年來，由於中國的經濟快速起飛，使得民眾消費能力大幅增長，且網際網路的基礎設施、以及行動裝置亦逐漸普及；雖該國境內幅員廣大，使得商品買賣時，利用實體交易方式有著實上的不便，因此逐漸朝向利用網路無遠弗界的特性，積極的發展電子商務之運作模式。雖然中國境內的電子商務發展，較其他國家來的晚些，但該國挾著人口之優勢，使得電子商務的交易規模，現已在全球占有一席之地，且其營業運作模式，也開創出一條屬於自己獨有的營運型態。

中國早期踏入電商領域發展的組織，乃是創立於 1999 年的「阿里巴巴」（Alibaba）電子商務公司，其初期的營業項目，是以提供資訊流的網路服務爲主，其服務包括：產品訊息、行業資訊、企業網頁設計、以及商品報價資訊等。爾後，2003 年成立 C2C 的「淘寶網」購物平台，讓眾多的個人與小型商家，均可在網上開店，販售商品。爲了解決電子商務的金流問題，於 2004 年，成立「支付寶」第三方資金支付系統，才逐漸切入金流的服務業務，並將電商服務與金融業務相結合，於是開啓了該國電商金融蓬勃發展的新契機。

由於阿里巴巴公司，在電商金融業務的加持下，也讓該公司的商品交易規模，超越美國最大電商公司－亞馬遜（Amazon）公司，其 2015 年商品交易總額已經超過 3 兆人民幣，且旗下轉投資的事業包括金融、物流、通訊、地產、娛樂、影視等。該公司並於 2014 年於美國紐約證券交易（NYSE）所掛牌上市，現已成爲全球最大的電商集團公司，也是該國電商金融服務的代表。以下本文將以該集團的電商金融事業的發展歷程爲主軸，去譜寫整個行業的形成與發展之脈絡。

（一）支付寶

成立於 1999 年的阿里巴巴電子商務公司，初期是經營 B2B 的網路商情交流服務爲主。爾後，於 2003 年成立「淘寶網」的網路購物平台，其主要經營 C2C 的商品買賣交易服務。由於網路上 C2C 的小額買賣，交易雙方都會面臨到商品與資金，無法同步進行交割的風險。既使，先不考慮賣家的商品，是否會確實的出貨外；光在支付上，小型賣家通常不提供刷信用卡的服務，且即使要跨銀行轉帳，也必須支付轉帳費用，因此在支付的安全與效率上，就是一大待解決的難題。

因此爲了解決這個支付上的棘手問題，2004 年淘寶網成立了第三方支付系統－「支付寶」，以解決買賣家在貨款交割上的安全與效率問題。由於支付寶的出現，讓電子商務的交易活動，更加的便利與安全，也順勢點燃了中國電子商務，跨足金融發展的野火。

（二）阿里小微

自從 2004 年支付寶開通以來，中國民眾對於這項支付系統，逐漸感受到它所帶來的方便性與安全性。因此吸引了成千上億的民眾，至淘寶網進行電子商務活動，並至此開立儲值帳戶，以便利資金的流通，卻也讓託管支付寶銀行帳戶的資金池裡，累積了龐大的資金。

由於當時該國的金融監理單位，並無明確的規範民間借貸的法令規章，於是阿里巴巴於 2013 年 3 月成立「阿里小微」金融服務公司，將支付寶資金池裡的龐大資金，居然針對淘寶網上的買賣家，從事起小額放款業務，所以該公司就順勢的涉入金融營利的事業經營範疇。

（三）餘額寶

由於阿里小微的貸款業務，讓阿里巴巴集團初嚐金融營利模式的美味。但這種貸款業務僅受惠於電商公司，並無法對廣大的儲值帳戶的用戶們，產生盈利的行爲，因此仍無法引起網戶們的共鳴，也仍不足以撼動金融板塊之能力。但自從 2013 年 6 月成立「餘額寶」帳戶後，這個劃時代的創舉，才是眞正的開啓電商金融大鳴大放的新紀元。

所謂的「餘額寶」，是將眾多網戶在「支付寶」儲值帳戶內，暫時不用的閒置資金，全部集結起來放入另一個虛擬帳戶（餘額寶）內，並幫網戶投資貨幣型基金，以產生利息，由於利息高於一般銀行的存款利率，使得網戶趨之若鶩，紛紛將閒置資金移入該帳戶內。由於餘額寶這項創新的金融營運模式，讓阿里巴巴整個集團的經營思維逐漸脫胎換骨，使得電商金融的事業，成爲該集團最重要的營業項目。

（四）螞蟻金服

自從「餘額寶」的成立後，讓原本放在儲值帳戶，沒有利息收入的閒置資金，驚喜的帶來可以投資生利的機會；但最重要的是給網戶們，帶來更遼闊的投資新視野。由於原本的餘額寶，僅投資在安全的貨幣型基金，已漸漸無法滿足部分網戶，欲獲取較高收益的需求。於是 2014 年 4 月，更成立以投資理財爲主的網路平台－「招財寶」，該平台與銀行合作，將銀行各式貸款或理財商品引入平台內，提供給網戶更多元的理財商品。

由於阿里巴巴集團所涉及的金融業務日益多元，於 2014 年 6 月將原阿里巴巴電商公司，更名爲「螞蟻小微金融服務公司」；簡稱「螞蟻金服」，以統籌該集團所有的互聯網金融業務。此時，「螞蟻金服」儼如是正式金融體制下，「金控公司」一般的架構；其旗下將有各式的子機構平台的設置，例如：借貸平台、理財平台、股權群募平台、網商銀行等。所以阿里巴巴集團由小額資金所堆砌而成的金融帝國，已漸漸成形。

（五）網商銀行

隨著「螞蟻金服」的成軍，集團內又於 2015 年 1 月成立「芝麻信用管理公司」，其主要負責網戶信用調查之工作，並將徵信的結果，給予信用評級分數，以對網戶的放款與預支現金的信用風險，進行控管。因此，同年 4 月順勢成立「螞蟻花唄」，其主要提供網戶預支現金購物之服務。

由於螞蟻金服所涉及的金融業務日益龐大，且大致與銀行重疊，但因所服務的對象大都爲微型的商家或小額消費者，與一般大型銀行的服務對象，是以中大型企業與個人爲主，具有市場區隔。因此該國金融監理機關－中國「銀行業監督管理委員會」（China Banking Regulatory Commission），於 2015 年 6 月批准該集團成立「網商銀行」，讓銀行的貸款業務滲透至中小型企業或微型商家，並提供各種金融服務給市井小民。由於網商銀行的加入，讓「螞蟻金服」集團的金融業務觸角更加遼闊。

此外，螞蟻金服集團又陸續成立，以基金投資爲主的理財平台－「螞蟻聚寶」、股權群募平台－「螞蟻達客」、以及提供集團雲端服務的「螞蟻金融雲」，且轉投資網路保險平台－「眾安保險」等網路金融服務事業。所以原本由小零錢，所逐漸堆積出的「螞蟻金服」帝國，已經改變了全世界所有人對金融服務的營運模式；其營業規模與項目，已成爲巨型的金融服務集團，且該集團的服務足跡，已逐漸的擴展至全球各地。

該集團原本預計 2020 年 11 月於上海 A 股與香港 H 股雙掛牌上市，公開募股金額約 350 億美元，此乃全世界歷史上最大的 IPO 案。但最後事與願違，在上市前，被中國監理機關以存在系統性金融風險爲由，將之擋下，將來如何發展尚不確定。根據 2023 年初路透社的報導，螞蟻金服公司的股東結構已由中國官方所控制，所以螞蟻金服重新申請上市已出現重大轉機。

（六）百家爭鳴

由於阿里巴巴集團由一個小型電商公司，逐步跨業至金融服務，並成功的營建出金融巨擘的案例。這讓其他同屬非金融的科技業者，亦紛紛起而效尤，以爭食電商金融這塊大餅。其中，以經營網路社群業務爲主的「騰訊」、以及經營網路搜尋引擎爲主的「百度」、經營 B2C 網路購物爲主的「京東」等電子商務科技公司，最爲積極與具競爭性。

因此當今中國的電商金融產業，正如火如荼的發展中。各電商公司都發展自己網路上的支付、理財、貸款、徵信、群眾募資、保險、銀行等平台，且民眾也風起雲湧的相繼呼應。因此整個中國的電商金融市場的規模，根據國際知名評等公司穆迪的統計，在 2015 年底，就高達 53.5 兆人民幣（約 265 兆台幣）。這個龐大規模不僅稱霸全球，也對該國正式金融體制下的營業活動產生排擠；且也對該國金融與經濟穩定帶來威脅性。當然，中國官方也著手積極的介入管控，以免造成金融危機。

（七）進軍國際

中國的電商金融事業，除了在該國以風馳電掣的速度前行外；近年來，也將觸角逐步伸展至國際舞台。由於中國出國的觀光人口眾多，使得該國的支付的系統，逐步滲入海外市場。例如：螞蟻金服就將自家的支付系統，伸入至亞洲和大洋洲等各地；如：投資印度電子錢包－ Paytm、入股泰國－ Ascend Money 支付商、入主巴基斯坦手機錢包－ Easypaisa 支付公司、與越南國家支付公司－ NAPAS 與 eMonkey 合作、與臺灣－玉山銀行合作、與韓國的網際網路銀行－ K-Bank 合作、與澳州－ PayBang 公司成為合作夥伴、與紐西蘭移動支付商－ Eftpos 合作、也與英國支付業者 WorldFirst 公司合作，且也與全球交通共乘公司－ Uber 合作等。現在支付寶的服務截至 2022 年 6 月，已拓展到全球 50 多個國家，13 億人在使用，並支持 18 種貨幣結算。

此外，中國的電商也積極布局「跨境電商」（Cross-border Electronic Commerce）[2] 的事業板塊，除了增強物流與金流的事業的滲透率外，更是將該國文化輸出至海外。因此中國的電商金融業務規模，將隨著「跨境電商」的業績成長，更擴大其對全球的影響性。

二、電商金融的特點

由電商公司所主導的電商金融，相較於傳統的金融服務模式，具有以下幾點特性：

（一）小額交易為主，普惠金融

電商金融是源起於一直被銀行視為「雞肋」的小額支付，所逐漸演變延展而來，現在的規模已經擴展出一個金融的大生態。基本上，從事電商金融交易活動的參與者，大都是小額商家、消費者或微型企業為主；相較於傳統金融機構，較偏重於中大型企業與個人服務為主，這是兩者主要的差別。

所以電商金融的服務，可以滲透至最底層，且彌補傳統金融服務的不足，讓偏遠地區與最基層的消費者、或者中小型商家，都能利用金融資源，以達到共享經濟與普惠金融的境界。

2 「跨境電商」是指分屬於不同國境的交易者，透過電子商務平台的仲介達成交易，並進行跨境支付結算、貨品物流的一項國際商業交易活動。

（二）交易連結信用，掌控風險

由於網戶在電商公司所有的交易往來紀錄，包括：瀏覽網頁軌跡、買賣商品、支付金額、借貸情形等資料，都會被拿來當作個人信用優劣判定的依據。通常電信公司將這些動態資料，進行大數據分析後，依據分析結果給予不同評級分數，並將與個人的信用相連結，以當作徵信的依據；相較於傳統金融，僅利用靜態的個人資料，來當作徵信的依據，兩者之間是有所差別的。

因此電商金融的交易模式，電商公司比較能有效的掌控消費者即時與眞實狀況，可以減少資訊不對稱的問題。所以電商金融利用以往網戶的交易資訊，以連結信用，較易掌控個人或商家的動態信用風險。

（三）交易簡易便捷，效率透明

電商的金融服務幾乎不設實體據點，雙方透過網路的聯繫，即可快速的完成交易；相較於傳統金融設立許多實體據點，可節省設點的固定成本的支出。且電商金融利用大數據分析，來分析客戶的交易資訊、信用記錄等資料，客戶除可清楚自己的徵信分數外，電商亦可提高審批放款速度；相對於傳統金融的信貸業務流程，須繁多流程環節、且借貸雙方彼此存在資訊不對稱的問題，所以兩者存在著便捷與效率的差異。

因此電商金融的交易方式，利用網路通道，可提供快速便捷的各項金融服務；且蒐集網戶各項交易資訊，來進行風險控管，可節省交易成本、且增加彼此的資訊透明度，並可提高經營的效率。

（四）資金靈活運用，強化自主

電商金融的服務型態乃利用各類平台，幫助客戶自行完成資金的調配，讓客戶靈活運用資金，並提供智能理財服務，強調自主化的金融服務；相較於傳統金融的理財服務，小額客戶較無法得到精細的客製化服務。因此兩者存在著自主與靈活操作的差異。

因此電商金融的交易方式，能提供較貼近客戶眞實需求的服務，並強調用戶的自主體驗，讓小額客戶的資金，可以靈活的移動與運用，以達到效率配置之目的。

三、電商金融的風險

電商金融的營運發展中，電商公司與平台用戶所面臨到的風險，大致上與傳統金融活動相似，例如：「市場風險」與「信用風險」等。但因電商金融都在網路上交易，所以須更進一步提防「資安風險」；且有些金融活動遊走於法律模糊地帶，也會面臨到「法律風險」。因此電商金融所會面臨到的風險類型，大致可分爲以下四種：

（一）市場風險

一般而言，只要從事任何金融活動，首先要考慮的就是市場風險。金融市場中常見的市場風險，包含：天災、社會與經濟風險等。尤其，總體經濟裡的利率、匯率、與商品價格的變動，對於從事電商金融活動，所產生的損失風險最爲直接。

例如：電商公司將資金以固定利率貸款給客戶，若未來市場利率上升，則電商公司須承擔利率提高，所帶來的損失。例如：跨境電商的金融活動中，涉及各種貨幣的支付，若某種貨幣的匯率波動過大，也會造成電商與用戶的利潤減少或成本增加的風險。

（二）信用風險

電商公司在從事放款時，通常會搜尋欲借款者，以往在網上所有的交易資料、財務資訊、人際關係等資料，並利用大數據分析方式，評斷出該借款者的信用狀況，以作爲放款的依據。但這些網路上的資料作分析，仍有未謀面進行實體徵信的盲點，所以會面臨到客戶欺瞞詐騙，所產生的信用風險。

例如：電商公司針對小商家放款時，會進行商品交易量、客戶滿意度、借款紀錄、商家活躍度等資料，作爲信用評價的依據；但因與商家未曾謀面，若商家利用人頭進行虛擬性的交易，會增加辨識商家眞實身分的難度，所以借貸之間比較會有資訊不對稱的情形發生，因而產生違約的風險也較大。此外，通常電商的放款都是無擔保品的信用貸款，若發生違約時，因無抵押品或擔保人等防備性的機制，更徒增追款的難度。

（三）資安風險

因為電商金融的所有交易都在網路上進行，所以容易會出現使用網路上的問題，最常見的如：操作介面設計不良，被駭客侵入；系統設計不良，造成操作上的不便所產生的損失；或者電腦中毒，所造成的交易延遲與資料外洩的種種問題。

例如：電商公司所設計的行動交易的 APP 程式，若系統設計不夠周嚴，容易受駭客入侵，導致客戶資料外洩；或者不肖的電商業者，將客戶基本資料主動外洩給其他使用者；或者電腦中毒，造成交易上的不便等資訊以及隱私安全上的風險。

（四）法律風險

電商的金融活動，在有些金融監管法令較嚴格的國度裡，是會被禁止的。即使有些國家有制訂法令管理，但有時有些金融上的創新交易活動、或電商從事跨國交易，並無法有相對應的法令規範進行管理，所以業者會有法律上的風險。

例如：當電商從事跨境的交易時，資金的支付流程，有可能兩個國家的法定監管嚴謹度不一致，會被認定是洗錢的活動；或者是商品課稅上的問題，都將導致法律上的風險。

金融搜查線

市值 350 億美元 IPO 案喊卡，螞蟻金服做錯什麼？

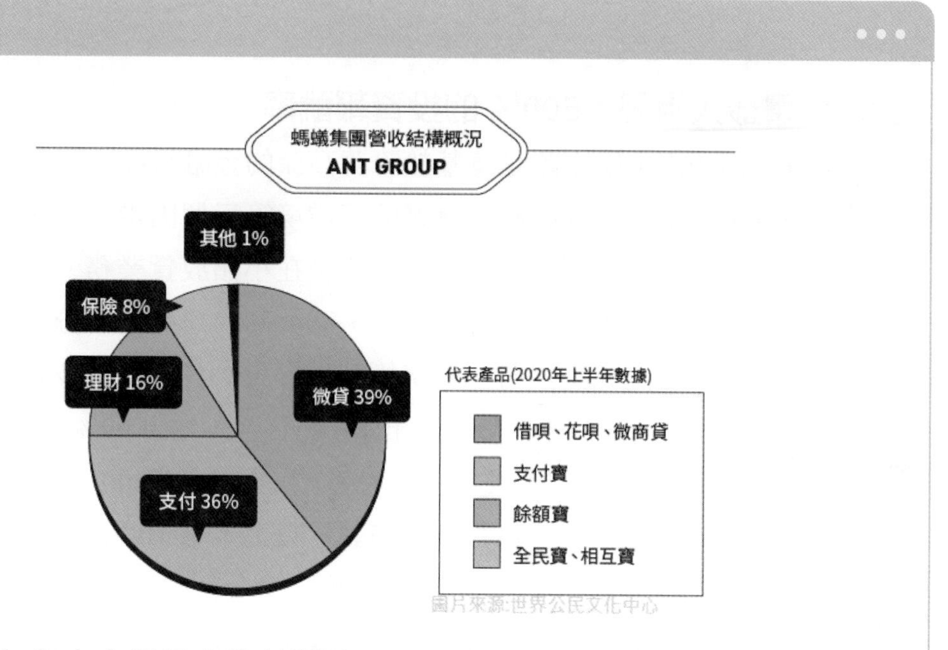

2020 年資本市場最大的新聞就是中國大陸的金融科技公司——螞蟻金服，原訂在 2020 年 11 月同時在上海 A 股與香港 H 股掛牌上市（IPO），但在上市前夕螞蟻金服的創辦人馬雲突然被人民銀行、銀保監會、證監會及國家外匯管理局等四單位進行監管約談，隨後銀保監會、人行發布《網路小額貸款業務管理暫行辦法》，上海交易所與香港交易所也同時決定暫緩螞蟻集團上市。消息一出，螞蟻金服的母公司——阿里巴巴集團在美國股市重挫，並引發各界熱烈討論，爲何這起全球最大的 IPO 案（市場預估可募得 350 億美元資金）會突然生變？

馬雲說錯話導致 IPO 生變？其實不是！

表面上似乎是馬雲在一場在上海舉行的金融峰會演講中，尖銳批評金融監管思維與現實脫節，馬雲說：「我們必須改掉金融的當鋪思想，在當下，我們必須用藉助技術的能力，用大數據爲基礎的信用體系來取代當鋪思想。這個信用體系不是建立在 IT 和熟人社會的基礎上，而是建立在大數據的基礎上，如此才能眞正讓信用等於財富。」馬雲的談話因此得罪政府金融監管當局，似乎又是一件金融科技與傳統金融監管機構間的衝突，但仔細分析之後，我們可能需要了解主管機關的考量與憂慮，才能更加清楚整個事件的全貌。

上市計畫最大阻因：500% 的投資報酬率

不過這條普惠金融之路是奠基於諱莫高深的金融科技、阿里巴巴集團所提供的豐富使用場景以及政府的寬鬆監管環境等三個因素。這次螞蟻集團之所以引起政府金融監管部門的關注，主要是在小額放貸業務。用一個簡單的例子來說明，假設小張是支付寶的客戶，有很高的芝麻信用分數，向螞蟻用年息 10%，借了 1 萬元人民幣。螞蟻找到銀行說：我們用科技評估過了，這是好客戶，可以借，我們合作吧。我出 1% 的資金，你出 99%；10% 的利息，一人一半。銀行一算，你出科技，我出金融。我的本金 9,900 元，利息 500 元。有 5.05% 的收益。可以啊。但對螞蟻來說，只出本金 100 元就有利息 500 元的收入，投資報酬率高達 500%，更可以啊。

但在這筆放貸中，銀行需遵守相關法遵成本及放款規定，但螞蟻卻可以金融科技平台的身份，規避這些法規的限制，以小搏大，因此主管機關不得不祭出新的限制，以防範風險擴大。

三大金融新規，將衝擊螞蟻集團營收及獲利

延續前例，在新的規定中，在單筆聯合貸款，經營網絡小額貸款業務的小額貸款公司，出資比例不得低於 30%。這意味著，借給小張的 1 萬元中間，超過 3,000 元必須是螞蟻自己出的。本金 3,000 元，利息 500 元。螞蟻的收益，立刻就從 500%，降爲了 16.67%。其次，新規中小額貸款公司通過銀行借款、股東借款等非標準化融資形式，融入資金的餘額不得超過其淨資產的 1 倍。也就是說，你有 1 萬元淨資產，最多只能有 2 萬元資金，當作本金借給客戶，這對於螞蟻可以承做的放貸，蓋上了一個非常剛性的天花板。那麼螞蟻集團能否透過「資產證券化」的方式，突破出資比率與資金槓桿等限制呢？

新規的第三招就是，通過發行債券、資產證券化產品等標準化債權類資產形式融入資金的餘額不得超過其淨資產的 4 倍。換句話說，資產證券化的方式，最多轉 4 圈，10 億的淨資產，最多只能放出 40 億左右的貸款。由於新規將嚴重衝擊螞蟻集團的業務營收及獲利，也將連帶其股價的未來展望與評價，因此兩個交易所臨時暫緩螞蟻集團的上市，其實是在保護投資大眾。

中國金管局出手，防範隱形次貸風暴

總結而言，這次中國大陸金融監管當局突然出手，阻止螞蟻集團上市，主要的原因，就在於防範金融科技公司藉由資本市場募集資金，擴大財務槓桿操作，卻無需受到像傳統金融機構一樣的規範，如此極可能導致系統性風險的發生機率上升，2007 年的美國次貸風暴殷鑑不遠，這對於金融科技公司未來尋求上市之路，應是一次很好的經驗。

圖文來源：摘錄自英語島 2020/12/01

解說

中國電商龍頭—阿里巴巴，原本欲將旗下負責金融事務的「螞蟻金服」上市，但在 IPO 前夕被中國官方擋下。原本大家想像是負責人得罪官方，但根據報導乃因旗下的小額放貸業務，可能會釀出金融風暴危機，所以先暫緩上市。

金融搜查線

螞蟻集團宣布馬雲放棄控制權！遭北京「火烤」2 年，監管追殺告終？市場估這時點重啓上市

2014 年，阿里巴巴創辦人馬雲，將阿里巴巴旗下的金融事業體分拆成立螞蟻金服，2020 年才更名爲現在的名稱螞蟻集團。2020 年時，螞蟻集團原本擬以 350 億美元在上海、香港兩地於同年 11 月 5 日上市，看似一片大好的商機，卻活生生在上市前 3 天被北京當局「腰斬」喊停，讓全球投資人相當震驚。

路透社報導，螞蟻集團從阿里巴巴分拆後，馬雲依舊是螞蟻集團的實際控制人；螞蟻集團 2020 年 IPO 招股書披露，上市發行後馬雲個人持股比例僅有 10%，但他仍掌握螞蟻集團的實控權。

此次螞蟻集團公告指出：「主要股東及相關受益人擬對螞蟻集團股東上層結構進行調整，本次調整的核心是螞蟻集團主要股東投票權的變化，各股東都不會單獨或共同在螞蟻集團股東大會具有控制權，也不會再有任何股東提名的董事人數，在董事會過半數的情形。」

此外，螞蟻集團董事會的 8 名董事中包含 4 名獨立董事（達到半數），計劃繼續引入第 5 名獨立董事，實現董事會中獨立董事過半數，完善公司治理。這也是繼螞蟻集團先前獲中國批准爲其重慶螞蟻消費金融公司增資後，被視爲監管整頓總結的訊號，市場預期螞蟻集團最快可能於 2023 年下半年重啓上市之路。

圖文來源：摘錄自今週刊 2023/01/07

解說

原本螞蟻金服於 2020 年將 IPO 上市，在上市前 3 天被中國當局「腰斬」喊停，讓全球投資人相當震驚。經過 3 年多來，中共當局已經調整股東結構，讓原本最大持股人的實控權下降，市場預期螞蟻集團最快可能於 2023 年下半年重啟上市之路。

10-2 電商金融的服務型態

電商金融的服務在金融監管較嚴謹的國度是會被限制的，但在金融體制較不完善的國家（如：中國），卻可以盡情的發揮。由於電商金融的崛起，不僅迫使中國傳統金融進行改革外，也使得金融資源分配不均勻的情形獲得改善，並爲全球商業活動，帶來嶄新的營運模式與成長動能。

在中國獨特的電商金融發展過程中，首先，是由「支付轉帳」的服務起了個開端；由於眾多網戶，在第三方支付的封閉式儲值帳戶裡，累積了龐大的資金，電商公司再利用這些資金，逐漸從事起「類似」銀行業務中的「徵信放款」、「信託投資」、「財富管理」等業務；並設立股權募資平台，進行「投資銀行」的承銷業務；且也通過網商銀行的申請，介入「直銷銀行」的經營。所以整個電商金融的發展，已跨足了多項金融服務。

由於中國的電商公司所主導的金融事業，並沒有傳統金融的思維，而是以科技的眼光在進行布局。所以現今整個電商金融產業鏈的發展，仍在科技不斷進步的驅使下，持續的激發出令市場驚豔的創新服務型態。以下本節將針對中國境內現在最大的電商金融集團－「螞蟻金服」，其旗下所成立的子機構或轉投資機構，所提供的「類金融」服務型態進行說明。表 10-1 爲螞蟻金服的主要服務類型、服務機構與營業特色之說明。

圖 10-1 「螞蟻金服」網站

表 10-1 螞蟻金服的主要服務類型、服務機構與營業特色

服務類型	子機構與轉投資機構	營業特色
支付轉帳	支付寶	第三方支付、電子錢包
徵信放款	芝麻信用	信用評等
	螞蟻小貸	小額放款
	螞蟻花唄	透支預付、分期付款

服務類型	子機構與轉投資機構	營業特色
信託投資	餘額寶	集合管理帳戶投資貨幣型基金
財富管理	招財寶	中小企業貸款類的投資理財商品
	螞蟻聚寶	小額基金投資
	衆安保險	網路保險平台
投資銀行	螞蟻達客	股權募資平台
直銷銀行	網商銀行	網路直銷銀行

一、支付轉帳

傳統金融活動中，有關資金的支付轉帳，除了現金交易外，其餘的支付工具，如：支票、匯款、金融卡、信用卡等；大都是透過銀行的金流系統，來完成支付轉帳的活動。近年來，爲了網路買賣家的交易便利，興起另一種由非銀行居間的電子貨幣交易模式，稱爲「第三方支付」。這種支付方式，只要網戶在「第三方支付」平台開設「儲值帳戶」之後，網戶之間的資金移轉，就可在這閉環式的系統裡進行支付轉帳，且都不需透過原來的銀行居間仲介。

由於中國的阿里巴巴集團，所成立的購物網站平台－淘寶網，主要提供 C2C 的交易模式，爲了解決網路買賣交易時，資金支付的安全與效率問題。所以於 2004 年成立第三方支付系統－「支付寶」，以解決支付上的問題。由於支付寶的出現，使得網路交易貨款同步交割的問題獲得改善；且由於它提供了便利性，也開啓了中國電商金融發展的新紀元。

自從支付寶，2004 年開通以來，2012 年時，註冊用戶數曾超過 8 億個帳戶，現已是中國境內最大且最早的第三方支付平台。其交易規模也於 2013 年超越美國的第三方支付龍頭－ PayPal，所以現在支付寶，已成爲全球最大的第三方支付業者。此外，由於行動裝置的興起，支付寶也順勢推出「支付寶錢包」，以因應行動支付的潮流所需。自從支付寶錢包開通後，整個支付寶的金流大幅增加，且行動支付比例，已約佔整個支付寶金流的 85%，可見行動支付對於支付寶的業績成長，具有舉足輕重的影響性。

近年來，由於支付寶龐大的支付金流，已對該國的金融秩序造成衝擊，於是該國金融監理機關為了防弊洗錢，已於 2016 年 6 月起，規定第三方支付的帳戶須採實名制，所以截至 2020 年 6 月，中國境內支付寶實名戶數已達 10 億，交易金額為 118 兆人民幣，且可於全球 50 幾個國家使用。此外，近年來，支付寶系統也朝向多面向功能的發展，除了具支付轉帳的功能外，亦提供社群聯繫與自家其它平台相連結等功能，所以它已成為該國民眾重要的生活必備工具。

由於支付寶的成功，拉開了中國電商金融的序幕，除了帶動自家其他金融平台的崛起，也激勵其他同業紛紛起而效尤。例如：「騰訊」推出「微信支付」、「百度」推出「百度錢包」、「京東」推出「京東支付」、「平安銀行」推出「壹錢包」等支付系統。所以現今整個中國的第三方支付市場，正蓬勃的發展進行中。

圖 10-2 「支付寶」網站

二、徵信放款

傳統銀行收取存款戶的資金後，再對欲進行放款的對象進行信用審查，再進行「放款」或「透支」的服務。電商公司所從事的「類融資」業務，首先是將眾多網戶在儲值帳戶裡的小額資金籌集起來，再搜集欲放款對象，以往在電子商務中所留下的交易紀錄以及外部資料，並利用這些巨量的資料進行大數據分析，當作徵信的依據，最後再進行「放款」或「透支」的服務。

中國的電商公司所推出的小額貸款，其中，以阿里巴巴推出的「螞蟻小貸」、「騰訊」推出的「微粒貸」、京東推出的「京東貸」較爲活躍。這些電商公司承辦小型貸款的主要目的，是基於在互聯網上的微型企業與小型商家的創業者，因爲較不易向銀行融資，所以希望藉由網路化的小額貸款服務，幫助這些微小型公司解決融資上的困難。

另外，電商公司爲了服務網戶，在網上消費資金不足時，可以讓網戶採取分期付款的方式、或者讓網戶先行消費，下月才進行付款的服務；此種預付的服務，較相似於傳統銀行給與客戶一個預先透支的貸款額度；也有點類似信用卡的功能，先消費延後付款的服務。從事此項消費性的金融服務，如：阿里巴巴集團的－「螞蟻花唄」就提供優質的網戶於自家的「淘寶網」、「天貓商城」消費時，預先使用透支額度，通常有一段期間爲免息期；若將來逾期未還，則需繳納每日 0.5‰ 的手續費。

此外，因爲電商公司變相的從事小額的放款，因此必須針對放款對象進行信用調查，所以也順理成章的成立信用評級公司。例如：阿里巴巴集團的－「芝麻信用管理公司」。電商公司所成立的信用評級，乃利用互聯網的大數據資料去挖掘小型網戶的信用，建立了一套信用風險控管體系，幫助網戶累積與創造信用，以讓信用來決定貸款的額度。

由於芝麻信用多面向的評分機制，使其評分的高低具有一定的公信力，所以已經被廣泛的運用於生活面向。例如：芝麻分數較高的網戶，租車時免押金、出國時可快速通關、亦可當作結婚交友的篩選保證等。所以電商公司所建構的信用評準機制，已擴展成爲每個人生活重要的通行證。因此電商信用分數愈高的客戶，會感受到生活更加便利。

圖 10-3 「螞蟻花唄」網站

圖 10-4 「芝麻信用」網站

三、信託投資

傳統銀行信託部門裡，有一種「集合管理運用帳戶」是指銀行集合特定信託人，並簽訂「集合管理運用契約」，幫委託人集中管理運用資金。電商公司所從事的「類信託投資」業務，是將眾多網戶儲值帳戶裏，暫時不用的小額資金籌集起來，再將資金集中轉至另一個帳戶，並幫這些集結的資金進行投資。

例如：阿里巴巴的－「餘額寶」，就是將眾多網戶在「支付寶」儲值帳戶內，暫時不用的閒置資金，全部集結起來放入另一個共同帳戶－「餘額寶」；電商公司再將「餘額寶」內的資金，幫所有網戶投資一檔「天弘增利寶」貨幣型基金。因貨幣型基金的年報酬率較銀行活儲高、且兼具安全性與流動性，所以等同於網戶原本放在「支付寶」儲值帳戶，不會產生利息收入的資金，透過「餘額寶」這種「類集合管理運用帳戶」，創造出利益。此舉讓網戶將閒置資金，得以充分運用，創造更高的收益。

由於近年來，餘額寶的年化報酬率普遍優於銀行活存利息，因此吸引大批中國民眾紛紛加入，雖中國政府已限制個人餘額寶的投入金額，從 100 萬人民幣降至 10 萬人民幣，但仍讓民眾趨之若鶩。該帳戶於 2018 年 3 月底，其所管理金額達到最高峰為 2,700 億美元（約為 1.7 兆人民幣），其實名用戶數突破 6 億，且成為全世界最大的貨幣型基金的投資窗口。爾後，由於中國官方對其規模的限縮與收益率下滑之故，截至 2021 年 6 月底，約管理 7,800 億人民幣的資金。

圖 10-5 「餘額寶」網站

四、財富管理

傳統銀行會幫存款客戶進行財富管理，通常會建議客戶購買銀行所代銷的理財商品（例如：基金、保險等）。電商公司所從事的「類財富管理」業務，是成立一個理財平台，並從正式的金融機構，引進各式的理財商品至平台，再建議網戶可利用儲值帳戶裏的資金，去進行投資。此外，理財平台可使用大量的人工智慧，提供網戶個人最佳化的資產管理，並收取較低的管理費用。所以這些平台的理財服務，也就是一般所認定的「機器人理財」（Robot Advisers）之範疇。

例如：螞蟻金服集團的－「招財寶」與「螞蟻聚寶」，就是將眾多網戶在「支付寶」的資金，建議移轉至理財平台，平台上的主要理財商品包括三大類：中小企業貸款、基金與保險。所以理財平台為中小型投資者，提供便捷的小額網路理財服務；並為中小企業和個人提供高效率、低成本的網路融資服務。此外，阿里巴巴與騰訊電商公司、以及平安銀行，共同出資成立的網路「眾安保險」公司，也為財富管理平台，提供各式各樣的保險商品，提供互聯網用戶保險的需求。

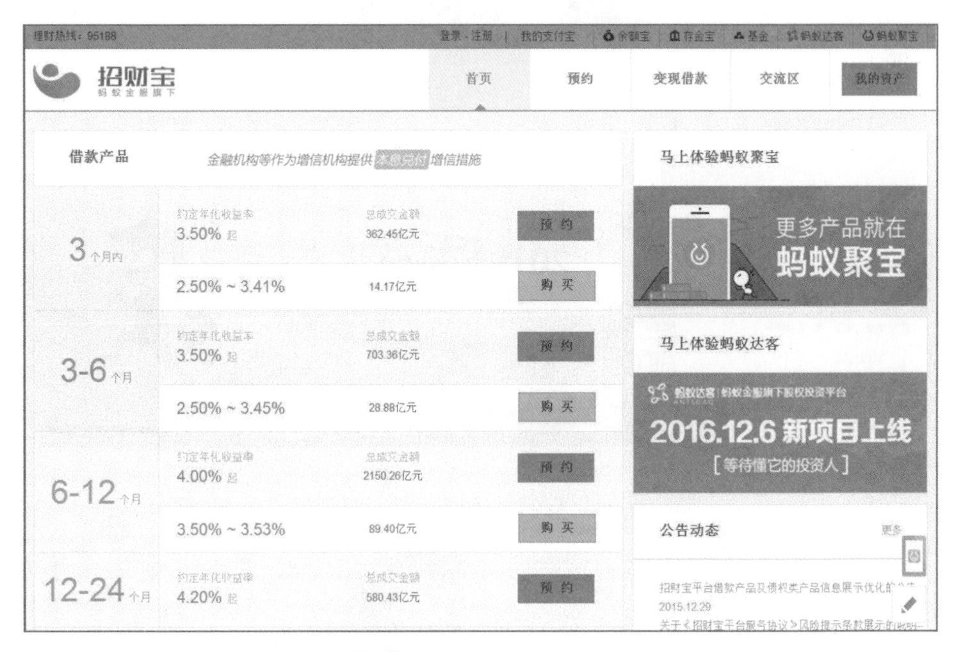

圖 10-6 「招財寶」網站圖案

圖 10-7 「螞蟻聚寶」網站

圖 10-8 「眾安保險」網站

五、投資銀行

傳統的銀行的種類中，有一種「投資銀行」（Investment Bank）的機構、或者是證券公司裡的承銷部門，這兩種機構其主要的負責的業務，乃是協助企業發行有價證券（如：股票），並利用股權來籌集資金，以讓企業能夠獲得營運資金。電商公司所從事的「類投資銀行」業務，是成立一個股權募資平台，提供網戶可利用儲值帳戶裏的資金，進行股權投資行爲，並可爲互聯網上的小微與新創企業，提供股權融資的服務。

例如：「螞蟻達客」就是螞蟻金服集團旗下，提供股權募資與投資的網路平台，其爲互聯網內的小型與新創企業，提供股權融資的服務，也爲網戶提供股權投資的機會。所以互聯網內的企業，可透過平台籌措資金，以獲得生產與營運資金；投資人亦可透過平台，尋找企業成長的投資機會。

圖 10-9 「螞蟻達客」網站

六、直銷銀行

傳統的銀行的經營型態中，幾乎都會設立營業據點，以提供客戶各種金融服務。但有一種經營型態稱爲「直銷銀行」（Direct Bank），是幾乎不設實體營業據點，早期是利用郵寄、電話等方式進行金融服務，現在則是利用網路的通路，在進行營業。現在的電商金融的營運模式，也是依靠網路所興起的，所以電商公司所成立的「電商銀行」，當然也是運用網路通道，進行金融服務。

由於阿里巴巴集團之前的電商金融業務，已經涉及多項的金融服務，但礙於沒有正式的金融機構執照，因此該國政府也順勢讓電商金融能就地合法，允許電商公司成立「電商銀行」或稱「網商銀行」，以便利於監管。因此電商所成立的銀行，乃採直銷銀行的營運模式，幾乎不設營業據點；既使有，也是採取簡易的無人分行視訊交易模式，所以幾乎所有的金融業務，都利用網路與客戶進行交益活動。

例如：螞蟻金服集團成立的「浙江網商銀行」、以及騰訊集團所成立的「深圳前海微眾銀行」，其服務對象是以互聯網會員爲主。且會將核心系統架構在雲端上，利用網路方式經營，且幾乎不會設立實體據點，也不涉及收受現金業務。通常網戶透過桌上型電腦或智慧型手機，即可辦理金融業務；並利用視訊的人臉辨識技術、與大數據分析網戶的信用狀況，以進行開戶與貸款等多項金融業務。

圖 10-10 「網商銀行」網站

金融搜查線 

網路存款存吸金風險支付寶、理財通被中國新規下架禁售

中國政府擴大整頓網路金融平台存款服務，官方近日最新發布通知規定，商業銀行不得藉非自營網路平台、來經營銀行存款業務；在新規之下，包含阿里巴巴旗下的支付寶、騰訊旗下的理財通、京東金融、百度旗下的度小滿金融等不能提供、販售網路存款產品。

中國監管當局已對螞蟻集團提出 5 大整改要求，包含回歸支付本源，提升交易透明度，嚴禁不正當競爭，依法持牌照、合法合規經營個人徵信業務，保護個人數據隱私等。

中國銀保監會、中國人行近日發布「關於規範商業銀行通過互聯網開展個人存款業務有關事項的通知」，商業銀行不得透過非自營網路平台開展定期存款和定期、活期兩便等存款業務。報導指出，中國近 2 年多家銀行在網路金融平台推出存款產品，但網路金融平台此類金融業務屬於「無照駕駛」的非法金融活動，也應納入金融監管範圍。

中國銀保監會、人行有關部門負責人表示，中國商銀透過非自營網路平台進行存款業務，是網路金融快速發展的產物；最近業務規模增長較快，該業務在發展過程中也暴露一些「風險隱憂」。

圖文來源：摘錄自自由時報 2021/01/16

解說

中國的電商金融經過這幾年的蓬勃發展，官方開始進行大力監管活動。將各種網路平台有關存款的商品都下架，以免與銀行的存款相衝突，亦可防止金融風險的發生。

金融搜查線

民企變國企！微信、支付寶恐變國有並整合數位人民幣

中共二十大之後，中國國企地位瞬間翻漲，近期傳出許多跡象，包括貶低微信、支付寶存在安全漏洞，媒體猛捧數位人民幣等情況，讓學者開始擔憂，中國可能打算把微信和支付寶兩個支付工具加以收割為國有，然後以中國人民銀行發行的數位人民幣（E-CNY）取代。

《自由亞洲電臺》報導，中國近來大力發展數位人民幣，希望打破中國電子支付市場由民營企業壟斷的情況，而二十大之後，許多跡象顯示，騰訊旗下的微信和阿里巴巴旗下的支付寶遭中國政府打壓情況更為明顯。

日前中國媒體《網易新聞》出現一篇題為「微信、支付寶或將取消使用？央行宣布消息，網友：沒想到這麼快」的文章在網上瘋傳。文章中指出，微信、支付寶在中國 14 億人口的市場佔有率高逾 9 成，在 2021 年度中國移動支付市場的經濟規模更高達 48 兆元人民幣，不過，目前新興「數字人民幣」（即數位人民幣）支付方式已經成為這兩大支付方式的「頭號勁敵」。

文章指出，數位人民幣就是將傳統人民幣改為電子版，是統一歸中國中央銀行所控制的一種法定數位貨幣，與傳統紙鈔的功能相同，唯一不同的就是它是存在於手機線上的虛擬貨幣。當中強調，相比微信、支付寶，數字人民幣的優勢在於其以央行為背景，無須再去添加銀行卡等繁瑣的步驟，隨時可以在各大電商平臺如京東、天貓等直接使用。

力捧數位人民幣貶微信、支付寶文章突增加

這篇文章立刻引起關注，被認為是中國政府將取消微信和支付寶等電子支付軟體的使用。然而，這篇文章不久即被發現從網路上刪除。

值得注意的是，近來許多類似文章在網路上頻繁出現，像是批評微信和支付寶的二維碼支付將有安全漏洞、隱私權問題和使用繁瑣等等，轉而強調數位人民幣安全方便，可以匿名支付，且只要跟個人訊息綁定，不用綁定銀行卡等等。

中國金融學者司令認爲，這種情況反映中國民企國有化的腳步在中共二十大之後，正加速推動中，也認爲這是中國政府準備「收割」民企多年來電子支付成果，以便在經濟衰退下進行宏觀調控。

民企市場已坐大官方趁機收割好推數位人民幣

司令指出，中國當初以寬鬆規則容許民企自行發展電子支付軟體，眼見市場坐大，又碰到新冠疫情「動態清零」導致經濟衰退，正必須依賴「內循環」，加上中國「新版公私合營」愈趨擴大，騰訊、京東科技等科網龍頭均被國企注資，因此不排除微信和支付寶等電子支付市場將被「國有化」取締。

值得注意的是，中國央行數位貨幣研究所所長日前曾表示，在電子支付場景下，微信和支付寶的錢包裡裝的是商業銀行存款貨幣，但數字人民幣發行後，消費者仍然可以用微信、支付寶進行支付，只不過錢包中增加了央行數字人民幣。數字人民幣應該堅持央行中心化監管，以打擊洗黑錢、恐怖主義融資。此番談話也加深微信和支付寶「被國有化」的疑慮。

目前數字人民幣的發行量佔人民幣流通現金的比例低於 1%，中國官方表明，目前最重要提高數字人民幣的發行數量，指「因爲任何一個新的貨幣工具，只有規模化運營的時候，才能夠發揮它應有的效益」。

圖文來源：摘錄自中央廣播電臺 2022/11/15

解說

近年來，中國央行積極推動數位人民幣，並藉由民間企業的兩大支付巨頭一支付寶、微信支付來協助發行。所以這兩家民企可能被收歸國有化，藉此也可打破中國電子支付市場由民營企業壟斷的情況。

QR CODE	影片主題、網址、日期、長度、語言與出處				影片重點簡介
	◆ 蝴蟻集團創奇蹟！從支付.投資到借貸金流規模更勝一般銀行 https://www.youtube.com/watch?v=rErdO2J5ZHE				阿里巴巴旗下從支付寶所衍生的金融大帝國，其服務已涵蓋支付、借貸、理財等。現也成立螞蟻金融專門管理這些金融科技平台。
	2020/10/28	3 分 38 秒	華語	三立新聞	
	◆ 餘額寶躺著賺錢的時代已過去了 https://www.youtube.com/watch?v=g4oUoV_iesw				由支付寶所衍生的餘額寶，幫廣大的儲值帳戶的用戶創造收益。但近年來，貨幣型基金收益續續跌，讓餘額寶收益創下歷史新低。
	2020/04/08	2 分 39 秒	華語	迅視財經	
	◆ 支付寶芝麻信用超過900分究竟能做什麼？馬雲：可享受特權 https://www.youtube.com/watch?v=OWFPApTXwUs				由於芝麻信用多面向的評分機制，使其評分的高低具有一定的公信力，所以已經被廣泛的運用於生活面向。若信用達到高分可享有特權。
	2020/05/31	1 分 30 秒	華語	好看視頻	
	◆ 監管有望告終！　馬雲放棄螞蟻集團在內多企業實控權 https://www.youtube.com/watch?v=vg7rB2YhWc4				原本螞蟻金服於 2020 年將 IPO 上市，後被中共當局阻擋。現已調整好公司股東結構，讓馬雲放棄集團內多家企業的實控權，監管有望告終！
	2023/01/09	5 分 19 秒	華語	TVBS	

第四篇 金融創新營運風管

CH11　金融創新營運的風險
CH12　金融創新營運的監理

通常創新事業的發展，是較具風險性的。這些風險性須被適度的監管，才能使創新事業得以永續發展。當然的，創新金融營運模式的發展，讓金融活動更具便利性與效率性；但金融活動的本質，就是要注重安全與信任，因此仍須對這些創新的金融營運模式的風險管控得宜，才能對整體經濟社會的發展，具正面的貢獻。

本篇內容爲金融創新營運的風管篇，其內容包含兩大章，主要介紹「數位金融」與「金融科技」兩種創新營運模式的風險與監理。

Chapter 11 金融創新營運的風險

本章內容為金融創新營運的風險，主要介紹有關「數位金融」與「金融科技」兩種創新營運所產生的科技、交易與客戶風險等內容，其內容詳見下表。

節次	節名	主要內容
11-1	科技風險	介紹網路與雲端使用上的風險、系統與軟體被侵入的風險以及過度依賴人工智慧的風險。
11-2	交易風險	介紹資金不正當流通、交易程序、委外作業、訊息傳遞速度、個人消費權益、虛擬貨幣交易、以及虛擬代幣籌資的風險。
11-3	客戶風險	介紹客戶身分的識別與客戶信用的風險。

【本章導讀】

所有的金融交易活動，都需要有風險意識。尤其，在發展數位金融或金融科技這兩種創新的營運活動，必須將風險控制在可容忍的範圍內，以免爲了求快、求方便、求創新，卻忽略風險所帶來的衝擊。以下本章將介紹這兩種創新的金融營運活動中，較常見的幾種風險，分別爲科技、交易與客戶風險。

11-1 科技風險

近年來，由於網路、行動與感測裝置的普及發達，讓原先傳統的金融活動，加入了科技的元素，才產生創新的金融營運模式。所以科技本身以及科技公司對金融活動帶來新的營運契機，但也帶來不可避免的風險。以下本節將討論四種較常見，因使用科技所帶來的資訊安全上的問題、或者是科技公司滲入金融所帶來的問題，分別爲網路與雲端使用上的風險、系統與軟體被侵入的風險、過度依賴人工智慧的風險以及科技公司滲入金融的風險。

一、網路與雲端使用上的風險

現代的創新金融營運發展，都是源起於網路的發達，所帶動興起的；所以在營運的過程中，由網路所產生的風險也是最爲普遍。由於行動裝置的普及，所以人們使用智慧型手機可隨時隨地，透過金融機構所設置的 APP 上網，處理相關的金融事務；但如果是使用公用無線網路時，必須提防被駭客侵入的風險。

此外，由於創新的金融營運型態，會將許多資料與資訊放置雲端系統裡，對於這些儲存的資料安全問題，也是資訊安全重要的考量之一。通常這些放在雲端裡的資料，雲端服務公司有可能基於商業利益，將客戶的資料濫用，進而侵犯隱私權。例如：2011 年臉書（FB）曾經將臉部辦識技術，在未告知使用者，即開啓此功能，導致個人資料外洩之風波。

通常雲端系統內的具智慧財產權、或個人隱私的資料，也有可能被駭客侵入並竊取、或者被外部使用者非法使用，將造成資料外洩的風險。例如：2009 年曾發生 Google 等多家知名網路服務公司，被駭客侵入竊取重要資料，此事件間接導致 Google 退出中國市場的經營。2016 年 yahoo 的雲端系統被駭客入侵，導致 10 億筆用戶的資料被竊取，造成嚴重的資安問題。2018 年臉書（FB）所發生的「劍橋分析」事件，就是受到外部程式開發者（劍橋分析），非法使用臉書的個人隱私資料，造成5,000萬的個資外洩。2020年中國知名影音平台－Tik Tok（抖音）曾違法蒐集未滿14歲兒童個資，爾後，也因資安等問題，陸續遭到其他國家禁用。

另外，有些雲端運算的機房建置在境外，當境外資料被竊取，若要法制處理時，仍有存在各國法治間的歧異風險。再者，雲端服務公司所提供的服務，亦有可能發生當機，造成使用公司的不便。例如：2011年雲端大廠－亞馬遜（Amazon），就曾經發生雲端基礎設施（IaaS）大當機，導致上千家廠商的網站無法使用，造成使用公司的商業損失。

有關網路使用上的風險規避，除了消費者少用公用的網路上網、以及避免安裝來路不明或不需要的APP外；金融機構業者必須定期檢測電腦網路設備的安全性、並要嚴選委外的資訊開發商，以維持電子業務的安全性。此外，雲端使用上的風險規避，必須要求供應商須符合國際認證標準，且須防止不肖的內部員工，有惡意存取或破壞的行為，以防止個人隱私與具商業價值的資料外洩。

二、系統與軟體被侵入的風險

通常資安問題還有一個很常見的問題，就是電腦內的軟體系統、或網頁介面，被駭客值入病毒或具侵犯性的程式，導致電腦系統失靈，造成嚴重損失。有關此類的風險，在國際的金融市場發生的案例，層出不窮。

例如：2016年國內第一銀行的自動提款機（ATM）電腦系統，被具侵犯性的程式侵入，導置自動吐鈔8,000萬新台幣事件。2016年孟加拉中央銀行的電腦，被值入惡意程式，導致被盜領8,000萬美元等事件。2013年韓國金融業遭受大規模進階持續性滲透性的攻擊（Advanced Persistent Threat；APT）後，造成銀行內的中央伺服器當機，導致對外服務中斷，甚至ATM還因此無法運作。2020年紐西蘭證券交易所（NZX）曾連續遭到來自境外的分散式阻斷服務（DDoS）攻擊，造成股票與債券市場停止交易。

此外，由於行動裝置的普及，使得許多金融機構會開發許多行動裝置上的App應用軟體，通常開發門檻較低，所以有可能因程式設計疏忽，容易造成金融機構的資安上的漏洞。

根據上述的資安風險，其實全球的金融機構，爲了符合各國金融監督機構的資訊安全政策，大多已佈建防火牆（Firewall）、與入侵防禦系統（Intrusion Prevention Systems；IPS）。希望透過異常行爲偵測，來有效阻擋保護應用程式；並定期更新作業系統缺失與安裝修補程式，以降低系統內或網頁應用程式的漏洞。

金融搜查線

金融與銀行業平均每週遭受 4,664 次網路攻擊，如何強化資安免疫系統？

近年來，金融科技、數位金融創新議題不斷，各種新技術促使金融服務型態改變，加上金融業原本就是高度利用資訊科技的產業，因此需要更加重視資安風險議題。

而隨著 AI 技術日漸成熟，如 ChatGPT 的落地應用，網路攻擊在 2023 年也將愈演愈烈。近期 iRent 承認資安出現危機，讓 40 萬用戶個資面臨外泄風險，引發大眾對於企業資安的討論，爲何近年資安狀況頻傳？

根據 Check Point Research 發布的最新網路攻擊趨勢報告指出，2022 年全球網路攻擊年增率高達 38%；臺灣各組織平均每週遭受 3,118 次攻擊，年增率爲 10%，其中遭攻擊次數最多的產業分別爲金融與銀行業（4,664 次），其次爲製造業（3,705 次）及政府與軍事機構（2,884 次），針對金融業的網路攻擊年年增加的趨勢之下，該下重兵把守的防護策略又該如何布建？

金融業開發新功能的速度，遠遠超車資安防護

全球的金融業皆是受到最高規格的法規監管的產業，但隨著各式各樣的金融服務開始興起，銀行與第三方廠商的合作大開，與這些廠商合作的過程中也都會帶來額外的網路資安風險，例如：與消費者最相關的「網路無現金金融服務」中，每一次的交易行爲背後會帶來新的資安危機。

但為了讓使用者便捷快速地使用，金融業者需要一邊快速提升功能的體驗與便利性，另一邊又得同時符合最高資安規範，讓組織面臨不小的內外壓力。

業內資安專家必須時時刻刻學習最新的防護技術也是挑戰之一，Check Point Research 報告指出，隨著人工智慧技術發展快速、勒索軟體不斷演變，衍生出的駭客攻擊也將愈演愈烈。

防駭技能增進，更要預防內鬼！

除了外部的資安攻擊與威脅，金融業的資料外洩問題更有可能是內部人為所造成，2019 年美國西雅圖就發生了有史以來最嚴重的銀行資料外洩事件，造成一億多人的銀行資料被駭，該犯罪者即是銀行資料託管商內部的工程師。

此外，社交網路上也開始有許多惡意人士刻意與金融機構內部人員培養建立關係，再利用其信任來進行詐騙與資料竊取。其它老套的方式例如：釣魚網站、引誘員工下載不明軟體等伎倆雖然屢見不鮮，但依然能造成傷害。

這類人為造成的漏洞目前最好的解法就是增加內部人員的資安意識，一般職員能定期宣導與教育訓練，金融的資安工程團隊則可以規劃紅藍軍對抗演習，用「以戰代訓」來提升安全防護能力，並找到隱藏的網路漏洞。

圖文來源：摘錄自科技報橘 2023/02/08

解說

金融業原本就是高度利用資訊科技的產業，隨著數位金融創新議題不斷，各種數位資訊技術促使金融服務型態改變，但也伴隨著被網路攻擊次數增加，因此金融業更需重視資安風險的防護。

三、過度依賴人工智慧的風險

由於人工智慧站在大數據的肩膀上，讓機器學習與深度學習的技術漸次成熟，使得 AI 在各產業上的應用逐漸發光發熱，也讓部分的人們過度的相信它，對未來的生活具有超凡的影響性。但其實，現在 AI 的進步，乃是仰賴巨量數據爲基礎，但這些「數據本身可能並不完美」，所以不應該過於信任 AI 對不完美數據的分析結果；且既使數據本身完整，但也有可能使用「不合宜的演算法」進行分析，導致錯誤的結果，所以人類不用過度信任 AI 的分析結果。此外。人工智慧在數位環境中也可能冒充身分詐騙，以進行資料竊取或系統攻擊，所以人們仍須提防使用 AI 所產生的風險。

畢竟，人工智慧是人類所開發的，它的機器學習技術也僅能學習「規範性」的資料，也較適合重複性高的封閉性流程工作。或許它可能可以學習的像人類一樣的聰明，但卻沒有人類豐富的常識、複雜的思維、想像力、創造力、自我學習的渴望、也無法擁有靈魂、更沒有人與人互動的情感、同理心。因此人工智慧的分析結果或工作內容，只能當作人們的參考或輔助，人們不可太過依賴或信賴它，以免產生風險。

四、科技公司滲入金融的風險

基本上，「金融科技公司」大都是中小型的新創事業公司，其所提供的金融服務相對傳統金融業的威脅較小，基本上兩者上尚具互補關係。但現今的全球「大型科技公司[1]」（BigTechs），都具高知名度與信賴度，且挾帶著數據分析（Data Analytics）、網路外部性（Network Externalities）與多元化商業活動（Activities）之「DNA」競爭優勢。

若大型科技公司挾著「DNA」的競爭優勢滲入金融服務，將對傳統金融業的威脅較大，削弱了傳統金融機構的角色，排擠了它們既有的生存空間，爲市場帶來不公平的競爭，甚至可能重組市場競爭版圖，衝擊原先金融結構的穩定。此外，大型科技公司扮演要進入數位市場守門員角色，它們有決定他人能否進入市場的權力，因此可能具有濫用權力之隱憂。再者，大型科技公司掌握了龐大數據資訊，這些數據的應用，可能涉及客戶隱私外洩或被濫用的不可預測風險。

1 全球大型科技公司，如：谷歌（Google）、臉書（FB）、蘋果（Apple）、亞馬遜（Amazon）、微軟（Microsoft）、阿里巴巴、騰訊等。

金融搜查線

央行示警：AI 運用於金融科技有六大潛在風險

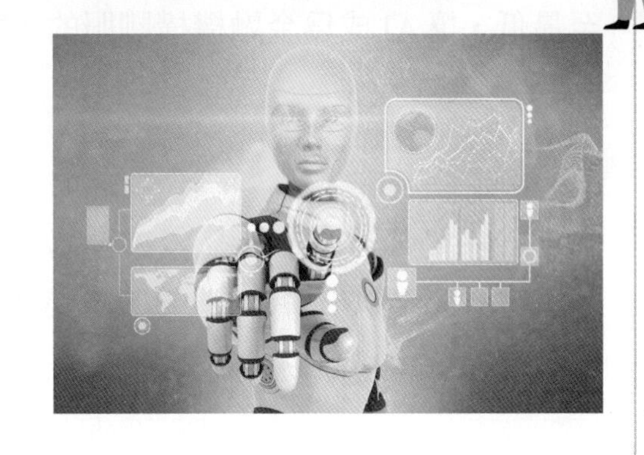

中央銀行指出，AI（人工智慧）是金融科技的先進技術之一，但 AI 運用於金融服務亦存在六大潛在風險，包含道德問題、隱私保護問題、市場波動性提高、市場價格操縱、集中委外風險以及「黑箱」決策；而金融機構在協助客戶往來、執行交易／資產管理、內部管理及法令遵循等領域導入 AI 時，若能採取妥當管理措施，不僅可提升金融服務與管理效率，亦可將潛在風險降至最低。

央行進一步指出，AI 是金融科技的先進技術之一，近年來國際間金融機構逐漸嘗試運用 AI 於金融服務，但若使用不當，也會衍生六大潛在風險：

一、道德問題，運用種族、宗教或性別等敏感數據對客戶進行信用評分，可能產生歧視行爲。

二、隱私保護問題，客戶資料如不慎使用，可能侵犯客戶隱私。

三、市場波動性提高，當 AI 廣泛運用於金融交易，當市場出現壓力時，可能同時發生大量同向交易而提高市場波動性，進而影響金融穩定。

四、市場價格操縱的風險，因可能利用自動交易策略或透過程式交易中的優化技術及預測模式來操縱市場價格。

五、集中委外風險，若高度依賴第三方提供相關技術，當第三方發生破產或遭遇營運問題，將導致金融機構營運中斷風險。

六、「黑箱」決策，部分 AI 運算機制複雜度高且不易了解，運用時若未適當監督，可能導致錯誤決策。

央行強調，興利除弊是金融科技發展的目的之一，金融機構在協助客戶往來、執行交易／資產管理、內部管理及法令遵循等領域導入 AI，如果能採取妥當管理措施，不僅可提升金融服務與管理效率，亦可將上述潛在風險降至最低，讓 AI 成爲金融機構馴服的「家貓」，協助增進客戶滿意及經營成效。

圖文來源：摘錄自 MoneyDJ 2020/09/03

解說

人工智慧是金融科技的先進技術之一，其運用於金融場景日趨頻繁，但中央銀行警示 AI 運用於金融服務存在六大潛在風險，分別為道德問題、隱私保護問題、市場波動性提高、市場價格操縱、集中委外風險以及黑箱決策。

11-2 交易風險

由於網路數位化的時代，資金的流動與訊息的傳遞，都非常的頻繁與迅速，雖然帶來效率，但也帶來風險。這些風險包括：資金不正當流通、交易程序、委外作業、訊息傳遞、個人消費權益、以及虛擬貨幣交易與籌資等風險。以下本節將針對這七種交易風險進行討論說明：

一、資金不正當流通的風險

所有的金融活動其實就是讓資金流動，以滿足供需兩方的需求。但資金的流動的過程中，有時會出現一些較缺乏正當性的理由或動機，我們稱爲「洗錢」（Money Laundering）。在傳統的金融組織架構裡，洗錢活動已經不是一件新鮮事；例如：2016 年國內的兆豐金控，在美國所涉及的巴拿馬洗錢案。更何況，在現代的數位金融與金融科技的營運模式裡，運用網路與行動裝置所帶來的便捷性，那洗錢或詐欺就更容易發生了。

在數位金融的營運模式裡，爲了簡化民眾的開戶流程與手續，常利用網路視訊，採非面對面的客戶身份識別，此將提升匿名帳戶的使用風險；且利用網路開戶所承接的業務關係，也較缺少地緣性的判斷，這都會大大提升客戶洗錢的便利性。在金融科技的營運模式下，因互聯網金融的開放性，更成爲洗錢活動的大溫床；尤其，網戶常利用 P2P 借貸或匯兌平台、第三方支付的儲值帳戶以及虛擬貨幣（如：比特幣），來進行洗錢的活動。

所以嚴控洗錢與詐騙的行爲，在數位金融方面，金融機構應可透過以往客戶歷史的可疑交易報告、或異常行爲數據，以用來辨別高風險用戶特徵，此可嚴控可疑客戶的資金流動情形。在金融科技方面，就應以網路的數據爲核心，監控可疑網戶以往的交易紀錄與行爲、以及上網軌跡；並將採集的多面項資料，利用大數據分析，來提高交易監控的準確性、以及降低系統誤報的機率。

此外，在開立帳戶方面，金融機構必須要求企業或個人在銀行開戶時、以及電商公司要求網戶開設第三方支付的儲值帳戶時，都須採取「實名制」，且必須執行「客戶盡職調查」（Customer Due Diligence；CDD）[2] 之程序，以杜絕個人或企業掩飾公司的財務狀況、以及業主的身分。且根據國際反洗錢實務作業上，還必須針對「高知名度政治人物」（Politically exposed persons；PEPs）[3]，加強客戶審查程序，以杜絕洗錢的行爲發生。

二、交易程序的風險

傳統金融的營業活動中，幾乎所有的資金或商品交易，都是透過金融機構當作仲介中心來完成。但在金融科技的營運模式裡，電商公司所成立的 P2P 網路社群平台，各網戶在平台上，採取去中心化的交易模式；此種交易模式，雖具平等共享，但交易的過程是否具安全保障、以及交易資料是否會遭到竄改等，都是 P2P 平台交易過程中，會產生的程序上風險。

當然的，若要嚴控網路的 P2P 交易程序上的風險，首先，應由成立 P2P 網路平台的業者去進行控管；其次，現在全球各金融與科技機構，都在積極發展區塊鏈技術，相信利用區塊鏈技術所建構出的平台，應該可以克服 P2P 交易上的風險。

三、委外作業的風險

由於金融業基於專業分工、以及成本考量，會將一些非核心的業務，委由第三方業者來處理。尤其在電腦資訊系統，常常委外資訊科技公司代爲管理或設計，若第三方處理不當，將造成資安的漏洞。例如：各金融機構爲積極發展數位金融，

2　通常進行 CDD 時，會根據客戶的風險進行不同程度的調查。例如：高風險客戶應進行「高強度盡職調查」（Enhanced DD；EDD），且須取得公司主管之核准，方得開戶或交易；其次，一般風險客戶則進行「中強度盡職調查」（Normal DD；NDD）；最後，低風險客戶則進行「低強度盡職調查」（Simplified DD；SDD）即可。

3　PEPs：通常包括：政務官、部會首長、立委及政黨領袖等。

委外廠商設計許多 APP，有些委外廠商，基於開發時間或成本的壓力，所設計出的 APP，雖然運作流暢度沒有問題，但有時會忽略安全性，容易形成資安問題。

所以金融機構的委外業務，必須審慎評估第三方供應商的資安處理能力；且金融機構必須編列監督第三方安全的費用支出，以落實詳細查核之必要。此外，金融監管單位也應將業者委外作業的風險，列入金融安全檢查的重要項目之一[4]。

四、訊息傳遞的風險

由於行動裝置與網路社群平台、以及即時通訊軟體的普及發達，讓資訊傳遞的速度與範圍，非常的迅速與寬廣。但如果發生發布錯誤的訊息、或不實謠言，將會很快的擴散出去，如果沒有即時澄清或修正，將會導致訊息傳遞的風險。

例如：金融機構因商品定價錯誤、或有對公司不利的訊息（如：銀行發生倒閉）在網上的傳播出去，可能會因商品錯價產生損失、或者消費者信心不足，可能造成錯誤訊息散播的風險。此外，有些詐騙集團假借金融機構名義，於網路散播客戶帳戶異常訊息，希望藉由近釣魚網站騙取個資。因此在這網路社群發達的世界裡，金融機構或電商公司都必須對訊息的公告非常的謹慎小心。

五、個人消費權益的風險

以往傳統金融活動中，金融單位與消費者之間，或許會因爲交易產生一些糾紛，但通常金融監管單位會以公正的第三者的角色，協助解決金融紛爭。（例如：國內所設立的「金融消費評議中心」）。但在金融科技的營運下，網路 P2P 的借貸交易模式、以及群眾募資平台的集資行爲，若網戶之間發生交易紛爭時，可能會損及某一方消費者的權益時，應由何種機制來裁定紛爭，有待政府單位來釐清責任權責歸屬。

例如：消費者至群眾募資平台，以出資者身分投入資金給欲募資者，募資者有承諾將開發的產品回饋給出資人；後來，募資者開發新產品失敗，則原先出資的消費者可能有權益受損的爭議。所以諸如此類的網路社群平台的交易募資活動，應由平台業者嚴格審慎把關，以保護消費者消費的權益。

---

4 國內金融監督管理委員會，將成立的國家級的資安中心－「金融資訊分享與分析中心」（Financial Information Sharing and Analysis Center；F-ISAC），將於 2017 年第二季開始運作。F-ISAC 也已將「委外作業風險」，納入金融安檢的重點項目之一。

六、虛擬貨幣交易的風險

由於利用區塊鏈技術所生成的虛擬貨幣（如：比特幣）逐受青睞，使得虛擬貨幣在市場上交易流通愈趨頻繁，因爲虛擬貨幣並非眞實貨幣，所以使用上可能會涉及某些風險。除了可能尚無法被世界各國貨幣機構完全接受認可外，其價格常出現暴漲暴跌的現象、以及被竊取盜用、或淪爲非法組織洗錢所用，這些都是虛擬貨幣的交易風險。

例如：虛擬貨幣體系內，通常可以提供使用者利用匿名交易，所以會使得非法組織利用其模糊的交易鏈，從事洗錢、詐欺、購買毒品或資助恐怖等不法活動，這將造成經濟活動與社會治安的風險；且因某些虛擬貨幣的發行量有限，很容易受到少數人的操控，容易造成暴漲或暴跌的現象，將帶給投資者使用上的風險；甚至有交易所任意挪用或盜用客戶的虛擬貨幣，造成投資交易上的風險。此外，由虛擬貨幣與區塊鏈技術所建構的 DeFi，其生態內的各種虛擬貨幣，也有可能因合約設計錯誤所產生的價格偏差、或者被惡意炒作所產生的價格泡沫，這都是虛擬貨幣生態內的交易風險。

金融搜查線 

FTX 破產事件 央行：未來虛擬資產宜適度漸進納管

全球第 2 大加密資產交易所 FTX 近日倒閉，引起社會譁然；中央銀行報告特別對此發表看法，列出 5 大啓示，並首度表態「未來主管機關對虛擬資產等高風險的投資，宜適度漸進納管」。

近 4 年內快速崛起的 FTX，一度竄高至全球第 2 大加密貨幣交易所，2022 年 11 月卻陷入流動性危機，在全球加密貨幣交易所龍頭幣安（Binance）收購破局後，FTX 向法院聲請破產。根據 FTX 提交的文件，債權人可能超過 100 萬人。

央行報告指出，FTX 破產的根本原因並非流動性不足，而是挪用客戶資產；此外，FTX 對內的公司治理徹底失敗，存在財務報表未經審計、沒有董事會會議紀錄、現金管理內控不足等重大缺失。

央行在報告中列出 5 大啓示，第一，大型虛擬資產交易所倒閉勢將引發市場連鎖效應；第二，虛擬資產業者透過代幣從事吸金、存款及借貸等業務，這些金融代幣化的行爲並未改變業務本身的金融屬性；第三，虛擬資產交易所創造的投資新工具與金融商品無異，就是證券代幣化的運作模式。第四，FTX 事件促使國際間再次呼籲相關金融監理機關強化虛擬資產監管。

央行並於第五點啓示指出，目前臺灣民眾如投資非經核准在境外提供的商品，應自行評估風險；值得注意的是，央行罕見表態「未來主管機關對虛擬資產等高風險的投資，宜適度漸進納管」。

央行表示，目前金管會是依「虛擬通貨平臺及交易業務事業防制洗錢及打擊資恐辦法」，對臺灣境內虛擬資產交易平臺進行監管，平臺業者應依該會指定的文件、資料及方式完成洗錢防制法令遵循的聲明。但因 FTX 交易所在境外，並非經金管會核准設立的機構，相關商品也在境外提供，金管會呼籲投資人應自行評估風險。

央行表示，金管會曾強調 FTX 僅在日本、澳洲及賽普勒斯等地設立子公司，包括臺灣在內的其他國家，對境外 FTX 是透過手機與網路進行的投資，政府鞭長莫及，不是監理管轄權所及；不過，未來對虛擬資產等一些高風險投資，會傾向適度漸進式納管，特別注意投資人保護及資產分離（即客戶資產區隔管理）等方向規範。

圖文來源：摘錄自經濟日報 2022/12/17

解說

近期，全球第 2 大加密資產交易所— FTX 發生倒閉，該事件對虛擬貨幣的投資人造成不少的損害，其倒閉的主因乃交易所非經許可挪用客戶資產，因此應該是公司內部治理徹底發生嚴重缺失。有鑑於此，央行呼籲相關金融監理機關須強化虛擬資產監管，以免國內相關業者出現問題。

七、虛擬貨幣籌資的風險

由於虛擬貨幣具有支付的功能，且又具投資的功能，市場上有許多新創公司紛紛應用區塊鏈技術，發行自家的「虛擬代幣」以首次公開募資的名義對外籌資。但這些大量 ICO、STO（包含 NFT）的籌資專案，若沒有提供一個完善的發行機制與標準，會對出資者具有詐騙的風險；尤其，以沒有提供資產當儲備的 ICO 最具風險。此外，穩定幣的發行時，雖相對提供資產當擔保，若無題供十足擔保品當儲備發行，將產生的價值泡沫風險。

以往市場上，有許多欲利用虛擬代幣籌資的公司與團體，往往只要撰寫一份新穎動人的專案白皮書，即可發起 ICO 的籌資活動，但這些籌資活動並沒有任何審查機構爲投資者把關，發行單位常將所募得代幣出脫獲利後，就消失的無影無蹤、或可能透過大量的代幣持份，在交易所進行套利。

此外，證券型代幣發行人利用 STO 籌資，若發行人所提供的擔保資產不具同等價值，將使證券型代幣的價格具有被高估之虞風險。還有強調萬物皆可發行的 NFT 市場，幾乎不受政府單位監管，除了有浮濫發行情形，其價格是很容易被亂炒作，投資者仍須注意它具有價格泡沫與缺乏流動性的風險。

另外，穩定幣的發行時，雖相對提供資產當擔保，但是否有「放大信用」發行，以其信託機構是否配合發行人提供不實的資產申報，墊高了穩定幣的實際價值。因此虛擬貨幣的籌資活動，若沒有政府監理單位進行控管，將有可能帶來極高的風險。

金融搜查線 

央行示警 NFT 風險高 小衆市場不適合一般大衆投資

央行指出，NFT 前身是比特幣衍生出的有色幣（Colored Coin），2017 年加密龐克（CryptoPunks）及謎戀貓（CryptoKitties）曾引發一波熱潮，去年則因藝術品拍賣、新遊戲模式及名人參與，帶動 NFT 炒作風潮。

在 NFT 市場發展現況，央行表示，藝術品與收藏品爲目前 NFT 市場交易主流，遊戲類別雖因去年受益於「邊玩邊賺」（play-to-earn）的炒作熱潮，讓交易筆數攀升；但就整體交易金額而言，仍以單價較高的藝術品與收藏品類別占大宗。

央行表示，NFT 只是加密資產交易的小眾市場，流動性低，購入後不易轉手。目前用來發行各種加密資產的以太坊平臺，活躍錢包數約 40 萬個，但 NFT 活躍錢包數不及 2 萬個、占比僅 4%，且較 2021 年 11 月單日近 12 萬個的高峰已大幅減少。此外，NFT 經初級市場上市銷售後，在次級市場的轉手率不高。

央行指出，NFT 只是一種區塊鏈上的特殊代幣，可用來記載任意數據，是否可表彰其代表商品的所有權，尙有疑義；即使 NFT 眞能代表商品所有權，其投資風險仍然很高，不適合作爲一般大眾的投資標的。

央行表示，NFT 市場充斥虛僞交易，藉此營造 NFT 交投熱絡假象，且 NFT 市場多數參與者並未獲利。Chainalysis 研究指出，NFT 發行時即第一手購入者，僅 28.5% 在轉賣時會獲利；另在區塊鏈上產製出的 NFT，有 1/3 最終未能銷售出去。

央行也認爲，NFT 市場目前仍存在許多問題，除了取得 NFT 並不一定代表取得商品的所有權、消費者可能買到抄襲、詐騙或造假的 NFT 外，NFT 與比特幣等其他加密資產使用相同的區塊鏈技術，也連帶承擔相同的技術風險。

央行指出，買賣 NFT 亦可能涉及洗錢等不法交易，而將 NFT 碎片化也可能會涉及證券發行等募資或吸金行爲；目前大多數國家尙未把 NFT 納入監理，難以期待消費者受到周延保護。

圖文來源：摘錄自中央社 2022/06/19

解說

近期，紅透半邊天的 NFT 只是加密資產交易的小眾市場，適合收藏，不易轉手，價值沒一定標準，容易淪為炒作，且買賣 NFT 亦可能涉及洗錢等不法交易，因此央行建議不適合大眾投資。

11-3 客戶風險

以往傳統的金融運作中，金融機構通常會對於資金供需兩方的身分、以及資金需求者的信用，進行辨別與徵信。所以識別身分眞僞、與鑑定客戶的信用風險高低，對於金融業而言，是一項重要且必要的課題。

當然，強調便捷性的數位金融與金融科技營運模式，對於客戶身分識別與信用管理的掌控難度更甚以往。因此必須仰賴更新的技術與方式，來管控客戶的風險。以下本節將介紹兩種有關金融營業活動中，所須注重的客戶風險，分別爲客戶的身分識別風險與客戶的信用風險。

一、身分識別的風險

以往客戶至金融機構承辦業務時，例如：開戶、領款、匯款、贖回證券、承作保險等等，所有的金融機構都已被監理機構，要求須執行嚴格遵守「認識你的客戶」（Know Your Customer；KYC）之確認動作、以及進一步的執行「客戶盡職調查」（CDD）之程序。KYC 的目的：除了辨別客戶的眞實身分外、亦須了解客戶承作此金融業務的動機；且可進一步了解客戶的風險承受度、信用紀錄、消費習慣、投資需求、以及償債來源等。此舉可以防止客戶進行非法的洗錢活動、或防患客戶被詐騙集團欺詐或誘騙。

近年來，人們使用網路與行動裝置，進行金融交易活動日益頻繁，例如：網上開戶、支付、消費與行動支付等。因此金融機構辨別客戶的眞實身分，必須提升至「認識你的數位客戶」（Know Your Digital Customer；KYDC）的層次，透過數位互動的機制，才足以掌控客戶身分識別的。

通常金融機構在進行 KYDC，須以網路的數據當基底，並結合生物辨識與帳密的雙重認證，才能確實瞭解客戶。首先，利用客戶的以往交易資料或上網軌跡，進行大數據分析，藉以了解客戶金融交易行爲的動機與習性；其次，再利用生物辨識的工具（如：指紋、虹膜、臉部等）、以及以往客戶與金融機構約定的資訊（如：帳號密碼），採取雙因子認證，來強化辨別客戶的眞實身分，以防止洗錢與詐騙等行爲的發生。

二、客戶的信用風險

通常客戶的信用風險，長久以來都是金融機構最重視的項目。以往傳統金融活動中，對客戶信用風險的掌控，都是由金融機構所負責。基本上，金融機構對客戶的信用評級，大都採取客戶的靜態資料，如：年齡、職業、住宅情形、以及以往信用紀錄等，來進行評估分析。

但在現今網路的時代裡，光利用這些客戶的靜態資料，是不足以充分了解客戶的信用狀況;金融或電商機構還可利用客戶的動態上網軌跡資料，如:網路消費、境外轉帳、瀏覽網站情形，上網時間與位置等，並利用大數據分析來進行評估分析，可將客戶的信用做到更精細的評等，以精準的掌控客戶的風險。

例如：中國電商龍頭阿里巴巴旗下的芝麻信用公司，就是將蒐集網戶在網路上的各種交易、社交、遊戲與通訊等等數據，利用大數據分析，將網戶的信用分級，以作為將來該網戶，欲與電商機構進行借貸、或申辦業務的信用依據。

金融搜查線

AI 冒用身分的攻擊現身，對於新興辨識技術的採用更顯迫切

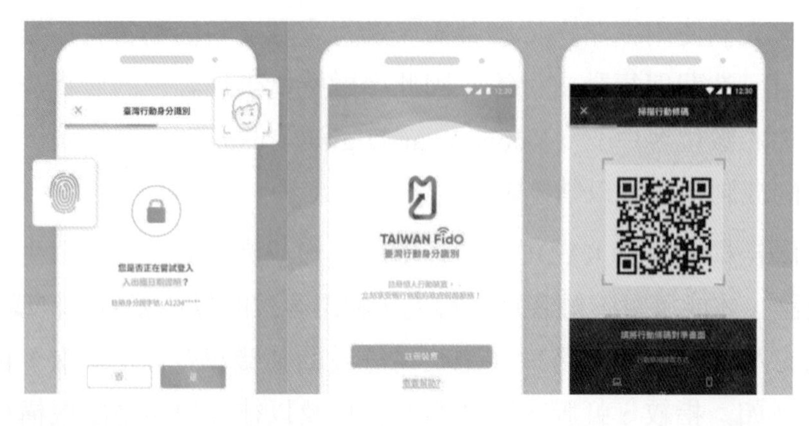

不論是數位世界或實體環境，能否識別身分、取得信任是落實安全重要的一環，包括在各種網站服務、應用系統，或是日常生活等各個層面，都有身分安全相關議題，需要被重視，例如，趁機取得使用者帳密的網路釣魚，

多年不曾停歇，近年更是發生大量帳密外洩事件，以及弱密碼，以及預設密碼等各式帳密安全問題，而在即將到來的 2020 年，還有一個新興的身分安全威脅趨勢值得注意，那就是以 AI 技術所進行的深度僞造與詐騙，稱爲 Deepfake。

此類詐騙技術的發展已日趨成熟，合成與模擬影像畫面與聲音的門檻將降低，不只是對輿論的威脅，也讓新的身分冒用攻擊可能性大增。事實上，冒用身分的網路攻擊已橫行多年，特別是商業電子郵件詐騙（BEC）的手法，透過冒用同事、合作對象的電子郵件就能達到目的，已爲企業帶來極大損失，如今在 AI 技術的進步之下，攻擊管道也將可能擴及視訊與電話，像是透過 Deepfakes 僞造老闆的臉與聲音來下指令，將可能更讓人容易上當受騙。

FIDO 應用已獲臺灣政府導入，IoT 身分相關安全要求成形

最近臺灣政府在 2019 年內政部宣布推出「TAIWAN FidO 臺灣行動身分識別」服務，導入 FIDO 標準與建置 FIDO 伺服器，並結合內政部自然人憑證，目的是運用於政府或公營事業資訊系統的身分識別。例如：民眾只要完成自然人憑證註冊，在手機上安裝「T-FidO」App，並完成憑證和行動裝置的連結，之後用手機登入政府機關網站時，就可以透過手機上的指紋或臉部辨識，來通過身分驗證。

關於帳號密碼安全問題，近年也同樣發生在物聯網（IoT）裝置，像是殭屍病毒與勒索軟體等，攻擊方式有暴力破解裝置薄弱密碼或預設密碼，此手法之所以得逞，原因就是產品設計的身分驗證保護不足。

人臉辨識可能整合至更多系統環境，替代密碼並加強存取控管

關於人臉辨識的身分識別應用，已是近年熱門的議題，隨著近一年來 AI 人臉辨識引擎的高速發展，舉例來說，像是 2019 年上半已有醫院應用人臉辨識，讓醫護資料的調閱能與電子白板結合，並以人臉辨識確認使用者的身分，近期我們則是看到人臉辨識引擎與 POS 系統結合，透過人臉辨識解鎖操作權限，這些應用都是取代傳統手動輸入密碼，也減少密碼外洩的疑慮。

無論如何，身分識別的安全已實現在相當多的層面，其他還包括像是金鑰安全、憑證安全的風險，前幾年持續提及的強式雙因子認證，以及實體安全金鑰，還有生物辨識、硬體安全與量子加密通訊等層面，以及各種因應方式與相關發展，也都是以後可以持續關注的面向。

圖文來源：摘錄自 iThome 2020/01/09

解說

隨著人工智慧的進步，愈來愈多的場域都利用 AI 來協助身分辨識，但也出現利用 AI 來假借身分進行冒用詐騙。因此安全的身分識別仍須多層面保護，除了生物辨識外，仍須強調安全的密碼之雙因子認證，才能保護個資的安全。

金融搜查線 

AI 恐危金融 金管會將納管

AI（人工智慧）飛速發展，恐危及金融安全。金管會主委在立法院財委會表示：「要特別重視 AI 對金融另一種新型態的破壞」，即新式科技可能協助金融發展或提高資安防範，但也可能協助犯罪者提高犯罪技巧，如 AI 三秒即可完成聲音模仿，銀行也有可能因此受騙。

8 月傾向訂大原則供依循

金管會 8 月將公布新版的金融科技發展方案，屆時會將金融業使用 AI「納管」，傾向是訂出大原則，供金融業依循；金管會指出，如新加坡對金融業使用 AI 已訂有須符合「公平、倫理道德、可課責性、透明度」等方向，未來金管會也是傾向先訂發展大原則。

即金融業若要在業務上採取 AI 等相關新科技，必須要能掌控此技術、確定風險承受度，若出問題時，可以找到負責的對象，先從業者自律作起，若有必要，金管會才會發布行政函令去限制。

AI 可突破聲音、臉部辨識

對於美國官方等已示警 AI 可在三秒模仿他人聲音，已被運用作詐騙技巧，金管會表示，的確對銀行來說，會需要增加聲音之外的第二道、甚至第三道辨識防線，現在連臉部辨識都能僞造，所以金融業在運用 AI 及新科技技術時，也應了解 AI 亦可能危及到資安防護，應對 AI 產生的負面影響提出因應方案。

督導建置完整防護機制

金管會亦會站在消費者及投資人保護的立場，督導金融機構建置完整對 AI 弊害的防護機制。對於立委建議是否回歸傳統金融作業方式，才能防弊，金管會則回應：「科技發展不太容易走回頭路」，但科技發展要爲人類所能掌握，必須採取相關辨識風險的措施，才能兼顧 AI 及新科技提供的利處，並防範對系統產生的弊端，因此金管會及金融機構要有深思熟慮的因應措施，會跟金融機構討論相關因應方案。

圖文來源：摘錄自工商時報 2023/04/20

解說

近年來，AI 愈來愈厲害，金管會示警：AI 可突破生物辨識，讓金融機構受騙，這將危害金融秩序。因此金管會建議金融業在運用 AI 及新科技技術時，也應了解 AI 亦可能危及到資安防護，應對 AI 產生的負面影響提出因應方案。

金融 FOCUS

<table>
<tr><th>QR CODE</th><th colspan="4">影片主題、網址、日期、長度、語言與出處</th><th>影片重點簡介</th></tr>
<tr><td rowspan="3"></td><td colspan="4">◆ 網路攻擊次數逐年增加！　資安市場成長茁壯？</td><td rowspan="3">近期，各種數位資訊技術促使金融服務型態改變，但也伴隨著被網路攻擊次數增加，因此金融業更需重視資安風險的防護。</td></tr>
<tr><td colspan="4">https://www.youtube.com/watch?v=7GM-uinxpI0</td></tr>
<tr><td>2023/02/13</td><td>1 分 23 秒</td><td>華語</td><td>非凡新聞</td></tr>
<tr><td rowspan="3"></td><td colspan="4">◆ ChatGPT席捲金融圈！　金控業找微軟合作探詢未來營運模式</td><td rowspan="3">隨著 AI 的進步，ChatGPT 席捲金融圈！金控業找微軟合作探詢未來營運模式。針對資安疑慮，金管會將三管齊下應戰。</td></tr>
<tr><td colspan="4">https://www.youtube.com/watch?v=e2lphQfU82I</td></tr>
<tr><td>2023/05/10</td><td>1 分 48 秒</td><td>華語</td><td>三立新聞</td></tr>
<tr><td rowspan="3"></td><td colspan="4">◆ 元宇宙帶動區塊鏈金融投資，詐騙手法需注意！</td><td rowspan="3">元宇宙經濟來臨，加密貨幣興起，NFT 不時就傳出市值飆高，不少人被高報酬的消息牽動情緒，因此民眾想要快速獲利的詐騙事件也層出不窮。</td></tr>
<tr><td colspan="4">https://www.youtube.com/watch?v=xbnEcOa0OY8&t=534s</td></tr>
<tr><td>2022/04/06</td><td>19 分 09 秒</td><td>華語</td><td>公共電視</td></tr>
<tr><td rowspan="3"></td><td colspan="4">◆ 傻眼！　追到金流凍帳戶　虛擬幣詐騙竟「無法可管」</td><td rowspan="3">虛擬貨幣的詐騙層出不窮，儘管檢警機關有能力追查金流，但卻因虛擬貨幣的法律定位不明，導致沒辦法順利扣押詐騙集團的資金。</td></tr>
<tr><td colspan="4">https://www.youtube.com/watch?v=hDP2BSgeaZs</td></tr>
<tr><td>2023/02/08</td><td>1 分 58 秒</td><td>華語</td><td>TVBS 新聞</td></tr>
<tr><td rowspan="3"></td><td colspan="4">◆ 廠商不出貨、募資平台免責？林楚茵：憂詐騙溫床</td><td rowspan="3">近年來，募資平台盛行，吸引民眾先贊助研發成功後，就能用優惠價取得。但就有商品一直沒出貨，平台也不負責，讓平台變詐騙溫床。</td></tr>
<tr><td colspan="4">https://www.youtube.com/watch?v=vr8BDKytjPI</td></tr>
<tr><td>2021/08/27</td><td>1 分 37 秒</td><td>華語</td><td>三立新聞</td></tr>
<tr><td rowspan="3"></td><td colspan="4">◆ 靠"信用評等制度"監控！中國人民分數太低恐"寸步難行"</td><td rowspan="3">中國對個人監控信用評等的機制，已到天羅地網的情勢。雖政府可以掌握個人的足跡腳步，但卻也侵犯個人隱私，並造成某些人的不便。</td></tr>
<tr><td colspan="4">https://www.youtube.com/watch?v=VjtBer-h13U</td></tr>
<tr><td>2019/07/19</td><td>2 分 06 秒</td><td>華語</td><td>三立新聞</td></tr>
</table>

金融科技力知識檢定測驗試題

( ) 1. 在數位金融目前實務上常採取第一階段輸入用戶密碼，第二階段由業者透過行動 APP 傳送驗證碼至用戶的手機，客戶再回傳完成身分驗證。請問通常這樣的認證稱爲何種認證？ (A) KYC 認證 (B) P2P 認證 (C) 敏感度認證 (D) 雙因子認證。〔第 1 屆〕

( ) 2. 數位金融服務下，我們對於消費者資料保護的重點是：
(A) 確保有效利用客戶的資料進行分析並強化服務推廣
(B) 跨業整合時對於資料傳輸的控管
(C) 使用者的資料在利用目的外的使用，必須要強化資料安全防護
(D) 使用者良好體驗爲最終目標。〔第 1 屆〕

( ) 3. 某金控公司資訊長正考慮導入金融科技資訊安全整體解決方案，其中範圍包括了臉部辨識的 VTM、行動 APP、雲服務與風險數據分析，資訊長應考量下述哪些風險？ 1. 身分識別與生物辨識安全；2. 雲端與隱私安全管理；3. 數位貨幣安全；4. Mobile APP 安全；5. 敏捷式開發；6. Web 應用系統安全
(A) 僅 1，2，4　(B) 僅 1，2，4，6
(C) 僅 1，2，3，4，5　(D) 僅 1，2，4，5，6。〔第 2 屆〕

( ) 4. 數位時代下，個資保護由於易忽略許多小細節，爲與國際接軌，因此在資料蒐集系統上應以最大限度保護，所以下列何者爲業務推廣的優先基礎工作？
(A) 研究安全弱點　(B) 進行社交攻擊演練
(C) 進行隱私衝擊評估　(D) 進行測試攻擊演練。〔第 2 屆〕

( ) 5. 下列何者非爲電子支付法令應遵循的面向？
(A) 支付機構資格審查　(B) 雲端科技控管
(C) 用戶管理與洗錢防制　(D) 保護消費者權益。〔第 2 屆〕

( ) 6. 在對於匿名客戶身分的識別上，一般以雙因子認證，來強化身分驗證技術，也就是以三種主要方式取兩種來驗證，這三種方式包括了客戶與銀行約定的資訊，客戶所持有的設備以及下列何者？
(A) 客戶的生物特徵　(B) 客戶的社交資訊
(C) 客戶的信用資訊　(D) 客戶的交易資訊。〔第 2 屆〕

(　　) 7. 下列哪些是洗錢防制的主要管控方式？ (1) 客戶風險評估 (2) 客戶資料保護 (3) 客戶盡職調查 (4) 可疑交易申報 (5) 客戶實地查核
(A) 僅 (1)(2)(3)　(B) 僅 (1)(3)(5)
(C) 僅 (1)(2)(5)　(D) 僅 (1)(3)(4)。〔第 2 屆〕

(　　) 8. 有關交易風險管理的敘述，下列何者錯誤？
(A) 傳統授信業務的逾放比率，通常低於「純線上網路信貸或授信」
(B)「純線上網路信貸」通常屬於純信用、無擔保的授信業務
(C) 借款人透過網路平台爭取借款標的次數越多，借款違約機率通常越高，利率也越高
(D) 隱瞞產品信息、銷售誤導、個人金融資訊洩漏、歧視以及不當的債務催收，均屬於銀行零售業務的行爲風險。〔第 3 屆〕

(　　) 9. 雲端運算的隱私安全問題不包括下列何者？
(A) 在未經授權的情況下，他人以不正當的方式獲得使用者資料
(B) 政府部門或其他權利機構對雲端運算平台上的資訊進行檢查，以達監管和控制的目的
(C) 雲端運算供應商爲取得商業利益對使用者資訊進行收集和處理
(D) 企業的資訊系統因電力中斷導致資料遺失或錯誤。〔第 3 屆〕

(　　)10. 大數據分析資料時，使用錯誤的演算法，屬於下列哪種風險類型？
(A) 行爲風險　(B) 模型風險
(C) 法律風險　(D) 蔓延性風險。〔第 3 屆〕

(　　)11. 下列情境何者可歸類爲社群安全風險？
(A) 銀行透過 FB 聆聽使用者需求及調查滿意度
(B) 駭客透過網路釣魚方式獲取個資後僞冒交易
(C) 保險業者透過行動 APP 宣傳最新旅平險活動
(D) 詐騙集團透過 ATM 遠端誘使民眾匯款。〔第 4 屆〕

(　　)12. 在 2019 世界經濟論壇的「全球風險報告」（WEF Global Risks Report）中，何項風險同時列居十大可能風險及十大衝擊風險中？
(A) 身分被冒用　(B) 網路攻擊
(C) 關鍵基礎建設被毀　(D) 個人資料被竊取。〔第 8 屆〕

(　　)13. 當銀行作業多倚賴金融科技（如應用程式介面 (API)、雲端技術等）之第三方廠商，當作業發生問題時，責任歸屬不清之風險爲下列何種風險？
(A) 資安風險　(B) 委外風險
(C) 作業風險　(D) 法遵風險。〔第 9 屆〕

(　　)14. 下列何者並非資訊安全的三要素之一？
(A) 即時性　(B) 機密性
(C) 完整性　(D) 可用性。〔第 10 屆〕

(　　)15. 世界經濟論壇公布的「2019 全球風險報告」中，有關資安的敘述，下列何者錯誤？
(A) 資安問題已經擠進全球十大可能發生風險（risks in terms of Likelihood）
(B) 由於資通技術的進步，可完全控制資安問題
(C) 資安問題已經擠進全球十大衝擊風險（risks in terms of Impact）
(D) 未來資安風險持續增加中。〔第 10 屆〕

(　　)16. 下列何者非資安問題可能造成金融業的衝擊？ (A) 作業延宕 (B) 保險費用增加 (C) 商譽損失 (D) 人才流失。〔第 11 屆〕

(　　)17. 下列何種機制對於洗錢防制較無助益？ (A) 認識客戶身份（KYC） (B) 使用密碼學技術使帳戶去識別化 (C) 綁定銀行同名存款帳戶 (D) 監控可疑交易。〔第 12 屆〕

(　　)18. 新科技使客戶快速在不同銀行、不同帳戶間移轉資金以取得較高報酬，導致客戶忠誠度降低及存款波動度提高，屬於金融科技對銀行業（含純網銀）所帶來的何種風險？ (A) 流動性風險 (B) 科技風險 (C) 作業風險 (D) 個資風險。〔第 13 屆〕

NOTE

Chapter 12

金融創新營運的監理

本章內容為金融創新營運的監理，主要介紹有關「數位金融」與「金融科技」兩種創新營運，所產生的監理問題與制度等內容，其內容詳見下表。

節次	節名	主要內容
12-1	金融創新營運的監理問題	介紹新創事業、跨境交易、虛擬環境、去中心化、顧客權益、以及大型科技公司的監理問題。
12-2	金融創新營運的監理機制	介紹金融監管科技制度簡介、監理沙盒機制、以及國內的監理沙盒與監理科技的推行。

【本章導讀】

上一章討論了創新金融營運所產生的風險，這些風險大部份都由各國金融監理單位，設定某些評定基準，再仰賴業者利用各種技術加以掌控。但創新的金融營運模式，畢竟跟以往傳統金融的營運型態有些不同，所以會衍生出新的監理問題與挑戰；因此須修訂一些新的監理制度或政策，來監管這些創新的營運型態，才能使監管制度與原則，兼顧穩健與彈性，並能與時俱進。以下本章將討論有關「數位金融」與「金融科技」兩種創新營運，所產生的監理問題與制度。

12-1 金融創新營運的監理問題

以往金融業的運作模式，大都透過實體交易爲主，然而隨著網路、行動與感測裝置的普及發達，金融創新的營運朝向數位化、行動化與社群化的脈絡運行。除了會對金融業的業務經營與行銷帶來影響外，也將衝擊傳統金融監理[1]制度的指導方針，因此將帶給金融主管機關，在監理上的一些挑戰與問題。以下本節將討論六種創新金融營運模式，在監理上所較常遇到的問題與挑戰。

一、新創事業的監理問題

以往經營金融業務的單位，都是以金融機構爲主。但創新營運型態中，經營「金融科技」業務的單位，大都是以新創的電子科技公司爲主。這些金融新創事業，與其他共享經濟的破壞式創新公司（例如：Uber、Airbnb）類似，都與該事業的監理機關與監理規範之間，存在者一種不安定與模糊的關係。所以現行的金融監理制度規範中，也未能對這些非金融業的新創公司（或事業），進行明確的規範。

通常金融監理管理機關對新創事業，無法採取明確的規範，大概有以下三種可能性：

1. **業者不知法令**

   因爲絕大部分的新創業者，都是完全沒有金融業的背景，所以根本不知道他會受到何種法規規範。

1 所謂「金融監理」（Financial Supervision and Management）是指金融主管機關依相關法律執行監督與管理金融體系的權力。其主要目的乃在於健全金融機構的發展、保障存款大衆的權益，確保金融交易的公平、以及維持金融秩序的安定。

2. **業者採取模糊**

若一國的金融體制與法令規範不夠明確時，會讓新創事業在營業之前，就決定規避法規的限制，採取灰色地帶的經營模式。

3. **業者意圖違法**

新創業者在營業之前，就決定作忽略法規的存在，準備故意違反法規、也不理會監理機關的規範。

基於上述三種可能性，將導致監理單位對於這些跨業的新創事業公司，未能妥善納管並監控風險。當這些跨業的公司經營不善、或惡意破產時，致使消費者或投資人權益受損時，並無明確的法令，予以糾正與控制他們，此時監管機構會落入權責不明的難題。

此外，這些跨業的新創公司所提供的金融服務，相較於傳統金融業對消費者而言，具有優勢。若監理理機關積極的介入管理，可能會遭消費者反彈。所以對監理機關來說，如何設計一套可以兼顧保護消費者、又不過度阻礙新創事業的發展，確實是給金融監理單位帶來挑戰。

二、跨境交易的監理問題

金融業是高度全球化的產業，跨境的資金交易，是極爲頻繁的金融活動。但基本上，各國的監理機構對傳統上金融交易，所涉及的資金跨境問題與風險，都有一定程度明確的規範。

但在金融創新營運發展中，金融科技的營運模式，因互聯網金融具有無疆界的特性，將導致金融活動，很容易的就跨越國界進行交易。例如：網戶利用 P2P 借貸、匯兌、群眾募資平台以及虛擬貨幣交易平台，即可輕易的進行跨國界的網路交易活動。這些交易活動，讓資金流動不受國界或地理疆域的限制，這樣會很容易導致洗錢與詐欺的活動猖獗，也爲各國跨境監理帶來新的挑戰。

此外，由電子商務公司所主導的網路零售販賣事務，也會有跨境的買賣交易行爲產生，此時資金的跨境支付與換匯活動，也是必須先經過監理單位的開放，不然也會成爲金融監理的漏洞。

三、虛擬環境的監理問題

由於強調便捷性的數位金融與金融科技營運模式，爲了簡化金融服務的程序，大都改用遠端網路視訊或網路數位帳戶等方式，進行金融交易活動。但在網路的世界裡，最容易產生利用虛擬帳戶或匿名的方式，進行不正當的金融交易活動，這都會造成監理單位在監管上的問題。

此外，在虛擬貨幣的使用，例如：比特幣或穩定幣，不僅有跨境監理的問題，還有流通上查核眞實身分的問題，所以常被運用於洗錢或購買毒品等非法行爲，所以虛擬貨幣之交易平台的管理，未來都是監理機構必須面對的挑戰。近期，利用虛擬貨幣發行機制所興起的 ICO 與 STO（包含 NFT）籌資活動，由於這些籌資活動，都須要一個嚴謹的監理機制與標準，不然對出資者而言，具有被詐騙的風險。因此世界各國的金融監理單位，若沒有加強對 ICO 與 STO（包含 NFT）的監理，將可能會對金融市場造成負面的影響。

另外，由虛擬貨幣與區塊鏈技術所衍生的「去中心化金融」（DeFi），其生態內的各種借貸、投資與支付等金融活動，並不受監理單位所控管。由於 DeFi 具自動化交易的特殊性，所以必需制定一部針對其自動化運作的監管計劃。

四、去中心化的監理問題

傳統上的金融交易，都是由金融機構當作資金的仲介機構，若市場發生系統風險時，至少監管機關可針對幾間較大型金融機構（如：銀行、集中交易所等）來進行防患，以免金融危機的擴大。

但現在金融科技的發展下，將金融交易活動，許多都是採 P2P 去仲介化的交易方式在進行。所以將來市場如果發生系統風險，會由大型網路金融服務集團，逐漸漸分散移轉到各個去中心化的網戶，而各個網戶彼此之間，又交織出一個極爲複雜的網絡系統。所以對於監理單位而言，去中心化的監理難度，會較傳統以超大型銀行爲中心的監理建置，更爲複雜與困難。

此外，現今強調去中心化的第三代互聯網（Web3.0）與「去中心化金融（DeFi）」活動，仍都不受正式的監理機構所管制，因此各國監理單位必須對這些去中心化活動抱持著警語，以防範對金融市場產生不良影響。

五、顧客權益的監理問題

金融創新營運是要有責任的，雖然創新很重要，但風險管理也是核心。當然的，風險管理最重要的就是顧客權益的保護問題。在創新金融營運中，有許多交易或資料，都在虛擬環境或社群網絡中進行，交易雙方並不認識，僅能仰賴可大型網路平台業者提供雙方的身分與權益的保障。若監理單位並不能有效地提供消費者權益保障，例如：交易時，將客戶的隱私外洩的問題、或者平台利用客戶的種族、宗教等敏感數據進行信用評分，所產生的道德問題等，都會造成客戶權益受損，因此監理規劃必須注意這些事項。

此外，有些電商公司成立的網路理財平台網站、或金融機構的財富管理平台，都有提供機器人理財的服務；若機器人的電腦程式發生問題，導致被理財客戶的財產損失或資料遺漏，這種由科技設備所導致的閃失，其責任歸屬問題，也是監理單位在制定法令所應該釐清的重點。

六、大型科技公司（BigTechs）的監理問題

上一章有提到，全球「大型科技公司」（BigTechs），都具高知名度與信賴度，且挾帶著「數據分析」、「網路外部性」與「多元化商業活動」之「DNA」競爭優勢，藉由網路無遠弗屆的影響力已讓傳統金融業備感威脅，況且它們的市場規模甚至連國際的大型銀行都仰之彌高，因此具有主導市場的能力，足以顛覆金融穩定，現已引起全球各國金融監理機關的密切關注。

這些「大型科技公司」在金融服務市場快速發展，它們涉及支付、存貸款、募資、跨境匯款以及保險等多項金融服務領域。雖然大型科技公司運用雲端運算、大數據與人工智慧（AI）等工具，透過多樣化商業活動，且整合客戶資訊流、物流及金流等數據，雖提供更低成本、有效率的金融服務。但由於它們掌握了巨量的數據資訊，這些數據的應用，可能涉及資料隱私、消費者保護、洗錢防制等問題，都亟於各國監理單位提出數位監管的法令與準則，以落實有效監理科技。

金融搜查線

虛擬貨幣　將納入洗錢防制

虛擬通貨將納入洗錢防制概況

項目	內容
八家擬被邀請參加防治洗錢以及打擊資恐辦法公聽會	王牌數位創新(ACE)、英屬維京群島商幣託、現代財富科技（maicoin)、思偉達創新科技(Star Bit)、塞席爾商共識科技(Joyso)、京侖科技訊息(Saint Craft)、亞太易安特科技(BitAsset)、數寶科技
虛擬資產洗錢防制	1.STO「具證券性質之虛擬通貨」（即證券型代幣發行，以下簡稱STO）：要求經營STO業務的平台業者要取得證券自營商執照等 2.7月1日起，「虛擬通貨平台及交易業務事業」之範圍由法務部會同金管會報請行政院指定，之後將依照洗錢防制法規定，應進行確認客戶身分、紀錄保存及可疑交易申報等防制洗錢措施

資料來源：金管會　　楊筱筠／製表

比特幣行情暴漲暴跌，金管會再次提醒民眾投資加密貨幣風險甚高，並強調 7 月 1 日開始，臺灣洗錢防制法將正式將虛擬通貨平台及交易業務事業納入洗錢防制範疇，未來虛擬貨幣投資須採實名制，預計 5 月將邀請國內八家交易平台業者參加公聽會（如上圖所示）。

金管會表示，關於虛擬貨幣投資須採實名制，會給相關業者過渡期的時間來調整。7 月 1 日之後，已經開戶卻非實名制客戶，想要虛擬貨幣交易就要取得實名制。另外，也要求「具證券性質虛擬通貨」（即證券型代幣發行，以下簡稱 STO）業務的平台業者，須取得證券自營商執照，並符合證券商防制洗錢及打擊資恐（AML ／ CFT）規定。根據統計，目前沒有任何一家業者申請 STO 業務。

金管會表示，因為STO為證券交易法所稱的「有價證券」，應遵循證券交易法相關規定外，其他像比特幣或類似性質的虛擬資產，都不是金管會核准發行的金融商品，也不能稱為貨幣。

依洗防法第5條第4項規定，「虛擬通貨平台及交易業務事業」範圍由法務部會同金管會，報請行政院指定，將自7月1日生效。依洗防法規定，應進行確認客戶身分、紀錄保存，以及可疑交易申報等防制洗錢措施，其防制洗錢及打擊資恐辦法，也將由金管會基於洗錢防制管理的目的訂定，依行政程序發布。

為了公信力，金管會相信有經營STO業務的平台業者，都將會要求客戶採取實名制。另外，假設交易超過50萬元，將會有大額申購申報問題，金額為與50萬元新台幣相等的外國貨幣，未來納入列管的範圍，包括幣幣交易、法幣對虛擬商品。

圖文來源：摘錄自經濟日報 2021/04/21

解說

近期，由於比特幣暴漲暴跌、以及國內常出現利用虛擬貨幣吸金與詐騙案，故金管會終於出手明確提出監理虛擬貨幣業者的法令。法令中針對業者必須對虛擬貨幣的交易者與STO的募資對象採實名制，且必須落實KYC（了解你的客戶）及AML（反洗錢）的防制。

金融搜查線

金管會宣布：虛擬貨幣監管採「交易所自律」！對臺灣用戶影響一次看

臺灣金融監督管理委員會奉行政院指示擔任「具金融投資或支付性值的虛擬資產平臺」的主管機關，未來將參考國際監管趨勢，逐步強化國內虛擬資產平臺的客戶保護。

監理重點：投資人資產保護、交易公正透明

金管會稱，虛擬資產投機性高，且極少運用於支付途徑，考量國際監管持續推動相關監管，金管會將透過三個方式，循序漸進強化國內虛擬資產投資人權益：

1. 訂定業者指導原則

   金管會將依洗錢防制法之規定，加強業者自律及資訊揭露透明度，訂定「管理虛擬資產平臺及交易業務事業（VASP）指導原則」，要求平臺業者就 VASP 有關資訊揭露、商品上下架審查程序、客戶與平臺業者資產分離保管、交易之公正與透明度、洗錢防制、客戶（消費者）權益保護、資訊安全、營運系統與冷熱錢包管理及機構查核等面向提出管理架構之指導原則，以利 VASP 據以遵循，加強對客戶之保護，提升交易透明度，並持續落實洗錢防制。

2. 推動 VASP 相關協會等組織訂定自律規範

   上述指導原則訂定後，金管會將洽請 VASP 業者推動業界自律，由 VASP 公會、協會依據指導原則訂定自律規範。

3. 金管會未來將與其他部會合作

   金管會稱，虛擬資產涉跨部會業務，須各部會共同協力合作，以強化國內 VASP 業者自律成熟度及累積管理經驗，並持續蒐集觀察國際組織及各國主管機關之監理發展方向。

對臺灣加密投資者影響

由於金管會本次公布主責監管架構，並無將虛擬資產強制納入國內證券系統管理辦法，僅與相關金融投資或支付性值的虛擬資產平臺（加密交易所）以不是法定強制的方式，雙方達成自律管理的約定。

以當下金管會的監管力道，暫不影響臺灣投資者交易虛擬資產、衍生品、質押業務，與相關項目方、公司法人發行代幣等業務。金管會暫時也未提起持有虛擬資產需承擔額外稅賦，但投資人在交易所內的存額，政府並未承擔、納入與傳統金融（券商、銀行）類似的保險額度。

至於非同質性代幣 NFT，主責監管機關爲數位發展部，仍須等待後續消息，但可推測應與金管會口徑相同，採輔導、自主規範管理方式處理。

圖文來源：摘錄自動區 2023/03/30

解說

近年來，國內出現虛擬貨幣的交易糾紛與詐騙，金管會被行政院指示擔任「具金融投資或支付性值的虛擬資產平臺」的主管機關，未來將參考國際監管趨勢，逐步強化國內虛擬資產平臺的客户保護。

12-2 金融創新營運的監理機制

近年來，全球金融科技產業蓬勃發展，但這些新創公司都是跨業經營，而非傳統金融機構，所以使得原本的監理機關與制度，出現權責與規範不明確的情形。因此政府相關單位，必須在建立一套合宜的「金融監管科技」制度，以保護消費者與業者雙方的權益；並設立一個兼具安全與創意的「監理沙盒」空間，以引導創新產業的正常發展。以下本節將探討金融監管科技制度簡介、監理沙盒機制以及國內的監理沙盒與監理科技的推行。

一、金融監管科技制度簡介

由於科技滲入金融活動，讓兩者激發出金融科技（FinTech）產業，這個產業的要有良性的發展，必須要有合宜的監理法規制度予以規範，才能讓監理制度發揮作用，且又不至於妨害創新。因此須制定一套利用科技（Technology）的思維，來監管（Regulatory）金融的發展制度－「金融監管科技」（RegTech）（簡稱「法遵科技」）制度，將是金融科技發展成功的重要關鍵。以下本節將探討金融監管科技制度的模式與目的。

（一）金融監管科技制度的模式

由於科技業所引導的金融創新事業，全球各國政府在鼓勵創新的同時，也希望制定一套合宜的監管模式，以同時兼顧創新、負責、穩定、公平、普惠等多重監理目標，讓在原有的金融業與金融科技新創產業間，建立一個正向且特殊的「互動共生」的監管模式。通常金融監管科技制度的模式，大致可以分爲三種，分別爲「監理沙盒」、「創新中心」、「創新加速器」等三種模式。

1. **監理沙盒**（Regulatory Sandboxes）

   政府設置一個安全且可控制的測試環境，讓新創業者的創新產品或服務，能夠在這個環境下進行眞實或虛擬測試；並在確保消費者權益的前提下，允許新業務的快速落地運營，並可根據其在沙盒內的測試情況，准予對外推廣。該監管模式，全球已經由英國最早正式啓動，隨後澳大利亞與新加坡亦快速跟進。此外，亦有國家將將監理沙盒制度，視爲更廣義的創新中心的一個模塊。

2. **創新中心**（Innovation Hubs）

   政府設立創新中心，讓新創業者在中心內做實驗，並引導新創公司的產品與服務，能夠進入市場且讓業者瞭解金融監管的框架、政策和法令等事項。但此模式，並不涉及創新產品和服務的眞實或虛擬測試。

3. **創新加速器**（Innovation Accelerator）

   政府監管部門與新創業界建立合作機制，並提供業者開發創新產品與服務的資金，以加速新創產業的發展與運用。此模式已經由全球多國，採用於扶持新創產業的發展。此外，有些國家的創新「孵化器」（Incubator）[2] 的安排，也屬於這一模式。

（二）金融監管科技制度的目的

目前全球金融監管科技制度的目的，大致可以依據該國金融體制與市場發展的成熟度差異，可區分爲三種主要目的：

1. **有責創新**

   金融市場較高度開發與開放的情勢，且原有的監理制度也較爲完善的國度；例如：美國、英國、日本、澳洲、新加坡等。因爲這些國家經濟發達，金融體制與市場成

---

2 創新「孵化器」在國內又稱為「創新育成中心」，其與「加速器」的差別，主要在於受政府培訓的時間的不同。通常一家新創公司，在孵化器可能會待較久的時間，因為公司從草創時期走向較具開發價值的公司，常需耗時幾年的光陰；但加速器則是新創公司，已有初步規模，只希望在短期間（3～6 個月）內進行規劃培訓，以期望獲得更多的創業資金挹注。

熟度高，且發展金融數位化的網路、與行動裝置等基礎設施高度普及。所以發展金融科技產業，主要是藉由創新去優化與簡化金融服務，並提高整個經濟社會效能的運轉。因此金融監管單位對金融科技產業的監管，除了在意市場風險的掌控外，也希望不要妨礙創新的發展。

因此金融監管科技制度的目的，除了追求金融市場能夠公平穩定發展外，並朝向「有責創新」（Responsible Innovation）的管理方針，去制定法令規章，以期兼顧創新與責任兩者目標之平衡。

2. **公平有序**

金融市場處於開發與開放中，且原有的監理制度也較不完善的國度；例如：中國。因為該國的經濟發展正值轉型階段，且金融市體制與市場資源，並不完善與均衡；雖然互聯網金融蓬勃發展，造就了許多創新的服務，也降低中小企業與民眾取得資金的成本，對信用分配不均的情形，也具有緩解之情勢。但由於金融法規與制度的不完善，使得創新事業的發展領先金融法令的制定，所以市場呈現混亂失序與具風險。因此監管單位對金融科技產業的管理方式，應朝向審慎監管，以減少市場不合理的脫序現象。

因此金融監管科技制度的目的，應朝向「公平有序」（Fair Orderliness）的制定管理方針，去制定法令，在不抑制金融創新情形下，以實踐社會的信用公平分配、以及兼顧消費者保障與金融穩定有序之目標。

3. **普惠金融**

金融市場屬於中低度開發與開放的情勢，且原有的監理制度也不發達的國度；例如：肯亞、緬甸、菲律賓與印度等國家。因為這些國家金融資源較為缺乏貧瘠，且分配亦不均勻，甚致人民也不信任政府、以及銀行體系。而且這些國家的網路設備與各種智慧型手機，並不普及發達；但仍可利用傳統型式的手機，實現不受地理疆界限制的支付服務，讓每個人都有機會使用金融服務，並接近金融資源。因此監管單位對金融科技產業的管理方式，以較普遍雨露均霑的思維去設計。

因此金融監管科技制度的目的，應朝向「普惠金融」（Financial Inclusion）的制定管理方針，去制定法令。在這種思維之下，鼓勵業者創新，以讓更多消費者可以頻繁的使用金融資源、並可保障消費者權益之目標。

二、監理沙盒

由於主導金融科技營運模式的機構，大都是屬於破壞性創新的電商公司。這些新創公司試圖打破以往傳統金融的運作模式，嘗試建立起新的營運規則，但新的嘗試，通常並沒有合宜的法規，給予適切的限制與管理。因此，政府須建立一個安全的實驗空間，讓新創公司可以在裡面盡情的嘗試創新，且暫時不受成熟法規的規範，這個空間就是一般所說的「監理沙盒」。以下本節將介紹監理沙盒的源起、功能、以及發展趨勢。

（一）源起

每位殷殷期盼孩子能夠成材的父母親，都希望小孩能夠在一個安全，又可讓他們發洩精力、與發展創意的環境中長大。所以常會帶他們去有沙、鏟子、磚塊的「沙盒」裡，讓他們可以自由發揮想像，建造一個屬於他們心中的城堡。當然這些在沙盒所建造的城堡，不能用現有純熟的建築技巧來規範它；只盼望這些具獨創性的城堡，能夠有朝一日在正常的建築舞台，有其發揮的空間，到時我們再來考慮制定法令來規範它。

上述的比喻中，「沙盒」就是一個實驗室，提供創新點子測試開發使用的地方。其實，真正「沙盒」（Sandbox）這個字詞，是源自於軟體工程師，在開發點腦軟體過程中，建立的一個與正式環境隔絕的測試環境，將以進行測試開發新軟體功能所用。現在「沙盒」一詞，被用來測試新創公司的產品與服務所用。

圖 12-1 孩子在沙盒裡玩耍

圖片來源：Al Silonov

所謂的「監理沙盒」（Regulatory Sandbox）是指監理單位提供新創公司，一個不受金融法令規範限制的環境，讓這些新創公司，可逕行的發揮其創新的金融營運模式。通常這些新創公司，所開發的金融服務，可以把商品或服務先賣給消費者，並且享有金融相關法規的暫時「責任豁免權」，所以業者可不必擔心新業務或新產品，會觸犯法令或遊走在法規的灰色模糊地帶。

（二）功能

通常監理沙盒制度的運作，可對新創公司與各國的金融市場帶來以下兩種功能：

1. **扶持創新產業**

   監理沙盒制度的設立，就是要協助新創產業的發展，讓他們能自由的創作新的商業模式的同時，亦可免於相關法令的掣肘，並扶持他們能成爲新創產業的獨角獸爲目的。

2. **制定合宜法令**

   通常政府監理單位在監理沙盒制度內，可以協助新創業者對原有的金融監理體制有所認知外，並且須審慎評估新產品或商業模式，所帶來的風險，以進一步制定兼顧和諧與創新的監理法規。

（三）發展趨勢

最早提出監理沙盒的構想的是英國－金融業務監理局（Financial Conduct Authority；FCA），於 2016 年 5 月爲了因應金融科技的快速發展，所設計出來的機制。因爲大部分金融科技公司，都屬於破壞式創新的公司，這些公司試圖打破業界原有的運作機制，嘗試建立新的營運模式，但市場上的法令，並無法提供相對應監管，因此，英國政府率先打造一個安全的環境，讓新創公司可在裡面，盡情的嘗試新服務與產品，並且不受法令的規範。

全球繼英國之後，自 2016 年 6 月起陸續有許多國家相繼成立監理沙盒機制，也希望藉由這個制度的建立，以更安全開放的環境，來培植金融科技新創產業。目前全球發展金融監理沙盒的國家，已有 50 多國採用，包含：澳洲、新加坡、芬蘭、香港等。另外，有些國家雖未使用「監理沙盒」這個名詞，卻有類似機制。例如：阿布達比的「金融監理實驗室」。臺灣則設立「金融科技發展與創新實驗條例」，作爲國內版的「監理沙盒」。

金融科技的創新發展通常是跨國進行，因此英國 FCA 於 2018 年又率先將打造全球首座「跨境監理沙盒」－「全球金融創新聯盟」（Global Financial Innovation Network；GFIN），以便於跨國整合測試合作，共同解決跨境洗錢等問題。另外，東南亞國家協會也發展另一個跨境沙盒－「金融創新聯盟」（ASEAN Financial Innovation Network；AFIN），以推動與整合整個亞太地區的金融創新事業發展。

當然的，全球各國不約而同的都將「監理沙盒」制度，列為發展金融科技產業的重要監管機制。金融監管單位，除了須肩負計劃的重責大任之外，例如：須提供法令諮詢、說明與建議、以及新產品與服務的審查、還有評估市場等等；金融監管單位還至少須擁有以下三項能力，才能使監理沙盒機制，可以順利的進展。

1. **接受力**

   通常金融監管單位，主要的監管對象都是傳統金融業；但申請進入沙盒的新創公司，大都是非金融機構的科技公司為主。所以金融監管單位須秉持開放心態，接受科技業介入金融服務的現狀。

2. **容錯力**

   在監理沙盒制度裡，提供新創公司測試新產品與服務的環境。當然創新的事務，難免會有些缺漏與問題，但只要這些缺失仍在可控範圍內，都有改善空間。所以金融監管單位須秉持寬容的心態，容許新產品與服務的缺失。

3. **主動力**

   新創產業要能成功，除了本身的新產品或新服務須具有商業開發價值外，最重要的是協助新創公司與其他相關監理機關之間（例如：電信業者、或資訊通訊產業的監理機關），進行監理協調與合作。所以金融監管單位，必須主動採取協助新創公司所遇到的困難，才能讓監理沙盒機制運作成功。

三、國內的監理沙盒

全球的金融創新科技發展，如火如荼的開展中，國內金融科技相關業者，當然也躍躍欲試，欲想成為金融科技之獨角獸。但礙於臺灣是「成文法」的國度，監理沙盒裡的「責任豁免權」，必須透過立法院通過才具法律效力。

由於金融科技創新是未來必然面對的發展趨勢，國內在各方積極的推動下，金管會已於 2018 年 2 月成立「金融科技發展與創新中心」，提供多元管道協助，包括：金融科技業務之諮詢輔導服務、法規諮詢及創新實驗輔導服務，以及協助釐清金融科技創新園區的金融法規疑義等；並於同年 4 月施行國內版的監理沙盒制度，稱為「金融科技發展與創新實驗條例」。此條例通過後，使臺灣成為全球第五個、大陸法系第一個實施監理沙盒的國家。

希望此條例通過後，能鼓勵我國金融服務業以及相關產業，能積極應用創新科技，提升金融服務之品質與效率。以下將簡單說明條例的實施目的與重點要項。

（一）實施目的

國內實施「金融科技發展與創新實驗條例」的主要目的乃要讓金融新創業者，在進行創新金融科技發展時，可在特定的空間範圍進行實驗，且在這段實驗期間內，金融新創業者擁有法規豁免權、以及相關管理規範所賦予，金融科技研發試作之安全環境，並兼顧金融市場秩序及消費者保護。

（二）條例重點要項

以下爲國內的「金融科技發展與創新實驗條例」的實施重點要項，詳見表12-1 之說明。

表 12-1 金融科技發展與創新實驗條例之重點要項

主管機關	金管會
適用對象	金融與非金融業者皆可提申請。
審查條件	審查委員應邀集金融、科技及其他與實驗相關領域之專家、學者、機關（構）代表。外部審查委員人數應佔總數，不高於委員總數 1/2，但不低於 1/3。
實驗期間	實驗期間以 1 年為限，可申請延長 1 次、最長 6 個月；若涉及修法，最長可延長至 3 年（全球最長的實驗期）[3]。

四、國內監理科技的推行

隨著國內積極推動金融科技創新產業的發展，監理機制也必須同步的運轉，才能讓該產業能夠兼顧有責創新、公平有序與普惠金融之目的。國內於 2020 年 8 月由金管會公布「金融科技發展路徑圖」中指出，國內的監理科技（Supervision Technology；SupTech）將朝以下兩個方向去推行：

（一）推動數位監理機制

隨著數位資料與數據的普及，金融監理機關必須使用大量、即時的數位資料與數據作爲監理參考。因此亟需導入有效的資料蒐集及分析機制，並將監理作業數位化及智慧化，以作爲審慎監理、擬定政策之基礎。

3 英國、新加坡、澳洲的監裡沙盒實驗期，大都皆介於 6 ～ 12 個月之間。

（二）透過舉辦「黑客松」強化監理科技

通常業界發展金融科技的腳步會較積極，監理機關可藉由舉辦「黑客松」競賽活動，以發掘金融監理實務之痛點與需求，並廣邀國內外跨域專家共同研定眞正能落實的監理科技之法規與方案。

智慧金融小百科

黑客松

黑客松（Hackathon）乃指網路「黑客」（Hack）與「馬拉松」（Marathon）的複合詞。主要用來表示一個「馬拉松式的科技創作活動」，該活動當中，電腦程式設計師以及其他與軟體發展相關的人員，相聚以緊密合作的形式去進行某項軟體專案。

金融搜查線

監理沙盒門檻高、限制多 新創不願蹚渾水

金融科技創新有兩大途徑－「監理沙盒」&「試辦業務」。不過，新創業者直言，依規定，監理沙盒各類試驗「被迫」須找銀行合作，往往原先的新創思維，在銀行介入後「質變」；另一方面，沙盒實驗期加上修法恐長達2、3年，新創業者的資金能否「撐下去」是一個問題，就算撐過了，法令也未必能跟上，最終多是「白忙一場」，讓新創業者不願再蹚此渾水。

金管會爲推展我國金融科技，俗稱監理沙盒專法的「金融科技發展與創新實驗條例」是經立法院三讀通過，並於2018年上路，期望讓新創業者在一個可控實驗場所中，盡可能測試各種創新產品。

不過，專法通過4年來，只有9案獲得核准進入沙盒、7件出沙盒，最終能夠落地只有4件。其中，最近一件是阿爾發與永豐金證券「機器人理財服務」。尤其，近2年申請案更完全「掛蛋」，而遭諷「乏人問津」，爲何新創業者申請沙盒實驗的意願如此低落？

與銀行合作 限制創新空間

一位長期觀察金融新創業務的業者直言，儘管法規沒有要求必須和銀行合作，但主管機關總會「明示或暗示」，建議新創業者須找銀行合作，否則可以申請的業務範圍很小，導致各新創業者「被迫」找銀行合作，但一旦有銀行介入，許多創新的思維又被「監管思維」給拉回去了。

爲何主管機關堅持新創業者必須找銀行一起進沙盒？業者觀察，主要還是爲了反洗錢、法遵，雖然沙盒原本設計的目的，是讓業者可以在沙盒中遊走法令灰色地帶，但即使在沙盒實驗期間，主管機關對於反洗錢、法遵的要求規格，還是比照一般金融機構，必須建置完整的反洗錢系統，對資本額僅2、300萬元的新創業者而言，根本難以負擔，最終只能接受建議，與銀行合作，利用銀行既有資源來降低成本。

資金不雄厚 難投入沙盒試驗

根據目前監理沙盒的遊戲規則，必須先在沙盒中進行實驗一年，完成後提交報告，通過審查後若被認定爲「可行」，再進行修法；一旦牽涉到「修法」，就得再耗費一年到一年半，對一家資本額僅 2、300 萬元的新創業者，要如何撐過去？

試辦業務門檻低 但只適用金融業

針對創新業務申請，除了「監理沙盒」外，金管會也在 2019 年啓動金融三業的「試辦業務」；兩者不同在於「監理沙盒」是法令明確禁止，若與現行法令沒有牴觸，可以改用「試辦業務」，但僅限於銀行、保險及證券期貨業申請。

金控業主管表示，只要創新業務不涉及修法，就可以透過「試辦業務」，這對金融業者來說，等於是多一個選擇、門檻限制也比較低。至於非金融業者，就偏好申請進入「監理沙盒」。

圖文來源：摘錄自自由時報 2022/12/11

解說

國內自 2018 年成立本土的金融監理沙盒以來，對新創公司的設限較多，使得創新較受限，且新創公司本身的資本也較小，較無法長期承擔資本的耗損，所以確實能落地運轉的新創公司寥寥無幾。

金融 FOCUS

QR CODE	影片主題、網址、日期、長度、語言與出處					影片重點簡介
	◆ 虛擬貨幣擬由金管會納管　專法待運作後再討論 https://www.youtube.com/watch?v=dtRJp-SK6Wg	2023/03/20	2 分 01 秒	華語	公共新聞	近期，虛擬貨幣交易熱絡，金管會將成為虛擬資產的監理機關。監理包括：客戶與平台資產的分離、商品上下架審查，以及投資人保護等範圍。
	◆ 金融創新　首家監理沙盒實驗落地 https://www.youtube.com/watch?v=fyjbsGellys	2021/08/31	1 分 43 秒	華語	八大民生新聞	純網路基金平台歷經金融監理沙盒 18 個月的實驗後，近期，成為國內首家監理沙盒落地案例。投資人可透過平台自由交換基金，省去手續費。
	◆ 洗錢防制+消費者保護　監理沙盒帶來金融新秩序！ https://www.youtube.com/watch?v=LfsohoO2Hsc	2020/09/25	6 分 58 秒	華語	台視新聞	台灣許多外籍移工常匯款回家鄉，為了避免地下匯兌，政府引進監理沙盒，放寬非金融機構辦理支付相關業務，希望來金融新秩序。
	◆ 來認識只有科技才能夠監理科技的『監理科技』 https://www.youtube.com/watch?v=eYN09ovmO74	2021/02/12	3 分 58 秒	華語	金融研訓院	RegTech 這個詞的意思，就是運用新技術更有效地解決「法遵」和「監理」問題，再更簡單一點來說，就是看看新興的金融科技是否合法。

本章練習題

金融科技力知識檢定測驗試題

(　　) 1. 為了因應數位金融監理，下列何者比較不是目前臺灣被認為應該重新思考科技監理的實施考量重點？ (A) 具備彈性與客製化擴充 (B) 多元整合與快速實施的能力 (C) 高度發揮數據利用與分析能量 (D) 設自由金融區進行實驗。〔第 1 屆〕

(　　) 2. RegTech（科技監管）的發展主要是希望利用科技強化監理與風險控管的能量，根據此特性與 RegTech 實施考量重點，下列哪些可以算是 RegTech 的實施情境？

(1) 智慧法規分析平台　(2) P2P 壽險平台
(3) 機器人理財　(4) 自動化製作法遵合規報告
(5) 掃描交易，交易流程自動監控與告警工具

(A) (1) (2) (3) (B) (1) (4) (5) (C) (1) (2) (5) (D) (1) (3) (4)。〔第 2 屆〕

(　　) 3. 利用資訊科技，廣泛蒐集各國金融監理制度與法規要求，提供分析與管理的工具，自動協助金融機構遵守法規要求，即科技應用於金融監管，以降低作業風險，是指： (A) 法規遵循 (B) 法令監管 (C) 科技監管 (D) 金融遵循。〔第 3 屆〕

(　　) 4. 科技監管（RegTech）的實施考量重點，包括下列何者？

(1) 須增加人工控制　(2) 須具備彈性與客製化擴充
(3) 須主動且具效率　(4) 須具多元整合與快速實施的能力
(5) 須高度發揮數據利用與分析能量

(A) 僅 (1) (2) (3) (4)　(B) 僅 (1) (2) (4) (5)
(C) 僅 (1) (2) (3) (5)　(D) 僅 (2) (3) (4) (5)。〔第 3 屆〕

(　　) 5. 在由傳統金融邁向數位金融下，對於監理之轉變，不包含下列哪一項？

(A) 交易方式由臨櫃轉變為非臨櫃，金融機構逐漸無法透過傳統的開戶機制執行 KYC
(B) 非臨櫃的客戶身份識別，更降低匿名帳戶的使用風險
(C) 客戶由虛擬通路進線並進行線上交易
(D) 客戶的交易維度較複雜，使客戶的交易模式更不易定義。〔第 3 屆〕

(　　) 6. 支付業務延伸到其他國家，主要直接涉及哪一項數位化金融創新可能帶來的挑戰？ (A) 跨業監理議題 (B) 跨境監理議題 (C) 傳統監理議題 (D) 臨櫃監理議題金。〔第 4 屆〕

(　　) 7. 有關金融監管沙盒（regulatory sandbox）的敘述，下列何者正確？
(A) 目的是讓業者在大範圍內，實驗新的業務模式
(B) 目的爲不影響創新的情況下，確保風險控管
(C) 不適用在金融創新
(D) 英國沒有實施監管沙盒。〔第 4 屆〕

(　　) 8. 隨著下列何項金融科技的發展，人工智慧預期將會讓監理機關以及受監理機構節省大量合規成本？ (A) RegTech (B) InsurTech (C) Blockchain (D) Cloud Computing。〔第 8 屆〕

(　　) 9. 提供有效且安全之方法來確認聲稱的發件人身分，是 IMF（2017）提出之何種監理科技領域？ (A) 雲應用程序 (B) 人工智慧技術 (C) 認知計算 (D) 身分驗證技術。〔第 10 屆〕

(　　)10. 透過不同來源資訊之關連性及計算以降低風險，是指 PwC（2016a）報告中何類監理科技內涵？ (A) 內建合規 (B) 風險與合規監控 (C) 共享數據 (D) 大數據分析。〔第 11 屆〕

(　　)11. 跨境聯合監管機制及交易完整性驗證、反詐欺識別、交易安全監控預警、高風險異常交易監控及即時處理機制、交易後結算後臺流程自動化風險辨識，主要屬於下列何種 RegTech 的可能應用？ (A) 風險管理 (B) 資訊安全 (C) 異常行爲預測辨識 (D) 交易追蹤。〔第 12 屆〕

(　　)12. 下列何者非屬目前監理科技的應用範圍？ (A) 法規要求的合規分析 (B) 身分辨識的管理與控制 (C) 風險控制 (D) 廣告效益分析。〔第 13 屆〕

(　　)13. 相較於過去金融行爲，監理科技發展下有三個主要的參與者，下列何者非爲主要參與者？ (A) 金融消費者 (B) 監理機關 (C) 金融業者 (D) 科技業者。〔第 14 屆〕

(　　)14. 下列何者非屬「RegTech is the new FinTech」報告提出之核心特點？ (A) 敏捷性 (B) 分層化 (C) 速度 (D) 整合。〔第 14 屆〕

(　　)15. 下列何項非屬金融監督管理委員會引導金融業創新發展所採取的措施？ (A) 實施「金融科技發展與創新實驗條例」 (B) 成立金融科技發展與創新中心 (C) 設立金融科技創新園區 (D) 鼓勵雲端計算商業化。〔第 14 屆〕

NOTE

中英文索引

0~4 劃	章
B2B　企業對企業之間	10
B2C　企業對顧客之間	10
C2C　顧客對顧客之間	10
O2O　線上消費，線下服務	10
QR Code	7
Web3　第三代互聯網	2,5
Wi-Fi	2
ZigBee	2
人工智慧　Artificial Intelligence；AI	4
入侵防禦系統　Intrusion Prevention Systems；IPS	10
十角獸　Decacorn	1
大數據　Big Date	3
互聯網　Internet	2
互聯網金融　Internet Finance	2
公有雲　Public Cloud	3
公有鏈　Public Blockchain	4
天使投資人　Angel Investor	8
手機銀行　Handset Bank	1
比特幣　Bitcion	4
分散式帳本技術　Distributed ledger Technology；DLT	4
中央銀行數位貨幣　Central Bank Digital Currency；CBDC	4,9
元宇宙　Metaverse	1
5~6 劃	**章**
代碼　Token	7
代碼化　Tokenization	7
代碼服務供應商　Token Service Provider	7
加密電子貨幣　Cryptocurrency	4,8
去中介化　Dis-intermediation	1

去中心化金融　Decentralized Finance；DeFi	4,9
去中心化交易所　Decentralized Exchange；DEX	9
平台即服務　Platform as a Service；PaaS	3
生物辨識　Biometric	4
全通路　Omni-channel	1
自動櫃員機　Automated Teller Machine；ATM	1,6
交易所首次發行代幣　Initial Exchange Offerings；IEO	9
7~8 劃	**章**
行動支付　Mobile Payment	7
投資銀行　Investment Bank	10
私有雲　Private Cloud	3
私有鏈　Private Blockchain	4
防火牆　Firewall	11
物聯網　Internet of Things；IoT	2
物聯網金融　Financial Internet of Things；FIoT	2
直銷銀行　Direct Bank	6
直銷銀行　Direct Bank	10
社交經營　Social Engagement	6
社群分析　Social Analytics	6
社群行銷　Social Marketing	6
社群參與　Social Participation	6
社群雲　Community Cloud	3
社群銀行　Social Banking	6
快速網路身分識別　Fast Identity Online；FIDO	6
空中下載技術　Over-the-air technology；OTA	7
近場通訊　Near Field Communication；NFC	7
金融互聯網　Financial Use Internet	2
金融科技　Financial Technology；FinTech	1
金融脫媒　Financial Disintermediation	1

金融監理　Financial Supervision and Management	12
金融監管科技　RegTech	12
依使用情形保險　Usage Based Insurance；UBI	8
法幣穩定幣　Fiat Stablecoin	9
非同質化代幣　Non-Fungible Token；NFT	9
非許可制區塊鏈　Permissionless Blockchain	4
9~10 劃	**章**
保險科技　InsurTech	8
信託服務管理平台　Trusted Service Manager；TSM	7
架構即服務　Infrastructure as a Service；IaaS	3
洗錢　Money Laundering	11
11~12 劃	**章**
格式多樣　Variety	3
真偽難辨　Veracity	3
真實卡號　Primary Account Number；PAN	7
高速傳輸　Velocity	3
高頻交易　High Frequency Trading；HFT	6
區塊鏈　Blockchain	4
深度學習　Deep Learning	4
混和雲　Hybird Cloud	3
混合型穩定幣　Hybrid Stablecoin	9
混合實境　Mixed Reality；MR	1
嵌入式金融科技　Embedded FinTech	1
開放 API　Open API	6
開放金融　Open Finance	1
開放銀行　Open Banking	1,6
移動互聯網　Mobile Internet	2
第三方支付　Third Party Payment	7
許可制區塊鏈　Permissioned Blockchain	4

軟體即服務　Software as a Service；SaaS	3
商品穩定幣　Commodity Stablecoin	9
密碼穩定幣　Crypto Stablecoin	9
智能合約　Smart Contract	4,9
聊天機器人 Chatbot	4
創新中心　Innovation Hubs	12
創新加速器　Innovation Accelerator	12
普惠金融　Financial Inclusion	1,12
智慧銀行　Smarter Banking	1
無線射頻辨識系統　Radio Frequency Identification；RFID	2
無線網路基地台　Access Point；AP	2
虛擬分行　Virtual Branch	5
虛擬代幣 Crypto Token	8,11
虛擬代幣首次公開發行　Initial Coin Offerings；ICO	8,11
虛擬貨幣　Virtual Currency	8
虛擬實境　Virtual Reality；VR	1,6
虛擬網路社群　Virtual Community	8
虛擬櫃員機　Virtual Teller Machine；VTM	1,5
超級電腦　Supercomputer	6
進階持續性滲透性的攻擊　Advanced Persistent Threat；APT	11
雲端授信發卡平台　Host Card Emulation；HCE	7
雲端運算　Cloud Computing	3
13 劃以上	**章**
傳輸控制協定　Transmission Control Protocol；TCP	2
群眾募資　Crowdfunding	8
跨境電商　Cross-border Electronic Commerce	10
電子支付　Electronic Payment	7
電子商務　Electronic Commerce	10
電子貨幣　e-money	8

資產型代幣　Asset Token	9
資產型穩定幣　Asset-linked Stablecoin	9
演算法型穩定幣　Algorithm-based Stablecoins	9
孵化器　Incubator	12
監理沙盒　Regulatory Sandboxes	12
網戶對網戶　Peer-to-Peer；P2P	1
網路銀行　Online Bank	4
網際網路協定　Internet Protocol；IP	2
認知銀行　Cognitive Banking	1
認識你的客戶　Know Your Customer；KYC	11
認識你的數位客戶　（Know Your Digital Customer；KYDC	11
影子金融　Shadow Financial	10
數位化貨幣　Digital Currency	8
數位金融　Digital Finance	1
數位寫字台　I-Station	6
數量巨大　Volume	3
機器人理財　Robo advisers	6,8,10
機器學習　Machine Learning	4
獨角獸　Unicorn	1
擴增實境　Augmented Reality；AR	1
應用程式　Application；APP	1
應用程式介面　Application Programming Interface；API	2
聯盟鏈　Consortium Blockchain	4
藍牙　Bluetooth	2
穩定幣　StableCoins	4,9
證券型代幣　Security Token	9
證券型代幣首次發行　Security Token Offering；STO	9
響應式網頁設計　Responsive Web Design；RWD	6

NOTE

NOTE

國家圖書館出版品預行編目（CIP）資料

數位金融與金融科技 / 李顯儀著. -- 四版. --新北市：全華圖書, 2024.05
面 ； 公分
ISBN 978-626-328-927-7(平裝)
1.CST:金融業 2. CST:金融管理 3. CST:金融自動化
561.029 113005367

數位金融與金融科技（第四版）

作者 / 李顯儀
發行人 / 陳本源
執行編輯 / 黃翔毅
封面設計 / 楊昭琅
出版者 / 全華圖書股份有限公司
郵政帳號 / 0100836-1 號
圖書編號 / 0824603
四版一刷 / 2024 年 4 月
定價 / 新台幣 560 元
ISBN / 978-626-328-927-7
全華圖書 / www.chwa.com.tw
全華網路書店 Open Tech / www.opentech.com.tw
若您對本書有任何問題，歡迎來信指導 book@chwa.com.tw

臺北總公司(北區營業處)
地址：23671 新北市土城區忠義路 21 號
電話：(02) 2262-5666
傳真：(02) 6637-3695、6637-3696

南區營業處
地址：80769 高雄市三民區應安街 12 號
電話：(07) 381-1377
傳真：(07) 862-5562

中區營業處
地址：40256 臺中市南區樹義一巷 26 號
電話：(04) 2261-8485
傳真：(04) 3600-9806(高中職)
(04) 3601-8600(大專)

讀者回函卡

掃 QRcode 線上填寫 ▶▶▶

姓名：＿＿＿＿＿＿ 生日：西元＿＿＿年＿＿＿月＿＿＿日 性別：□男 □女

電話：（ ）＿＿＿＿ 手機：＿＿＿＿＿＿

e-mail：（必填）＿＿＿＿＿＿＿＿＿＿

註：數字零，請用 Φ 表示，數字 1 與英文 L 請另註明並書寫端正，謝謝。

通訊處：□□□□□＿＿＿＿＿＿＿＿＿＿

學歷：□高中・職 □專科 □大學 □碩士 □博士

職業：□工程師 □教師 □學生 □軍・公 □其他

學校／公司：＿＿＿＿＿＿ 科系／部門：＿＿＿＿＿＿

・需求書類：

□ A. 電子 □ B. 電機 □ C. 資訊 □ D. 機械 □ E. 汽車 □ F. 工管 □ G. 土木 □ H. 化工 □ I. 設計

□ J. 商管 □ K. 日文 □ L. 美容 □ M. 休閒 □ N. 餐飲 □ O. 其他

・本次購買圖書為：＿＿＿＿＿＿ 書號：＿＿＿＿＿＿

・您對本書的評價：

封面設計：□非常滿意 □滿意 □尚可 □需改善，請說明＿＿＿＿

內容表達：□非常滿意 □滿意 □尚可 □需改善，請說明＿＿＿＿

版面編排：□非常滿意 □滿意 □尚可 □需改善，請說明＿＿＿＿

印刷品質：□非常滿意 □滿意 □尚可 □需改善，請說明＿＿＿＿

書籍定價：□非常滿意 □滿意 □尚可 □需改善，請說明＿＿＿＿

整體評價：請說明＿＿＿＿＿＿

・您在何處購買本書？

□書局 □網路書店 □書展 □團購 □其他＿＿＿＿

・您購買本書的原因？（可複選）

□個人需要 □公司採購 □親友推薦 □老師指定用書 □其他＿＿＿＿

・您希望全華以何種方式提供出版訊息及特惠活動？

□電子報 □ DM □廣告（媒體名稱＿＿＿＿＿＿）

・您是否上過全華網路書店？（www.opentech.com.tw）

□是 □否 您的建議＿＿＿＿＿＿

・您希望全華出版哪方面書籍？＿＿＿＿＿＿

・您希望全華加強哪些服務？＿＿＿＿＿＿

感謝您提供寶貴意見，全華將秉持服務的熱忱，出版更多好書，以饗讀者。

填寫日期： / /

2020.09 修訂

親愛的讀者：

感謝您對全華圖書的支持與愛護，雖然我們很慎重的處理每一本書，但恐仍有疏漏之處，若您發現本書有任何錯誤，請填寫於勘誤表內寄回，我們將於再版時修正，您的批評與指教是我們進步的原動力，謝謝！

全華圖書 敬上

勘 誤 表

書 號		書 名		作 者	
頁 數	行 數	錯誤或不當之詞句		建議修改之詞句	

我有話要說：（其它之批評與建議，如封面、編排、內容、印刷品質等・・・）

得 分

數位金融與金融科技

CH01

科技與金融

班級：＿＿＿＿＿＿＿＿

學號：＿＿＿＿＿＿＿＿

姓名：＿＿＿＿＿＿＿＿

一、選擇題

(　) 1. 下列何者為最早出現的數位 / 自動化金融服務？ (A) VTM (B) ATM (C) 網路銀行 (D) 社群銀行。

(　) 2. 下列對於數位金融的敘述，何者有誤？ (A) 由電子商務科技公司主導 (B) 應用網路 (C) 仰賴大數據分析 (D) 社群銀行為服務的單位之一。

(　) 3. 下列對於金融科技的敘述，何者有誤？ (A) 由傳統金融機構主導 (B) 直銷銀行為主要服務單位之一 (C) 仰賴雲端技術 (D) 仰賴大數據分析。

(　) 4. 下列何者非數位金融與金融科技所強調的技術？ (A) 大數據分析 (B) 區塊鏈 (C) 生物辨識 (D) 計量經濟。

(　) 5. 下列何者非數位金融主要的服務型態？ (A) 行動金融服務 (B) 自動化金融服務 (C) 電商服務 (D) 網路金融服務。

(　) 6. 下列何者非金融科技主要的服務型態？ (A) 行動金融服務 (B) 實體金融服務 (C) 電商金融服務 (D) 社群金融服務。

(　) 7. 下列何者非金融科技的發展趨勢？ (A) 網路金融社群化 (B) 金融機構增加 (C) 雲端整合自動化 (D) 資金移轉去媒化。

(　) 8. 下列敘述何者有誤？ (A) 數位金融的主導機構為傳統金融機構 (B) 電子支付的主導機構為銀行 (C) 通常被稱為獨角獸都是具規模的新創公司 (D) 人工智慧是金融創新型態的重要技術。

(　) 9. 下列敘述何者有誤？ (A) 金融科技的主導機構為電子商務科技公司 (B) 區塊鏈技術對於數位金融發展很重要 (C) 中國所發展的電商金融屬於數位金融範疇 (D) 生物辨識是金融創新型態的重要技術。

(　) 10. 下列敘述何者有誤？ (A) 現在發展金融科技注重社群金融 (B) 大數據分析技術對於金融科技發展很重要 (C) 虛擬貨幣的發展與區塊鏈有關 (D) 一般將數位金融稱為 Fin Tech。

（請沿虛線撕下）

二、簡答題

1. 請問「數位金融」與「金融科技」的主導機構有何差異？

2. 請寫出發展「數位金融」或「金融科技」，常用到哪 5 種新技術？

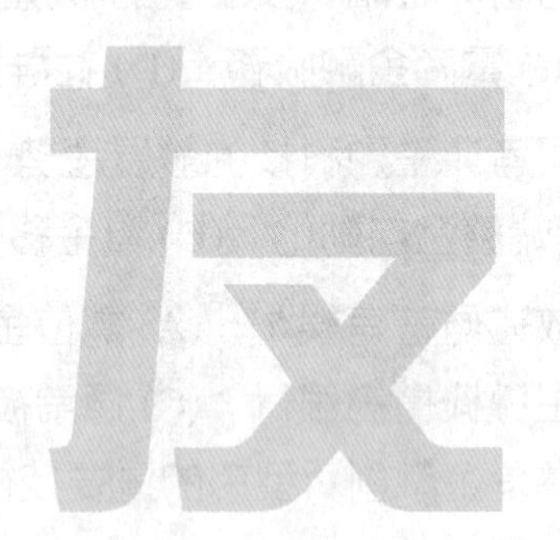

3. 請問電商金融，又稱為何種金融？

得 分

數位金融與金融科技

CH02

互聯網與物聯網

班級：

學號：

姓名：

一、選擇題

( ) 1. 下列對於互聯網金融的敘述有誤？ (A) 電商公司主導 (B) 顧客享有參與權 (C) 又稱數位金融 (D) 可進行 P2P 的資金支付活動。

( ) 2. 下列何者非物聯網的特點？ (A) 資訊主動的交流 (B) 以實體為媒介窗口 (C) 會有巨量的資訊產生 (D) 以人對人的聯繫為交流。

( ) 3. 下列何者為 Web3 的特性？ (A) 去中心化 (B) 網路導入區塊鏈技術 (C) 可讀、可寫、可擁有 (D) 以上皆是。

( ) 4. 現在發展的去中心化金融（DeFi）須要何種網路階段才能發展？ (A) Web1 (B) Web2 (C) Web3 (D) 以上皆是。

( ) 5. 下列何者非物聯網的運作架構層面？ (A) 應用層 (B) 網路層 (C) 感測層 (D) 技術層。

( ) 6. 下列何者非物聯網的感測層模組？ (A) RFID (B) QR Code (C) ZigBee (D) Wi-Fi。

( ) 7. 請問 API 屬於下列何種項目？ (A) 連結介面 (B) 感測介面 (C) 控制介面 (D) 下載介面。

( ) 8. 下列敘述何者有誤？ (A) 金融互聯網就是俗稱的金融科技 (B) 互聯網興起主因為網路社群崛起 (C) 互聯網金融的主導機構為電商公司 (D) 物聯網運作特性為資訊主動交流。

( ) 9. 下列敘述何者有誤？ (A) 互聯網金融就是俗稱的金融科技 (B) Web3 的網路特性乃去中心化 (C) DeFi 發展須仰賴 Web3 (D) RFID 屬於物聯網的應用層。

( ) 10. 下列敘述何者正確？ (A) RFID 屬於物聯網的感測層 (B) Web3 的網路特性具有可讀、可寫、可擁有 (C) 現在車聯網保險屬於物聯網的應用 (D) 以上皆是。

（請沿虛線撕下）

二、簡答題

1. 請問互聯網金融與金融互聯網，有何差異？

2. 通常人與物在互聯網與物聯網，對於資訊的交流，各扮演何種聯繫關係？

3. 通常物聯網的運作機制，可分為哪三個層次？

得　分

數位金融與金融科技

CH03

雲端運算與大數據分析

班級：＿＿＿＿＿＿＿＿

學號：＿＿＿＿＿＿＿＿

姓名：＿＿＿＿＿＿＿＿

一、選擇題

(　) 1. 下列何者非雲端運算的特性？ (A) 雲端空間，按使用率計價 (B) 雲端資源可以共享 (C) 雲端儲存空間具彈性 (D) 需要專門連結的網路線才可使用。

(　) 2. 下列何者非雲端運算的服務層次架構？ (A) IaaS (B) CaaS (C) SaaS (D) PaaS。

(　) 3. 請問國內臺灣證券交易所，積極規劃並推動「證券雲」是屬於雲端運算的哪一種類型？ (A) 公有雲 (B) 私有雲 (C) 混和雲 (D) 社群雲。

(　) 4. 下列何種雲端是結合公有雲與私有雲？ (A) 公有雲 (B) 特有雲 (C) 混合雲 (D) 私有雲。

(　) 5. 下列何種雲端架構的服務對象為終端使用者？ (A) SaaS (B) PaaS (C) IaaS (D) 以上皆是。

(　) 6. 下列何項為雲端對企業營運帶來的效用？ (A) 降低成本 (B) 存取快速 (C) 資料安全 (D) 以上皆是。

(　) 7. 下列何者非大數據分析資料的特性？ (A) 數量巨大 (B) 靜態資料 (C) 格式多樣 (D) 真偽難辨。

(　) 8. 下列何者為大數據分析資料的特性？ (A) 格式單一 (B) 靜態資料 (C) 格式多樣 (D) 真偽易辨。

(　) 9. 請問下列何者非大數據分析的流程？ (A) 數據分析 (B) 數據採集 (C) 數據行銷 (D) 數據挖掘。

(　) 10. 請問下列何項為大數據分析的流程中，必須透過經驗豐富的人士才能完成？ (A) 數據分析 (B) 數據採集 (C) 數據行銷 (D) 價值資訊。

（請沿虛線撕下）

二、簡答題

1. 通常雲端依據提供業者與使用者的關係，大致可分為那四種部署模式？

2. 通常雲端服務的架構，依服務類型可分為哪三種層次？

3. 請問大數據的特性為何？

得　分

數位金融與金融科技

CH04

人工智慧與生物辨識

班級：＿＿＿＿＿＿

學號：＿＿＿＿＿＿

姓名：＿＿＿＿＿＿

一、選擇題

(　) 1. 下列對於現今人工智慧的發展之敘述何者有誤？ (A) 具有深度學習能力 (B) 可以支配人類 (C) 具有機器學習能力 (D) 具有自主思考能力。

(　) 2. 請問現在 ChatGPT 是何種技術的應用？ (A) 生物辨識 (B) 區塊鏈 (C) 人工智慧 (D) 掃描技術。

(　) 3. 下列何者非屬於人工智慧的演算的類型？ (A) 類神經網路 (B) 機器學習 (C) 被動學習 (D) 深度學習。

(　) 4. 下列何項為人工智慧的應用領域？ (A) 圖像識別 (B) 自然語言處理 (C) 語音辨別 (D) 以上皆是。

(　) 5. 下列何項為人工智慧的服務領域？ (A) 商品訂價 (B) 風險控管 (C) 身分識別 (D) 以上皆是。

(　) 6. 下列何者非生物辨識的特性？ (A) 可逆性 (B) 唯一性 (C) 可測性 (D) 便利性。

(　) 7. 下列何項生物辨識常用的特徵？ (A) 指紋 (B) 臉型 (C) 聲音 (D) 以上皆是。

(　) 8. 下列何項生物辨識的識別度最高？ (A) 指紋 (B) 臉型 (C) 虹膜 (D) 聲音。

(　) 9. 下列何項生物辨識的安全性最高？ (A) 指紋 (B) 臉型 (C) 虹膜 (D) 聲音。

(　) 10. 下列何項生物辨識的便利性最高？ (A) 指紋 (B) 靜脈紋 (C) 虹膜 (D) 心跳。

（請沿虛線撕下）

二、簡答題

1. 何謂人工智慧？

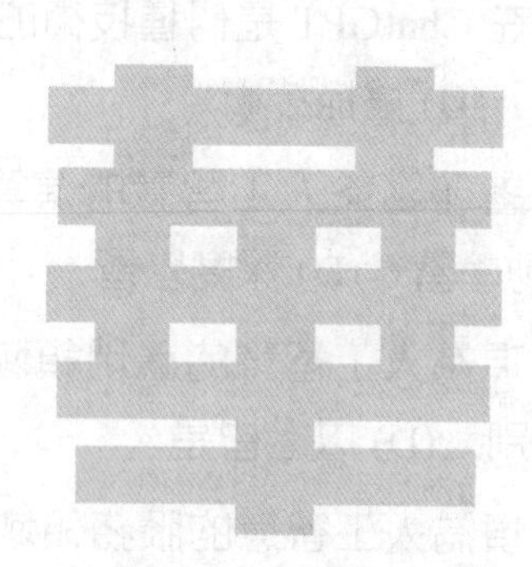

2. 請問生物辨識的特性為何？

3. 請問寫出 7 種人體特徵中，常拿來被運用在生物辨識上？

得 分

全華圖書（版權所有，翻印必究）

數位金融與金融科技

CH05

區塊鏈

班級：__________

學號：__________

姓名：__________

一、選擇題

( ) 1. 請問區塊鏈的技術是源自於哪一種商品的形成？ (A) 真實貨幣 (B) 黃金期貨 (C) 虛擬貨幣 (D) 儲值卡內的貨幣。

( ) 2. 下列對於區塊鏈技術的敘述何者有誤？ (A) 分散式帳本 (B) 不可造假 (C) 可反覆修改 (D) 可被追蹤。

( ) 3. 下列何者非區塊鏈技術的優點？ (A) 共享經濟 (B) 降低成本 (C) 信任安全 (D) 具集中化。

( ) 4. 下列何者非區塊鏈的型態？ (A) 自由鏈 (B) 私有鏈 (C) 聯盟鏈 (D) 公有鏈。

( ) 5. 請問生成比特幣是應用何種區塊鏈的型態？ (A) 自由鏈 (B) 私有鏈 (C) 聯盟鏈 (D) 公有鏈。

( ) 6. 下列區塊鏈的型態何者防篡性最高？ (A) 公有鏈 (B) 私有鏈 (C) 聯盟鏈 (D) 自由鏈。

( ) 7. 下列何者非區塊鏈被應用的重點？ (A) 分散式帳本 (B) 可逆性 (C) 智能合約 (D) 防偽性。

( ) 8. Web3 網路運作乃主要運用區塊鏈的何種特性？ (A) 分散式帳本 (B) 去中心化 (C) 可逆性 (D) 智能合約。

( ) 9. 請問區塊鏈在金融業的應用場景包含下列何項？ (A) 匯兌支付 (B) 建立清算系統 (C) 發行虛擬貨幣 (D) 以上皆是。

( ) 10. 請問區塊鏈在商業的應用場景包含下列何項？ (A) 產品履歷認證 (B) 身分函證審核 (C) 智慧版權保護 (D) 以上皆是。

（請沿虛線撕下）

二、簡答題

1. 請問區塊鏈技術最早乃應用於何種虛擬貨幣的生成？

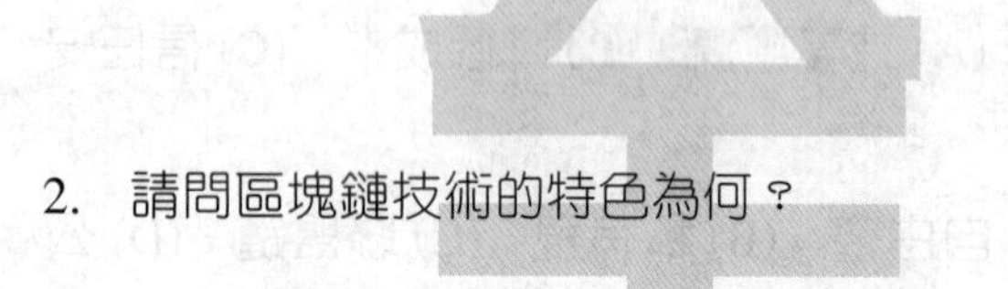

2. 請問區塊鏈技術的特色為何？

3. 請問區塊鏈技術的制度類型有哪三種？

得　分

全華圖書（版權所有，翻印必究）

數位金融與金融科技

CH06

網路與自動化金融

班級：________________

學號：________________

姓名：________________

一、選擇題

(　) 1. 下列何者不屬於數位金融的服務範圍？ (A) 網路數位平臺 (B) 直銷銀行 (C) 社群銀行 (D) 群衆募資平臺。

(　) 2. 下列何者為網路金融服務的優點？ (A) 客戶更便利 (B) 銀行節省成本 (C) 銀行更容易擴展業務 (D) 以上皆是。

(　) 3. 政府開放 API 服務將對何種業者有利？ (A) 銀行 (B) 科技公司 (C) 電子支付公司 (D) 以上皆是。

(　) 4. 下列何者非金融機構導入 FIDO 機制的優點？ (A) 客戶更便利 (B) 客戶更容易獲利 (C) 客戶更安全 (D) 銀行降低成本。

(　) 5. 下列何者對於直銷銀行的敘述有誤？ (A) 可用網路進行經營 (B) 完全沒有設線下服務據點 (C) 可利用電話進行經營 (D) 營業成本較低廉。

(　) 6. 下列何家銀行不是我國的直銷銀行？ (A) 樂天純網銀 (B) 連線純網銀 (C) 王道網路銀行 (D) 將來純網銀。

(　) 7. 下列對於現代的社群銀行的經營型式的敘述，何者有誤？ (A) 通常須用網路進行經營 (B) 結合網路社群媒體 (C) 可利用一般的電話就可進行經營 (D) 會結合電子商務。

(　) 8. 通常在金融市場進行高頻交易時，須依賴下列何種設備才可完成？ (A) 高速運算電腦 (B) 虛擬櫃員機 (C) 數位寫字臺 (D) iBeacon 識別設備。

(　) 9. 請問下列何者對於 VTM 之敘述，何者有誤？ (A) 通常具視訊設備 (B) 發展數位銀行的重要設備 (C) 可以替代實體銀行的服務 (D) 又稱 iBeacon 識別設備。

(　) 10. 下列何者設備可以直接幫客戶開立銀行帳戶？ (A) 虛擬櫃員機 (B) 自動提款機 (C) 數位寫字臺 (D) iBeacon 識別設備。

（請沿虛線撕下）

二、簡答題

1. 請問直銷銀行的營運模式，大致可分為哪兩種？

2. 何謂高頻交易？

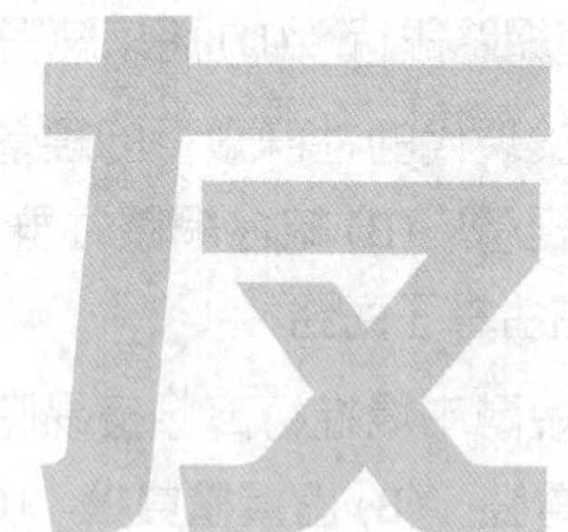

3. 請問傳統 ATM 與 VTM 的差異為何？

得 分

數位金融與金融科技

CH07

支付金融

班級:______

學號:______

姓名:______

一、選擇題

( ) 1. 下列對於行動支付的敘述何者有誤? (A) 行動支付包含利用實體信用卡的方式 (B) 利用手機進行行動支付,可利用 NFC 感應 (C) 生物特徵亦可成為行動支付的工具 (D) 行動支付就是電子支付。

( ) 2. 請問下列何者較不屬於行動支付的工具? (A) 平板電腦 (B) 智慧型手機 (C) 筆記型電腦 (D) 智慧型穿戴式設備。

( ) 3. 下列者何者屬於行動支付的遠端支付系統? (A) APP 模式 (B) NFC (C) QR code (D) 二維條碼。

( ) 4. 下列何者支付系統可進行行動支付? (A) Line Pay (B) 悠遊卡 (C) Apple Pay (D) 以上皆是。

( ) 5. 下列對於電子支付的敘述何者有誤? (A) 亦可以進行行動支付 (B) 可儲值與店家支付,但不能進行 P2P 資金移轉 (C) 可以不經過銀行系統進行轉帳 (D) 可以減少轉帳支出成本。

( ) 6. 全球最早的電子支付為何者? (A) Line Pay (B) Pay Pal (C) Apple Pay (D) Google Pay。

( ) 7. 下列何項是電子支付可以進行的支付模式? (A) B2B (B) B2C (C) C2C (D) 以上皆是。

( ) 8. 下列何者非電子支付系統的特點? (A) 保障網路交易順暢 (B) 提供多元支付方式 (C) 客戶減少轉帳支出 (D) 銀行可任意挪用資金池的資金。

( ) 9. 現今全球電子支付交易量最大者為何? (A) 支付寶 (B) Pay Pal (C) Apple Pay (D) Line Pay。

( ) 10. 下列何者為臺灣的電子支付系統? (A) 全支付 (B) 一卡通 (C) 歐付寶 (D) 以上皆是。

(請沿虛線撕下)

二、簡答題

1. 請問利用手機進行行動支付，依據是否須仰賴支付的感測系統來區分，大致可分為哪兩種模式？

2. 請問利用手機進行行動支付，依據支付的感測模式，大致可分為哪兩種模式？

3. 請說明行動支付與電子支付的差異？

得 分

數位金融與金融科技

CH08

社群金融－新興平臺

班級：________

學號：________

姓名：________

一、選擇題

( ) 1. 請問下列何者非社群金融運作的特點？ (A) 共享經濟 (B) 公開透明 (C) 迅速效率 (D) 仲介媒合。

( ) 2. 請問 P2P 借貸平臺運作模式中，哪一種風險較高？ (A) 平臺配對模式 (B) 平臺擔保模式 (C) 債權轉讓模式 (D) 導入銀行模式。

( ) 3. 請問下列何者為 P2P 借貸平臺運作風險？ (A) 個資外洩風險 (B) 資金流動風險 (C) 違約倒帳風險 (D) 以上皆是。

( ) 4. 下列何項不屬於 P2P 保險的運作特點？ (A) 風險共同承擔 (B) 利益共同享受 (C) 保費返回 (D) 透明自主。

( ) 5. 下列何項為群衆募資平臺的運作模式？ (A) 捐贈模式 (B) 回饋模式 (C) 股權模式 (D) 以上皆是。

( ) 6. 下列何項不屬於群衆募資平臺的特點？ (A) 公開透明性 (B) 募資多元性 (C) 交易所主導 (D) 具行銷性。

( ) 7. 下列何者為非保單科技的特點？ (A) 保單碎片化設計 (B) 多元一站式服務 (C) 保費統一定價 (D) 智慧化透明訂價。

( ) 8. 下列何者非國內的群衆募資平臺？ (A) 貝果放大 (B) 基富通 (C) 嘖嘖 (D) 度度客。

( ) 9. 下列何者為國內的基金銷售平臺？ (A) flying V (B) LnB 市集 (C) 基富通 (D) Hero O。

( ) 10. 下列何者非機器人理財平臺的特點？ (A) 高收益 (B) 低成本 (C) 客製化 (D) 便捷性。

（請沿虛線撕下）

二、簡答題

1. 請問 P2P 借貸平臺，有哪幾種運作模式？

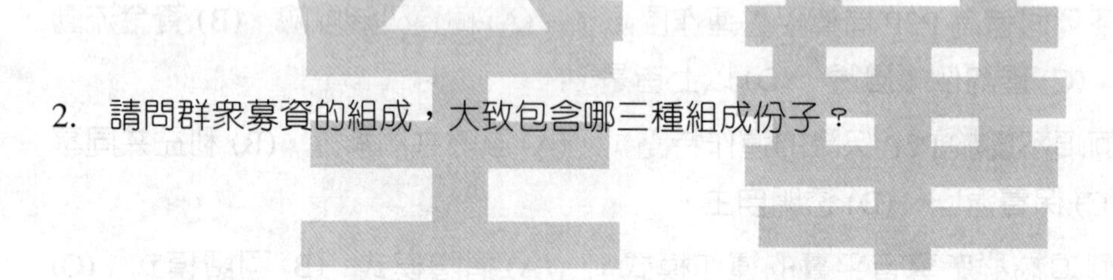

2. 請問群眾募資的組成，大致包含哪三種組成份子？

3. 請問群眾募資平臺，有哪些運作模式？

得 分

全華圖書（版權所有，翻印必究）

數位金融與金融科技

CH09

社群金融－虛擬貨幣

班級：＿＿＿＿＿＿

學號：＿＿＿＿＿＿

姓名：＿＿＿＿＿＿

一、選擇題

(　　) 1. 一般而言，下列何種虛擬貨幣可進行雙向兌換？ (A) Line Points (B) 亞馬遜幣 (C) 電玩裡的天幣 (D) 比特幣。

(　　) 2. 下列何種虛擬貨幣不具資產支撐？ (A) 比特幣 (B) 穩定幣 (C) 資產型代幣 (D) 證券型代幣。

(　　) 3. 下列何種虛擬貨幣具資產支撐？ (A) 比特幣 (B) 穩定幣 (C) 以太幣 (D) 電玩裡的天幣。

(　　) 4. 下列何者非 NFT 的特性？ (A) 不可互換 (B) 不可分割 (C) 不可發行 (D) 不同價值。

(　　) 5. 下列何者非去中心化虛擬貨幣的風險？ (A) 被認同的風險 (B) 價格變動的風險 (C) 被竊取盜用的風險 (D) 實體被偽造的風險。

(　　) 6. 下列何者為虛擬貨幣發展趨勢？ (A) 廣設虛擬貨幣交易所 (B) 使用虛擬貨幣場欲增加 (C) 對虛擬貨幣監管趨嚴 (D) 以上皆是。

(　　) 7. 請問去中心化金融（DeFi）主要是建立在何種技術上？ (A) 人工智慧 (B) 生物辨識 (C) 區塊鏈 (D) 大數據。

(　　) 8. 請問下列何者為去中心化金融的特色為何？ (A) 開放透明 (B) 低交易成本 (C) 共享經濟 (D) 以上皆是。

(　　) 9. 請問下列何者對於國內證券型代幣的敘述有誤？ (A) 發行不須監管 (B) 須有資產支撐 (C) 須非上市上櫃公司 (D) 議價買賣。

(　　) 10. 下列何者非證券型代幣的優點？ (A) 小額投資 (B) 實物交割 (C) 智能合約 (D) 全天候交易。

（請沿虛線撕下）

二、簡答題

1. 何謂法幣穩定幣？

2. 請問現今去中心化金融生態是建立在哪一種區塊鏈上？

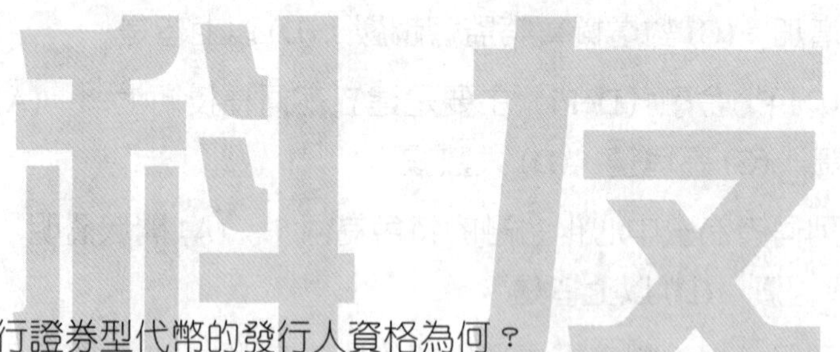

3. 請問國內發行證券型代幣的發行人資格為何？

得　分

數位金融與金融科技

CH10

電商金融

班級：＿＿＿＿＿＿

學號：＿＿＿＿＿＿

姓名：＿＿＿＿＿＿

一、選擇題

(　　) 1. 請問中國的電商金融的運作較屬於何種金融模式？　(A) 影子金融　(B) 國際金融　(C) 直接金融　(D) 間接金融。

(　　) 2. 下列對於中國電商金融的敘述，何者有誤？　(A) 又稱影子金融　(B) 因金融資源分配不均衡所產生的事業　(C) 通常都是由銀行介入經營　(D) 大都是小額交易。

(　　) 3. 請問下列何者較不屬於中國電商金融的特性？　(A) 小額交易為主　(B) 不設實體據點　(C) 交易程序較簡便　(D) 以服務中大型公司為主。

(　　) 4. 下列何者較不屬於中國電商金融的風險屬性？　(A) 資安風險　(B) 再投資風險　(C) 信用風險　(D) 市場風險。

(　　) 5. 下列何者較屬於中國電商金融的風險屬性？　(A) 資安風險　(B) 法律風險　(C) 信用風險　(D) 以上皆是。

(　　) 6. 請問中國電商金融中，何者為最大的第三方支付系統？　(A) 招財寶　(B) 小米支付　(C) 支付寶　(D) 微信支付。

(　　) 7. 請問中國電商金融，螞蟻金服旗下的服務項目，何者屬於第三方支付系統？　(A) 支付寶　(B) 餘額寶　(C) 螞蟻聚寶　(D) 招財寶。

(　　) 8. 請問中國電商金融，螞蟻金服旗下的服務項目，現在不包含合種項目？　(A) 支付轉帳　(B) 徵信放款　(C) 財富管理　(D) 證券交易。

(　　) 9. 請問中國電商金融，螞蟻金服旗下何者在進行徵信信用服務？　(A) 支付寶　(B) 餘額寶　(C) 芝麻信用　(D) 招財寶。

(　　) 10. 請問中國電商金融，螞蟻金服旗下何者在進行投資銀行服務？　(A) 支付寶　(B) 螞蟻達客　(C) 芝麻信用　(D) 招財寶。

（請沿虛線撕下）

二、簡答題

1. 何謂影子金融？

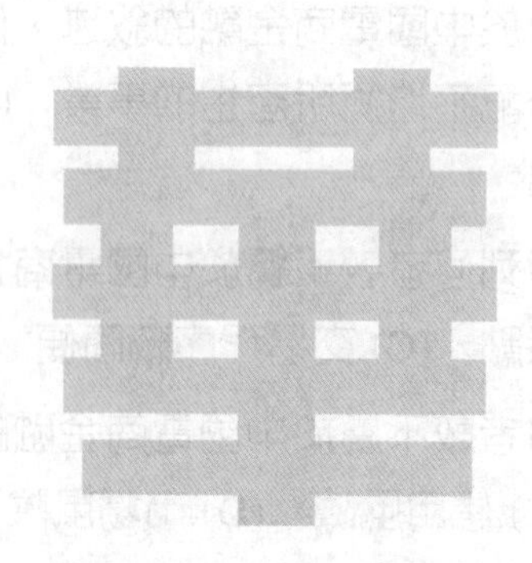

2. 請問現今全球最大的第三方支付為何？

3. 請問中國的電商金融有哪些風險？

得　分

全華圖書（版權所有，翻印必究）

數位金融與金融科技

CH11

金融創新營運的風險

班級：＿＿＿＿＿＿

學號：＿＿＿＿＿＿

姓名：＿＿＿＿＿＿

一、選擇題

(　) 1. 下列何種風險可能是金融創新營運模式，所面臨到的風險？ (A) 科技風險 (B) 交易風險 (C) 客戶風險 (D) 以上皆是。

(　) 2. 下列有關金融創新營運模式，所面臨到的科技風險之敘述，何者有誤？ (A) 通常在公共網路上網，容易被駭客入侵 (B) 通常銀行的行動 APP，不一定可防患電腦病毒 (C) 銀行將客戶資料放置雲端系統，可防止資料外洩 (D) 國際駭客通常攻擊銀行主要是竊取資金。

(　) 3. 請問過度信賴人工智慧是較屬於何種風險？ (A) 交易風險 (B) 科技風險 (C) 經濟風險 (D) 個人權益風險。

(　) 4. 下列有關金融創新營運模式，所面臨到的交易風險之敘述，何者有誤？ (A) 採非實名制的第三方支付帳戶，容易成為洗錢管道 (B) 募資平臺的募資者，若產品開發失敗，通常會歸還資金給募資者 (C) 區塊鏈技術可以防止交易風險 (D) 虛擬貨幣仍有價格暴漲暴跌的風險。

(　) 5. 下列何種步驟可以防止洗錢活動？ (A) KYDC (B) CDD (C) PEPs (D) 以上皆可。

(　) 6. 若群眾募資平臺無法依約交付開發產品給出資人是屬於何種風險？ (A) 系統被入侵風險 (B) 過度依賴人工智慧風險 (C) 委外作業風險 (D) 個人權益風險。

(　) 7. 下列何種名詞與虛擬貨幣籌資有關？ (A) IPO (B) ICO (C) SEO (D) OBU。

(　) 8. 一般所謂的 KYDC 是指？ (A) 認識你的數位客戶 (B) 發行虛擬貨幣 (C) 區塊鏈技術 (D) 虛擬貨幣籌資。

(　) 9. 下列名詞與客戶身分識別步驟無關？ (A) KYC (B) KYDC (C) ICO (D) CDD。

(　) 10. 下列有關金融創新營運模式，所面臨到的客戶風險之敘述，何者有誤？ (A) 現今生物辨識技術，常用於數位辨識客戶身分 (B) 電商常利用大數據分析，對客戶進行信用評級 (C) KYDC 的意思就是認識你的數位客戶 (D) 通常利用生物辨識，一定可以完全防止洗錢行為的發生。

（請沿虛線撕下）

二、簡答題

1. 請問列舉發展數位金融與金融科技創新營運模式，所會面臨的風險？

2. 請問現今常用於數位辨識客戶身分的工具為何？

3. 何謂 KYDC？

得　分

數位金融與金融科技

CH12

金融創新營運的監理

班級：＿＿＿＿＿＿＿＿

學號：＿＿＿＿＿＿＿＿

姓名：＿＿＿＿＿＿＿＿

一、選擇題

(　) 1. 下列何者屬於金融創新營運的監理問題？ (A) 新創事業 (B) 跨境交易 (C) 虛擬環境 (D) 以上皆是。

(　) 2. 下列何者非國際上，常用的金融監管科技的運作模式？ (A) 監理沙盒 (B) 創新中心 (C) 虛擬監理 (D) 創新加速器。

(　) 3. 請問常聽到的 Reg Tech 是指？ (A) 監理沙盒 (B) 金融科技監理 (C) 虛擬監理 (D) 創新加速器。

(　) 4. 下列何者非全球金融監管科技的目的？ (A) 有責創新 (B) 公平有序 (C) 盡情發揮 (D) 普惠金融。

(　) 5. 下列何者是全球金融監管科技的目的？ (A) 有責創新 (B) 公平有序 (C) 普惠金融 (D) 以上皆是。

(　) 6. 通常業者進入監理沙盒進行實驗，監理單位必須擁有下列何種能力？ (A) 接受利 (B) 容錯力 (C) 主動力 (D) 以上皆是。

(　) 7. 全世界最早實施監理沙盒制度的是哪一個國家？ (A) 英國 (B) 美國 (C) 中國 (D) 臺灣。

(　) 8. 我國的金融科技監理單位為何？ (A) 財政部 (B) 科技部 (C) 金管會 (D) 中央銀行。

(　) 9. 國內何種單位可申請進入監理沙盒？ (A) 新創公司 (B) 銀行業 (C) 科技業 (D) 以上皆可。

(　) 10. 國內進入監理沙盒實驗期最長可達幾年？ (A) 1 年 (B) 3 年 (C) 5 年 (D) 10 年。

（請沿虛線撕下）

二、簡答題

1. 一般而言，創新金融營運模式，在監理上會遇到那些問題與挑戰？

2. 一般而言，法遵科技監管模式大致可以分為三種模式？

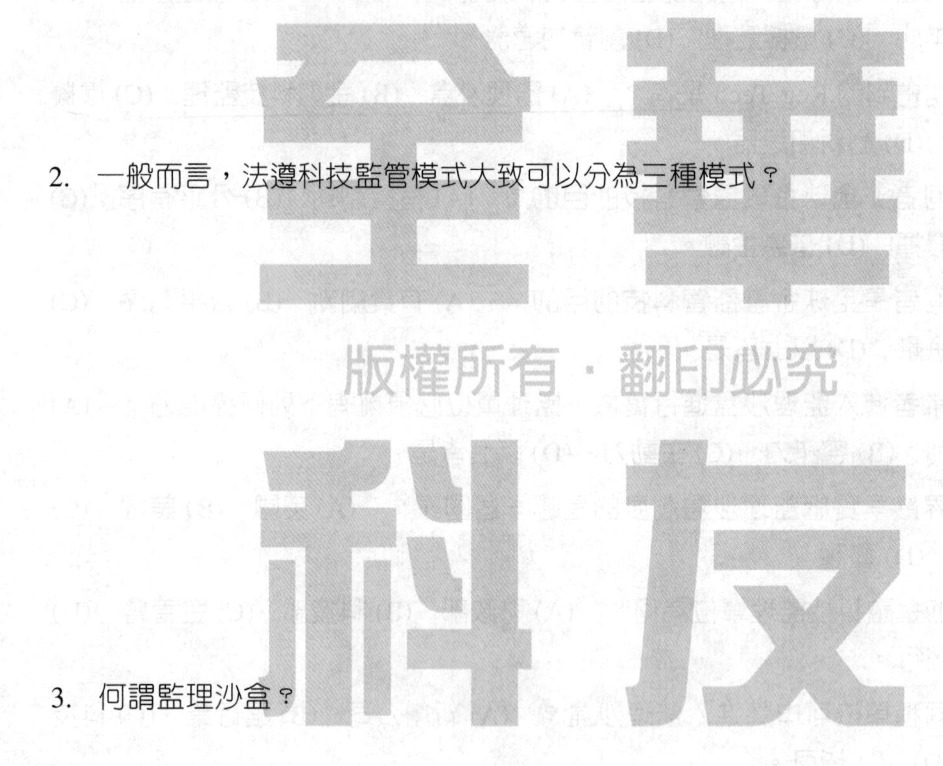

3. 何謂監理沙盒？